HUGO VON HOFMANNSTHAL SÄMTLICHE WERKE

HUGO VON HOFMANNSTHAL
SÄMTLICHE WERKE
KRITISCHE AUSGABE

VERANSTALTET VOM
FREIEN DEUTSCHEN HOCHSTIFT
HERAUSGEGEBEN VON
HEINZ OTTO BURGER, RUDOLF HIRSCH
DETLEV LÜDERS, HEINZ RÖLLEKE
ERNST ZINN

S. FISCHER VERLAG

HUGO VON HOFMANNSTHAL
SÄMTLICHE WERKE
XXVI

OPERNDICHTUNGEN 4

HERAUSGEGEBEN VON
HANS-ALBRECHT KOCH

S. FISCHER VERLAG

Freies Deutsches Hochstift – Frankfurter Goethe-Museum
Frankfurt am Main, Großer Hirschgraben

Redaktion:
Ernst Dietrich Eckhardt
Ingeborg Beyer-Ahlert
Hans Grüters
Martin Stern war bis 1974 Herausgeber,
an seine Stelle trat Heinz Rölleke.

Die Ausgabe wird von der
Deutschen Forschungsgemeinschaft gefördert.
Die Erben Hugo von Hofmannsthals,
die Houghton Library der Harvard University, Cambridge, USA
und die Stiftung Volkswagenwerk
stellten Handschriften zur Verfügung.

ARABELLA

Personen

Graf Waldner, *Rittmeister a. D.*
Adelaide, *seine Frau*
Arabella ⎫
Zdenka ⎭ *ihre Töchter*
Mandryka
Matteo, *Jägeroffizier*
Graf Elemer ⎫
Graf Dominik ⎬ *Verehrer der Arabella*
Graf Lamoral ⎭
Die Fiakermilli
Eine Kartenaufschlägerin
Welko, *Leibhusar des Mandryka*
Djura ⎫
Jankel ⎭ *Diener des Mandryka*
Ein Zimmerkellner
Begleiterin der Arabella
Drei Spieler
Ein Arzt
Groom

Fiaker, Ballgäste, Hotelgäste, Kellner
Ort: Wien – Zeit: 1860

Das Personenverzeichnis ist in Ermangelung eines autorisierten dem Operntextbuch (Verlag Adolph Fürstner, Berlin 1933) entnommen.

I. Act

Salon in einem Wiener Stadthotel. Flügeltür in der Mitte. Rechts vorne ein Fenster,
weiter rückwärts eine Tür. Links gleichfalls eine Tür. Der Salon ist reich und neu
möbliert im Geschmack der 1860er Jahre.

5 Adelaide mit der Kartenaufschlägerin an einem Tisch links.
Zdenka in Knabenkleidern, rechts, beschäftigt auf einem andern Tischchen
Papiere zu ordnen.

KARTENAUFSCHLÄGERIN
Die Karten fallen besser als das letzte Mal.

10 ADELAIDE
Das gebe Gott!
Es klopft.
                    Nur keine Störung jetzt!

ZDENKA läuft an die Mitteltür. Man gibt ihr von draußen etwas herein
15 Mein Vater ist nicht hier, die Mutter hat Migräne!
Kommen Sie später. – Es ist wieder eine Rechnung!

ADELAIDE abwinkend
Jetzt nicht! leg sie dorthin!

ZDENKA
20 Es liegen schon so viele da.

ADELAIDE
Still, still! – Wie liegen unsre Karten?
Die Sorge und die Ungeduld verzehren mich!

KARTENAUFSCHLÄGERIN über die Karten gebeugt
25 Beruhigen Sie sich. Die Erbschaft rückt schon näher – nur langsam!

ADELAIDE mit gerungenen Händen
Nein, wir können nicht mehr warten!

Es gibt nur eine Hoffnung
die baldige Vermählung meiner Arabella!
Was sagen Ihre Karten, liebste Frau!

KARTENAUFSCHLÄGERIN
Sie zeigen alles wie in einem Spiegel: 5
Den Vater seh ich, Ihren Herrn Gemahl –
o weh, die Sorge steht ihm nah – ganz finster ist's um ihn.
Er kämpft, er spielt – o weh, und er verspielt schon wieder
die große Summe.

ADELAIDE   Heilige Mutter Gottes!   10
Komm mir zu Hilfe durch mein schönes Kind!
Um Gottes Willen, die Verlobung – ist sie nah?
Unser Credit ist sehr im Wanken, liebste Frau!

KARTENAUFSCHLÄGERIN betrachtet lange die Karten
Da steht der Officier.   15

ADELAIDE   Ein Officier? o weh!

ZDENKA vor sich
Matteo!

KARTENAUFSCHLÄGERIN
Nein! der ist der Eigentliche nicht!   20

ADELAIDE
Das will ich hoffen!

KARTENAUFSCHLÄGERIN
Von dort herüber kommt der fremde Herr, der Bräutigam.

ADELAIDE
Die Brosche mit Smaragden ist Ihr Eigentum   25
wenn Ihre Prophezeiung Wahrheit wird,
in dieser Woche!

KARTENAUFSCHLÄGERIN langsam, wie das Schicksalsbuch entziffernd
Er kommt von weiter her. Ein Brief hat ihn gerufen.   30

ADELAIDE
Von weiter her? Es ist Graf Elemer, kein Zweifel!

KARTENAUFSCHLÄGERIN
Ich sehe einen großen Wald: dort kommt er her.

ADELAIDE
Das ist er! Elemer! o wie Sie ihn beschreiben!
Herrlich! – Doch warum zögert er?

KARTENAUFSCHLÄGERIN   Die Zögerung kommt von ihr.

5 ADELAIDE jubelnd
Sie sehen durch die Menschen wie durch Glas!
Das ist ihr namenloser Stolz. O Gott, erweiche ihren Stolz!
Er ist so groß wie ihre Schönheit.

Es klopft. Zdenka eilt an die Tür

10 ZDENKA
Nein, jetzt ist es ganz unmöglich!
Sie empfängt wieder eine Rechnung, die sie hinlegt.

ADELAIDE
Was meinen Sie? was runzeln Sie die Stirn?

15 KARTENAUFSCHLÄGERIN über die Karten sinnend
Es drängt sich wer hinein
zwischen die schöne Tochter und den reichen Herrn!

ADELAIDE
Heilige Mutter Gottes, lass es nicht geschehen!

20 KARTENAUFSCHLÄGERIN über die Karten gebeugt
Wie? haben Euer Gnaden eine zweite Tochter?
Das war mir nicht bekannt. Oh, das wird eine ernstliche Gefahr!

ADELAIDE leise
Leise! Sie rühren hier an ein Familiengeheimnis!

25 Zdenka rechts, horcht herüber

KARTENAUFSCHLÄGERIN
Wo kommt das zweite Mädchen da auf einmal her?
Sie bringt das Unheil über ihre Schwester!

ADELAIDE
30 Um Himmelswillen, leise!

KARTENAUFSCHLÄGERIN über den Karten
                         Halten Sie die Schwestern auseinander!
Sonst geht noch alles fehl!

ADELAIDE dicht bei ihr   Was ist es, das Sie sehen?

KARTENAUFSCHLÄGERIN
Ich sehe einen großen Streit – Entzweiung –
Der Bräutigam will fort!
Es fallen fürchterliche Worte! fremde Leute hören zu!

ADELAIDE   5
Du großer Gott im Himmel!

KARTENAUFSCHLÄGERIN   Alles Übel
kommt von der kleinen Blonden und dem Officier.

ADELAIDE kniet neben dem Tisch nieder
Ihr Engelscharen droben, hört das Flehen einer Mutter   10
in ihrer Herzensangst!

ZDENKA ängstlich   Mama!

ADELAIDE
Zdenka! bleib still und kümmre dich um nichts was hier geschieht!
Auf, leise; auf Zdenko deutend   15
Leise! sie ist es!

KARTENAUFSCHLÄGERIN
          Dort der junge Herr?

ADELAIDE
Sie ist ein Mädchen. Weil sie wild war wie ein Bub   20
hat man sie weiterhin als Buben laufen lassen.
Wir sind nicht reich genug, in dieser Stadt
zwei Mädchen standeswürdig auszuführen. –
Allein sie liebt die ältre Schwester über alle Maßen,
wie könnte sie ihr Böses tun?   25

KARTENAUFSCHLÄGERIN
Die Karten lügen nicht.
Da steht der Officier. Da steht das blonde Mädchen.
Gezogne Säbel seh ich, und der Bräutigam zieht sich zurück.
Die Karten warnen Sie!   30

ADELAIDE steht auf   Sie sind mein guter Engel!
Hier in mein Zimmer! Sie versuchen es noch einmal!

KARTENAUFSCHLÄGERIN
Die Karten nehmen nichts zurück.

ADELAIDE   Schnell, schnell! Ich fleh Sie an.   35
Zieht sie ins Nebenzimmer rechts.

ZDENKA *nimmt die Rechnungen zur Hand, die sich angehäuft haben, sieht hinein*
Sie wollen alle Geld! Sie drohn mit den Gerichten!
Was? davon weiß ja ich gar nichts: sie schreiben:
sie haben schon gehört dass wir verreisen wollen!
5 Oh! dann ist alles aus!
Dann seh ich ihn nie mehr!
Sie läuft in ihrer Angst an die Tür links und horcht
Sie sagt: der Arabella droht etwas –
von einem Officier.
10 Er darf nicht mehr ins Haus, sagt die Mama,
sie wird compromittiert von ihm.
Nicht mehr ins Haus? O Gott – dann bringt er sich ja um –
und alle wissen drum: es ist wegen ihr –
und sie – dann endlich weiß sie, wie er sie geliebt hat!
15 *Geht weg von der Tür*
Mein Gott, lass das nicht zu, dass wir verreisen müssen!
Lass den Papa gewinnen! Lass in Goerz die Tante sterben!
Mach dass die Bella den Matteo über alles liebt
und dass er glücklich wird, und dass wir nicht mehr arm sind!
20 Aufopfern will ich mich dafür – mein Leben lang
in Bubenkleidern laufen und Verzicht auf alles tun!

*Es klopft. Sie geht an die Mitteltür. Indem wird die Tür von außen vorsichtig
aufgemacht und Matteo tritt ein, in Jägeruniform, die Kappe in der Hand, aber
ohne Säbel.*

25 ZDENKA *erblasst*
Matteo!

MATTEO Zdenko! du! Bist du allein?

ZDENKA *leise, ängstlich*
Da drin ist die Mama.

30 MATTEO   Und Arabella?

ZDENKA
Sie ist spazieren auf dem Ring mit der Begleiterin.

MATTEO *einen Schritt näher*
Und nichts für mich? Kein Wort? kein Brief?

35 *Zdenka schüttelt traurig den Kopf*

Und gestern abend?

ZDENKA   War sie in der Oper
mit der Mama.

MATTEO *eifersüchtig* Mit der Mama allein?

ZDENKA *zögernd*
Ich glaub mit der Mama und den drei Grafen.   5

MATTEO
Und nachmittag?

ZDENKA *zögernd, ängstlich*
Sie kommen mit Schlitten und holen sie ab –
ich soll auch mit: ein Chaperon muss doch dabei sein.   10

MATTEO *tief getroffen*
Dahin ist es gekommen zwischen mir und ihr!
Hätt ich nicht dich, ich wüsste nicht einmal mehr was sie tut!
Sie hat nichts mehr für mich als hie und da
einen halb finstern halb zerstreuten Blick!   15

ZDENKA
Und doch hat sie dich lieb! Glaub mir! Ich weiß es, ich!

MATTEO *aufleuchtend*
Zdenko, mein einziger Freund! du weißt's? sie hat es dir gestanden?

ZDENKA   20
Du weißt: sie ist verschlossen wie das Grab,
mit Worten sagt sie's nicht.
Ich weiß es halt – und hat sie dir nicht vor drei Tagen
den Brief geschrieben, über den du selig warst?

MATTEO   25
O dreimal selig – wie vom Himmel war der Brief!
Dann aber geht sie wieder kalt und fremd an mir vorbei!
Wie soll ich das begreifen – und ertragen, Zdenko – wie?

ZDENKA *leise, wichtig*
So ist ein Mädel. Geben will ein Mädel mehr und mehr –   30
nur zeigen will sie nichts. Sie schämt sich halt so furchtbar.

MATTEO
Wie du das weißt, du lieber Bub!
So weißt du auch –
er fasst Zdenka am Arm, sie macht sich sogleich los   35

                        – was das für Stunden sind
und was da für Gedanken Herrschaft haben über mich
wenn sie so durch mich durchschaut wie durch leere Luft –
und du mir nicht ein Zeichen bringst
5 von dem ich wieder hoffen kann und leben!

ZDENKA hastig
Gewiss. Ich bring dir wieder einen solchen Brief
heut oder morgen!

MATTEO drängend   Heute noch! Du bist mein einziger Freund!
10 Gib mir dein Manneswort – auf dich verlass ich mich!
Und wenn ich mich auf dich nicht mehr verlassen könnte
dann käme etwas andres!

ZDENKA angstvoll   Was? was käme dann, Matteo?

MATTEO sehr finster
15 Dann stünd ich morgen beim Rapport und bäte um Versetzung nach
                                        Galizien.
Und wenn mir das nichts hilft und ich auch dort
die Arabella nicht vergessen kann –
dann gibts halt einen Ausweg: den Revolver.

20 ZDENKA
Mein Gott im Himmel!

MATTEO   Denk daran, wie du mir hilfst!
Er eilt weg
ZDENKA fast sinnlos vor Aufregung und Angst zwischen so vielen Gefahren und
25 Schwierigkeiten
Ihm helfen – o mein Gott! und mir! wer hilft denn mir!
Die Wörter hätt ich wohl in mir für hundert solche Briefe –
und auch die Schrift die treff ich ja im Schlaf –
was aber hilft ihm denn der Brief, wenn ich für sie
30 die zärtlichen verliebten Wörter schreibe!
Die Wörter muss ich finden die ins Herz ihr gehn
dass sie erkennt den Einzigen der es verdient von ihr geliebt zu sein –
Das ist das Schwerere und wenn 's mir nicht gelingt – hab ich verspielt.

ARABELLA ist von rechts eingetreten, in Hut, Schleier und Pelzjacke, hinter ihr
35 die Begleiterin.
Ich danke, Fräulein. Holen Sie mich morgen um die gleiche Zeit,
für heute brauch ich sie nicht mehr. Adieu.

Begleiterin geht ab.

ARABELLA *legt den Hut und die Jacke ab. Sie sieht die Rosen, die auf einem Guéridon stehen*
Die schönen Rosen! Hat die ein Husar gebracht?
Sie nimmt die Rosen   5

ZDENKA
Wie? ein Husar?

ARABELLA
Der Leibhusar von einem fremden Reisenden!

ZDENKA   10
Nein. Sie sind von Matteo.

Arabella legt die Rosen schnell weg – Zdenka tut sie wieder in die Vase

ZDENKA *sanft*   So gehst du mit s e i n e n Blumen um!
Und trotzdem bringt er neue jeden Tag.

ARABELLA *kurz*   15
Ah, lass! – Und dort das andere Bukett?

ZDENKA   Vom Elemer.
Und da Parfum vom Dominik, und Spitzen
vom Lamoral.

ARABELLA *spöttisch*   20
Die drei! Verlumpen Geld zu dritt, verlieben sich zu dritt ins gleiche
                                        Mädel –
am End verloben sie sich auch noch alle drei mit mir!

ZDENKA
Nichts wert sind sie – und etwas wert ist nur der eine – d e r !   25
Sie hält ihr Matteos Rosen entgegen

ARABELLA
Ah, lass! Die drei sind lustiger und haben mehr in sich.

ZDENKA *vorwurfsvoll*
Kannst du das sagen! Mehr in sich als der Matteo!   30
Er liebt dich doch aus seiner ganzen Seele,
aus seinem ganzen Herzen –

ARABELLA *spöttisch*   und aus allen seinen Kräften!
Nur sind die Kräfte halt nicht groß!

ZDENKA *heftig*
Versündig dich nur nicht! Du hast ihn lieb gehabt!

ARABELLA   Vielleicht!
Gehabt! So ists vorbei: du sagst es selbst.

5 ZDENKA
Gib acht dass er dich das aussprechen hört!
Es wär sein Tod.

ARABELLA *leichthin* Mannsbilder sterben nicht so schnell!

ZDENKA *heftiger*
10 Es wär sein Tod! anbeten tut er dich!

ARABELLA *sieht sie an*
Zdenkerl, du hast schon ganz den exaltierten Ton von der Mama!
Pass auf auf dich!

ZDENKA
15 Weils mir das Herz umdreht, wie ich ihn leiden seh!

ARABELLA *ohne sie anzusehen*
Bist du verliebt in ihn?

ZDENKA *stampft auf*   Sein Freund bin ich!
Sein einziger Freund auf dieser Welt!

20 ARABELLA *sieht sie wieder aufmerksam an*
Zdenkerl, in dir steckt was Gefährliches seit letzter Zeit.
Mir scheint, Zeit wärs, dass du ein Mädel wirst
vor aller Welt und dass die Maskerad ein End hat.

ZDENKA
25 Ich bleib ein Bub bis an mein End. Ich will nicht eine Frau sein –
so eine wie du bist. Stolz und coquett, und kalt dabei!

ARABELLA
Du, du! Mir scheint es ist sogar die höchste Zeit!

ZDENKA *heftig*
30 Zeit wärs dass du das einzige Herz, das deiner wert ist,
nicht unter deine Füße trittst!

ARABELLA *sehr ernst*
Er ist der Richtige nicht für mich!
Er ist kein ganzer Mann. Ich könnt mich halt vor ihm nicht fürchten.
35 Wer das nicht ist, der hat bei mir verspielt!

ZDENKA
Wie eine Hexe redest du!

ARABELLA sie hat sich gesetzt
Ich red im Ernst, ich red die Wahrheit jetzt zu dir!
Ich kann ja nicht dafür, dass ich so bin.
Ein Mann wird mir gar schnell recht viel   5
und wieder schnell ist er schon gar nichts mehr für mich!
Da drin im Kopf geschiehts, und schnell, ich weiß nicht wie!
Es fangt zu fragen an, und auf die Fragen
find ich die Antwort nicht, bei Tag und nicht bei Nacht.   10
Ganz ohne meinen Willen dreht sich dann mein Herz
und dreht sich los von ihm. Ich kann ja nichts dafür –
aber der Richtige – wenns einen gibt für mich auf dieser Welt –
der wird auf einmal dastehen, da vor mir
und wird mich anschaun und ich ihn   15
und keine Zweifel werden sein und keine Fragen
und selig werd ich sein und ihm gehorsam wie ein Kind.

ZDENKA nach einer kleinen Pause, sie liebevoll ansehend
Ich weiß nicht wie du bist, ich weiß nicht ob du Recht hast –
dazu hab ich dich viel zu lieb! Ich will nur dass du glücklich wirst –   20
mit einem ders verdient! und helfen will ich dir dazu.
Noch inniger, mehr für sich, und zugleich mit Arabella
So hat ja die Prophetin es gesehn:
sie ganz im Licht und ich hinab ins Dunkel.
Sie ist so schön und lieb, – ich werde gehn   25
und noch im Gehn werd ich dich segnen, meine Schwester.

ARABELLA für sich und zugleich mit Zdenka
Der Richtige, wenns einen gibt für mich,
der wird mich anschaun und ich ihn
und keine Zweifel werden sein und keine Fragen,   30
und selig werd ich sein und ihm gehorsam wie ein Kind!

Man hört die Glöckchen eines Schlittens.

ZDENKA
Das ist der Schlitten vom Elemer. Ich kenn die Schellen.

ARABELLA wieder ganz leicht und munter   35
Und hinter ihm kommt dann der Dominik gefahren

und hinter dem der Lamoral. So treiben sie's.
Und ich – ich treibs halt mit – weil halt nur einmal Fasching ist.

ZDENKA
Nein: heute kommt der Elemer allein.
5 Das ist so zwischen ihnen abgemacht.
Freust du dich? Nein! Er kann der Richtige nicht sein!
Nein, nein, das darf nicht sein!

ARABELLA   Ich weiß ja nicht!
Ein Mann, das ist er wohl. Vielleicht zu viel ein Mann.
10 Ein wilder zorniger Mann – kann sein, ich muss ihn nehmen!
Sie steht nachdenklich

ZDENKA
Mein Gott, dann bringt sich der Matteo um –
visionär
15 Ich klopf an seine Tür, er gibt nicht Antwort.
Ich werf mich über ihn – ich küss zum ersten Mal
seine eiskalten Lippen! dann ist alles aus.

ARABELLA für sich, ohne auf Zdenka zu achten
Kann sein, ich muss. Es wird mir schon ein Zeichen kommen!
20 Heut abend ist der Fasching aus. Heut abend muss ich mich entscheiden.
Zdenkerl, was schaust du denn so traurig drein?
Ich weiß ja doch, die Eltern zittern drauf
mich los zu sein. Und ich, ich kann doch nicht
wenn mich nicht alles stoßt und drängt und hinwirft zu dem e i n e n!
25 Siehst du – da war ein fremder Mensch heut vormittag –
sie geht gegen das Fenster
wie ich hier aus dem Haus gegangen bin,
dort drüben war er, an der Ecke, groß, in einem Reisepelz,
und hinter ihm ein Leibhusar – ein Fremder halt
30 aus Ungarn oder aus der Wallachei . . .
Der hat mich angeschaut mit großen ernsten festen Augen,
dann hat er was gesagt zu seinem Diener.
Ich hätt geschworen drauf, dass er mir Blumen schickt.
Blumen von dem, das wäre heute mehr für mich als alles!
35 Die täte ich mir in mein Zimmer nehmen
und wenn ich heimkäm in der Nacht vom Ball
fänd ich sie wieder, und ich ließ sie nicht verblühn –

als bis er selber käme! Lass mich nur
das sind so Phantasien –
schau mich doch nicht so ängstlich an!

ZDENKA reißt die Rosen von Matteo aus der Vase, hält sie ihr leidenschaftlich hin
Nimm die! sie kommen von dem treuesten Menschen auf der Welt!   5
Nimm sie zu dir, ganz nah zu dir, nimm keine anderen als die!
Ich fühls: dein und mein Schicksal hängt daran!
Die Glöckchen des Schlittens stärker.

ARABELLA verwundert
Was hast du denn? was ist denn los mit dir?   10

ZDENKA
Sei still! da kommt der Elemer.

Die Mitteltür geht auf, Elemer steht in der Tür, wirft den Pelz ab, den er umhän-
gen hat, ein Groom fängt den Pelz auf, schließt von außen die Tür.
Zdenka ist schnell und leise rechts abgegangen.   15

ARABELLA
So triumphierend treten Sie herein?

ELEMER
Heut ist mein Tag! so haben wir gelost.
Anspannen lassen hab ich meine Russen   20
denn heute darf ich Sie in meinem Schlitten führen,
und abends dann auf dem Fiakerball
bin ich Ihr Herr!
Arabella runzelt die Stirn
            Ich meine: ich Ihr erster Knecht   25
denn Sie sind immerdar die Königin!

ARABELLA
Ihr habt um mich gelost! Ihr seid mir schon die Rechten!

ELEMER
Ja, einer von uns dreien muss es sein, den Sie erwählen!   30
So ist's beschlossen und beschworen unter uns.

ARABELLA
Ah? einer von euch dreien muss es sein?
Und ich? ich bin die Sclavin über die ihr schon das Los geworfen habt?
In welchem Krieg habt ihr mich denn erbeutet wenn ich fragen darf? 35

ELEMER
Zum Preis hat Sie sich selber eingesetzt
mit Ihren Blicken hat Sie uns gefordert, Ihr zu stehn:
Ein Mädchenblick ist stark und gibt und nimmt –
5   und er verheißt noch mehr!

ARABELLA für sich
Mit wie ganz andern Augen hat mich heute einer angeschaut!
Sie sieht ihn fest an
Ja, – Sie verlangen – und Sie wollen – und Sie lieben auch – vielleicht!

10 ELEMER
Vielleicht? das Wort da wagen Sie zu sagen – mir –
nach diesen Wochen –?
Er packt sie zornig beim Handgelenk

ARABELLA sie macht sich los und geht ein paar Schritte von ihm weg
15 Ich aber habe meinen Stolz und könnte Vieles nicht verzeihn!
Und eine Fessel tragen will ich nicht!

ELEMER
Ihr Stolz verlangt nur eines: sich zu schmiegen unter eine
                                                            Manneshand!

20 ARABELLA
Verlangt er das? Dann sollt ich zornig sein auf euch
dass ihr mir jetzt den Hof macht einen Fasching lang –
und immer noch habt ihr mir nicht das Herz erlöst
von diesem Stolz – und habt mir noch nichts Besseres geschenkt –
25 und immer bin ich noch die Gleiche die ich war,
und dieses einzige bittersüße Glück
das einem Mädel bleibt, das kost ich aus: versteckt
und in der Schwebe sein, und keinem ganz sich geben!
und zögern noch und noch –
30 Vielleicht wird aber bald was Andres kommen, Elemer.
Mit einem süßen Lächeln
Wer weiß – vielleicht sehr bald, vielleicht noch diese Nacht!

ELEMER
Das Andere wird kommen in der Stunde
35 die ich herab vom Himmel flehe, Bella –
wo Sie abwerfen diese feigen zaudernden Bedenken

und das sein wollen was Sie sind, das herrlichste Geschöpf
geschaffen Seligkeit zu bringen über mich, allein auf dieser Welt!
Hören Sie meine Pferde? Wie sie stampfen
und ihre Glocken schütteln? Wie sie läuten:
Du willst ja! Komm! dann sausen wir mit dir dahin!   5
Nachdenken ist der Tod! im Nicht-bedenken liegt das Glück!

ARABELLA
Sind es die Russen? schütteln sie sich schon vor Ungeduld?
Ja, ja! Ich will. Heut ist doch Faschingdienstag
und heut um Mitternacht ist alles aus.   10
Die Hauptallee hinunter – dass der Atem mir vergeht.
– Aber der Zdenko fahrt mit uns.

ELEMER zornig, unglücklich   Kein Wort,
kein Wort soll ich zu Ihnen reden dürfen?
In mir sind Worte, brennende, für Sie allein bestimmt!   15
und sonst für keines Menschen Ohr!

ARABELLA bestimmt   Der Bub kommt mit.

ELEMER
Sie Grausame!

ARABELLA   In einer halben Stunde bin ich unten   20
mit ihm. Solange müssen sich die Russen gedulden!
Ihn verabschiedend
Auf Wiedersehn!

ELEMER   Sie sind ein angebetetes Geschöpf
ein unbegreifliches! ein grausames! entzückendes!   25
Er geht

ZDENKA tritt rechts herein
Hast du ihn fortgeschickt?

ARABELLA
Wir fahren aus mit ihm. Schnell zieh dich an.   30
Im Schlitten.

ZDENKA   Dazu brauchst du mich?

ARABELLA   Ja, dazu brauch ich dich.

Der Schlitten unten lebhafter

Schau doch die schönen Rappen, wie sie ungeduldig sind.

Mit plötzlich veränderter Stimme rufend

Zdenka!

ZDENKA Was ist denn? was erschrickst du so?

5 ARABELLA

Er! das ist er! er! mein Fremder! da! dort drüben geht er!
mit seinem Diener. Sicher will er wissen, wo ich wohn'.
Pass auf, jetzt sucht er, welches meine Fenster sind.
Schau seine Augen an, was das für große ernste Augen sind –

10 ZDENKA *hinter ihr*

Wie soll ich seine Augen sehn, er schaut ja nicht herauf!

ARABELLA *wartet*

Nein, er schaut nicht herauf.

Wendet sich ins Zimmer

15 Er geht vorüber. Anderswo erwartet ihn halt eine andre Frau –
Die hass ich jetzt! Und wünsch ihr alles Böse auf der Welt!

ZDENKA

Und heut am Abend hast du sie vergessen – und ihn auch.
Du hast so deine Phantasien.

20 Arabella steht finster

ZDENKA *nähert sich ihr*

Die Männer sind's allein, die wählen dürfen,
und wir, wir müssen warten bis man uns erwählt
oder wir sind verloren.

25 Sie drückt ihren Kopf an Arabellas Schulter

ARABELLA

Du Weisheit!

Zdenka hebt den Kopf

Lass dich anschaun! Deine Augen
30 sind ja voll Wasser! Zdenkerl, sag was ist mit dir?

Man hört die Schlittenglocken.

ZDENKA *macht sich los*

Gar nichts. So willst du fahren mit dem Elemer?

ARABELLA
Ja, ja. Geh. Zieh dich an. Du fahrst mit uns. Ich wills.

ZDENKA
Pst, die Mama.

Adelaide ist links herausgetreten, horchend: sie hat Waldner kommen gehört.
Waldner kommt im gleichen Augenblick durch die Mitteltür, gut angezogen,
Stadtpelz und Cylinder, Stock, Handschuhe. Er sieht elegant, aber ermüdet und
übernächtig aus, geht durchs Zimmer, als sehe er die andern nicht und lässt sich
in einem Fauteuil vorne rechts nieder.

ADELAIDE
Lasst uns allein, meine Kinder.
Euer Vater hat Sorgen.

Arabella geht links rückwärts ab. Zdenka rechts rückwärts.

WALDNER
steht auf, legt ab – hinter einem Paravent – legt den Cylinder auf den Tisch. Er
sieht die Couverts mit den Rechnungen, betrachtet sie mechanisch, reißt ein
Couvert auf, dann das nächste
Nichts als das Zeug da? und von niemand sonst ein Brief?

ADELAIDE
Du hast gespielt? Du hast verloren, Theodor?
Waldner schweigt
Du hast an deine Regimentscameraden geschrieben?

WALDNER
Von keinem eine Antwort! das ist hart.
Wirft sich auf den Fauteuil; vor sich hin, halb zu Adelaide
Da war ein gewisser Mandryka
der war steinreich und ein Phantast dazu.
Für ein Mädel hat der einmal die Strassen von Verona
bestreuen lassen mit dreitausend Scheffeln Salz
weil sie hat Schlitten fahren wollen mitten im August!
Ich hab an seine Großmut appelliert –
und hab von der Bella ein Bild hineingelegt –
in dem stahlblauen Ballkleid mit Schwanenbesatz –
Ich hab mir gedacht: vielleicht kommt er daher,
ein Narr wie er ist, und heirath das Mädel!

ADELAIDE
O Gott mein schönes Kind mit einem alten Mann!

WALDNER *heftig*
Es muss ein solider Bewerber daher
und ein End mit der ewigen Hofmacherei
die zu nichts führt! Ich weiß sonst keinen Ausweg!
5 *Er ist aufgestanden – geht im Zimmer umher.*

ADELAIDE *mit plötzlicher Ekstase*
Fort mit uns! Zur Tante Jadwiga!
Sie nimmt uns auf auf ihre Schlösser!
Du wirst Verwalter
10 ich führe der Tante das Haus.

WALDNER
Und die Mädeln?

ADELAIDE
Zdenka wird groom für ewige Zeiten –
15 wir sind nicht in der Lage
zwei Töchter zu erhalten!
Und Arabella – ihr ist prophezeit
sie macht ihr Glück durch eine große Heirath!

WALDNER *grimmig*
20 Inzwischen ist der letzte Fünfziger dahin!

ADELAIDE
Sei ruhig, Theodor, mir sind im Traum drei Nummern erschienen!
Unfehlbare herrliche Zahlen!

WALDNER   Ah, Geschwätz!
25 Versetz die Smaragdbrosch und gib mir das Geld!
Was? du hast sie nicht mehr? versetzt? verpfändet?

ADELAIDE
Schon vorige Woche. Sie war das Letzte.

WALDNER
30 Und heut hätt ich Glück!
Ich spürs in jedem Finger!
Du unglückselige Person!
Im Herumgehen sieht er die Kartons
Was sind das da für Sachen?

ADELAIDE hat schnell die Kartons geöffnet
Bonbons vom Dominik! Parfum vom Elemer!
Spitzen vom Lamoral! So voller Attentionen sind die jungen Herrn!

WALDNER tritt näher
Spitzen? wo sind die Spitzen?   5

ADELAIDE   Da: point d'Alençon.

WALDNER
Geh aus, sofort und schau wie du sie möglichst gut verkaufst.

ADELAIDE
Die Spitzen, die dem Kind gehören?   10

WALDNER
A tempo! fix! Ich hab nicht einen Gulden mehr im Sack!

ADELAIDE
O dieses Wien!
Sie nimmt das Päckchen Spitzen zu sich   15
Allein so hab ichs oft geträumt!
Aus tiefster Schmach hebts uns einmal empor
zu höchster Höhe durch die Hand der Schönheit!

Waldner winkt ihr heftig ab

ADELAIDE sich zurückziehend, links vorne, zwischen Tür und Angel in Ekstase 20
Hats denn vielleicht im Allerhöchsten Erzhaus
noch keine Liebesheirathen gegeben?
Sie geht ab

WALDNER wieder zu den Rechnungen zurück, liest die erste:
»Bin ich nicht in der Lage, länger zu warten!«   25
Nimmt die zweite

»Müsste ich die Gerichte in Anspruch nehmen . . .«
Arme Frau! arme Mädeln!
Er läutet am Glockenzug indem er hinter sich greift. Zimmerkellner tritt ein

WALDNER   30
Cognac!

ZIMMERKELLNER
Auf Nummer 8 darf ich nichts mehr servieren!
Außer wünschen sofort zu bezahlen!

WALDNER
Verschwinden Sie. Ich brauche nichts.

Auf und nieder

Jetzt setzen sie sich hin und fangen wieder an zu spielen,
5 und alles Andre ist verlorene Zeit!

ZIMMERKELLNER eintretend mit einem Tablett
Ein Herr!

WALDNER
Sie sagen: ich bin ausgegangen.
10 Das Zeug dorthin!

Zimmerkellner legt an die von Waldner angegebene Stelle eine Karte und geht ab

WALDNER sieht hin
Das ist ja keine Rechnung. Melden sich
die Lieferanten jetzt schon mit Visitenkarten an?
15 Er geht hin, nimmt die Karte in die Hand, freudig überrascht
Mandryka!
Traut seinen Augen nicht
Der reiche Kerl! mein bester Freund im Regiment!

ZIMMERKELLNER an der Tür
20 Der Herr fragt dringend an.

WALDNER   Ich lasse bitten!
Dem Eintretenden mit offenen Armen entgegen
Tschau, Camerad!

Mandryka, großer, sehr kräftiger, eleganter Mann von höchstens fünfunddreissig
25 Jahren, etwas undefinierbar Ländliches in der Erscheinung: sehr gut angezogen,
ohne jede provinzielle Eleganz
Welko, hinter Mandryka eintretend, bleibt in der Tür stehen.

WALDNER perplex, tritt zurück
Ah so! Mit wem hab ich die Ehre?

30 MANDRYKA
Hab ich die Ehre mit dem Rittmeister Graf Waldner?

WALDNER
Waldner, so heiß ich. Rittmeister nicht mehr.

Mandryka streckt seine rechte Hand nach hinten.
35 Welko, unter Verneigung, gibt ihm einen Brief in die Hand

MANDRYKA mit dem Brief auf Waldner zutretend
Sind Sie, Herr Graf, der Schreiber dieses Briefes?

Waldner nimmt den Brief, der zerknittert ist und voll Blutflecken

MANDRYKA sehr leicht und munter und sehr artig
Er ist ein bissl blutig worden, und nicht mehr leserlich.   5
Ich bin den Tag, wo er mir zugekommen ist,
auf eine alte Bärin gegangen, sie hat mich angenommen
und ein bissl gekratzt – dabei ist das passiert.

WALDNER indem er ihm den Brief zurückgibt, nachdem er einen Blick darauf
geworfen hat   10
Geschrieben hab ich allerdings an einen Herren Ihres Namens –
er war mein Freund und Regimentscamerad.

MANDRYKA
Das war mein Onkel. Er ist todt. Ich bin der einzige Mandryka.
Somit verzeihen Sie, dass ich den Brief   15
zu öffnen mir gestattete. – Jetzt kommt's auf eines an:
Welko, das Bild!

WELKO indem er eine Photographie überreicht
Es ist in Ordnung, Gospodar.
Die schöne Fräulein mit dem Gesicht wohnt hier.   20

MANDRYKA die Photographie in der Hand
Herr Graf, Sie haben Ihrem werten Brief,
der cameradschaftlich an meinen Onkel gerichtet war,
Sie haben dieses Damenbildnis beigelegt.

WALDNER leicht hinsehend, ganz ohne Wichtigkeit   25
Ah ja! die Photographie meiner Tochter
Arabella!

MANDRYKA mit merklicher Aufregung, aber ohne die Haltung zu verlieren
Die gnädige Tochter ist unvermählt – ?

WALDNER nickt   30
Noch unvermählt.

MANDRYKA
– und derzeit nicht verlobt?

WALDNER
Derzeit noch nicht.   35

MANDRYKA sehr ernst, beinahe feierlich
Dann bitte ich um ein Gespräch von fünf Minuten.

Welko rückt schnell zwei Fauteuils einander gegenüber, zieht sich dann zurück.
Waldner und Mandryka setzen sich. Eine kleine Pause der Verlegenheit bei
5 Mandryka, der Spannung bei Waldner.

MANDRYKA
Darf ich so unbescheiden sein und eine Frage stellen?

WALDNER
Du bist der Neffe – und Erbe meines teuren Cameraden.
10 Verfüge über mich!

MANDRYKA
Ich danke sehr. –
Er überlegt einen Moment
Als in dem Brief an meinen seligen Onkel
15 das reizende Porträt des Fräulein Tochter
hineingeschlossen wurde,
darf ich annehmen, daß da eine Absicht
im Spiele war? – Ich bitte um Vergebung.

WALDNER vorsichtig
20 Mein Gott, ich hab mir halt gedacht ich mach dem Alten damit einen
                                                                    Spass!

MANDRYKA sehr aufmerksam, bestrebt, jedes Wort Waldners nach seinem vollen
Gewicht zu erfassen
Dem Onkel einen Spass? – Wenn aber das die Folge wär gewesen:
25 dass mein Herr Onkel, der ein ganzer Mann war
und in den besten Jahren,
sich hätte in die Schönheit des Porträts verliebt
und wär getreten hier vor Ihnen, hochgeborner Herr,
so als ein offenherziger Edelmann vor einen andern,
30 und hätt gesagt: »Wer das Gesicht gesehen hat
und tritt nicht als Bewerber auf
verdient nicht, dass ihn Gott auf dieser schönen Erden leben lasst:
So gib das Mädel mir zur Frau und Herrin!«
Was wäre dann gewesen? Gesetzt den Fall, er hätte so gesagt!

35 WALDNER
Dann hätten wir uns in einer unerwarteten Situation befunden.

MANDRYKA *steht auf, sehr aufgeregt, aber beherrscht*
Der Onkel ist dahin. Heut bin ich der Mandryka, niemand sonst.
Mein sind die Wälder, meine sind die Dörfer.
Viertausend Untertanen beten dass ich glücklich sei –
und ich, mit aufgehobenen Händen bitte ich: 5
Herr Vater, geben mir die gnädige Tochter,
geben mir sie zur Frau, die jetzt seit vierzehn Wochen
jeden Gedanken hier in dieser Brust regiert.

Waldner schweigt vor Staunen

MANDRYKA *sehr ernst*   10
Ich bin ein Witwer. Wird sich da die gnädige Tochter schrecken?
Meine Maria war zu gut für mich!
Zwei Jahre nur ist sie bei mir geblieben.

Waldner bittet ihn durch Geberden, sich wieder zu setzen

Ihr Zögern ist kein Todesurteil? Nein?   15

Waldner schüttelt den Kopf

Ich darf sie sehn?

Waldner nickt

Bedenken: dieser Brief kommt an, und in der gleichen Stunde
nimmt mich die alte Bärin in die Arme   20
und drückt mir vier von meinen Rippen ein.
Zwölf Wochen bin ich so im Bett gelegen –
vor meinen Augen dieses Bild – und ein Gedanken immer stärker
bis er die Seele mir herausgezogen hat!
Ganz naiv, ohne alle Prahlerei   25
Kommen meine Verwalter: Was ists mit unserm Herrn?
Kommen die von den Meierhöfen: Was ists mit unserm Herrn?
Kommen die von den Fohlenhöfen: Freut unsern Herrn kein Pferd
                                          mehr?
Kommen meine Förster: Freut unsern Herrn kein Jagen?   30
Ich geb ihnen keine Antwort. Welko! ruf ich,
hol mir den Juden, na! wie heißt der Jud in Sissek,
der meinen Wald will kaufen? dort den Eichwald!
Schnell her mit ihm, und er soll Geld mitbringen
denn morgen fahr ich in dem Kaiser seine Hauptstadt   35

da kostet Geld ein jeder Atemzug
und Hindernisse darfs nicht geben auf der Brautfahrt!

Er zieht ein großes, aber elegantes Portefeuille hervor; es enthält, lose hineingelegt, einen dicken Pack Tausendguldennoten

5 Das ist der Wald. –
Es war ein schöner Wald: Einsiedler waren drin,
Zigeuner waren drin und alte Hirschen
und Kohlenmeiler haben viele drin geraucht –
Hat sich alles in die paar Fetzen Papier verwandelt!
10 Aber es stehen Eichenwälder genug noch auf meinem Boden
für Kinder und für Enkel – Gott erhalte! –
Verzeih'n um Gotteswillen daß ich da von solchen Sachen rede!
Ist ganz, ich weiß nicht wie, gescheh'n!

Er will das Portefeuille einstecken

15 WALDNER hindert ihn daran durch eine unwillkürliche Bewegung
Oho! ich find es ungeheuer interessant!
Wenn man bedenkt: ein Wald – Einsiedler waren drin
Zigeuner waren drin und alte Hirschen
und auf eins zwei – ein solches Portefeuille!
20 Ich hab seit vielen Jahren so was nicht gesehn!

Er starrt fasciniert auf das Portefeuille

MANDRYKA hält ihm's hin, sehr leicht und liebenswürdig
Darf ich vielleicht? brauchst du vielleicht?
so für den Augenblick? Du tust mir eine Gnad!
25 Teschek, bedien dich!

WALDNER nach kurzem Zögern nimmt eine Tausendguldennote
Mein Bankier ist nur verreist!
Ich geb es dir heut abend spätestens zurück!

MANDRYKA hält das Portefeuille nochmals hin, sehr herzlich
30 Nicht mehr? Ich bitte vielmals! Aber doch!
Teschek, bedien dich!

Waldner nimmt eine zweite Note und steckt sie mit nonchalance zu der ersten in
die Westentasche.
Mandryka läßt das Portefeuille in seine Brusttasche gleiten. Eine leichte Pause der
35 Verlegenheit.

MANDRYKA
Und wann wird's dir genehm sein
mich deiner Gräfin vorzustellen –
und dann der gnädgen Tochter?

WALDNER
Sie sind gleich da im Nebenzimmer.

Mandryka steht auf, wirklich erschrocken

WALDNER steht gleichfalls auf
Willst du sie sehn? Ich ruf' –
ich stell dich vor.

MANDRYKA
Jetzt? so? Ich bitte: nein! auf keinen Fall!

WALDNER
So schüchtern war der Onkel nicht!

MANDRYKA sehr ernst
Das ist ein Fall von anderer Art.
Es handelt sich für mich um etwas Heiliges.

WALDNER
Ganz wie du willst.

MANDRYKA in verändertem Ton
Ich werd mich hier im Hause einlogieren
und den Befehl abwarten deiner Gräfin
wann ich mich präsentieren darf am Nachmittag
oder am Abend – oder wann es wird belieben.
Verneigt sich, Waldner reicht ihm die Hand und begleitet ihn dann zur Tür

WALDNER allein
Hab ich geträumt? Dahier ist er gesessen
der Neffe vom Mandryka.
So was passiert einem doch nicht!
Er zieht den einen zerknitterten Tausender hervor, dann den zweiten, glättet
beide, steckt sie in seine völlig leere Brieftasche
Hab ich geträumt? Nein! ich hab nicht geträumt!
Er nimmt den einen Tausender wieder heraus, dreht daraus, ganz gedankenlos,
eine kleine Papierdüte und behält sie in der Hand
Mit leichtem Ausdruck, Mandrykas Ton copierend, ziemlich laut
Teschek, bedien dich!

ZIMMERKELLNER eintretend
Ist hier gerufen?
Er gewahrt den Tausender in Waldners Hand und verändert sofort den Ton
        Haben mich befohlen?

5 WALDNER vor sich, leise, zart
Teschek, bedien dich!

ZIMMERKELLNER
Befehlen diesen Tausender zu wechseln?

WALDNER
10 Später vielleicht. Jetzt nicht.

Zimmerkellner geht ab

WALDNER vor sich hin, mit Grazie
Teschek, bedien dich!
Fast schmelzend zärtlich
15 Teschek, bedien dich!
Majestätisch
Teschek, bedien dich!
Er nimmt Mantel, Hut und Stock

ZDENKA aus der Tür rechts heraus
20 Hast du gerufen, Papa?

WALDNER mit turbulentem Jubel
Teschek, bedien dich!

ZDENKA
Mit wem spricht er? Ist dir etwas geschehn, Papa?

25 WALDNER jetzt erst bemerkend, daß er nicht allein ist
Gar nichts. Ich geh jetzt aus. Ich werd erwartet.
Brauchst du vielleicht?
Er winkt ihr mit dem Tausender, den er in der Hand behalten hat.
        Ich werd mir wechseln lassen.
30 Adieu.
Ab durch die Mitteltür

ZDENKA allein
        Papa! Er ist schon fort.
So hab ich ihn noch nie gesehn.
35 Die Sorgen haben ihn um den Verstand gebracht!

Wir müssen fort aus dieser Stadt – schon morgen
und den Matteo seh ich heut vielleicht zum letzten Mal –
O Gott im Himmel steh mir armem Mädel bei!

Matteo schnell und verstohlen zur Mitteltür herein.
Zdenka erschrickt   5

MATTEO
Er hat mich nicht gesehn. Ich hab mich seitwärts in die Tür gedrückt.

ZDENKA deutet auf die Tür links rückwärts
Pst! sie ist da!

Horcht   10
Sie ruft mich!

MATTEO
Kann ich sie nicht sehn?

ZDENKA
Jetzt nicht! Ich bitte dich! Jetzt nicht!   15

MATTEO
Hast du den Brief?

ZDENKA
Den Brief? Ja! Nein! Sie will jetzt nicht.
Sie sagt, sie will ihn dir – heut abend – komm auf den Fiakerball –   20
und vorher sei zuhaus –
hier im Hotel – vielleicht bring ich ihn dir
ins Zimmer – oder du bekommst ihn dort!

MATTEO
Du lasst mich nicht im Stich? Ich hab dein Wort!   25

Zdenka, ängstlich, deutet auf die Tür links.
Matteo schnell ab
Arabella tritt aus der Tür links, in einem andern Kleid, einem Mantel, einem
andern Hut.
Zdenka steht verwirrt und verlegen da.   30
Man hört die Schlittenglocken

ARABELLA
Bist du nicht fertig! Ja, was hast du denn gemacht die ganze Zeit?
So zieh dich endlich an! Die Rappen sind schon voller Ungeduld.

ZDENKA
Die Rappen – und dein Elemer vielleicht noch mehr!
Läuft ins Nebenzimmer rechts

ARABELLA
5 Mein Elemer! – Das hat so einen sonderbaren Klang . .
Sie setzt sich
Er mein – ich sein. Was ist denn das,
mir ist ja, wie wenn eine Angst mich überfiele –
und eine Sehnsucht . . . ja, nach was denn auf der Welt?
10 Nach dem Matteo?
Sie steht auf   Weil er immer sagt,
er kann nicht leben ohne mich, und mich so anschaut
mit Augen wie ein Kind?
Sie horcht in sich hinein
15 Nach dem Matteo sehnt sich nichts in mir!
Ein Zögern, dann ausbrechend
Ich möchte meinen fremden Mann noch einmal sehn!
Ich möchte einmal seine Stimme hören! –
Dann wäre er wie die Anderen für mich. –
20 Wie sagt die Zdenka: dass wir warten müssen bis uns einer wählt,
und sonst sind wir verloren. Es ist Zeit
dass sie in Mädelkleider kommt, die Kleine,
sie hat so sonderbare Blicke. Wenn ich dann verheirat't bin
muss sie zu mir. Verheirat't mit dem Elemer?
25 Sie schaudert unwillkürlich
Was rührt mich denn so an, als trät ich einem übers Grab?
Ist das der fremde Mann mit dem ich nie ein Wort geredet hab
zieht der im Dunkel so an mir?
Herr Gott, er ist ja sicher ein verheiratheter Mann
30 und ich soll und ich werd ihn nicht mehr wiedersehn!
Und heut ist Faschingdienstag und am Abend ist mein Ball
– Von dem bin ich die Königin – und dann . . .
ZDENKA tritt heraus, in einem kurzen Pelz, einen Zylinder in der Hand
                                          So ich bin fertig.

35 ARABELLA   Komm!
Zdenka öffnet ihr die Tür. Arabella geht hinaus. Zdenka setzt den Zylinder auf
und folgt ihr. Die Schlittenglocken tönen herauf.

Vorhang

II. Act

Vorraum zu einem öffentlichen Ballsaal, prunkvoll im Geschmack der 1860er
Jahre. Logenartige Räume, aus Säulen und Draperien, links und rechts. In der
Mitte Treppe zu einer Estrade, von der man in den eigentlichen Ballsaal hinab-
sieht, und zu dem man links und rechts von dieser Treppe hinabsteigt.   5

Arabella und hinter ihr Adelaide, von mehreren Herren begleitet, steigen langsam
die Treppe von der Estrade herab.
Waldner und Mandryka stehen unten, seitwärts. Beide im schwarzen Frack, mit
umgeschlungener schwarzer Cravatte.

MANDRYKA   10
Das ist ein Engel, der vom Himmel niedersteigt!

WALDNER
Na, endlich! Immer eine halbe Stund' zu spät.

MANDRYKA
O Waldner, Waldner!   15

WALDNER   Wenn du meine Hand so druckst
werd ich drei Tag' lang keine Karten halten können.
Jetzt komm! ich stell dich vor! Was gehst du denn zurück!

Adelaide mit Arabella, unten angelangt, treten etwas nach links. Die beglei-
tenden Herren sind zurückgeblieben.   20

ADELAIDE leise zu Arabella
Dort steht er. Habe ich zuviel gesagt?

ARABELLA ohne dass sie hinzusehen scheint
Mama – das ist jetzt wirklich die Entscheidung!

ADELAIDE   25
Du bist sehr blass! Ist dir nicht wohl, mein Kind?
Willst du dich setzen? willst du fort?

ARABELLA   Nein, lass Mama.
Nur einen Augenblick lass mich allein.

Adelaide geht auf die beiden Herren zu   30

WALDNER ihr entgegen
Was ist denn?

ADELAIDE   Lass ihr einen Augenblick!

WALDNER
Zu was denn?

ADELAIDE   Eine plötzliche Beklommenheit.
Du kennst ihre Natur.

5 WALDNER   Jetzt ist nicht Zeit für solche Faxen!
Hier stell' ich Dir Herrn von Mandryka vor.

Adelaide reicht Mandryka die Hand, die er küsst

ARABELLA *zu ihnen gehend*
Mama, da bin ich.

10 WALDNER   Meine Tochter Arabella.

Mandryka verneigt sich tief.
Adelaide zieht Waldner bei Seite. Sie verschwinden rechts.
Mandryka sieht Arabella an, ohne ein Wort herauszubringen

ARABELLA
15 Sie sehn nicht aus wie jemand, den das alles da interessiert.

Indem sie sich fächelt
Was führt sie dann hierher?

MANDRYKA
Nach Wien?

20 ARABELLA
Hierher auf diesen Ball!

MANDRYKA
Sie fragen mich, was mich hierherführt, Arabella?

Dominik kommt von rückwärts, will Arabella zum Tanz holen

25 ARABELLA *zu Dominik*
Später. Jetzt sprech ich hier mit diesem Herrn.

Sie tritt nach links. Dominik ab

MANDRYKA *nach einer kleinen Pause*
So hat Ihr Vater Ihnen nichts gesagt?

30 ARABELLA *setzt sich und winkt ihm mit dem Fächer, sich neben sie zu setzen*
Was hätte er mir sagen sollen?

ELEMER *kommt von rückwärts zu Arabella*
Darf ich vielleicht um diesen Walzer bitten?

ARABELLA
Später. Jetzt bleib ich hier.

Elemer verneigt sich und geht

ARABELLA sieht Mandryka an
Was hätte mir mein Vater sagen sollen?   5

MANDRYKA
Sie wissen nichts von mir?

Arabella schüttelt den Kopf

Ich habe eine Frau gehabt, sehr schön, sehr engelsgut.
Sie ist zwei Jahre nur bei mir geblieben,   10
dann hat der Herr Gott sie zu sich gerufen schnell.
Zu jung war ich und noch nicht gut genug für einen solchen Engel.

Er senkt den Kopf

ARABELLA nach einer kleinen Pause, mit ein wenig Schelmerei
Das ist es, was mein Vater mir erzählen sollte?   15

MANDRYKA sehr ernst und schwer
Verzeihen Sie, ich bin ein halber Bauer,
bei mir geht alles langsam, aber stark.
Wie mit plötzlichem Entschluss
Sie sind schön, Arabella – Ihr schönes Gesicht   20
auch auf einem Papier verbrennt schon die Seele!

ARABELLA mit einem Stirnrunzeln
Wie kommt man eigentlich da unten in Slawonien
zu einem Bild von mir?

MANDRYKA sieht sie an   25
Wie man zu einem Bild – das ist ja gleich! –
So schön sind Sie – eine Gewalt ist da in Ihren Zügen
sich einzudrücken in die Seele wie in weiches Wachs!
Über den einfachen Menschen, den Felder und Wälder umgeben,
ist eine solche Gewalt sehr groß, und er wird wie ein Träumer, 30
wie ein Besessener wird er und fasst den Entschluss mit der Seele,
einen ganzen Entschluss und wie er entschlossen ist, so muss er handeln!

Arabella erschrickt vor der dumpfen Heftigkeit, steht auf

MANDRYKA steht auf
Gräfin, ich habe vergessen wie anderswo anders die Welt ist.
Hier sind nicht meine Wälder und Felder, Sie müssen verzeihen
meine unschicklichen Reden, wodurch ich Sie hindre am Tanzen.

5 LAMORAL kommt von rückwärts zu Arabella
Darf ich jetzt stören und um einen Walzer bitten?

ARABELLA
Nein. Später, Lamoral, ich möcht mit dem Herrn da noch
                                            ein bissl reden,
10 wenn er – vielleicht – sich wieder niedersetzen wird.

Lamoral verneigt sich und geht

ARABELLA setzt sich und winkt Mandryka, sich zu setzen
Sie wollen mich heirathen, sagt mein Vater
Ja haben Sie denn eine Ahnung wer wir sind?
15 Wir sind nicht grad sehr viel, nach dem Maß dieser Welt –
wir laufen halt so mit als etwas zweifelhafte Existenzen!

MANDRYKA
Ihren Stammbaum, Arabella,
den tragen Sie in Ihr Gesicht geschrieben!
20 und wenn Ihnen genug ist über einen zu gebieten
der selbst wieder gebietet über viele
so kommen Sie mit mir und sei'n die Herrin!
Sie werden Pfauen weiden auf seidenem Boden
und das wird nicht geschehen dass jemand sich dünkt über Ihnen
25 es sei denn der König und Kaiser und seine Kaiserin! –
                                            aber sonst niemand!

ARABELLA vor sich
Der Richtige, wenns einen gibt für mich,
der wird auf einmal da sein,
30 und wird mich anschaun und ich ihn
und keine Winkelzüge werden sein und keine Fragen,
nein, alles hell und offen, wie ein lichter Fluss, auf dem die Sonne blitzt!

MANDRYKA
So fließt der helle stille Donau mir beim Haus vorbei,
35 und hat mir dich gebracht! du Allerschönste!

Geheimnisvoll
Und heute abend noch, vor Schlafenszeit –
wärst du ein Mädchen aus der Dörfer einem meinigen,
du müsstest mir zum Brunnen gehen hinter deines Vaters Haus
und klares Wasser schöpfen einen Becher voll   5
und mir ihn reichen vor der Schwelle, dass ich dein Verlobter
                                                   bin vor Gott
und vor den Menschen, meine Allerschönste!

ARABELLA
So wie Sie sind, so hab ich keinen Menschen je gesehn!   10
Sie bringen Ihre eigene Lebensluft mit sich
und was nicht Ihnen zugehört, das ist nicht da für Sie.

MANDRYKA
Darum kann ich erst leben wenn ich etwas Herrliches
erhöhe über mich, und so in dieser Stunde   15
erhöh ich dich, und wähle dich zu meiner Frau
und wo ich Herr bin, wirst du Herrin sein
und wirst gebieten, wo ich der Gebieter bin!

ARABELLA ganz leise, mit ihm
Und du wirst mein Gebieter sein und ich dir untertan   20
dein Haus wird mein Haus sein, in deinem Grab will ich mit dir
                                              begraben sein –
so gebe ich mich dir auf Zeit und Ewigkeit.
Ihren Ton völlig ändernd, aber ernst
Jetzt aber fahren Sie nachhaus. Ich bitte Sie darum.   25

MANDRYKA
Und Sie?

ARABELLA Ich bleibe noch.

Mandryka verneigt sich

Ich möchte tanzen noch, und Abschied nehmen   30
von meiner Mädchenzeit, nur eine Stunde lang.
Gewähren Sie mir die?

MANDRYKA   Wenn Sie hier bleiben,
so ist mein Platz nicht anderswo als hier.

Arabella runzelt die Stirn   35

Sie aber brauchen nicht ein einziges Wort an mich zu richten!

Ein Schwarm von Fiakern und Ballgästen, darunter auch die Fiakermilli und
einige solche Mädchen, und die drei Grafen, kommt aus dem Tanzsaal herauf auf
die Bühne

5 ARABELLA sieht Mandryka an
Darf ich?

MANDRYKA
Sie dürfen! Ja! Sie dürfen alles was Sie wollen!
Indem er zur Seite tritt und den Herankommenden den Weg freigibt
10 Tretet auseinander, gute Menschen,
nach den vier Weltseiten auseinander!
Lasst die junge Magd ein Kleines tanzen
eh vom Väterchen sie noch vermählt wird!

Die Fiakermilli, eine hübsche Person in einem sehr auffallenden Ballkleid, ein
15 großes Bukett in der Hand, tritt aus dem Schwarm heraus auf Arabella zu, die
jetzt in der Mitte steht.

DOMINIK neben Milli tretend
Der Ball begehrt nach seiner Königin!
die Milli ist der Herold der Fiaker
20 wir haben unsre Huldigung ihr in den Mund gelegt!

DIE FIAKERMILLI indem sie mit einem Knix Arabella das Bukett überreicht,
leichtfertig, fast frech
Die Wiener Herrn verstehen sich
auf die Astronomie:
25 Die könnten von der Sternwart sein
und wissen gar nicht wie!
Sie finden einen neuen Stern
gar schnell heraus die Wiener Herrn
den machen sie zur Königin
30 an ihrem Firmament:
Zu der dann schallt es im Verein:
du sollst unsres Festes Königin sein!

DIE GRAFEN UND FIAKER
Du sollst unsres Festes Königin sein.

35 Die Fiakermilli geht sogleich aus ihrem Lied in ein freches übermütiges Jodeln
über. Der Jodler bildet die Überleitung zu dem nun einsetzenden Walzer.

Arabella, unter den Klängen des Walzers, den Milli mitjodelt, nimmt Blumen aus
dem Bukett und verteilt sie unter die Herren und Fiaker. Zuletzt wirft sie das
ausgeplünderte Bukett unter sie und nimmt Dominiks Arm, und steigt mit ihm
in den Ballsaal hinab, von allen gefolgt.
Mandryka sieht ihnen nach, dann wendet er sich.
Adelaide erscheint in diesem Augenblick von rechts.
Matteo ist zugleich links herausgetreten, Zdenka schüchtern hinter ihm, in
Knabenkleidern, aber einer Art von schwarzem Frack, sich hinter einer Säule
deckend.

ADELAIDE auf Mandryka zu
Sie sind allein? Wo ist Arabella?

MANDRYKA
Wo ihre Pflicht sie ruft als Königin des Balles.

MATTEO in die Luft
Wie sie mich vergisst – im Rausch ihrer Schönheit!

ADELAIDE
Ihre Augen leuchten. Wie darf ich das deuten?

ZDENKA hinter Matteo, ängstlich
Sie denkt an dich, ich weiß es, Matteo!
Ihre Blicke nur nimmt sie in acht.

MANDRYKA auf Adelaide zu
O Gräfin, Sie selber so jung noch, so reizend –
und Sie ihre Mutter! mit was für Worten
womit denn auf Erden vermöchte ich Ihnen zu danken!
Er küsst ihr mit Innigkeit die Hand

MATTEO tritt einen Schritt hervor
Die Blumen für alle! für alle ihr Lächeln!
sie selber für alle! was bleibt für mich?

ADELAIDE zu Mandryka
O könnten Sie ahnen, was in mir vorgeht!
mein Freund! mein Sohn! mein fahrender Ritter!
Zu viel für mein Herz. Ich muss es teilen!
Zu ihm, zu ihr! Nein, bleiben Sie hier!
ich finde ihn! er muss Sie umarmen!
Sie eilt rechts ab

ZDENKA *innig aber zart, zu Matteo*
Für dich bleibt Alles: sie braucht deine Trauer
tief wie ein Brunnen
ihre ganze Seele hineinzuwerfen –
5 Seicht sind die andern!

MATTEO *vor sich*
Eines bleibt: fort nach Galizien,
und sie vergessen – wenn ich noch kann!
Und ist's dazu zu spät – so gibt es noch ein andres Mittel!
10 *Er geht nach vorne, Zdenka bleibt links, aus Furcht, gesehen zu werden*

ZDENKA
Der Papa! die Mama! dass keiner mich sieht!
Wohin gehst du, Matteo?

Matteo geht in den Hintergrund, starrt düster in den Ballsaal hinab.
15 *Adelaide und Waldner, von rechts, auf Mandryka zu.*
Zdenka verschwindet links

ADELAIDE
O Theodor! hier ist er, Theodor!

WALDNER *jovial*
20 Wie stehst du vor mir, neveu meines alten Mandryka?
Mir scheint, du verstehst, wie man Frauen gewinnt, so gut
wie der Onkel!
Na! Teschek! umarme mich schon!

MANDRYKA
25 Glücklich, du Guter steh ich vor euch –
leichte Umarmung
glücklich so sehr, dass ich fast muss mich schämen! –
Nicht wie ein Mann steh ich vor euch
gar wie ein Bursch, der auf den Abend wartet –
30 in unseren Dörfern –
wenn alles dunkel, gelöscht sind die Feuer!
aber er weiß, im Haus ihres Vaters wartet das Mädel,
dann schlüpft sie zum Brunnen und schöpft für ihn
einen Trunk klaren Wassers:
35 den reicht sie ihm von der finsteren Schwelle.

ADELAIDE
O welche Zartheit, bezaubernde ländliche Sitte!
Ich fühle die Luft meiner Heimat um mich, und das Schloss
meiner Väter,
drunten schlummernd das Dorf –   5

WALDNER mit einer abwehrenden Gebärde sehr eilig
Ich stehe sofort zur Verfügung!
Leise
Lass mich! ich bin im Gewinn!
Ab rechts   10

Mandryka hebt seine Hand und schnalzt mit den Fingern; sofort sind Welko,
Djura und Jankel um ihn; alle im schwarzen Frack, aber mit Metallknöpfen

MANDRYKA rechts
Hierher einen Tisch. Wir werden soupieren.

Sogleich ein Kellner mit einer Karte und Kellnerjungen.   15

MANDRYKA zu Adelaide
Welchen Champagner? befehlen Sie selber!

Kellner praesentiert Adelaide die Weinkarte

ADELAIDE
Moët-Chandon, halb herb und halb süß – der war es bei meiner   20
Verlobung!
MANDRYKA
Dreissig Flaschen von diesem!
Er zeigt in die Weinkarte   Sechs für den Tisch
und die andern herumservieren im Saal –
und noch einmal dreissig!   25
und noch einmal dreissig!
Welko, du ordnest! Eiskübel in jede Ecke!
bis sie alle im Saal da nimmermehr wissen
ob sie sind Grafen, verhext in Fiakerkutscher,
oder Fiakerkutscher, umgekrempelt in Grafen!   30
Sie sollen sich freuen, wenn ich mich freue!
Befehlen weiter!

ADELAIDE indessen man ihr Hummern, Fasanen, Eiscremen etc. praesentiert
Haben wir Blumen?   35

MANDRYKA schnell
Aufpassen, du da! Geld gib ihm, Welko!
Nimmst einen Fiaker und noch einen zweiten
aufsperren lasst dir die Gärtnergeschäfte,
5 aufwecken die hübschen Verkäuferinnen,
ausräumen sollen sie ihre Keller!
Füllst einen Wagen an mit Rosen,
einen mit roten und weißen Camelien.
Walzer soll sie auf Blumen tanzen
10 Abschied nehmen von Mädchenzeiten!
Später breit ich meine Hände
sie wird nicht mehr Walzer tanzen
aber tanzen auf meinen Händen!

ADELAIDE
15 O wie ich den Traum meiner Mädchenzeit wiederfinde!
Großmütig sind Sie, und voller Stärke –
knapp im Befehl, und sicherlich furchtbar im Zürnen –
welch ein Vertrauen flößen Sie ein, o unsagbar!
Schnell Ihren Arm und führen Sie mich auf die Estrade!

20 Sie nimmt seinen Arm und sie gehen rückwärts die Stufen hinauf.
Von rechts wird ein Tisch hereingeschoben und für ein kaltes Souper prächtig
gedeckt. Rechts wird weiter der Tisch gedeckt. Arabella, an Dominiks Arm,
kommt von rückwärts aus dem Tanzsaal. Sie wenden sich nach links.

ARABELLA
25 Und jetzt sag ich Adieu, mein lieber Dominik.

DOMINIK
Adieu? Sie fahren schon nachhaus?

ARABELLA ruhig, heiter
Das war jetzt unser letzter Tanz für alle Zeit.
30 Kann sein dass wir uns später einmal wiedersehn
dann sind wir halt Bekannte aus der Jugendzeit.

DOMINIK
Arabella!
Er fasst sie am Arm

35 ARABELLA macht sich schnell los
Nein. Dominik!

Sie sind der erste Mann gewesen, Dominik,
– von Buben red ich nicht – der mir gesagt hat,
dass er mich gern hat, und es hat mich recht gefreut.
Aber die Richtige für Sie die war ich nicht,
und Sie halt nicht der Richtige für mich.   5
Nicht reden, Dominik. Da kommt auch schon der Elemer. Adieu!

Sie nickt Elemer zu. Dominik entfernt sich langsam

ELEMER *aus dem Tanzsaal kommend, auf Arabella zu*
So schön wie heut hab ich Sie nie gesehn!
Mit Ihnen ist etwas passiert!   10

ARABELLA
Ja, Elemer, mit mir ist was passiert!
Und darum geb ich Ihnen jetzt die Hand
und sag: Adieu, ich danke Ihnen, Elemer –
es waren viele schöne Augenblicke drunter –   15

ELEMER
Es waren, Bella, und es werden sein!

ARABELLA
Nicht halten meine Hand, grad schnell den Druck von meinen
                                     Fingern spüren,   20
und wissen dass wir gute Freunde sind
wenn wir uns auch nicht wiedersehn!

ELEMER *zornig*
Sie haben sich verliebt in diesen Fremden,
diesen Wallachen oder was er ist!   25

ARABELLA
Verliebt – es ist wohl mehr –

Elemer spottet

ARABELLA *sanft*
Nicht mir verderben diesen letzten Augenblick!   30
Da kommt auch schon der Lamoral und wartet
auf seinen letzten Tanz!

Lamoral erscheint an der Stiege, aus dem Tanzsaal herauf.
Rechts wird mit dem Tischdecken fortgefahren

ELEMER *dicht bei ihr*
Werden Sie meine Frau!
Wer in der Welt ist, der mich hindern darf!

ARABELLA
₅ Für mich war halt ein andres Glück bestimmt.

Sie lässt ihn stehen und geht auf Lamoral zu.
Elemer links ab

LAMORAL
O Arabella, gibts was Schöneres als Sie auf einem Ball!

₁₀ ARABELLA *halb für sich*
Ja, süß ist die Verliebtheit, süß ist dieses Auf und Ab,
aber es gibt was Schöneres tausendmal!
und einmal wirst du's auch verstehn, vielleicht –

LAMORAL
₁₅ Nicht reden jetzt von Anderm, das weit weg ist –

ARABELLA *ernst*
Für dich ists noch weit weg, da hast du recht.

LAMORAL
Ich ängstig mich. Sie sind so anders, Arabella!
₂₀ Es nimmt Sie mir wer weg!

ARABELLA   Wegnehmen? geh, du Bub!
Aber da hast du deinen ersten und zugleich auch deinen letzten Kuss.

Sie beugt sich zu ihm und küsst ihn schnell und leicht auf die Stirn. Sie stehen
links, einigermaßen gedeckt durch die Draperien.

₂₅ LAMORAL *strahlend*
Von wem hab ich den wunderbaren Kuss?

ARABELLA *sogleich ganz gelöst; sie tritt von ihm weg in die Mitte*
Von einem Mädel, das heut glücklich ist,
so glücklich, dass sie ganz allein sein muss,
₃₀ ganz mit sich selbst allein in ihrem Zimmer,
und lang noch liegen ohne Schlaf vor lauter Glück!
Mit geändertem Ton
Jetzt tanzen wir noch diesen Walzer aus
dann fahr ich fort von euch – auf Nimmerwiedersehn!

Ab mit ihm in den Tanzsaal.
Matteo kommt von rechts, an den Tischdeckenden vorbei.
Zdenka, links hervortretend, ängstlich, nicht gesehen zu werden, starrt auf ihn
hinüber

MATTEO *vor sich*   5
Fort mit mir! Fort und ein Ende! Sonst bin ich ein Feigling!

ZDENKA
O Gott! Seine Miene! wie grässlich entschlossen!

Sie winkt ihm, er geht zu ihr hinüber.
Mandryka kommt die Stufen von der Estrade herab, geht quer über die Bühne zu   10
dem gedeckten Tisch hinüber, nimmt eine Meldung Welkos entgegen.

ZDENKA *angstvoll*
Bist du schon wieder so – ? Hats dich schon wieder?

MATTEO
Rasend verzehrts mich!   15

ZDENKA
Sie denkt an dich! nichts andres denkt sie!

Matteo lacht bitter.

ZDENKA *man merkt die Lüge*
Sie hat mir einen Brief für dich gegeben!   20
Hier ist er.
Sie greift in die Brusttasche ihres Fracks

MATTEO *weicht zurück gegen die Mitte*
Ich nehme ihn nicht!
Der bringt das Ende für immer!   25
Ich fühl es!

Zdenka folgt dem Zurückweichenden, den Brief in der Hand.
Mandryka wird aufmerksam.
Jankel mit Leuten, die eine Last von Blumen tragen, von rechts.
Zdenka ist Matteo bis in die Mitte der Bühne gefolgt   30

MATTEO
Trag ihn zurück! Ich fühl dass es mein Abschied ist!

ZDENKA
Du musst ihn nehmen, alles wird anders!
So fühl ihn doch!   35

MATTEO fasst den Brief
       Ein Schlüssel?

ZDENKA   Nimm ihn! nimm ihn nur!

MATTEO reißt den Brief auf
5 Kein Brief! nur ein Schlüssel?
Was sind das für Spässe? Zdenko, ich frage!

ZDENKA blass, einer Ohnmacht nahe
Das ist ihr Schlüssel!

MATTEO
10 Ihr Schlüssel?

ZDENKA fast tonlos
Vom Zimmer. Gib acht. Versteck ihn.

MATTEO
Das ist der Schlüssel – ? ich bin nicht bei Sinnen!
15 Sind wir auf dem Ball? Bist du der Zdenko?
ist sie deine Schwester, die tanzt dort unten?
Das ist der Schlüssel – ?

ZDENKA
Zu ihrem Zimmer.

20 MATTEO   Der Schlüssel zu Arabellas Zimmer!
Er hält den Schlüssel vor sich

MANDRYKA zuckt zusammen
Ich hab mich verhört!

Jankel will sich ihm nähern.
25 Mandryka winkt ihm ab, tritt den Beiden näher.

ZDENKA bald rot, bald blass, die Scham überwindend
Du sollst nachhaus – sie kommt in einer Viertelstunde.
Der Schlüssel sperrt das Zimmer neben ihrem,
lautlos kommt sie zu dir – Matteo, denn sie will ja alles tun
30 damit du glücklich wirst noch diese Nacht!

MATTEO
Schwör mir, dass das wahr ist!
Der Schlüssel zu Arabellas Zimmer!

ZDENKA
Du hast ihn ja! so wahr er sperrt
so wahr will die, die ihn dir gibt
heut alles tun, damit du glücklich wirst!
Ich muss jetzt fort! mich darf man hier nicht sehn!
Läuft links weg

MATTEO vor sich
Geheimnis eines Mädchenherzens, unergründliches!
Schnell ab nach links

MANDRYKA aus einer Art Starre jäh aufwachend
Halt! du irgendeiner oder wer Du bist!
Welko! laufen! halten dort den Menschen!
Her mit ihm vor mich! den dort mit dem Schlüssel!

Dominik mit Adelaide ist von links vorne aufgetreten

WELKO unschlüssig, auf wen sein Herr ihn hetzen wollte
Welchen, Gospodar? und was für einen?
Diesen?
Zeigt auf Dominik

Dominik und Adelaide nehmen links auf einem Canapé Platz.

MANDRYKA vor sich
Und wenn hier viele Arabella heißen –
meine gottverdammten Jägerohren
foppen meinen dummen harten Schädel –
dass ich als ein Narr dasteh vor einem Fremden?
Wird sie denn den Schlüssel schicken von dem Zimmer
während selber sie hier tanzt im Ballsaal?
Er sieht nach der Uhr

Noch ist nicht einmal vorbei die Stunde
die ich grad ihr freigegeben habe –
also bin ich schon ein Narr und Esel?
Zu Welko

Alles lassen! Weitermachen dort am Esstisch!
Er geht hastig auf und ab

Schön ist die Musik, und nichts von Schlüssel,
Geigen drin, und nicht verdammte Schlüssel

und in paar Minuten wird sie dastehn
da vor mir, und Blumen werd ich hinstreun
dass statt meiner sie den Fuß ihr küssen.
Haj! Wie tanzt sie jetzt und nimmt den Abschied
5 von der Mädchenzeit in dieser Stunde!

Grimmig hinschauend

Warum kommen viele und nicht sie darunter?
Warum scheppern gottverdammte Schlüssel da dazwischen!

DIE FIAKER-MILLI an Elemers Arm, auf Mandryka zu, andere Paare stellen sich
10 dazu.

Mein Herr, schon wieder muss ich kommen
und bitten: geben Sie dem Ball die Königin zurück!

MANDRYKA im Zorn, vor sich

Was sagt das Frauenzimmer? Ich soll sie
15 zurück ihr geben? Ich hab sie nicht eingesperrt.
Ich hab den Schlüssel nicht. Er ist in dem Couvert.

Er packt einen Sessel so dass dessen Lehne kracht.
Welko bietet Champagner an.

MANDRYKA nimmt sich zusammen

20 Ich bitte, dass Sie mir die Ehre geben –
Sie alle wie Sie sind, bekannt und unbekannt!

ELEMER

Doch Gräfin Arabella wollen wir
nicht in dem schönen Augenblick vermissen!

25 MILLI

Sie werden sicher sie zu finden wissen.

MANDRYKA greift sich an den Hals, lockert die Cravatte

Zu finden wissen? Schlüssel! Welko! Suchen!
Die gnädige Fräulein suchen in dem Saal!
30 Hast du gefunden in der großen Wienerstadt
wirst du zu finden wissen in der Tanzhütten dahier!

Welko eilt ab

MANDRYKA nachrufend, stark

– und bitten sie hierher wenn sie die Gnade haben will!
35 Dann zu Milli, die sich von Elemers Arm gelöst hat

Ein solcher süßer Schnabel muss auch etwas Süßes trinken!

Er serviert ihr ein Glas Champagner.
Milli antwortet jodelnd

PICCOLO bringt ein Briefchen auf einem Tablett
Da wäre ein Billet für Euer Gnaden.

MANDRYKA   5
Fühl ob ein Schlüssel drin ist?

PICCOLO   Wie? ein Schlüssel?

MANDRYKA nimmt hastig das Billet, zögert noch, es zu öffnen
Wer, Herr Gott, hat diesem Gesicht so viel Gewalt gegeben über mich!
dass ich mich fürchte jetzt –   10
geht bei Seite, reißt das Couvert auf, liest, wiederholt den Inhalt, grimmig
Für heute sag ich Ihnen gute Nacht.
Ich fahr nachhaus.
Von morgen an bin ich die Ihrige.
Ein kleines a statt einer Unterschrift!
Nicht einmal ihren Namen! Steht auch nicht dafür,   15
für einen Gimpel, einen auf den Leim gegangenen!
Mit bitterer Lustigkeit
Sie muss ja Abschied nehmen von der Mädchenzeit –
dafür braucht sie die ganze Zärtlichkeit:
sie hat jetzt keine Zeit für zärtlichere Unterschrift!   20
Er zwingt sich zu einer frechen Munterkeit, tritt wieder zu den andern zurück,
winkt
Wegschmeißen jetzt die Blumen! Schampus her!
Servieren links und rechts, bis alle liegen unter'm Tisch –   25
die Grafen und Fiaker und Fiakerbräute alle miteinander!
Heut geht das Ganze, aber schon das Ganze
auf meine Rechnung!

Kellner verteilen sich, servieren allen Champagner.

Soll ich der schönen Milli jetzt vielleicht was singen?   30
Er zieht sie an sich
Ich wäre aufgelegt!

Fiaker-milli antwortet zärtlich, ohne Worte, mit einem Jodler.

MANDRYKA *zwischen Selbstverspottung und zornigen Tränen*
Gieng durch einen Wald, weiß nicht durch welchen!
Fand ein Mädchen, weiß nicht, wessen Tochter!
Trat ihm auf den Fuß, weiß nicht auf welchen,
5 fieng es an zu schrein, weiß nicht warum doch:
seht den Wicht, wie der sich denkt die Liebe!

Milli wiederholt jodelnd den Refrain, Mandryka zieht sie neben sich auf das Canapee nieder. Adelaide entzieht sich Dominik, steht auf.

MANDRYKA
10 Wohl stünds an, ihm Kanne Wein zu geben,
Wein zu geben, Becher nicht zu geben
mag der Wicht aus schwerer Kanne trinken!
Mag sich plagen bis zu klügern Tagen!

Milli jodelt den Refrain.

15 Wohl stünds an, mich Mädchen ihm zu geben
mich zu geben, doch kein Bett zu geben
grimmig
mag der Kerl auf bloßer Erde schlafen
mag sich plagen bis zu klügern Tagen!

20 *Er lässt Milli, steht jäh auf.*
Milli wiederholt den Refrain.

MANDRYKA *immer böser, vor sich*
Für heut fahrt sie nachhaus zu ihrem Schlüsselherrn –
von morgen an ist sie die meinige!
25 Milli, gib mir ein Bussl!
Küsst sie
                         Wie viel kost't
der Schlüssel für Comtessenzimmer hier in Wien?

ADELAIDE *plötzlich vor ihm*
30 Herr von Mandryka, wo ist meine Tochter?

MANDRYKA *stehend, Milli im Arm*
Weiß nicht! sie hat die Gnade nicht gehabt
mir mitzuteilen. Wünschen noch Moët-Chandon?
Hier ist! Servieren der Frau Gräfin Mutter!

ADELAIDE *aufgeregt nach rechts eilend*
Wo ist mein Mann? man suche meinen Mann!

Dominik nach rechts, schnell, Waldner zu suchen

ADELAIDE *zurück zu Mandryka*
Lassen Sie sich beschwören! wo ist Arabella?   5

MANDRYKA *frech*
Das frag ich selber die Frau Gräfin Mutter!

Waldner erscheint rechts, mit Dominik, hinter ihm die drei Herren, mit denen er gespielt hat.

ADELAIDE   10
O Theodor!
Beschütze deine Frau und deine Tochter!

WALDNER
Was geht hier vor? Mandryka, wie benimmst du dich?
in Gegenwart von meiner Frau!   15

MANDRYKA   Genau wie sichs gehört!
Ich streife ab den dummen Kerl aus der Provinz
und bin, wie unter wienerischen Grafen sich geziemt!
Setz dich zu uns, sind Mädel da, is Schampus da,
Teschek! bedien dich!   20

WALDNER *dicht vor ihm* Wo ist meine Tochter?

MANDRYKA
Ich kann dir leider keine Auskunft geben!
Comtessen scheint es, ziehen manchmal sich zurück
in einem animierten Augenblick.   25

WALDNER *zu Adelaide, wütend*
Wo ist das Mädel? wissen will ich wo sie ist!

ADELAIDE
Zuhaus.

WALDNER   30
Du weißt es? was soll das bedeuten?

ADELAIDE
Ein Einfall! eine plötzliche Melancholie!
eine Caprice! Du kennst ihr Naturell.

WALDNER
Du schwörst, sie ist zuhause?

ADELAIDE   Theodor!
Es handelt sich um dein und meine Tochter!

5 WALDNER
Sehr gut. Wir fahren auch nachhause. Augenblicklich.
Du klopfst an ihrer Tür und gibst uns Nachricht
ob sie ganz wohl ist: nur damit wir uns beruhigen.
Böse
10 Dann spreche ich zwei Worte noch mit dir –
darum wirst du die Güte haben, uns begleiten.

MANDRYKA
Es wird mir eine ganz besondere Ehre sein.
Verneigt sich und gibt Adelaide den Arm

15 WALDNER zu seinen Mitspielern
Wir spielen augenblicklich weiter im Hotel,
sobald das kleine Missverständnis da beseitigt ist.

MANDRYKA an der Tür stehen bleibend, zurückrufend
Die Herrn und Damen sind einstweilen meine Gäste!

20 FIAKER-MILLI
Eljen! wir sind Ihre Gäste!

Gäste heben die Champagnergläser.
Mandryka mit Adelaide ist schon ab, Welko und Djura vor ihnen, Waldner mit
den Spielern folgt.

25   Vorhang.

III. Act

Im Hotel. Offener Raum, zugleich Stiegenhaus. Die Stiege läuft in zwei Wendungen aufwärts. Unten stehen ein paar Tische mit Zeitungen, Schaukelstühle,
Fauteuils. Vorne rechts ist die Portiersloge und der Ausgang auf die Gasse. Es ist
30 Nacht; der Raum ist mit Öllampen erleuchtet.
Matteo, in Uniformbluse, wird am Stiegengeländer in der Höhe des ersten Stocks
sichtbar. Er späht hinunter.
Es läutet an der Haustür, Matteo verschwindet.

Der Zimmerkellner tritt aus der Portiersloge hervor, sperrt auf.
Arabella tritt ein, in Mantel und Capuchon, vom Ball kommend. Der Zimmerkellner verschwindet wieder. Arabella geht langsam auf die Stiege zu. Ihre Augen
sind halb geschlossen, ihr Gesicht hat einen glücklichen Ausdruck. Die Musik des
Balles umschwebt sie, durch die Tanzrhythmen schlingt sich der Rhythmus von   5
Mandrykas slawischer Redeweise. Sie lächelt.

ARABELLA wie wach träumend, setzt sich in den vordersten Schaukelstuhl und
wiegt sich leise, vor sich laut denkend
Über seine Felder wird der Wagen fahren
und durch seine hohen stillen Wälder –   10
ja, zu denen passt er: hohe stille Wälder.
Und dann werden seine Reiter uns entgegenkommen
»Das ist Eure Herrin«, wird er sagen,
»die ich mir geholt hab«, wird er sagen,
»aus der Kaiserstadt, jetzt aber will sie nimmermehr zurück,   15
bleiben will sie nur bei mir in meinen Wäldern.«

MATTEO erscheint wieder oben, er beugt sich übers Geländer. Er erblickt die
unten Sitzende, kann es kaum glauben dass es Arabella ist, flüstert vor sich hin
Arabella! unmöglich! es ist ja nicht denkbar!

Arabella fährt aus ihrer glücklichen Träumerei auf. Sie sieht Matteo nicht; er ist   20
ihr im Rücken. Sie spürt nur, dass sie nicht mehr allein ist. Matteo leise unten angelangt, verneigt sich vor ihr

ARABELLA erstaunt aber ohne Erregung; sie steht schnell auf.
Sie hier? So spät?
So wohnen Sie noch immer hier im Haus?   25

MATTEO mit versteckter Beziehung
Sie hier? so muss i c h fragen, Arabella!
Einen Schritt näher
Sie gehn so spät noch einmal aus?

ARABELLA   30
Ich komme heim vom Ball und gehe auf mein Zimmer. Gute Nacht.
Sie nickt ihm zu und will an ihm vorbei hinauf gehen

MATTEO mit unendlicher Ironie
Sie kommen heim vom Ball! Sie gehen auf Ihr Zimmer!
Halb für sich   35
Geheimnis eines Mädchenherzens, unergründliches!

ARABELLA

Ja. Gute Nacht. Was amüsiert Sie da so sehr?

MATTEO

Oh, Arabella!

5 Er lächelt verliebt und vielsagend

ARABELLA

Wenn Sie mir noch etwas zu sagen haben,
dann bitte ich, bei Tag! nicht jetzt, nicht hier!

MATTEO

10 Noch – etwas? Ich – noch – etwas?
Oh süße Arabella, danken will ich dir
von heute bis ans Ende meines Lebens!

ARABELLA

Danken – wofür? Das ist doch alles ein für allemal vorbei.

15 MATTEO mit stärkster Ironie

Danken? wofür? – die Kunst ist mir zu hoch!
Mir graut vor so viel Virtuosität.

ARABELLA

Was haben Sie?

20 MATTEO

So meisterhaft Comödie spielen, nur um der Comödie willen,
Comödie spielen ohne Publicum!
das ist zu viel! das grenzt an böse Hexenkünste!

ARABELLA

25 Von allen Ihren Reden da versteh ich nicht ein Wort,
und somit gute Nacht.

Matteo vertritt ihr den Weg

MATTEO

Schon gut! Jetzt einen Blick noch, einen einzigen, der mir sagt,
30 dass du im Innersten die gleiche bist!

ARABELLA

Die gleiche?

MATTEO glühend

Wie vor einer Viertelstunde!

ARABELLA *ganz arglos*
Vor einer Viertelstunde war ich anderswo!
Mit dem Ausdruck verklärter Erinnerung

MATTEO
Vor einer Viertelstunde! ja! da oben!   5

ARABELLA *einen Blick nach oben, ohne Verständnis*
Ich weiß nicht was Sie meinen, und ich möchte hier nicht länger stehn.

MATTEO
Das ist zu viel! So kalte Herrschaft über jeden Nerv
nach solchen Augenblicken – das erträgt kein Mann!   10
Ich appelliere an den einen Blutstropfen in dir
der unfähig zu heucheln ist!
Er packt sie am Arm

ARABELLA   Sie sind ja nicht bei sich!
Matteo! Geben Sie den Weg mir frei oder ich rufe!   15

MATTEO
Du könntest einen Mann zum Wahnsinn bringen,
du, so wie niemand auf der Welt!
Bekräftige mit einem einzigen letzten Blick
was zwischen uns gewesen ist dort oben   20
und nichts auf dieser Welt verlang ich mehr von dir!

Zimmerkellner kommt leise aus der Portiersloge, geht aufsperren
ARABELLA
Hier kommen Menschen, lassen Sie mich los!

MATTEO   25
Ich habs geschworen, dass du frei sein wirst von mir,
in deine Thränen, in deine flüsternden Küsse hab ichs geschworen –
von morgen ab! Ich halte meinen Schwur!
Im Dunkel waren wir, ich habe deine Augen nicht gesehen:
Gib einen Blick mir jetzt, der alles noch zum letzten Mal besiegelt,   30
und du bist frei für immer!

Adelaide, hinter ihr Mandryka, der sofort stehen bleibt, dann Waldner, zuletzt die drei Spieler, die im halb dunklen Vestibül stehen bleiben; hinter ihm Welko und Djura.
Matteo tritt ungeschickt und verlegen zur Seite.   35

ADELAIDE
Welch ein erregtes tête-à-tête im Stiegenhaus!
Du hast dich also nicht zurückgezogen?
Mein Kind, was soll das heißen?

5 ARABELLA   Aber nichts, Mama. Gar nichts.

MANDRYKA sieht starr auf Matteo
Ja. Es ist der Verfluchte mit dem Schlüssel.

ARABELLA tritt einen Schritt gegen Mandryka, ganz unbefangen
Sie hab ich heut nicht mehr zu sehn vermutet, Herr von Mandryka!

10 MANDRYKA finster zu Adelaide
Sehr wohl. Ich bitte, Gräfin, um Erlaubnis, mich zurückzuziehn!
Zurücktretend
Welko!

WELKO bei ihm
15 Der Gospodar hat ihn erkannt?

MANDRYKA
Du packst. Wir fahren mit dem ersten Zug nachhaus.

ARABELLA zu Mandryka hintretend
Hier ist nichts, das Sie anginge, Mandryka.
20 Ich komm nachhaus, begegne diesem Herrn.
Das ist ein alter Freund von uns. Darüber alles
erzähl ich Ihnen später, wenn Sie wollen.

MANDRYKA
Ich bitte wirklich sehr, mich zu entschuldigen!
25 Er macht Miene zu gehen.

Arabella schüttelt erstaunt den Kopf

ADELAIDE
Oh Wien! du Stadt der médisance und der Intrige!
Gegen Matteo
30 Sie Unglückseliger!

WALDNER Mandryka aufhaltend
            Du bleibst noch einen Augenblick!
Es scheint, dass hier noch Missverständnisse geblieben sind!

Zu Arabella

Ich frage dich, mein Kind! Wo kommst du her?
Hat der Herr Leutnant dich vom Ball nachhaus begleitet
mit deiner Zustimmung?

ARABELLA   Papa, so schau mir ins Gesicht!   5
Kann e i n Verrückter alle närrisch machen auf eins zwei?

WALDNER
Du hast mir nichts zu sagen?

ARABELLA   Aber wirklich nichts,
als was du ohnehin schon weißt, Papa,   10
seit heute abend. Oder weißt du's etwa nicht?

WALDNER
Da bin ich sehr erleichtert.
Küsst Arabella auf die Stirn
Zu Mandryka   Also bitte!   15
Es ist nichts vorgefallen! aber gar nichts!
Schwamm drüber über alle Aufregung und gute Nacht!
Zu den Spielern
Ich bitte dort hinein. Wir spielen sofort weiter.

MANDRYKA tritt zu Arabella, spricht nur zu ihr   20
Ich werde helfen, soviel Geld und guter Wille helfen kann,
vertuschen diese hässliche Comödie,
da ich die Rolle nicht geeignet bin zu spielen,
die Sie mir haben zugedacht, mein Fräulein.

ARABELLA   25
Wie reden Sie zu mir! Wer bin ich denn?

MANDRYKA
Sie sind halt eben, die Sie sind.

ARABELLA quasi Aufschrei
So ähnlich einem bösen Traum hab ich noch nie etwas erlebt!   30

MANDRYKA wendet sich – vor sich
Nein, nein, wie ist das möglich! nein, wie kann das möglich sein!

ADELAIDE
O dreimal unglückselige Begegnung!

WALDNER
Jetzt keine Arien, wenn ich bitten darf!

ARABELLA *nur zu Mandryka*
Mandryka, hören Sie, so wahr ein Gott im Himmel ist,
5   so haben Sie mir nichts hier zu verzeihen!
Viel eher muß ich Ihnen, wenn ich kann, verzeihen,
was Sie zu mir geredet haben und in welchem Ton!

MANDRYKA *den Blick böse auf Matteo geheftet*
Ich bitte, mir dergleichen Sprüche zu ersparen.
10   Ich müsste blind sein und hab leider scharfe Augen,
ich müsste taub sein und hab leider gute Ohren,
und müsste schwach im Kopf sein – dann vielleicht,
dass ich das Individuum dort nicht erkennen täte
und nicht verstünde, was hier für ein Spiel gespielt wird bei der Nacht!

15   MATTEO *getroffen von der Insulte, die in Mandrykas Blick und Miene liegt*
Mein Herr, falls Sie hier irgendwelche Rechte
besitzen, wenn auch erst seit kurzer Zeit –
ich stehe zur Verfügung!

ARABELLA *zwischen beiden stehend*
20   Ja, alle Rechte besitzt dieser Herr: denn er ist mein Verlobter!
und Sie besitzen das leiseste nicht, auch nicht einen Schatten von
                                                            Rechten!
Sagen Sie selber!

MATTEO *zögernd, gequält*
25   Nein. Keines –

ARABELLA *zu Mandryka*   Sie hören.

MANDRYKA
Hätten Sie den Herrn ausreden lassen!
Ein kleines Wort war ihm noch auf der Zunge –
30   »Nein keines – außer« hat er sagen wollen
und hat es schnell verschluckt!
Ich aber hab es grade noch gesehn auf seinen Lippen.

ARABELLA
Matteo, nie hab ich für niedrig Sie gekannt!
35   Was tun Sie jetzt an mir – !
Sie wollen mich aus Trotz vor aller Welt compromittieren!

ADELAIDE
Unseliger Intrigant! so will er die Hand meines Kindes erschleichen!

MANDRYKA tut einen Schritt näher zu Matteo
»Außer – «! Heraus mit der verschwiegenen Wahrheit!

MATTEO fest
Kein Wort! Kein Wort!

MANDRYKA zu Arabella
Außer den Rechten, hat er sagen wollen –
die diese Nacht verliehen hat!
Versuchen Sie, vielleicht zu Ihnen ganz allein
wird er ein Wörterl drüber sagen!

ARABELLA zu Matteo   Haben Sie
vor diesem Herrn mir etwas noch zu sagen?

MATTEO senkt den Kopf   Nein.

MANDRYKA
Ich gratuliere Ihnen, Herr Leutnant,
zu Ihrem Glück bei schönen Mädchen und zu Ihrer Discretion.
Die beiden sind gleich groß.

ARABELLA
Hast du gehört, Papa!

WALDNER
Mandryka, dafür wirst du Rechenschaft mir geben!
Komm her zu mir, mein Kind!

ARABELLA bleibt stehen, wo sie ist, mit tief schmerzlichem Ausdruck
Soll alles gehen wie es will, das Leben ist nichts wert!
Was ist an allem in der Welt, wenn dieser Mann
so schwach ist und die Kraft nicht hat an mich zu glauben –
und mich dahingibt wegen eines Nichts!

DIE GÄSTE oben auf der Treppe murmeln
Wie? Kennen Sie sich aus? Welcher hat wen erwischt?
Was? Sie hat fort gewollt? Wie mit dem Leutnant?

ADELAIDE mit einer großen Gebärde auf Waldner zu
Nein, dieser junge Mensch ist es nicht wert
vor dein Pistol zu kommen, Theodor!

das ist die niederträchtige Cabale
des abgewiesenen Freiers, und nichts weiter!

WALDNER
Von dem da redet niemand. Der Mandryka –
5 der ist Genugtuung mir schuldig. Auf der Stelle.
Wo sind meine Pistolen? was – verkauft? o Sakrament!
Ich werd mir andre zu verschaffen wissen.

EINER DER SPIELER
Wir protestieren!
10 Zuerst kommt die revanche, die Sie uns schulden!

MATTEO
Ich bin allein der Schuldige. Ich nehme jedes Wort zurück
und jeden Blick! Missdeutet hat man alles.
Ich habe nichts von dem gemeint, was Sie zu hören glaubten.
15 Wenn jemand Strafe hier verdient hat, so bin ichs.

WALDNER scharf
Eintunken und reinwaschen wiederum in einem Atem
das war zu meiner Zeit nicht Brauch bei Officieren!

MANDRYKA nur zu Arabella
20 Der junge Mensch benimmt sich brav wie möglich.
Es wäre an der Zeit, dass Sie auf ihn
ein bissl Rücksicht nehmen täten, schönes Kind.
Gestehn Sie mir die Wahrheit, mir allein!
Es ist Ihr Liebhaber! Ich werde alles tun –
25 Sie können sich auf mich verlassen, Arabella!

ARABELLA sieht ihn fest an
Bei meiner Seel' und Seligkeit, Mandryka,
die Wahrheit ist bei mir!

MANDRYKA
30 Nicht deine Seele so verschwören, Mädel!
Mir tut das Herz zu weh um dich!
Vor sich
O Gott, was tust du mir für eine Schande an durch dieses Weib!
Nochmals zu Arabella, leise

Wenn ich den Buben doch gesehen hab,
wie er den Schlüssel ihm hat übergeben
zu Ihrem Zimmer.

ARABELLA
Was für einen Buben?

MANDRYKA
Den Buben, Ihren groom, den Sie geschickt!

ARABELLA   Den Zdenko? Mein Gott! oder wen?

MANDRYKA
Aha! Ich will, dass Sie gestehen! mir allein!

ARABELLA für sich
Ist denn die Hölle gegen mich verschworen!

MANDRYKA
Soll ich den Menschen dort, der mir mein Leben ruiniert hat,
soll ich ihn schonen als Ihren Geliebten? Reden Sie!

ARABELLA
Die Wahrheit ist bei mir, Mandryka, nur die Wahrheit,
denn alles sonst – das seh ich ja – ist gegen mich.

MANDRYKA
Zum letzten Mal! Willst du heiraten dort den Menschen
mit dem du hast das süße Stelldichein gehabt
nach unserer Verlobung zehn Minuten!

ARABELLA
Ich habe nichts zu antworten, Herr von Mandryka,
auf Ihre Fragen.
Sie geht von ihm weg
O Gott – so ist der Richtige doch nicht der Richtige?
Setzt sich
O Gott wie du mich demütigst bis ins Mark
was von mir bleibt denn übrig noch nach dieser Stunde?

MANDRYKA grimmig
Auch gut. Aufsperren lass dir eine Waffenhandlung, Welko,
soll kosten was es will, ich brauche Säbel!
zwei schwere Säbel, scharfgeschliffene!

Sofort hierher! und einen Doctor lass aufwecken,
sonst brauch ich nichts. Dort ist der Wintergarten.

Mit einer halben Wendung zu Matteo

Wir werden ohne Zeugen alles schon zu Ende bringen.

5   Er nimmt seine Cigarrentasche heraus, überlegt, bietet Matteo eine an, der ab-
lehnt; zündet sich selber eine an.

Die Herrschaften vielleicht gestatten uns
allein zu bleiben bis dahin.

Er raucht.

10 Dumpfe Erwartung

ZDENKAS STIMME von oben. Papa! Mama!

Alle sehen auf

ZDENKA in einem Negligé, mit offenem Haar, völlig Mädchen, kommt die Treppe
heruntergestürzt, wirft sich vor ihrem Vater auf die Knie

15   Papa!

Arabella steht auf

ADELAIDE bedeckt Zdenka mit ihrer Mantille
Zdenka! was für ein Aufzug! welche Schande!

ARABELLA
20 Was ist geschehen! Zdenkerl! Red. Ich bin bei dir.

ZDENKA
Nur schnell Adieu sag ich euch allen. Ich muss fort.
Ich muss ja in die Donau noch bevor es Tag wird.

WALDNER
25 Was soll das heißen?

DIE SPIELER murmelnd Wer ist wieder dieses hübsche Mädel?

MANDRYKA für sich
Ich hab doch das Gesicht schon heute wo gesehn!

ZDENKA
30 Verzeihts mir alles nur – und lassts mich fort!
Ich schäm mich so – ich sterb vor Scham – so lassts mich fort!
Vor Sonnenaufgang schon muss ich drin liegen – tief –
nachher dann werden alle mir verzeihn, auch der Papa!

ARABELLA umschlingt sie und zieht sie an sich
Du bleibst bei mir. Und was dir auch geschehen ist,
an dir ist nichts geschehn, dass man dich weniger lieb müsst haben!

ZDENKA auf Matteo deutend
Er ist unschuldig. Er hat nichts gewusst.   5
Nur ich allein –

ADELAIDE
Schweig, unglückseliges Kind!
Schweig bis ans Grab!

WALDNER   10
Schweig du sofort, und reden lass das Mädel!
Da habts ihr jetzt den Lohn von euren Maskeraden.

ZDENKA zu Arabella
Nur dir kann ich es sagen, dir nur, dir allein!

ARABELLA   15
Ich bin bei dir, ich lass dich nicht im Stich, ich bin bei dir!

ZDENKA an sie geschmiegt
Er hat geglaubt, dass du es bist! ich habs getan
aus Angst um ihn, Bella, verstehst du mich!
Er weiß ja jetzt noch nicht, dass ich es war!   20
Angstvoll
Matteo!

MATTEO
          Welche süße Stimme ruft mich an?

ZDENKA schamhaft   25
Die Stimme der Betrügerin, Matteo!
Dein Freund, dein einziger, dein Zdenko ruft zu dir!
Ich bin ein Mädchen, o mein Gott, ich war ja nie was andres!

MATTEO
O du mein Freund! Du meine Freundin! Du mein Alles!   30

ZDENKA
Dich muss ich um Verzeihung bitten, dich und sie,
euch beide – o mein Gott!
Sie bedeckt ihr Gesicht mit den Händen

ARABELLA
Wenn zu viel Liebe um Verzeihung bitten muss,
so bitte ihn halt um Verzeihung!
Drückt sie an sich und küsst sie

5 MATTEO
Im Zimmer wars zu finster, deine Stimme hab ich nicht gehört –
und doch ist mir als hätt ich es geahnt
von Anfang an, o süßer kleiner Zdenko!
Zdenka sieht ihn zärtlich an, bleibt aber in Arabellas Armen

10 MANDRYKA vor sich
Das Mädel war der groom! Ich möcht in Boden sinken!
Wie soll sie jemals mir verzeihen können
wo ich mir selber nicht verzeihen kann!
Welko kommt von rechts, zwei Cavalleriesäbel im Arm. Hinter ihm Djura mit
15 zwei Pistolen in einem Kästchen, dahinter ein Arzt.
Mandryka sieht sie, winkt ab. Sie bleiben rechts stehen

WALDNER hat sie gleichfalls gesehen. Mit der kalten Entschlossenheit des Spielers.
Sehr gut. Jetzt habe ich mein richtiges vis-à-vis.
Die Sache geht allein den Vater an.

20 DIE DREI SPIELER   Oho! oho!

MANDRYKA ohne auf Waldner zu achten; nur zu Arabella
Wie stehe ich vor Ihnen, Arabella!
Ich weiß: nicht einen Blick von Ihnen bin ich wert mein Leben lang!
So wie ein Tölpel, mit den beiden Fäusten da,
25 hab ich gemeint, man dürfe greifen nach dem allergrößten Glück!
und bin unwert geworden – so im Handumdrehn.
Und jetzt bleibt Reue und Mich-schämen bis an meinen letzten Tag.

ARABELLA
Zdenkerl, du bist die Bessere von uns zweien,
30 du hast das liebevollere Herz, und nichts ist da für dich
nichts in der Welt, als was dein Herz dich heißt zu tun.
Ich dank dir schön, du gibst mir eine große Lehre
dass wir nichts wollen dürfen, nichts verlangen,
abwägen nicht und markten nicht und geizen nicht,
35 nur geben und lieb haben immer fort!
Sie gibt dabei nicht Mandryka den sehnlich erwarteten Blick, der alles ausgleichen
würde

ZDENKA *zugleich mit ihr*
Wie sanft du zu mir sprichst! du bist nicht bös auf mich!
Du bist so unaussprechlich gut, ich kenn dich wie dich keiner kennt,
und immer möcht ich alles dir zu liebe tun –
allein   5
und nur verschwinden hätt ich mögen still
und euch nicht kränken! aber du verstehst mich, du,
und wirst mich nicht verlassen, was auch jetzt noch kommt!

MANDRYKA *vor sich, sehr zaghaft*
Was jetzt noch kommt –   10

ADELAIDE   O Gott! o Übermaß der Schande!
Oh wäre dieser Abend nie gewesen!
Das hat keine Prophetin uns vorausgesagt!

WALDNER *fest*
Was jetzt noch kommt, das ist ganz klar!   15
Er tut einen entschlossenen Schritt, mit einem Blick auf die Pistolen

ARABELLA *zu Zdenka*
Was immer kommt, ich bin bei dir!

MANDRYKA *den Blick auf Arabella, gepresst*
Was jetzt noch kommt –   20

ZDENKA *angstvoll*   Papa!

MATTEO   Engel vom Himmel,
da sei Gott vor, dass dich die Welt beschmutzen dürfe!

MANDRYKA *noch gepresster*
Was jetzt noch kommt –   25
er wendet sich zum Gehen

ARABELLA *leise, über Zdenkas Schulter hin*
                    Mandryka!
Sie hält ihre Hand über Zdenka hin in die Luft

MANDRYKA *stürzt sich auf die Hand*   30
Ich bin nicht wert solche Verzeihung!

ARABELLA   Still Mandryka!
Wir sprechen jetzt nichts mehr. Wir haben jetzt

vergessen, was uns hier geschehen ist!
Es war nicht unsere Schuld.
Wir wollen allen guten Willen haben,
für das was jetzt noch kommt!

5 MANDRYKA
Für das was jetzt noch kommt?
Er ergreift schnell entschlossen Matteo's Hand und führt diesen auf Waldner zu
Brautwerbung kommt!
Mit diesem Herrn da trete ich vor Ihnen, hochgeborener Herr,
10 verneige mich und bitte vor für ihn als meinen Freund,
dass Sie die Hand nicht weigern ihm von diesem jungen Fräulein.

Waldner macht eine abwehrende Geberde

MANDRYKA
Nicht weigern ihm was große Liebe ihm verliehen hat!

15 ZDENKA *schwach*
Matteo! oh, Papa! was ist das alles?
muss ich nicht fort?

ARABELLA
Du musst jetzt glücklich sein wie dus verdienst!

20 WALDNER *ist gerührt, küsst sie*
So wein nicht, Kleine. Reichen Sie mir Ihre Hand, mein Herr.
Er reicht Matteo die Hand.

ADELAIDE
Oh Theodor, welch eine Wendung!

25 WALDNER   Colossal!

ADELAIDE *in Tränen*   Oh Theodor!

WALDNER *umarmt Adelaide flüchtig, wendet sich dann gleich zu den Spielern*
Ich stehe zur Verfügung, meine Herrn!
Eilig ab in den Wintergarten, die Spieler mit ihm.

30 DIE GÄSTE *murmeln*
Wir gehen schlafen. Jetzt passiert nichts mehr.
Verschwinden

ARABELLA
Führ sie hinauf, Mama.

35 *Mandryka tritt einen Schritt auf Arabella zu*

ARABELLA   Wir sprechen jetzt nichts mehr,
bis wieder heller Tag ist! Meinen Sie nicht auch?

Adelaide und Zdenka steigen die Stiege hinauf in den ersten Stock.

ZDENKA zärtlich
Matteo!   5

ARABELLA
        Geh nur, er kommt morgen früh.
Dann hast du ihn für immer.

Matteo verschwindet. Mandryka steht ängstlich gespannt da

ARABELLA zu Mandryka hin, sehr leicht   10
                        Kann Ihr Diener
im Hof zum Brunnen gehn und mir ein Glas
recht frisches Wasser bringen dort hinauf?

Welko eilt ab

ARABELLA   15
Ich glaub' es täte mir ganz gut!
Sie geht die Stiege hinauf

MANDRYKA sieht ihr nach, bis sie oben ist. Jemand muss noch eine Lampe ausge-
dreht haben, es ist jetzt merklich finsterer
Sie gibt mir keinen Blick, sie sagt nicht Gute Nacht,   20
sie lässt mich stehn und geht. Hab ich was anderes verdient?
Was ist verdient auf dieser Welt? Verdient ist nichts,
Stockprügel sind verdient für einen Kerl wie mich –
aber geschenkt hätt ich gern einen Blick genommen –
so einen halben Blick!   25

Welko erscheint, mit einem Glas Wasser auf einem Tablett, sieht Mandryka fra-
gend an

MANDRYKA   Geh nur hinauf!

Welko geht hinauf

MANDRYKA traurig vor sich   30
Sie hat gar nichts gemeint, als ein Glas Wasser haben
und Ruh vor meinem Anblick. Oder spotten hat sie wollen,
vielleicht – ? Wenn sie nur spottet wenigstens,
ists doch schon eine Gnade, eine unverdiente, das weiß Gott!
Er wendet sich zum Gehen, zögert, wendet sich wieder, schwer, zum Gehen.   35

Arabella erscheint oben, sieht hinunter, ob er da ist, ihr Gesicht leuchtet auf. Sie nimmt das Glas, und steigt mit dem Glas langsam hinunter. Welko hinter ihr. Mandryka schon fast nicht mehr da, wendet sich, sieht Arabella mit dem Glas, das sie mit beiden Händen auf dem Tablett trägt, langsam und feierlich herunter-
5 kommen. Vor freudigem Schrecken tritt er hinter sich

ARABELLA von der letzten Stufe
Das war sehr gut, Mandryka, dass Sie noch nicht fortgegangen sind –

Mandryka Schritt für Schritt näher

Das Glas da habe ich austrinken wollen ganz allein
10 auf das Vergessen von dem Bösen, was gewesen ist
und still zu Bett gehn, und nicht denken mehr an Sie und mich,
und an das Ganze was da zwischen uns gewesen ist
bis wieder heller Tag gekommen wäre über uns,
vielleicht – vielleicht auch nicht. Das war in Gottes Hand.
15 Dann aber, wie ich Sie gespürt hab hier im Finstern stehn
hat eine große Macht mich angerührt
von oben bis ans Herz
dass ich mich nicht erfrischen muss an einem Trunk:
nein, mich erfrischt schon das Gefühl von meinem Glück,
20 dass ich gefunden hab den, der mich angebunden hat an sein Geschick
mich angebunden dass ich mich nicht mehr losmachen kann –
und diesen unberührten Trank credenz ich meinem Freund,
den Abend, wo die freie Mädchenzeit zu Ende ist für mich.

Sie steigt von der Stufe und reicht ihm das Glas hin.
25 Welko nimmt ihr geschickt das leere Tablett aus der Hand und verschwindet

MANDRYKA indem er schnell in einem Zug austrinkt und das Glas hoch in seiner Rechten hält
So wahr aus diesem Glas da keiner trinken wird nach mir,
so bist du mein und ich bin dein für ewige Zeit!
30 Er schmettert das Glas auf die Steinstufen

ARABELLA steht wieder auf der Stufe und legt ihm die Hand auf die Schulter
Und so sind wir Verlobte und Verbundene
auf Freud und Leid, und Wehtun und Verzeihn!

MANDRYKA
35 Auf immer, du mein Engel, und auf alles was da kommen wird!

ARABELLA
Und du wirst glauben – ?

MANDRYKA   Du wirst bleiben wie du bist?

ARABELLA
Ich kann nicht anders werden, nimm mich wie ich bin!   5

Sie sinkt ihm in die Arme, er küsst sie, sie macht sich schnell los und läuft die
Stiege hinauf. Er sieht ihr nach.

Vorhang.

ERSTE FASSUNG DES I. AKTES

Arabella oder der Fiakerball

I. Act

Ein Salon in einem Wiener Stadthotel. Flügeltür in der Mitte. Zwei kleinere
5 Türen links, zwei rechts. Der Salon ist reich und neu möbliert im Geschmack der
1860er Jahre.
Die Modistin, die Schneiderin, die Friseurin, der Juwelier, der Schuhmacher, der
Handschuhmacher, der Galanteriewarenhändler stehen da und schwingen ihre in
großen Couverts eingeschlossenen Rechnungen.
10 Zdenka, in Knabenkleidern, steht ihnen allein gegenüber.

ZDENKA ängstlich
Alles wird geordnet werden!

DIE LIEFERANTEN
Nein, wir müssen dringend bitten:
15 binnen vierundzwanzig Stunden!

ZDENKA
Meine Mutter hat Migräne!

DIE LIEFERANTEN
Binnen vierundzwanzig Stunden!

20 Zimmerkellner, hinter ihm zwei Hausknechte sind eingetreten und tragen einige
Stücke vom Mobiliar hinaus.

ZIMMERKELLNER
Diese Möbel werden benötigt
für ein anderes Appartement!

25 ZDENKA dem Weinen nahe
Man setzt uns auf die Strasse!
O Gott, Papa! O Gott, maman!

Hausknechte tragen Möbel hinaus.

Zu den Lieferanten

Sie werden befriedigt!
Mein Vater erwartet
von seinen Gütern
rückständige Gelder!   5

Der Zimmerkellner mit den Möbel tragenden Hausknechten ab.

DIE LIEFERANTEN
Binnen vierundzwanzig Stunden!
Oder wir klagen
bei den Gerichten!   10
*Sie legen ihre Rechnungen auf einen Tisch rechts vorne und verschwinden durch
die Mitteltür*

ZDENKA
Sie werden befriedigt!
Allein zurückbleibend   15

Wir müssen fort. Mit Schimpf und Schande!
Fort von Wien! bei Nacht und Nebel!
Und ihn werde ich nie mehr sehen.

Matteo in Uniform, aber ohne Säbel und Kappe, späht zur Mitteltür herein   20

ZDENKA *mit einem Schrei, den sie gleich erstickt*
                          Er!

MATTEO *nicht laut*
Zdenko!
So komm doch her! Gib acht! es horcht doch niemand?   25

Zdenka geht zu ihm

MATTEO
Schnell gib den Brief!
Wie? leere Hände?
Keine Botschaft von ihr?
Kein Wort von Arabella?   30

ZDENKA
Sie ist noch nicht auf.

MATTEO
Saumseliger postillon d'amour –   35

unverlässlicher Freund!
Mir war ein Brief versprochen gestern abend –

ZDENKA
Sie war in der Oper
5 mit der Mama.

MATTEO
Und wer noch?

ZDENKA
mit den drei Grafen.

10 MATTEO stampft zornig auf
Und heute?

ZDENKA
Sie kommen mit Schlitten
und holen sie ab
15 zu einer Pirutschade.

MATTEO
O Hölle!
Zurückstehn immer wieder
hinter den Gecken.
20 Arm sein, welcher Fluch!
Ein armer Leutnant
was für eine Figur aus dem Witzblatt!

ZDENKA
Wie er leidet!
25 Dass sie das ansehn kann
und nicht vergehen
vor Mitleid und Liebe!

Arabella ist durch die Tür links rückwärts eingetreten.
Matteo wird blass vor Erregung.
30 Zdenka, so wie sie Arabella sieht, schlüpft nach hinten und entfernt sich dann
durch die gleiche Tür, durch welche Arabella eingetreten ist.

ARABELLA mit zartem Vorwurf
Matteo – weißt du nicht mehr
was du mir versprochen hast?

35 MATTEO hastig
Ich wohne im Haus –

Ich muss vorüber
an dieser Tür – an deiner Tür!
Es zieht mich herein! es ist stärker als ich!

ARABELLA sehr ernst
Du hast mir versprochen –   5

MATTEO leidenschaftlich
Dich nicht mehr zu sehen – versprach ich nicht!
Das hätte ich nicht übers Herz gebracht!

ARABELLA sehr ernst
Selten einander zu sehen   10
und seltener immer
das hatten wir einander versprochen,
Matteo!
Und nicht vergebliche Gespräche mehr zu führen!

MATTEO mit zärtlichem Vorwurf, nicht grob   15
Vergeblich nennst du's!
und zwecklos auch! und ohne Aussicht!
dein Wörterbuch ist wie das eines Kaufmanns
voll trockener hässlicher Wörter
mit denen er Unterhandlungen abbricht   20
die keine Geschäfte versprechen.

ARABELLA
Willst du uns wehtun, dir und mir,
um jeden Preis?
Mit großem Ernst   25
Zwecklos, vergeblich – und also verboten
sind solche Gespräche.

MATTEO
Verboten von wem?

ARABELLA sehr fest   30
Von mir – mir selber.

MATTEO bitter
Ah, also du selber weist mir die Tür!
Das ist's: du suchst dir einen sicheren Port!
Fort mit dem Lästigen, fort mit dem Narren –   35
der nichts von Aussicht weiß und nichts von Zweck –
der nur verliebt ist – dieser Unglückselige!

ARABELLA traurig-fest
Siehst du mich wirklich so wie deine Lippen sagen?
Dann bleibt mir nichts als dass ich schweigend da hinaus
fortgehe – fort von dir, ganz fort auf nimmerwiedersehen.
5 Sie wendet sich, ohne ihn anzusehen.

MATTEO tritt vor sie, ihr den Weg abzuschneiden
Ein Wort nur, Arabella, nur ein gutes Wort!

ARABELLA im gleichen Ton
Was nützt ein Wort? Es muss ein Ende sein, es muss!
10 Und Worte machen alles schwerer nur und trauriger.
Lass mich jetzt gehn. Auf Wiedersehn, Matteo.

MATTEO angstvoll
Du schreibst mir?

ARABELLA   Was?

15 MATTEO immer drängender
                    Ein Wort! ein letztes Wort!
Du schreibst mir einen Brief, in dem bist du,
in jedem Wort bist du – vielleicht begreif ich alles dann
und les' ihn wiederum und wiederum
20 und küsse jedes Wort! und dich in jedem Wort
mit Zärtlichkeit zuerst mit rasender –
allmählich aber dann verstehe ich, begreife aus dem Brief
was ich von deinen Lippen nicht begreifen kann
und lerne, dass das Herz da leben muss
25 getrennt von dir – und schlagen lernen muss
in einer öden liebeleeren Brust!

ARABELLA mit Zärtlichkeit, doch überlegen
Matteo, ja – ich werde schreiben, schreiben werd ich dir –

MATTEO mit Jubel
30 Du wirst mir schreiben? und das Wort wird drinnen stehn?

ARABELLA
Was für ein Wort?

MATTEO
Dass ich dir nicht gleichgiltig bin.

ARABELLA mit großem Ausdruck
Gleichgiltig, nein! bist du mir nicht gewesen –
o Gott, gleichgiltig nicht, sag nicht ein solches Wort –
mach mich nicht weinen, sonst versteck ich mich vor dir
und deine Augen sehn mich nimmermehr auf dieser Welt!   5
Nur merk: wenn du den Brief bekommst – dann ists der Abschied.

MATTEO
Nein!

ARABELLA sehr ernst
        Dann ist das Ende wirklich da.   10
Er wird sehr zärtlich sein, der Brief – je zärtlicher
umso gewisser ist's das Ende, merk dir das!

MATTEO
Nein! o nein! Kein Ende
ein armer Lump wie ich will immer hoffen –   15
und wär es auf ein Wunder!

ARABELLA sehr ernst
Ich hoff auf keine Wunder. Ich hoff nur auf mich.
Da sie merkt wie Matteo zusammenzuckt, nickt sie traurig.
Ja, du verstehst mich nicht! Du willst mich nicht verstehn.   20
Später einmal, wenn du mich längst vergessen hast
und längst mit einer andern glücklich bist
fällt dir vielleicht die Rede wieder ein –
und dann begreifst du auch, was das bedeutet hat:
dass ich in dieser Stunde dir gesagt: 25
Ich hoff auf nichts als nur auf mich –
und weißt: das war doch recht ein harter Augenblick für sie –
und siehst mich vor dir stehn, wie ich jetzt vor dir steh,
und denkst: Wo ist sie jetzt? wo in der weiten Welt!

Matteo dem Weinen nah, auch ihre durchbrechende Rührung spürend, streckt die   30
Hände gegen sie

ZDENKA tritt schnell ein
Achtgeben! die Mama! sie kommt heraus!

Matteo entspringt durch die mittlere Tür.
Arabella geht aus dem Zimmer, durch die Tür links rückwärts   35

ADELAIDE *links vorne eintretend*
Wer war hier? Zdenka! Was für eine Unruhe?
Mit wem hast du gesprochen?
Wo ist dein Vater? – Ist heute der letzte – ?
5 oder der erste. Mein armer Kopf.
Nummern! Ich habe Nummern geträumt:
in Flammenschrift sind sie vor mir erschienen!
O Gott, die mittelste hab ich vergessen!

ZDENKA
10 Der vierte ist heut.

ADELAIDE
Das ließ Gott dich sagen!
Es war eine vier! – Wo sind unsere Möbel?

ZDENKA
15 Man braucht sie woanders.

ADELAIDE
Meine Möbel?
Man plündert unser Heim
Am hellichten Tag!
20 Ah, mein Réticule! meine Tasche!
Man hat mich bestohlen,
sie enthält meine Juwelen!
Sie sucht die Tasche in verzweifelter Aufregung

ZDENKA *findet die Tasche, bringt sie ihr*
25 Da ist sie, Mama!
ist doch nichts drin, als Zettel vom Versatzamt!

ADELAIDE
O, nur zu! wirf Steine auf das Herz deiner Mutter!
nur zu!

30 ZDENKA
Mama, ich muss mit dir sprechen.

ADELAIDE
Was hättest du mir zu sagen?

ZDENKA
35 Mama, warum muss ich in Bubenkleidern gehn?
Was soll diese Lüge? Warum ist alles unwahr?

Warum ist von Gütern die Rede, die wir nicht haben?
Von Erbonkeln die niemals sterben?
Von Heirathen die nie geschlossen werden?

ADELAIDE
Weißt du denn nicht, unglückliches Kind,   5
dass alles auf dem Spiel steht?
Weißt du nicht was mir die Seherin prophezeit hat?
Sie hat in dem Crystall Arabella gesehen
als eine fürstliche Braut
die einzige, ohne eine Schwester,   10
und dich im Hintergrund, als einen blonden Buben,
so eine Art von groom.

ZDENKA
Ist aber alles nicht wahr! Ich bin kein Bub
und der fürstliche Bewerber ist nicht gekommen!   15

ADELAIDE
Das sagst du? Wo Träger der größten Namen
um die Hand deiner Schwester rivalisieren:
großartig
Graf Dominik! Graf Elemer! Graf Lamoral!   20

ZDENKA
Die foppen euch nur! und lachen euch aus.
Sie weiß es so gut wie ich.

ADELAIDE
Ein niedriges Auge sieht niedrige Dinge!   25

ZDENKA
Ein einziger ist drunter, der möchte –
der täte sie heirathen, wenn er könnte –
der Matteo!

ADELAIDE   30
Kein Wort mehr von diesem
armseligen bürgerlichen Leutnant!
Seine Bewerbung compromittiert uns.

ZDENKA
Gut! gut! Ich aber will nicht länger   35
das Aschenbrödel sein

für die Prinzessin Schwester.
Ich hab es satt.

ADELAIDE
Genug Trivialität!

⁵ ZDENKA
Du hast gesagt bis Weihnachten aufs äußerste
muss ich in Bubenkleidern laufen
damit sie die einzige Tochter spielen kann
und Erbin von Luftschlössern in Galizien!
¹⁰ Jetzt ist Fasching vorüber!
Mama, ich verlange, dass man mich sein lässt,
was Gott mich gemacht hat – und dass das Theater ein End hat!

ARABELLA durch die Tür links vorne eintretend
Was ist denn los? Zdenkerl, hör auf zu heulen!
¹⁵ Recht aber hat sie.

Halblaut
Gib acht, Mama, mit ihr, sekkier sie nicht!
Sie hat etwas Gefährliches in sich:
Und es ist Zeit dass alles anders wird bei uns.
²⁰ Mit geändertem Ton
Auf den Fiakerball heut nacht möcht ich noch gehn
und mich austanzen bis zum lichten Tag!
Morgen aber ist Aschermittwoch
und bald hat meine Mädelzeit ein End,
²⁵ und ihre fangt an, in Gottes Namen.

Waldner kommt langsam durch die Mitteltür. Gut angezogen, Überrock und
Cylinder, Stock, Handschuhe. Er sieht ermüdet und übernächtig aus, geht durchs
Zimmer als sähe er die andern nicht und lässt sich in einen Fauteuil vorne rechts
nieder.

³⁰ ADELAIDE
Lasst uns allein, meine Kinder,
Euer Vater hat Sorgen.

Arabella und Zdenka ab.
Waldner hat die Couverts mit den Rechnungen bemerkt, besieht sie misstrauisch,
³⁵ reißt eines auf, dann das nächste.
Adelaide zu ihm. Er zeigt ihr die Rechnungen

WALDNER *hat alle Rechnungen aufgerissen, rauft sich die Haare*
Nichts als das! Von niemand ein Brief?
Keine Hilfe von nirgends?!

ADELAIDE
Theodor! – – –   5
Nach einer Pause
Du hast an deine Regimentscameraden geschrieben?

WALDNER
Von keinem eine Antwort!
Da war einer – ein gewisser Mandryka,   10
der war steinreich und ein Phantast dazu:
Ich hab an seine Großmut appelliert,
und hab von der Bella ein Bild hineingelegt –
in dem stahlblauen Ballkleid mit Schwanenbesatz –
ich hab mir gedacht: vielleicht kommt er daher   15
und heirath' das Mädel.

ADELAIDE
O mein schönes Kind! einen alten Mann!

WALDNER
Es muss ein solider Bewerber her   20
und ein End mit der ewigen Hofmacherei!
Was ist's mit dem Bauunternehmer, dem reichen?

ADELAIDE
Nur über meine Leiche
nähert sich dieser Mensch unserem Kinde!   25

*Der Zigeuner Djura steckt seinen Kopf zur Tür rechts herein, verschwindet
gleich wieder.*

ADELAIDE
Man will uns ausquartieren!
Fremde Menschen spähen herein!   30
Wir müssen fort bei Nacht und Nebel –
beschütze deine Kinder, Theodor!
Fort mit uns! Zur Tante Jadwiga,
sie nimmt uns auf!

WALDNER   35
Wird sich bedanken!

ADELAIDE
Zdenka wird groom sein für ewige Zeiten –
wir sind nicht in der Lage, zwei Töchter zu erhalten!
– und Arabella – ihr ist prophezeit
5 sie wird Untertanen haben in die Tausende!
Sie heirathet einen Poniatowski!
Wir gehen nicht unter!

Der Leibhusar Welko steckt zur Tür rechts seinen Kopf herein, verschwindet gleich wieder.

10 WALDNER
Inzwischen ist der letzte Fünfziger dahin.
Rauft sich die Haare

Jankel steckt zur Tür rechts seinen Kopf herein, verschwindet gleich wieder.

ADELAIDE
15 Sei ruhig, Theodor, mir sind im Traum
drei Nummern erschienen! unfehlbare herrliche Zahlen!

WALDNER
Versetz die Smaragdbrosch' und gib mir das Geld!
Ich spür' es, ich hätte heute Glück –

20 Adelaide Gebärde

Was? du hast sie nicht mehr? versetzt? verpfändet?

ADELAIDE
Schon die vorige Woche! sie war das Letzte.

WALDNER setzt sich
25 Und heute, heute hätte ich Glück,
ich spür's in jedem Finger!
Du Unglückselige.

ZIMMERKELLNER tritt ein durch die Mitteltür, mit drei Visitkarten auf einem Tablett
30 Drei Fiaker möchten ihre Aufwartung machen.

ADELAIDE
Um Gottes Willen!

WALDNER
Seid ihr wieder Fuhren schuldig geblieben?

ADELAIDE
O diese Wiener!
sie saugen uns aus!
sind ja Vampyre!

WALDNER hat die Karten genommen
zum Kellner
Wir sind nicht zuhause!

KELLNER an der Mitteltür
Sie sind schon da!

ADELAIDE
Ich bin unpässlich!

Will ab links vorne, zugleich tritt Arabella heraus
Zugleich öffnet sich die Mitteltür und die drei Grafen treten, gekleidet als Fiaker:
kurzer Fahrpelz, carrierte Hosen, helle Handschuhe, sogenannte Stösser in der
Hand. Hinter jedem ein groom in Livree, jeder mit einem großen Bukett und
außerdem einen kleinen Carton.

ADELAIDE
Was für ein delizioser Spass Graf Dominik! Graf Elemer! Graf
                                                    Lamoral!

Die drei »Fiaker« treten vor, und jeder, indem er sich vorstellt, setzt den Stösser
für einen Augenblick auf und nimmt ihn gleich wieder ab.

DOMINIK sich vorstellend
Fuxmundipoldl!

ELEMER ebenso
Der Weissfisch!

LAMORAL ebenso
Der ungarische Schackerl!

ADELAIDE
Wie unverfälscht! wie fesch! wie wienerisch!

ZU DREIEN zu Arabella
Wir erbitten Dero hohe Gegenwart
als Königin unserer Patronessen
für unsern heutigen Ball!
Sie nehmen jeder seinem Groom das Bukett ab und überreichen es Arabella.

ADELAIDE
Welche charmante Überraschung!

ARABELLA
Geh, beruhig dich, Mama.

Arabella gibt die drei Buketts Zdenka zum Halten.
Die drei grooms überreichen die drei Cartons, und legen diese, auf einen Wink
5 Arabellas, auf einen Wandtisch.

MATTEO in Uniform, mit Säbel, Kappe und Handschuhe in der Hand, ist leise
durch die Mitte eingetreten
Die drei! schon wieder!
Er verschwindet sofort

10 DOMINIK den Stösser immer in der Hand, auf Arabella zutretend; nur zu ihr
Fahr'n ma, gnä' Fräuln?
Wissen Sie, was das heisst?
Sausend dahin, was die Bräundln laufen
im Nichtbedenken liegt das Glück –
15 Nachdenken ist der Tod!
Leiser
Weiss die Fräuln Bella was das heisst?
Fahr'n ma, gnä Fräuln!
Er bleibt bei ihr, sie sprechen leise

20 ADELAIDE zu Zdenka
Erfrischungen! Sechs Gläser Portwein!

Zdenka läutet am Glockenzug
Adelaide ist rechts, nimmt dort Platz, Lamoral und Elemer sind bei ihr.
Waldner schreibt rechts vorne, hinter einem Paravent.

25 ADELAIDE krampfhaft Conversation machend
Die schönen Blumen –

ARABELLA indem sie sich jäh von Dominik abwendet, zugleich über die Schulter
zu ihrer Mutter
Geh lass, Mama, du exaltierst dich viel zu viel!
30 Steht alles nicht dafür.

Arabella hat sich von Dominik abgewandt, der zurücktritt.
Elemer tritt zu Arabella

KELLNER halb in der Tür, ruft unartig herein
Auf 8 wird nichts serviert!

35 ELEMER halblaut
Eine Sphinx sind Sie! Sie spielen mit uns allen.
Selbst bleibt sie kalt und uns verzaubert sie!

ARABELLA
Verzaubern? euch? Ah nein! Ihr bleibts
ganz unverzaubert was ihr seids
recht fesche Wiener Grafen!

ELEMER ihr näher
Das stolzeste böseste herrlichste Mädel von Wien!

ARABELLA leise, fast böse
Aber deiner Gräfin Mutter tätest du mich doch nicht bringen –
und deine Gräfinnen Schwestern schauen weg
wenn du mich auf'm Eis zum Tanzen holst!

ELEMER fährt auf
Das sollen sie sich unterstehen!

ARABELLA
Als Gesellschafterin auf einem Schloss bei einer Tant
wär ich euch recht, oder als Grisette auf'm Graben!

ELEMER
Wer darf das wagen auszusprechen!

ARABELLA
Ich!
Wir sind die Art von Leut nicht, die ihr respectierts,
da red ich halt auch ohne Respect von mir.

Sie kehrt ihm den Rücken, er tritt zurück

ARABELLA tritt zu Lamoral, der abseits steht
Und was ists mit uns zwei?

LAMORAL wird blass
Arabella! – Kaltes Herz!

ARABELLA
Ists gar so kalt, das Herz?
Sie sieht ihn an

LAMORAL hält sich die Hand vor die Augen, fast lautlos.
Zu stark ist so ein Blick! zu stark!

ARABELLA
Na, soll ich vom Lusthaus zurück in Ihrem Schlitten fahren?
und als chaperon der Bub –
passt das dann dem Herrn Grafen?

LAMORAL
Ob mir das passt?
mit Ihnen allein im Schlitten!
Ob mir das passt – ?

5 ARABELLA sieht ihm in die Augen, lässt den Augenblick ausschwingen, dann, sich
von ihm abwendend, für sich, mit völlig verändertem Ton
Der Richtige – wenns ihn gibt –
der wird mich anschaun und ich ihn –
da werden keine Fragen sein!
10 ja, wenns ihn gibt!
Sie wendet sich den andern zu und sagt, wieder in ganz leichtem Ton
So und jetzt sagen wir den Herrn Auf Wiedersehn, – nicht wahr,
                                        Mama! –
und um halb zwei da werd ich aufm Kohlmarkt sein
15 mit'm Zdenko, auf der Laufferseiten,
und ihr lasst's die drei Schlitten beim Artaria stehn
und dann schau ich sie an, und werd entscheiden
ob ich mit'm Fuxmundipoldl fahr
oder mit dem Weissfisch
20 oder
mit einem vielsagenden Blick
     mit dem ungarischen Schackerl!

Sie winkt ihrer Mutter und beide gehen links ab.
Die drei Grafen, im Abgehen, verneigen sich noch einmal
25 Waldner schreibt weiter,
Adelaide kommt links vorne aus der Tür

ARABELLA öffnet zugleich die Tür links rückwärts und ruft ziemlich scharf
                         Zdenko!

ADELAIDE hat indessen die Cartons geöffnet
30 Bonbons vom Dominik! Parfum von Elemer!
Spitzen vom Lamoral! – So voller Attentionen!

WALDNER steht auf
Spitzen! wo sind die Spitzen?

ADELAIDE   Da! point d'Alençon.

35 WALDNER
Geh aus sofort und schau wie du sie möglichst gut verkaufst!
a tempo! fix! Ich hab nicht einen Gulden mehr im Sack!

ADELAIDE
O dieses Wien!
Erniedrigung! – So hab ichs oft geträumt!
aus tiefster Schmach hebts uns einmal empor
zu höchster Höhe!   5
Immer exaltierter
Hats denn vielleicht im allerhöchsten Erzhaus
noch keine Liebesheiraten gegeben?
ist nicht die Liebe stärker als Gesetze?
sieh ihre Schönheit! wagst du zu zweifeln?   10
emporgehoben über die Menschen –
ihrer wartet ein herrliches Loos!
Das sagt die Prophetin, das sagen die Sterne –
das sagt mir mein Herz!

ARABELLA noch halb im Umziehen, öffnet die Tür links   15
Ich bitt dich eines, Mama:
wenn ich verkuppelt werden soll und muss

WALDNER scharf
Moderier dich, ich bitte!

ARABELLA ohne ihren Ton zu ändern   20
bleib in Gottes Namen in der Wirklichkeit
und schweb nicht in den Wolken noch dazu –
das vertrag ich einmal nicht!
auch schiefe Situationen haben noch ein Maß in sich!

ADELAIDE   25
Dein Vater verzehrt sich in Sorgen –
hier keine Scenen, wenn ich bitten darf!
Eilt hin, schiebt sie ins Nebenzimmer und verschwindet mit ihr

WALDNER allein mit den Rechnungen, liest:
Bin ich nicht in der Lage, länger zu warten . . .   30
nimmt eine andere
Müsste ich das Gericht in Anspruch nehmen . . .
nimmt eine dritte
Haben Sie die Klage zu gewärtigen . . .

– – –

Arme Frau! arme Mädeln!   35

Er läutet am Glockenzug, indem er hinter sich greift.
Zimmerkellner tritt ein

WALDNER
Einen Cognac!

KELLNER
Auf Nummer 8 darf nicht mehr serviert werden!
5 Außer wünschen sofort zu bezahlen –

WALDNER
Verschwinden Sie! ich brauche nichts!
Auf und nieder
Einen Ausweg gibts immer!
10 Spielen! Gewinnen!
Alles andere ist verlorene Zeit.

Djuras, Welkos und Jankels Kopf erscheinen schnell nacheinander in der Tür rechts, verschwinden sofort.

ZIMMERKELLNER *eintretend mit einem Tablett*
15 Ein Herr wünscht den Herrn Grafen zu sprechen.

WALDNER
Ich bin nicht zu sprechen. Ich bin ausgegangen.
Legen Sie die Rechnung dorthin.

Zimmerkellner legt an die von Waldner angegebene Stelle eine Karte

20 WALDNER *sieht hin, sieht dass es keine Rechnung ist, wirft einen Blick auf die Karte; freudig überrascht.*
Mandryka!
Traut seinen Augen nicht
Der reiche Kerl! mein bester Freund im Regiment!

25 ZIMMERKELLNER *an der Tür*
Der Herr fragt an!

WALDNER
Ich lasse bitten.
Dem Eintretenden mit offenen Armen entgegen
30 Tschau, Camerad!

Mandryka, großer, sehr kräftiger, eleganter Mann von höchstens 35 Jahren, etwas undefinierbar Ländliches in der Erscheinung; sehr gut angezogen, ohne jede provinzielle Eleganz.
Welko, Djura, Jankel hinter ihm; sie bleiben an der Tür stehen.

35 WALDNER *perplex, tritt zurück*
Ah so!

MANDRYKA
Hab ich die Ehre mit dem Rittmeister Graf Waldner?

WALDNER
Waldner, so heiß ich. Rittmeister nicht mehr.

Mandryka streckt seine rechte Hand nach hinten.   5
Jankel unter Verneigung, gibt ihm einen Brief in die Hand

MANDRYKA mit dem Brief auf Waldner zutretend
Sind Sie, Herr Graf, der Schreiber dieses Briefes?

Waldner nimmt den Brief, der zerknittert und voll Blutflecken ist

MANDRYKA sehr leicht und sehr artig   10
Er ist ein bissl blutig worden, und nicht mehr leserlich.
Ich bin den Tag, wo er mir zugekommen ist,
auf eine alte Bärin gegangen, sie hat mich angenommen
und ein bissl gekratzt – dabei ist das passiert.

WALDNER indem er ihm den Brief zurückgibt, nachdem er einen Blick darauf   15
geworfen hat
Geschrieben hab ich allerdings an einen Herrn Ihres Namens –
er war mein Freund und Regimentscamerad.

MANDRYKA
Das war mein Onkel. Er ist todt. Ich bin der einzige Mandryka.   20
Somit verzeihen Sie dass ich den Brief
zu öffnen mir gestattete. – Jetzt kommts auf eines an:
Welko, das Bild!

WELKO indem er eine Photographie überreicht
Es ist in Ordnung, Gospodar,   25
Die schöne Fräulein mit dem Gesicht wohnt hier!

DJURA
Wohnt hier!

JANKEL
In diesem Zimmer greifbar!   30

MANDRYKA die Photographie in der Hand
Herr Graf, Sie haben Ihrem werten Brief
der cameradschaftlich an meinen Onkel gerichtet war
Sie haben dieses Damenbildnis beigelegt.

WALDNER *leicht hinsehend, ganz ohne Wichtigkeit*
Ah ja! Die Photographie meiner Tochter
Arabella.

MANDRYKA *mit merklicher Aufregung, aber ohne die Haltung zu verlieren*
5   Die gnädige Tochter ist unvermählt – ?

WALDNER *nickt*
Noch unvermählt.

MANDRYKA
– und derzeit nicht verlobt?

10 WALDNER
Derzeit noch nicht.

MANDRYKA *sehr ernst, beinahe feierlich*
Dann bitte ich um ein Gespräch von fünf Minuten.
Zu seinen Leuten
15 Ihr, draußen warten!

*Welko rückt schnell zwei Fauteuils einander gegenüber, zieht sich dann mit Djura
und Jankel zurück.
Waldner und Mandryka setzen sich. Eine kleine Pause, der Verlegenheit bei
Mandryka, der Spannung bei Waldner.*

20 MANDRYKA
Darf ich so unbescheiden sein und eine Frage stellen?

WALDNER
Du bist der Neffe – und Erbe meines teuren Cameraden,
verfüge über mich!

25 MANDRYKA
Ich danke sehr. –
Er überlegt einen Moment
Als in den Brief an meinen seligen Onkel
das reizende Porträt des Fräulein Tochter
30 hineingeschlossen wurde,
darf ich annehmen, dass da eine Absicht
im Spiele war? – Ich bitte um Vergebung.

WALDNER *vorsichtig*
Mein Gott, ich hab mir halt gedacht es wird dem Alten
35 mehr Spass machen

ein hübsches Mädel anzuschauen
als mein ramponiertes Gesicht.

MANDRYKA sehr aufmerksam, bestrebt, jedes Wort Waldners nach seinem vollen
Gewicht zu erfassen
Mehr Spass machen? – Wenn aber das die Folge wär gewesen   5
dass mein Herr Onkel, der ein ganzer Mann war
und in den besten Jahren
sich hätte in die Schönheit des Porträts verliebt
und wär getreten hier vor Ihnen, hochgeborener Herr,
so als ein offenherziger Edelmann vor einen andern,   10
und hätt gesagt: »Wer das Gesicht gesehen hat
und tritt nicht als Bewerber auf
verdient nicht dass ihn Gott auf dieser schönen Erde leben lasst.
So geb das Mädel mir zur Frau und Herrin!«
Was wäre dann gewesen? Gesetzt den Fall, er hätte so gesagt!   15

WALDNER
Dann hätten wir uns in einer unerwarteten Situation befunden.

MANDRYKA sehr gespannt und ernst
In einer unwillkommenen?

WALDNER   20
Pardon! das hab ich durchaus nicht gesagt.

MANDRYKA steht auf, sehr aufgeregt, aber beherrscht
Der Onkel ist dahin. Heut bin ich der Mandryka, niemand sonst.
Mein sind die Wälder, mein sind die Dörfer,
sieben Dörfer recht schön, zwischen Bergen und Donau.   25
In vieren läuten die geweihten Glocken
in den drei andern ruft der Muezzin vom Turm.
Viertausend Untertanen beten dass ich glücklich sei –
und ich, mit aufgehobenen Händen bitte ich:
Herr Vater, geben mir die gnädige Tochter   30
geben mir sie zur Frau, die jetzt seit vierzehn Wochen
jeden Gedanken hier in dieser Brust regiert!

Waldner schweigt vor Staunen

MANDRYKA
Oder meinst du, Vater, wird sie Wien nicht verlassen?   35
Ich ziehe her nach Wien und kauf ihr ein Palais!

Waldner bittet ihn durch Geberden, sich wieder zu setzen

MANDRYKA
Ihr Zögern ist kein Todesurteil? Nein!

Waldner schüttelt den Kopf

MANDRYKA
5 Ich darf sie sehen?

Waldner nickt

MANDRYKA
Bedenken: dieser Brief kommt an, und in der gleichen Stunde
nimmt mich die alte Bärin in die Arme
10 und drückt mir vier von meinen Rippen ein.
Zwölf Wochen bin ich gelegen –
dieses Bild vor mir – und ein Gedanken immer stärker
bis er die Seele mir herausgerissen hat!
Ganz naiv, ohne Prahlerei
15 Kommen meine Verwalter: Was ist's mit unsrem Herrn?
Kommen die von den Maierhöfen: was ists mit unsrem Herrn?
Kommen die von den Fohlenhöfen: Freut unsern Herrn kein
                                                     Pferd mehr!
Kommen meine Förster: Freut unsern Herrn kein Jagen?
20 Ich geb ihnen keine Antwort, Welko! ruf ich,
hol mir den Jankel. Steht der Jankel vor mir.
Jankel, sag ich, wie heißt der Jud in Sissek
der meinen Wald will kaufen? dort den Eichwald!
Also her mit ihm, er soll Geld mitbringen
25 denn morgen fahr ich in dem Kaiser seine Stadt
da kostet Geld ein jeder Atemzug
und Hindernisse darfs nicht geben auf der Brautfahrt.
Er zieht ein großes, aber elegantes Portefeuille hervor; es enthält, lose hineingelegt, einen dicken Pack Tausendguldennoten
30 Das ist der Wald. –
Es war ein schöner Wald: Einsiedler waren drin,
Zigeuner waren drin und alte Hirschen
und Kohlenmeiler haben viele drin geraucht –
hat sich alles in ein paar Fetzen Papier verwandelt!
35 Aber es stehen Eichwälder genug noch auf meinem Boden
für Kinder und Enkel – Gott erhalte! –

Verzeihen um Gotteswillen dass ich von solchen Sachen rede!
Ist ganz, ich weiß nicht wie, geschehen!

Er will das Portefeuille einstecken

WALDNER hindert ihn daran durch eine unwillkürliche Bewegung
Oho! ich find es ungeheuer interessant!   5
Wenn man bedenkt: ein Wald! Einsiedler waren drin
Zigeuner waren drin und alte Hirschen,
und auf eins zwei – ein solches Portefeuille!
Ich hab seit Jahren so was nicht gesehn!

Er starrt fasciniert auf das Portefeuille   10

MANDRYKA hält ihm's hin, sehr leicht und liebenswürdig
Darf ich vielleicht? brauchst du vielleicht
so für den Augenblick? Du tust mir eine Gnad!
Teschek, bedien dich!

WALDNER nach kurzem Zögern nimmt eine Tausendguldennote   15
Mein Bankier ist verreist!
Ich geb es dir heut abend spätestens zurück!

MANDRYKA hält das Portefeuille nochmals hin, sehr herzlich
Nicht mehr? Ich bitte vielmals! Aber doch!
Teschek, bedien dich!   20

Waldner nimmt eine zweite Note und steckt sie mit nonchalance zu der ersten in
die Westentasche.
Mandryka lässt das Portefeuille in seine Brusttasche gleiten. Eine leichte Pause
der Verlegenheit.

Und wann wird's dir genehm sein   25
mich deiner Gräfin vorzustellen –
und dann der gnädgen Tochter?

WALDNER
Sie sind gleich da im Nebenzimmer.

Mandryka steht auf, wirklich erschrocken.   30

WALDNER steht gleichfalls auf
Willst du sie sehn? Ich ruf' –
ich stell dich vor als Erben – Neffen mein ich – vom Mandryka!

MANDRYKA
Jetzt? so? Ich bitte: nein!   35
In keinem Fall!

WALDNER
So schüchtern war der Onkel nicht!

MANDRYKA sehr ernst
Das ist ein Fall von anderer Art.
5 Es handelt sich für mich um etwas Heiliges.

WALDNER
Ganz wie du willst.

MANDRYKA in verändertem Ton
Ich hab dich schon zu lang gestört.
10 Ich werd mich hier im Hause einlogieren
und den Befehl abwarten deiner Gräfin
wann ich mich praesentieren darf am Nachmittag.

Verneigt sich; Waldner reicht ihm die Hand und begleitet ihn dann an die Tür

WALDNER allein
15 Hab ich geträumt? Da ist er gesessen
der Neffe vom Mandryka.
So was passiert einem doch nicht!
Er zieht den einen zerknitterten Tausender hervor, dann den zweiten, glättet
beide, steckt sie in seine völlig leere Brieftasche
20 Hab ich geträumt?
Er nimmt den einen Tausender wieder heraus, dreht daraus, ganz gedankenlos,
eine kleine Papierdüte und behält sie in der Hand.
Mit leichtem Ausdruck, Mandrykas Ton copierend, ziemlich laut.

Teschek, bedien dich!

25 ZIMMERKELLNER eintretend
Ist hier gerufen?
Er gewahrt den Tausender in Waldners Hand und verändert sofort den Ton
                    Haben mich befohlen?

WALDNER vor sich, leise, zart   Teschek, bedien dich!

30 ZIMMERKELLNER
Befehlen diesen Tausender zu wechseln?

WALDNER
Später vielleicht. Jetzt nicht.

Zimmerkellner geht ab

WALDNER mit Grazie
Teschek, bedien dich!
Mit Würde
Teschek, bedien dich!
Schmelzend, fast zärtlich   5
Teschek, bedien dich!
Majestätisch
Teschek, bedien dich!
Drohend
Teschek, bedien dich!   10
Mit wildem Triumph
Teschek, bedien dich!
Teschek, bedien dich! Teschek, bedien dich!

ADELAIDE aus der vorderen Tür links
Was hast du, Theodor?   15

WALDNER
Ha? was ich habe – ? gar nichts!
Ich geh jetzt aus. Ich werd erwartet.
Brauchst du vielleicht?
Er winkt ihr mit dem Tausender, den er in der Hand behalten hat.   20
Ich werd mir wechseln lassen.
Wie zerstreut
A propos, der Mandryka war da.

ADELAIDE
Dein Camerad?   25

WALDNER
Sein Erbe. Er will sich dir praesentieren.
Ohne sie anzusehen
Er hat ums Mädel angehalten.

ADELAIDE   30
Wie?

WALDNER sehr ruhig
Angehalten, wie sichs schickt: beim Vater.

ADELAIDE
Kennt er sie denn?   35

WALDNER ohne jede Wichtigkeit
                    Photographie.

ADELAIDE
Um Gottes willen, Theodor, ist er vermögend?

5 WALDNER
»Vermögend« ist ein etwas bürgerliches Wort –
ganz ohne Pathos, fast geringschätzig
Der größte Grundbesitzer im slawonischen Königreich!
Er spielt mit dem Tausender

10 ADELAIDE
Erklär mir doch!

WALDNER
Ich hab jetzt nicht viel Zeit.
Er hat den Tausender eingesteckt und zieht sich zum Ausgehen an.

15 ADELAIDE äußerst aufgeregt
Mein Theodor!
Was für ein Ton zu mir! in einem solchen Augenblick!
So ist mein Schicksal! so geht es mir immer!
Unverstanden als Frau! unverstanden als Mutter!
20 Das ist mein Los! der Mann – die Kinder
sie schreiten hinweg über ein Herz
das sich verzehrt in grenzenloser Zärtlichkeit!

Arabella aus der rückwärtigen Tür links noch während Adelaides Klagen.
Zdenka hinter ihr; beide zum Ausgehen angezogen, Zdenka einen Cylinder in der
25 Hand

ARABELLA nachdem sie das Ende von Adelaides Klagen abgewartet
Was ist denn wieder los, Mama?

ADELAIDE zu ihr und küsst sie auf die Stirn
Der Graf Mandryka, ein croatischer Magnat,
30 hat um dich angehalten, meine Tochter.
Er hat dein Bild gesehn, es war kein Zufall
die Sterne wollten es!
Er liebt dich namenlos, und ist der reichste grandseigneur
unter der Stefanskrone!

35 ARABELLA mit gerunzelten Augenbrauen
                    Mama!

ADELAIDE zärtlich
Schweig still, verbirg dein Glück, verbirgs bei mir –
der Neid der bösen Welt ist ohne Grenzen! –
Bei deiner Mutter, die dirs aufgebaut
verbirg dein junges Glück.   5
Die Worte der Prophetin werden Wahrheit.
Die Sterne wollen es
und deine leidgeprüfte Mutter segnet dich!

WALDNER zugleich mit ihr
Von einem Tag zum andern ändert sich gar viel!   10
Lang sind die Karten bös, und finster schaut das Glück
auf einmal lächeln sie, und alle Türen gehen auf!
Ein Zauberwort ertönt: Bediene dich! bediene dich!
und aus dem Bettler wird ein König wiederum!

ZDENKA mit gefalteten Händen, zugleich mit ihnen beiden   15
O Gott im Himmel, lass sie glücklich werden,
und mich lass sterben in der Stille irgendwo!
So hat ja die Prophetin es gesehn:
sie ganz im Licht und ich hinab ins Dunkel.
Sie ist so schön und lieb, ich werde gehn,   20
und noch im Gehn werd ich dich segnen, meine Schwester!

ARABELLA zugleich mit ihnen allen, nur die letzte Zeile allein
O Gott, sie freuen sich, sie lächeln alle –
so leichte Herzen haben sie und nur mein Herz ist schwer!
So schnell vertrauen sie aufs Glück, und immer wieder   25
kommt die Enttäuschung und ein bittrer Tropfen
fällt in mein Herz und wiederum ein Tropfen –
und süß und freudig soll ein Herz doch sein!
O Gott, lass diese neue Täuschung schnell vorübergehn –
denn es wird Täuschung und nur Täuschung sein, ich fühls voraus!   30

WALDNER der indessen zum Ausgehen fertig ist, Hut und Stock in der Hand
Bevor ich gehe, wünsche ich zu wissen,
wann ich deiner Mutter und dir
den Neffen eines alten Freundes bringen kann.

ARABELLA   35
Papa, heut nachmittag bin ich nicht frei,
ich hab mich engagiert zu einer Schlittenfahrt.

Am Abend aber ist doch der Fiakerball,
bring ihn dahin, das ist das simpelste,
wenn er's so eilig hat mit unserer Bekanntschaft.
Das verpflichtet zu nichts, weder uns – noch ihn –
5 etwas bitter
– und wird nach beiden Seiten hin
die üblichen Enttäuschungen ersparen.

WALDNER schon zwischen Tür und Angel
Ganz wie ihr wollt – ich misch mich nicht in eure Sachen!
10 Aber ich sag dir eins:
von einem Tag zum andern kann sich vieles ändern!
Er geht, nach einer leichten Verneigung gegen Adelaide

ADELAIDE gerührt, unfähig länger zu schweigen
Mein Kind!

15 ARABELLA schnell
Geh, lass Mama! –
Also aufs Monat
zu ihrem siebzehnten Geburtstag darf sie Mädel werden?
ist das jetzt abgemacht, Mama?

20 ADELAIDE pompös
Und die Prophetin?

ARABELLA ernst
Das lass meine Sach' sein
Das Wahrmachen, das steht ja doch bei mir
25 Und das ist härter als das Prophezeihn!

Adelaide mit einer resignierten Geberde ab links rückwärts

ZDENKA mit Arabellas Hut heraus links vorne
Was hast du? was geht mit dir vor?

ARABELLA legt den Hut auf einen Fauteuil, tritt zu dem Schreibtisch
30 entschlossen, finster
Ich werd jetzt der Elis' ein Karterl schreiben –
sie soll mich morgen – oder übermorgen –
mit dem Herrn Bauunternehmer
zum Mittagessen einladen.

35 ZDENKA
Mit dem reichen Speculanten?

mit dem uneleganten Kerl – ?
das heißt ja, dass du dich mit ihm verloben willst!

ARABELLA sehr fest
Das heißt es. Ja.
Denn es ist Zeit, dass die Zigeunerwirtschaft hier   5
ein Ende hat. Was schaust du so erschrocken drein?

ZDENKA unwillkürlich
O Gott, ich bin verloren!

ARABELLA
Wer ist verloren? was sind das für Reden?   10

ZDENKA fasst sich mühsam
Ich, mein Gott, ich – ich hab an den Matteo denken müssen –
er liebt dich bis zum Wahnsinn!
Wie der ausrufen wird: Ich bin verloren!
Dreht sich um, damit Arabella ihr Gesicht nicht sieht   15

ARABELLA müde
Ach lass!

ZDENKA heftig
Anbeten tut er dich!

ARABELLA   20
Zdenkerl, du hast manchmal
den exaltierten Ton von der Mama!
Pass auf auf dich!
Also, dass du es weißt:
ein jeder ist für mich in Frag' gekommen   25
zum mindesten für einen Augenblick!
nur der Matteo nie!
So, punctum, Streusand drauf.
Wenn ich entschlossen bin,
so bleibts dabei!   30
Ich glaub, du kennst mich!

Sie setzt sich zum Schreiben, der Wandschirm verdeckt sie gegen die Bühne, nur
nicht gegen den Zuschauer

ZDENKA seitwärts, verstört, verwirrt
Dann geht er nach Galizien –   35
Nein: er erschießt sich!

Ihren Phantasien folgend
Ich klopf, er liegt todt da!
Ich werf mich über ihn, ich küss zum ersten Mal
seine eiskalten Lippen!

5 Matteo tritt vorsichtig durch die Mitteltür ein

ZDENKA spürt sein Kommen, fährt zusammen
Still, sie ist da!

ARABELLA hat indessen ein Briefpapier hervorgenommen; sie hat die Feder in der
Hand
10 Ja, das Wahrmachen, das steht jetzt bei mir.
Und das ist freilich härter als das Prophezeih'n.

ZDENKA auf den Wandschirm deutend
Sie schreibt.

MATTEO leise
15 An mich?

ZDENKA wie unter einer Eingebung
An dich! Ja, ja!

ARABELLA legt die Feder weg
Weggeben mich, mit einem Ruck? Weggeben ganz und gar?
20 Verschenken? nein verkaufen? o das fürchterliche Wort!
Sie hält sich die Ohren zu, dann stützt sie das Gesicht auf die Hand. Ihr Blick fällt
auf den Spiegel, der ihr ihr Gesicht zuwirft
Nein, sich belügen ist gemein. – Da sind die Augen –
die Stirn
25 sie sieht aufmerksam, mit strengem Ausdruck in den Spiegel
          die Wangen, vielen haben sie gefallen –
und keinem noch gehört, und sollen nie
sehr schmerzlich
dem Richtigen gehören! nie! denn er lebt irgendwo
30 und hat halt nie zu mir den Weg gefunden!

MATTEO zugleich mit ihr
Sie hat schon einmal
mit einem kleinen Brieferl alles gut gemacht!
Da waren Wörter in dem Brief!

35 ZDENKA leise zu ihm
Und wahr waren sie auch!

MATTEO *leise*
Woher weißt du's?

ZDENKA
Wer hat dir denn den Brief gebracht?

ARABELLA *nach einer kurzen Pause fortfahrend – die scheinbare Unterbrechung* 5
liegt im Aufschreiben
– und nun darf ich nicht länger auf ihn warten!
und unbekannt, und ungegrüßt von ihm,
sag ich ihm jetzt Adieu auf ewige Zeit!

MATTEO *zugleich mit ihr*   10
Geheimnis eines Mädchenherzens, unergründliches!

ARABELLA *mit fast brechender Stimme*
Adieu auf ewige Zeit!
In großer Angst
Mein Gott! schlecht – lass mich nicht – schlecht werden lass mich   15
                                                            nicht!
und nicht zu unglücklich!
Denn du allein, du ganz allein wirst wissen
wie mir zumut ist,
sonst niemand in der Welt! –   20
Jetzt aber schnell!
Sie ergreift die Feder

ZDENKA *zu Matteo*
Ein Mädel – weißt du – schämt sich so furchtbar!
Mit innigem Ton   25
Alleinig geben möcht sie immer mehr und immer mehr –
sehr innig
und alles kommt ihr noch zu wenig vor!

MATTEO
Wie du das weißt! du lieber Bub!   30

Zdenka entfernt sich von ihm, sehr blass

ARABELLA
Zdenko!

ZDENKA
Sie ruft mich!   35

MATTEO
Kann ich sie nicht sehen?

ZDENKA
Bleib still, ganz still! Um alles in der Welt!

5 ARABELLA unterm Schreiben
Wir gehen gleich. Was hast du denn?
Zdenka den Finger auf den Lippen, steht mäuschenstill

ARABELLA schließt den Brief
Geschrieben und besiegelt! Punctum. Aus.
10 Sie steht auf
Nun nehm mich Gott in seine gnädige Hut,
auf meinem neuen Weg.
Sie betrachtet den Brief, stehend, und zündet eine Kerze an, um zu siegeln
Zdenka währenddem, ist dicht zu Arabella getreten, ohne dass diese es merkt und
15 sieht ihr zu, dann tritt sie wieder zu Matteo

MATTEO
Hast du den Brief?

ZDENKA verwirrt
Den Brief? Ja! Nein! Sie will jetzt nicht.
20 Sie sagt, sie wird ihn dir – heut abends – komm auf den Fiakerball!
Noch leiser
und vorher sei zuhaus!
hier im Hotel – vielleicht bring ich ihn dir
ins Zimmer, oder du kriegst ihn dort!

25 MATTEO
Du lasst mich nicht im Stich? Du hasts versprochen
mit deinem Manneswort? –
Schnell ab

ZDENKA indessen Arabella sehr langsam das Siegelwachs erwärmt, den Brief
30 siegelt und das Petschaft drauf drückt
Die Schrift, die treff ich schon –
und auch die Wörter, ah! die wüsst ich wohl zu finden!
Aber wofür! wenn übermorgen alles aus ist!
O Gott im Himmel steh mir armem Mädel bei!

35 Sie sucht ihren Cylinder, jetzt hält sie ihn in der Hand und wartet an der Tür hinten

ARABELLA *unterm Siegeln, zugleich mit ihr*
Jetzt geht der Brief dahin. Dann liest sie ihn,
dann schreibt sie diesem Mann
und lädt ihn ein, für übermorgen schon!
O Gott im Himmel, steh mir armen Mädel bei!   5
Sie setzt ihren Hut auf, und ergreift ihren Muff – den Brief in der Hand
Jetzt ist's geschehn und morgen ist halt morgen
und heut ist heut und heut ist Faschingsdienstag noch dazu!
Die Schlitten warten und in jedem Schlitten wartet einer
ob ich ihn wähl – und abends ist mein Ball   10
auf dem bin ich allein die Königin!
Sie wendet sich schnell zum Gehen

Vorhang.

URSPRÜNGLICHER SCHLUSS DER ERSTEN FASSUNG
DES I. AKTES

im Anschluß an S. 94,35

WALDNER ohne jede Wichtigkeit, fast wegwerfend
Photographie.

ADELAIDE
Um Gotteswillen, Theodor, ist er vermögend?

WALDNER wegwerfend
Vermögend ist ein etwas bürgerliches Wort.
Ganz ohne Pathos, fast geringschätzig
Der größte Grundbesitzer im slavonischen Königreich!
Er spielt mit dem Tausender

ADELAIDE
Erklär mir doch!

WALDNER weidet sich an ihrer Aufregung
Ich hab jetzt nicht viel Zeit.
Und meine Combinationen interessieren dich ja nicht.
Sie sind dir zu riskiert.
Er hat den Tausender eingesteckt und zieht sich zum Ausgehen an

ADELAIDE äußerst aufgeregt
Theodor!
Sie weint
Was für ein Ton zu mir?
in einem solchen feierlichen Augenblick!
Arabella aus der rückwärtigen Tür links.
Zdenka hinter ihr; beide zum Ausgehn angezogen, Zdenka einen Cylinder in der Hand

ARABELLA
Was ist denn wieder los, Mama?

Adelaide zu ihr und küsst sie auf die Stirn

ARABELLA *mit leichter Ungeduld*
Was denn Mama?

ADELAIDE *pompös*
Der Graf Mandryka, ein croatischer Magnat,
hat um dich angehalten, meine Tochter.   5

ARABELLA
Ach Gott, Mama. Warts ab.

ADELAIDE *aufgeregt*
Aber! Kein Wort, vor niemand!
Der Neid der Menschen ist ohne Grenzen –   10
wir sind umgeben von Intrigue!
Er hat dein Bild gesehn, durch einen Zufall –
er liebt dich namenlos – und ist der reichste grandseigneur
unter der Stephanskrone.
Sie rührt dreimal eine hölzerne Tischplatte an   15

ARABELLA *sehr ruhig*
Komm Zdenka. Nimm doch was Calmierendes, Mama.
Du musst ja leiden unter diesen ewigen Phantasien.

WALDNER
Bella!   20

ARABELLA
Geh, lass Papa!

ADELAIDE
Das ist mein Lohn! in einer solchen Stunde!

WALDNER *der sich indessen zum Ausgehen fertig gemacht hat, Hut und Stock*   25
in der Hand
Genug Sottisen jetzt. Ich würde gerne wissen
wann ich deiner Mutter und dir
den Neffen eines alten Freunds vorstellen kann.
Ihr seids ja immer schrecklich occupiert   30
und ich
mit innerem Jubel

      hab auch Geschäfte diesen Nachmittag.

ARABELLA
Papa, heut nachmittag bin ich nicht frei.   35
Ich hab mich engagiert zu einer Schlittenfahrt.

Am Abend aber ist doch der Fiakerball
da sind wir Patronessen, die Mama und ich.
Bring ihn da hin, das ist das simpelste,
den interessanten Neffen von dem alten Freund –
5 wenn ers so eilig hat mit unserer Bekanntschaft.
Das verpflichtet zu nichts, weder uns, noch ihn –
etwas bitter
und wird nach beiden Seiten hin
die üblichen Enttäuschungen ersparen.
10 In verändertem Ton
Die Zdenka und ich, wir müssen jetzt fort.
Zu Zdenka
Sie chaperoniert mich. – Bring mir meinen Hut!
Zu Waldner tretend, indessen Zdenka abgeht, den Hut zu holen
15 Papa, hast du nicht das Gefühl
dass diese Maskerad aufhören müsst'?
Die Zdenkerl ist kein Kind mehr, und sie hat die letzte Zeit
so einen Ausdruck um die Augen –
ich glaub, es wär die höchste Zeit
20 dass sie aus diesem travesti herauskäm –
und dem, was drum und dran ist
wenn sie da als Bub zwischen den jungen Herrn herumspringt.

WALDNER ungeduldig, fortzukommen
Machts wie ihr wollts, ich misch mich nicht in eure Sachen.
25 Hab selber Sorgen genug – dass ich nicht weiß
wo mir der Kopf steht –
aber ich sag dir eins:
von einem Tag zum andern kann sich vieles ändern!
Unwillkürlich –
30 Teschek – bedien dich!

ADELAIDE gerührt, unfähig länger zu schweigen
Mein Kind! –

ARABELLA schnell
          Geh, lass Mama.
35 Zu Waldner
Also aufs Monat
zu ihrem siebzehnten Geburtstag darf sie Mädel werden? –
Ist das jetzt abgemacht – Mama?

ADELAIDE großartig   Und die Prophetin?

ARABELLA ernst
Das lass meine Sach sein.
Das Wahrmachen steht ja doch bei mir
und das ist etwas schwerer als das Prophezein!   5

Adelaide mit einer resignierten Gebärde ab links rückwärts.
Zdenka mit Arabellas Hut heraus links vorne.
Waldner zur Mitteltür ab.
Zdenka gibt Arabella den Hut, den diese vor dem Spiegel aufsetzt.

ARABELLA unterm Hutaufsetzen   10
Du, Zdenka, such dir drei von meinen Kleidern aus.

ZDENKA
Was hast du? was geht mit dir vor?

ARABELLA
Ich werd jetzt der Elis' ein Karterl schreiben,   15
sie soll mich morgen – oder übermorgen
mit dem Herrn Bauunternehmer
zum Mittagessen einladen.

ZDENKA
Mit dem reichen Speculanten?   20
mit dem uneleganten Kerl – ?
Das heißt ja, dass du dich mit ihm verloben willst!

ARABELLA
Ja. Es ist Zeit, dass die Zigeunerwirtschaft hier
ein End hat. Du kommst später dann zu mir   25
und lebst mit mir – was schaust du so erschrocken drein?

ZDENKA
O Gott, ich bin verloren!

ARABELLA
Wer ist verloren? was sind das für Reden?   30

ZDENKA fasst sich mühsam
Ich, mein Gott, ich – ich hab an den Matteo denken müssen
der dich wahnsinnig liebt –
wie der ausrufen wird: Ich bin verloren!
Dreht sich um, damit Arabella ihr Gesicht nicht sieht   35

ARABELLA *sehr ruhig und ernst*
Der Matteo will genau dasselbe wie die andern –
aber er hat halt eine andere Manier dabei.

ZDENKA *heftig*
5 Anbeten tut er dich!

ARABELLA
Zdenkerl, du hast manchmal den exaltierten Ton von der Mama!
Pass auf auf dich!
Also, dass du es weißt:
10 ein jeder ist für mich in Frage gekommen,
wenigstens für einen Moment –
aber der Matteo nie!
So. Punctum. Streusand drauf.
Sie geht gegen die Tür links

15 ZDENKA *vor sich*
Er nie für sie, er nie!! –
Wo gehst du hin?

ARABELLA *an der Tür*
Wenn ich entschlossen bin, so bleibts dabei.
20 Ich glaub, du kennst mich.
Sie geht hinaus

ZDENKA *sieht ihr nach, verstört, verwirrt.*
Dann geht er nach Galizien!
Nein, er erschießt sich!
25 *Ihrer Phantasie folgend*
Ich klopf' – er liegt todt da –
ich werf mich über ihn – ich küss zum ersten Mal
seine eiskalten Lippen!

MATTEO *tritt vorsichtig durch die Mitteltür ein*
30 Du bist allein!
Zdenka fährt zusammen
Was erschrickst du so?

ZDENKA *erschreckt*
Sie ist da drin. Sie schreibt.

35 MATTEO
An mich?

ZDENKA wie unter einer Eingebung
    An dich! ja, sicher!

MATTEO
Hat sie's gesagt?

ZDENKA
Du weißt doch – sie ist eine heimliche –
aber ich hab gespürt, wie leid ihrs tut –
wenn sie so grob mit dir war!

MATTEO für sich
Sie hat schon einmal
mit einem Brieferl alles alles gut gemacht:
entzückt
da waren Wörter in dem Brief!

ZDENKA   Und wahr waren sie auch!

MATTEO erstaunt
Weißt du denn alles?
Näher
sagt sie dir alles?

ZDENKA mit Ausdruck
Ob ich alles weiß?
Wer hat dir denn den Brief gebracht?

MATTEO
Das ahn ich wohl: sie ist ganz eine andere
als die ich seh – sie kann auch ganz Hingebung sein!
Geheimnis eines Mädchenherzens, undurchdringliches!

ZDENKA bei ihm
Ein Mädel – musst du verstehen –
schämt sich so furchtbar!
aber geben möcht sie mehr und immer mehr –
sehr innig
und alles alles kommt ihr noch zu wenig vor!
Mit gespielter bubenhafter Altklugheit
Sie haben ja nichts im Kopf, solche Mädeln,
als den einen Gedanken, Tag und Nacht!

MATTEO
Wie du das weißt!

ZDENKA
Alles, weil ich dich so gern hab.
Die letzten drei Monat bin ich um drei Jahre gescheidter worden!

MATTEO
5 Weil du mich so gern hast?
Du lieber Bub!

Will sie an sich ziehen.
Zdenka entzieht sich ihm, wird ganz blass, sinkt vorne in einen Fauteuil

ARABELLAS STIMME
10 Zdenko!

ZDENKA auf
Sie ruft mich.

MATTEO
Kann ich sie nicht sehn?

15 ZDENKA
Gib acht! wenn sie jetzt nicht will!
Abzwingen lasst sie sich nichts!

MATTEO
Aber der Brief? bring mir ihn doch!
20 ich zitter auf den Brief!

ZDENKA
Bleib still. Du weißt wie trotzig sie gleich wird.
Ganz still! um alles in der Welt!

Sie geht ins Zimmer links.
25 Matteo allein. Auf und nieder. Seine Sehnsucht und Ungeduld in der Musik.
Zdenka wieder heraus, zurücksprechend
Ja gleich!

MATTEO
Hast du den Brief?

30 ZDENKA völlig verwirrt
Den Brief? Ja! nein! Sie will jetzt nicht.
Sie sagt, sie wird ihn dir – heut abends – Komm
auf den Fiakerball! und vorher sei zuhaus
hier im Hotel – vielleicht bring ich ihn dir
35 ins Zimmer – hier – oder du kriegst ihn dort!

MATTEO
Aber ich krieg ihn!
Du lasst mich nicht im Stich? Du hasts versprochen
mit deinem Manneswort!
Ab, schnell   5

ZDENKA allein
Jetzt bin ich in der Klemme! Ihre Schrift
die treff ich schon,
und auch die Wörter hätt ich schon in mir!
Aber was nutzt denn das!   10
Mit wahrer Verzweiflung
Übermorgen ist alles aus! –
Und dann – dann werd ich in die Donau gehn!

ARABELLA in der Tür
Zdenko! Komm schon! wir gehn!   15
Was hast du denn?
Sie verschwindet

ZDENKA findet nicht gleich ihren Cylinder, endlich hat sie ihn.
O Gott im Himmel! steh mir armen Mädel bei!
Läuft ab   20

                    Vorhang.

LUCIDOR

LUCIDOR.
Comödie in 3 Aufzügen.

N 1

Scenarium. I

I. (nachmittags) Arabella zieht sich zum Theater an. Streit wegen des Kleids mit Lucile Mutter: Du sollst keine Loge von der Marquise annehmen. alte Frau meldet: der Erwartete werde erscheinen. alte Frau liiert mit Baronin Belomo gleich darauf Belomo. Arabella lässt ihn allein. Wladimir. glaubt sich allein sucht Brief. Lucidor dazu. will Brief übergeben. ist wütend dass Belomo auch da. steckt W. den Brief zu. W. wegen Haare Lucidor. Welch Detail in diesem chaotischen Moment! Sie sagt ihm hier, dass Abreise wahrscheinlich bevorstehe Scene der beiden Liebhaber. beide werden in die Loge kommen. ab. Lucidor der fremde alte Herr. Lucidor holt die Mutter. die Mutter – der alte Herr. Brief der Marquise Mutter: ich würde Wort übernehmen! (nachdem er decouvriert ist.) die Kammerfrau. Die Mutter – Lucidor. stürzt herein wie er die Mutter so aufgeregt mit dem Fremden sprechen hört; ihm graut, wie sie sich demütigt Die Mutter: Arabella darf nichts merken. Arabella muss geschont werden. Mutter ahnt Arabella sei Belomos Geliebte geworden: will vor Belomos Frau niederfallen, dass sie ihn frei gebe. Entschluss zu reisen. Lucidor (in Frauenkl. heraus) Arabella ärgerlich dass ihre Kleider trägt Arabella geht schlafen der Conversation auszuweichen ⟨Lucidor⟩: es muss ein Mittel geben; fast delirierend: wir dürfen nicht fort: Partie für Arabella: daran müsste sie zugrunde gehen. Wie die Rede von Belomo-Arabellas nächtl Zusammensein: verräth sich Lucidor durch ein Einmal!

Mutter nennt sie immer Lucidor. eine Kälte der Mutter im entscheidenden Moment. Du heuchelst⟨.⟩ Lucidor: Thaten allein sprechen. Wl: sich dem Geliebten hingeben, nichts reden. Mutter: die

Conversation, Lucidor! Lucidor: Mama, es ist so schwer es dir recht
zu machen.

Mutter controlliert Lucidors Buch über die Beziehungen zum
Onkel

Lucidor (freudig) Jetzt hast du Lucile gesagt!

II Mutter Arabella. Arabella die Mutter zurückweisend, die sich ihr
aufdrängen will. Lucidor, in Angst horchend, mit Arabella: will sie
begütigen: sie soll mit Wl. coquettieren. trachtet Arabella aus dem
Haus zu kriegen: will Wl. eingestehen, dass sie es ist. Sie fragt Arabella wenn du verliebt wärest, Du hättest die Frechheit es dem Mann
zu gestehen nicht wahr? Arabella: Wenn – (Gespräch der 2 Schwestern, wobei ihre Grundverschiedenheit im Sittlichen herauskommt)
Arabella: kann nichts sich nahe bringen; sie muss immer zugleich an
etwas andres denken; nennt andre Leute Heuchler und Phraseure

Leontine (Arabella) war schon einmal verlobt.

N 2

Scenarium II.

II. Mutter Arabella: Mutter: gestern abend wollte ich dich nicht auf-
regen. Es muss gesagt sein: Ich werde mich Madame Belomo zu
Füßen werfen, da du ja doch aus Güte seine Geliebte geworden bist:
ich verstehe es – Arabella ablehnend. Mutter: Dann können wir abreisen. Ich verstehe dich, Arabella. Entsagung ist alles. Lucidor: in
Angst horchend, will Arabella begütigen. Sie soll mit Ferdinand
coquettiren Arabella degoutiert, will auch davon nichts wissen.
Von ihr aus soll abgereist werden. Mutter, hierüber gerührt, umarmt
ihr heroisches Kind. Lucidor sieht ein, dass sie Ferdinand alles gestehen muss. Sie sagt: Ferdinand wird Dich nie abreisen lassen. Sie verräth sich durch ein halblautes: Ich muss es ihm gestehen. Arabella
interpelliert sie. Lucidor: Du vergisst, dass ich zum Onkel muss. –
fragt nochmals Arabella: wenn du verliebt wärest, hättest du die
Frechheit es dem Mann zu gestehen. Du schon! nicht wahr? Arabella:
Wenn – (der Nihilismus ihres Gemüts) Arabella fort, probieren. (vielleicht Belomo treffen. Wie undurchsichtig du bist, sagt Lucidor.)
Lucidor Kammerfrau: Lucidor mit seinem Merkbuch gegen den
Onkel nicht erwähnen, gegen Mama nicht erwähnen, gegen Arabella
nicht erwähnen; vor Ferdinand erwähnen in mir diese Gefühle ausbilden die Ferdinand erwartet. oder: Kammerfrau in I hat das Merk-

buch gefunden liest daraus der Mutter vor. in II Lucidor unglücklich
das Merkbuch verloren zu haben. übt vor dem Spiegel heikle Dialog-
stellen auch Arabella bekommt das Merkbuch in die Hand. Sogleich
Wladimir. Arabella vor dem Fortgehen empfiehlt ihr eine weniger
languissante, mehr bubenhafte Haltung anzunehmen wenn sie zu dem
Onkel müsse. Grosse Scene Ferdinand-Lucidor⟨.⟩ Wladimir ab. Sie
hat ihm den Brief nicht gegeben. Lucidor: Hausdiener. Gibt ihm den
Brief, ihn nach 4 Uhr hinzutragen. (für 7 Uhr ist die Abreise geplant)
Ist dem Hausdiener noch Geld für die Pulver schuldig, gibt ihm ein
goldnes Kreuz zum Versetzen. Er übergibt ihr nach Zögerung das
letzte Pulver. (der Hausdiener tut als wollte er die Pulver nicht her-
geben, erpresst dadurch Geld) (Womöglich diese Scene mit dem Diener in die Scene Wl. Lucidor einschieben)

2 Nächte: in der ersten weinte sie in der 2ten gab sie sich. – Die Lade
nun nicht sicher trägt Ferdinands Briefe bei sich. Das kommt in II
»grosse Scene« zur Sprache. Sie sagt, Arabellas Lade sei nicht sicher

0,5 Gramm u.s.f.

N 3

Scenarium II.
Grosse Scene Ferdinand-Lucidor.
(Lucidor mit Ferdinand die Vergangenheit durchgehend wie eine
Sterbende. Sagt ihm dass sie die Pulver besitzt. noch nicht alle. Es
fehlen noch ein paar Gramm. Werden Sie um mich weinen. Wir sind
8mal ausgeritten) – abrupt: Was macht eine Frau wert, die Frau eines
Mannes zu werden) Lucidor: Sind es die Briefe in die du verliebt bist
oder die Nächte: in den Nächten wäre sie vertauschbar. Die Brief-
schreiberin wäre auch zu ersetzen. Antworten Sie mir! – Das Ganze
die Einheit! Dinge die du nie begreifen kannst! Und der Zwiespalt der
göttliche Zwiespalt! Ferdinand sieht ein Amateurbild von Leontine.
Lucidor erstarrt wieder. Ferdinand verwundert über Lucidors Reife.
Lucidor: ich werde jung sterben. Wenn man das weiss –

Lucidor: hat sich selbst bewiesen dass es mit dem Schicksal nicht so
einfach sei. Wladimir kommt ihr kindisch vor, wenn er damit prahlt,
das sei Geschick. Wenn er spricht: das Leben verlangt.

Ein Moment gegen Schluss: er darf es erst erfahren wenn ich todt bin
für Wladimir: ein bezauberndes Lächeln von Erwin Lang.

N 4

Scenarium III.

(Lucidor, zuerst in Knabenkleidern, dann sich einsperrend, Ferdinand
rüttelt an d. Thür, Lucile in Frauenkleidern)
letzte Scene: ein Moment wo Ferdinand sich setzt und das Gesicht in   5
die Hände vergräbt: Alles zerstört Ferdinand schämt sich fast vor dem
Knaben. Lucidor hat nichts auf seiner Seite als die Wirklichkeit, die
ihm entsetzlich wenig scheint. Lucidor will hinausschleichen. (Eine
Reihe komischer Pointen, indem Ferdinand den Begriff: »sie« noch
nicht so schnell aufgeben kann.)   10
    Ferdinand auf. Sein erster Versuch: ihr zu verzeihen – allmählich
einsehend, dass sie ihm nicht, wie er zuerst klagte: so viel genommen
habe. Allmählich dämmert die Möglichkeit, dass alles auch anders
gesehen werden könne. Nun auch den Knaben mit andern Augen
gesehen. Übergang Ferdinands vom Kaum-verzeihen-können zum   15
Um-verzeihung-bitten. Ihr (viel reiferes) Verhältnis zur Wirklichkeit:
ich sah gar nichts anderes als dass du traurig warst und ich wollte du
solltest nicht traurig sein, ich sah nur das Nächste, ich bin eine nüchterne Creatur, verzeihst du mir, kannst du mir verzeihen dass ich deine
Geliebte war? –   20
    Ferdinand: das Gefühl, sich hineinstürzen zu müssen in die a r m e
Wirklichkeit wie in ein kaltes Bad

N 5

Gespräch Belomo-Ferdinand. I.

Ferdinand: o Sie können wetten dass das Leben immer doppelt so   25
merkwürdig ist, als Sie annehmen würden

Die Mutter: Seele. In der Liebe beweisen Facten nichts. (sagt die
Mutter Lucidor gegenüber Arabellas Betragen rechtfertigend)

Leontine (zu Belomo) Wer sagt Ihnen dass Sie mir gefallen – Wer
sagt Ihnen dass Sie mir nicht gefallen.   30

Leontine Thränen nahe: ich lüge ja, aber d a s ist mir zu verwirrt.

in I. Lucile bückt sich Ferdinand etwas aufzuheben.

N 6

(Belomo-Galigakis)
Arabella-Belomo
Belomo: Er bedauert das Vergnügen zu entbehren Wl.'s dépit zu
sehen. Er wünscht ein vollständes Vergnügen.
Arabella: vielleicht hat er sich von mir abgewandt
Belomo: Dann wäre er nicht hier. Um des Hauses wegen kommt man
nicht hier her.
(hier zur Sprache Wl's Freundschaft mit Lucidor.) Belomo beklagt
sich über Lucidor der ihn rudoyiert
Arabella: Sie sind infam.
Belomo: Es ist mein Gedankengang dass Sie mich benützen wollen um
ihn zu chauffieren.
Arabella: man könnte sich in den Gedanken verlieben, von Ihnen
malträtiert zu werden – wenn man die Kraft dazu hätte.

er will abends nicht kommen: sie wird blass vor dépit.

Belomos Frau kränklich, in Scheidung begriffen
Arabellas Unsittlichkeit: ich tu was ich muss! In solchen Hasard-
momenten spürt sie das Leben, oder glaubt es zu spüren.

I.

alte Frau verkauft getragene Kleider.

Arabella zu Belomo: Warum ich Sie goutiere, wäre schwer zu sagen.
Wenn Sie zu mir sprechen komme ich mir vor als hätte ich nichts
hinter mir, ich fühle Müdigkeiten einer Frau von 40 Jahren, aber
wenigstens bin ich nicht festgenagelt an der armseligen Gegenwart.

N 7

Semmering. XII 1910.

Lucidor.

Die Mutter
Das Rührende an dieser Figur.
(Momente, wo es besonders ausbricht: das Gespräch mit dem ver-
meintlichen Magier. Wahn-Wirbel, der sogleich vergisst, was er
fragen wollte. ferner: die entscheid. Scenen in III) in I. wo sie gesteht
sie liebe Lucile nicht.
Sie: das kann doch nicht sein, dass man alles immerfort versäumt, dass

es auf einmal zu spät ist. – Das ist doch furchtbar zu denken, dass ich
dahin gehen soll in dieser Verworrenheit und niemand wird je gewusst
haben, wer ich war. Dieses gehetzte Gefühl.
Sie meint – Lucidor k ö n n e die Frucht eines Fehltritts sein. Ist sich
dessen nicht sicher.   5

Lucidor gerettet, wie sie a l l e s a u f g i b t. Gleichnisse des Tschuang-
Tse. auf einmal wechselt ihr Ton. Sie ist wie geistesabwesend. Sie
muss auf einmal an ihre Mutter denken und bei dem Gedanken weinen.

Schluss: die Mutter weint so erschüttert über den Ausgang. (hat sie   10
Lucidor geliebt, den sie zu hassen meinte?)

N 8

16 III 11.
                             Lucidor.
Die M u t t e r :   15
sie hat dies dass sie von gewissen Momenten denkt (wie Fürst Myschkin von seinem trance vor dem epilept. Anfall): vielleicht war es mein
höchstes – oder vielleicht war es auch nur etwas ganz niedriges – wer
kann das auflösen . . . wenn man es aber auflösen könnte wäre man
gerettet.   20
oder dies: sie denkt sich plötzlich, – vielleicht müsste man jetzt diesen
Besuch bei der kranken Lorle machen – aber wenn mir das wichtig ist,
wenn mir das einfällt, dann bin ich ganz niedrig, ganz ungesammelt
[sie ist nie geliebt worden]
sie glaubt an das Doppelte d a s s etwas zugleich der höchsten Welt 25
angehören und doch auch in der verzerrten niedrigen Welt herum-
wandeln könne –

Brief an eine Tänzerin. Empfangen, verloren – man kann darüber zusammen fallen wie eine leere Hülse

Leidenschaft: an den Stolz der Nastassia Filippowna denken – Senti- 30
mentalität ist der entgegengesetzte Pol davon. – Leidenschaft Cynis-
mus Stumpfheit Neigen – Bangen – s a c h l i c h sein –

Die Mutter: es ist immer alles doppelt, das ist für sie die Quelle der
furchtbaren Verwirrung: zB das Hohe, Seelische in der Liebe und das
Gemeine-Sinnliche. Nur im Opfer im Leiden ist Einheit   35

N 9

Arabellas Gleichgiltigkeit gegen das Gerede der Leute. Sie geht mit
Imfanger ins Josefstädter Theater.

Imfanger zu Wladimir. Hat sie etwas mit Darvison gehabt? War sie
seine Geliebte? – Wladimirs geschickt ausweichende Antworten.

Arabella zwingt Wladimir mit ihr ins Theater zu gehen wo Moissi
spielt. (Hamlet) Wladimir enerviert geht aus der Loge weg.

Mutter grenzenlos tolerant weil sie die Schwierigkeiten u. Ironie des
Lebens kennt

N 10

Arabella: mit Wladimir u. mit Imfanger: mit beiden dieselbe cynische
Trockenheit. Sie erzählt: Ich war nicht immer so, ich habe mich selbst
erst entdecken müssen.

Ihre Sehnsucht des imprévu.

Sie ist manchmal erstaunt u. nachdenklich über das was ihr einer
plötzlich gesagt hat Sie lässt es sich wiederholen.

Sie denkt an alles im voraus, zur Beschämung Imfangers.

Carlo Imfanger spürt Arabella so stark dass es ihn quält wenn sie
nachdenkt oder dass er ihre momentanste Antipathie übernimmt.

Loge
Vorschlag in die andere Loge zu gehn: er werde besser aufgelegt zu-
rückkommen. Bevor er zurückkommt, geht sie weg

N 11

Arabella findet Imfanger nur reizvoll wenn er nicht spricht.
Sie coupiert sein Gespräch unablässig.
Er bekommt Thränen in die Augen – Sie lässt sich eine Fingerspitze
küssen.

Ich verstehe – meine Gesellschaft ist Ihnen angenehm – physisch angenehm. Voilà tout.

N 12

21 I 1914.

Lucidor

Die Mutter meint berufen alles zu lenken. Zugleich zerfressen von
Geldsorge und Hypochondrie   5
»Materialisation – Entrücktheit« –

Lucidor immer nur vorüberhuschend.

bei der Mutter ein fortwährendes Übergehen höherer Mission in –
Geldhoffnungen

Mutter   10
alles ist ihr zu weit oder zu nah –
Mutterfreuden! wie herrlich – aber wie schwer zu erlangen!

die Wirklichkeit! das Gemeine!
Arabella eingefangen in der Hölle Wirklichkeit

N 13   15

Lucidor:

für die Art wie die Mutter erzählt, beständig erzählt, die Erlebnisse
der Kinder sich zum Schauspiel macht u. steigert – (alles wie ein
Theaterstück sieht mit Auftritt u. Abgang) dafür sich des Tones erinnern, mit dem die Gfin Kalckreuth von ihrem verstorbenen Sohn u.   20
von ihren lebenden Kindern erzählt.

N 14

Lucidor I.

Geldgeber: Was für eine Närrin – sie will ihn Arabella zeigen –

Perücke   25
Commissionär meldet Geldgeber der schwer zu behandeln ist und sich
nicht gern melden lässt. Er gibt einige Schlafpulver ab. Verwechslung
der Schrift

auswendig merken: zu Wladimir so – zu Onkel so – wo die Pulver
versteckt – wem Geld schuldig   30
an diese schreibt sie den Brief

Onkel will ihr Hass gegen die Frauen beibringen.

Geldgeber fragt nach dem Onkel, hier mit Notizbuch

Wlad: Seltsames Kind manchmal scheinst du mir etwas andres zu sein
als Du bist etwas das du selber nicht verstehen kannst
L: Vielleicht verstehe ich es doch

soupieren im Nebenzimmer

Wladimir: das Wort aus dem Tasso über Arabella
Es sind der Zauberer viele unter uns
und Zauberinnen aber niemand weiss sie

N 15

Lucidor

Wlad. ein Genie der Selbstsucht: menschenverachtend. Er lehrt Lucidor die monströse Selbstsucht aller Menschen sehen – Lucidor:
erschrocken, bildsam, sich dem Lehrer schmiegend. Was bleibt dann
in ihrer Welt?
Wl. Die Dämonie die Liebe, die Nachtseite

Wlad. hat Wucherschulden

N 16

XI 21.

Lucidor

zwei Hauptgespräche: zwischen Wladimir und Lucidor: darüber wie
verliebte Frauen sind
(leichte Analogie Rosalinde Probstein)
Zwischen den beiden Verehrern.

Die alte müde Kammerfrau Lucidors Vertraute; sie schläft oft ein.
Spricht für sich das was sie nicht verrathen will

N 17

5 XII 22.

Handlung.

Abermals über diesen alten Stoff nachgedacht.
Gruppierung der Handlung u. der Figuren.

Der Onkel der die Mutter hasst u. liebt (er hat sie früher in seiner Art
gehasst und geliebt, er war Cousin des Vaters) er kommt und geht

beständig; er langweilt sich furchtbar; nur Böses amüsiert ihn; u.
Veränderung. Er hat eine Dosensammlung. Er würde das Leben jedes
Menschen opfern, um einen Sprung von einer Vase fernzuhalten. Er
spielt mit dem Gedanken Arabella zu heirathen, vielleicht wäre ihm
das bequem. Er ist ein Genie darin Anlässe zu finden, sich zu ärgern.
Er vergisst nie einen unangenehmen oder beschämenden Moment
auch solche wo rätselhaft worin das Quälende lag.

Die beiden Schwestern
Die beiden Verehrer.

Arabella: alles auf cynische Aufrichtigkeit gestellt. Sie erklärt dem
Wladimir warum sie den Andreas jetzt mehr goutiert. Sie gibt über
alles die genauesten Auskünfte: über jede nuance bei einem Kuss.
Aber sie sagt: ich bin nicht von Holz. Ihr ist das Sentimentale durch
die Mutter odios geworden. Ihre Kraft ein Phrasengewebe auf seinen
nackten dürftigen Inhalt zu reduciren. – Ihre cynische Beurteilung
des Onkels: er hat keinen Appetit warum sollte er für Frauen sich
Unkosten machen. Ihr: in keinem Fall werde ich wieder hier hereinkommen – und nach 5 Minuten kommt sie. »Warum sollte ich lügen« –

N 18

XII 22.
                                    Handlung
Die Mutter erwartet beständig eine Wendung in der Seele des Onkels:
er sei unberechenbar. In gewissen Momenten werde er ganz anders!
(Aber der von ihr erwartete Moment kommt nie)

N 19

Er war kurz u. unglücklich verheirathet: er hasst die normalen Frauen
weil sie den normalen Männern diesen ihm unbekannten Genuss
geben

Der Onkel ein solcher alter nervöser Teufel dass sein einziger Wunsch:
aus der Haut zu fahren. Er wäre um für eine Secunde sich zu spannen
jeder Grausamkeit (gegen Leibeigene etc) fähig. Seine Hypochondrie
(fühlt den Puls – besieht die Zunge – sucht im Dunkeln mit geschlossenen Augen seine Nasenspitze zu befühlen)

LUCIDOR FILM
(December 1923)

N 20

2 I 24.

                         I. Act.

Personen. Die Mutter / Arabella / Lucidor / Gouvernante / alter
    Diener / junges leichtfertiges Stubenmädchen angeblich
    eine »junge Dame«
    Civilcommissar des Etappencommandos. Welches?
Der rumänische Commissär. (Joan)
Der oesterreichische Officier und sein Freund.
Lucidor u. die Bauern. Sie trennt zwei Streitende. Ihr Freund
Andrei. Besucht einen Kranken.

Lucidor u. Arabella. Sie überzeugt sie dass Joan in der Nacht das
Stubenmädchen besucht. // Stört den harmlosen flirt mit älterem
Herrn. Bezeichnet diesen als feig. Dieser gibt den Rat, sie ganz in
Bubenkleidern zu lassen: weil sie sich von ihm nicht küssen lassen
wollte.

Abenteuer: findet den Commissär in einer abseits gelegenen Schenke
mit verdächtigen Personen conspirierend. Zittert am ganzen Leib.
Darauf: heute muss abgereist werden. Entgegen dem Willen der
Mutter u. Arabellas. Bauern besorgen die Pferde. Lucidor deckt die
Nachhut mit einem Browning; sie hat auch ein Messer u. Cyankali.
Lucidor verhindert das Stubenmädchen mit dem Revolver in der
Hand mitzugehen. Alte gelähmte Wirtschafterin: Abschied.
Deckt den Fluchtversuch des oest. Officieres. (Der von einem Juden
geführt wird) Erfährt dass die Roten sehr nahe sind. Joan lacht dar-
über; warnt Arabella vor Lucidor: der Knabe habe tückische Augen.
Man verbietet ihr das Ausreiten. »Also werd ich im Haus tätig sein.«

Fragen: Wer halte angeblich die Macht in Händen?
        Vor wem flüchtet der oest. Kriegsgefangene?
        Grüne Commanders.

ERÖFFNUNG EINES THEATERS

N 21

VII 25.

Das Ganze aus einer vorspielartigen Scene herauszuwickeln worin ein
junger Arzt und ein junger Dichter sich gegenüberstehen. Der Dichter ₅
ist beauftragt, ein Stück zur Eröffnung eines neuen Theaters zu
schreiben – alle romantischen Ingredienzien, der ganze Apparat Ballet
etc ist ihm zur Verfügung – der Arzt interpretiert ihm das Wasser, das
Mondlicht – ja jede Liebesgeberde, jede Geberde überhaupt psycho-
analytisch – sein Decorationssystem ist das Tairoff'sche – es wird aus ₁₀
ihrer beider Verflochtenheit u. Willensbehauptung eine romantische
Comödie (der Fall der den Arzt eben beschäftigt) – ironisch durch-
leuchtet, aber durch die Ironie nicht aufgehoben.

N 22

                              Lustspiel   ₁₅
Autosuggestion auf wissenschaftl. Basis.
Die autosuggestive Maske
Die   „   Kette
des Sompolett.

Der Junge: es hat keinen Zweck, den Versuch zur Rettung des Werte- ₂₀
systems zu machen, das die Menschen bis auf den heutigen Tag
gekannt u. gutgeheißen haben. Man kann die Jugend nicht zu einem
Leichenbegängnis laden . .

Ich bin zu sehr Tatmensch um mich mit Reden aufzuhalten.

N 23   ₂₅

Der Spezialist für innere Regie. innere Vorgänge er lehnt die Geberde als äußerlich ab; das Wort verachtet er; das Weltlose ist darzu-
stellen

Der Doctor für Leibesübungen

N 24

Verwandlungen: Man hat als Vorlage einen alten Schwank von Calderon. Nehmen wir das hinein – auch noch eine Rolle für den. Hier
ist der Wächter ein Zwerg (Analytiker: Der bedeutet das!)
5 Regisseur: Könnten wir einen Riesen daraus machen?
Anal. Sehr gut! Der Zwerg ist immer = Riese.
Director: eintretend.
Der Sinn des Theaters ist dies: die Synthese finden zwischen Romantik
u. Welt. (ohne Sentimentalität u. ohne Brutalität)

10 *N 25*

Director
Regisseur
Dramaturg
Musiker
15 Maler
Fuhrmann:
Priester

N 26

5 II 26.
20   Hauptfiguren.
Der Psychanalytiker / der Regisseur /
Die Interpretation (künstlerische u. psychanalytische) immer parallel.

Hineinspielen der Motive von Cefalo u Procris – als R e v u e gedacht.

25 Die beiden (der Psychanalytiker u der Regisseur) – durch 2 Frauen u.
eine complicierte Vergangenheit verbunden.

N 27

Salzburg 7 IX 27.

Lustspiel. Der junge Europäer: Apotheose der Bodenlosigkeit. Auch
30 die Geschäfte sind nichts g e g e b e n e s. (Man kann ein Institut de
beauté blitzschnell in eine Universität verwandeln. Durch Geld fließt
eines ins andere) Auch die Verhältnisse zwischen Menschen sind
nichts gegebenes (z.B. das des Alten zu der jungen Frau, ob sie mit

ihm geschlafen oder nicht u.s.f. Zeit u. Umstände verwandeln alles,
das hat er im Krieg gesehen u. in der Inflation. Auch dass man momentan in Wien ist, ist etwas Zufälliges – ebenso die Functionen der Einzelnen innerhalb der Geschäfte u. Transactionen)
    In der Technik etwas von Johnny u. von Olla potrida. (cf. Schestow   5
in der Europ. revue.) Der Alte wieder spinnt jede Situation ins Wirkliche hinüber.

N 28

X 27

    Deutsche Figuren von heute. (»Eröffnung eines Theaters«)   10

Bei Keyserling erscheint ein junger Deutscher, u. überreicht ihm ein
Diagramm seiner geistigen Person: es stellt verschiedene Fähigkeiten
und Fertigkeiten dar, die kreisförmig gruppiert sind: die Mitte ist
leer.
Sie sehen, sagt der Jüngling, ich vermag mein Centrum nicht zu be-   15
stimmen. Wie finde ich mein Centrum?
Keyserling entgegnet: Diese Frage stellt sich nicht! – und überlässt
den Frager seinem Famulus Schmitz. Dieser belehrt ihn, er sei dazu
bestimmt, die Jugend zu belehren: daraus werde ihm ein Centrum
erwachsen.   20

Die verrückte Psychanalytikerin, die von den andern Psychanalytikern
(bei einer Tagung der »Schule der Weisheit«) bei Seite geschoben
wird. Sie will mit jedem einzeln nur fünf Minuten sprechen. Sie
versichert Keyserling, er würde alles was ihm noch dunkel ist sofort
verstehen, sobald er ihre kosmische Analyse kennen gelernt hätte.   25
Ihr Mann, ein Brauereidirector, fordert dann brieflich die Psychanalytiker, weil sie sie als Närrin insultiert hätten.

N 29

»Eröffnung eines Theaters«.
Kern der Handlung: eine Verjüngung hinter einem Paravent.   30

Freudianer: Das ist ja ein alter Käse, Übercompensation bei Castra-
tionscomplex und Minderwertigkeitsangst.

LUCIDOR. (als Vaudeville.) 1926.

N 30

12 XII 26.

Handlung

I. Café Dancing (II. Institut de Beauté III. Spiritistischer Thee
Der »V o r hof«)
Machination von Deutsch, den Waldau einen Vorvertrag unter-
zeichnen zu lassen.

  a. Waldau u. der Oberkellner. Antrag das Institut zu kaufen.
  Werbung Waldaus – schnelles Ja. Waldau perplex. Er versäumt
  den Moment.
  b. Auftreten des zweiten Paares. Deutsch vom Oberkellner aver-
  tiert, entschlossen Waldau zu überwältigen. Sie pirschen sich an.
  Bard begrüßt Darvas. Darvas entzückt von Deutsch.
  c. Darvas ab mit Deutsch. Darvas gibt an wohin.
  d. Waldau mit Bard (die hier im Hotel wohnt) Vergebliches Tele-
  phonieren.

II. Waldau mit Bard, die den Vorvertrag in der Tasche hat, aber nichts
sagt. Waldau nur einen Wunsch, zu wissen was mit Darvas vorge-
gangen ist.
Deutsch tut alles, damit Waldau für Darvas das Etablissement kauft
(das ihm gar nicht gehört: aber er hofft von dem Luftgeschäft zu
profitieren und dazu Provisionen von verschiedenen Figuren.)

Psychanalytiker / Mensendieckdame / Schwertner / Institutsdiener /
Eurhythmie / Chiromant / Astrolog /

N 31

Scene zwischen Arabella und dem Liebhaber.
Streit darüber ob das etwas ist, was sie ihm gewährt hat – vom Standpunkt einer heutigen Frau ist das gar nichts. Man muss so viel Tact
haben um zu wissen ob das bei d i e s e r Frau viel oder wenig ist –
heutzutage – wo alle Gewichte verändert sind – denn es ist eben heute
dasselbe nicht dasselbe was es vor zehn Jahren war.
Er: aber die Scala, die Relation unter den Dingen hat sich nicht verändert – es gibt doch, nom de Dieu –
Sie: Was man tut – ist etwas – und was man redet ist etwas

Er: Wenn man aber zugleich tut und redet – so ist das vielleicht eine concludente Handlung
Sie: Haben Sie eine Idee was man mir aus der Hand gelesen hat?

N 32

In der gleichen Nacht hat Arabella dem Waldau ein Rendezvous gege-   5
ben – Sie versteht das Junge in dem älteren Mann. W. als der Beglückte, hat das Bedürfnis, vom G e i s t dieser Frau zu sprechen. (mit
dem jungen Europäer, mit dem Psychanalytiker, mit dem Eintänzer,
mit dem Kellner)

Der glückliche Liebhaber (der junge Europäer) geht vom Besitz der   10
Frau aus – eine nicht besessene Frau betrachtet er als ein nicht gesehe-
nes Bild –

N 33
                         I Act.: bei einem 5^h Thee.
Zwei junge Männer führen ein schwieriges Gespräch über Individuali-   15
tät wie Waldau hereinkommt – das Gespräch interessiert ihn sehr – den
Kellner auch – der indessen in der ganzen Welt war – und seinen Sohn
vorstellt – den Eintänzer.

Der Psychanalytiker (Hauslehrer Lucidors)
Dieses Aquarium draussen – Sehr charakteristisch dass Sie das als   20
Aquarium empfinden – –
Der Chiromant geht draußen vorüber – wird durch den Groom (Page)
hereingeholt.
Der Chiromant sagt der jungen Frau dass sie noch heute einen Lieb-
haber beglücken wird. (und dass es ihr schaden würde wenn sie es   25
versäumen wird) (Groom gibt einen Zettel in die Hand des jungen
Europäers)

II Act (in einem Salon de beauté mit Anthroposophie.) Der junge
Europäer kommt nach u. ärgert sich, dass sie ihn nicht mit dem Reichen bekannt gemacht hat – (Der Reiche wird seiner Individualität   30
verlustig durch ein Gespräch) Lucidor (in Frauenkleidern?) kommt
nach, sehr zornig den Europäer hier zu finden – sie ist außerordentlich
cassant und negativ, sowohl gegen den Europäer wie gegen Waldau
(sie annihiliert ihre Schwester)

Gespräch: wie die Frauen nachher gestimmt sind, und wie es ihnen
bekommt. Couplet am Ende.

N 34

Kellner verkauft dem Waldau ein Établissement de beauté. Die Arabella lässt sich's schenken – es passt zu ihrer Angst vor dem Älter-
werden. (So auch die Eile, heute noch jemand zu beglücken)
Sie verlangt von ihm: dass er Reclame für das Institut mache. Sie stellt
den Chiromanten an, und den Psychanalytiker, auch einen Astrologen.
Diesen entlässt sie wieder als verstimmend. Doctor für Leibesübungen meldet sich auch.

N 35

22 XII.
Sogenannter Lucidor (neue Comödie)
I.

Die Blonde herein ins Dancing, nickt allen vertraut zu. Sie erledigt
hier ihre Begegnungen u.s.f.
Waldau herein – ist sicher dass sie da ist – sieht sie nur nicht vertraut
sich dem Kellner an – immer besorgt diesen zu ärgern – dieser stellt
seinen Sohn vor.
Im Augenblick wo es so weit wäre kommt der junge Europäer – setzt
sich mit ihr beiseite u. fängt an von Geschäften zu reden. Die Blonde
gesteht – ihr höchstes Ziel wäre ein Institut de beauté – mit allen
Chicanen. Da verdiene man enorm.
Die Dunkle kommt dazu – sagt das sei ihre Idee gewesen. – –

N 36

Waldau und der Kellner –
Was er so vermisst, ist bekannt sein – das ergebene Lächeln – das
einen so warm umgibt – der ganze complicierte dienende Apparat –
und um die Frau herum eine Atmosphäre –

Situationen schaffen, die Waldau als dramatisch ansieht, der Junge als
rein geschäftlich zu werten.

DER FIAKER ALS GRAF

N 1

27. VIII. ⟨1924⟩

Fiaker als Marquis.

Das erste Zusammentreffen mit Emilie auf einem Maskenball, prote-
giert von den Freunden. Seine Ängstlichkeit so lange bis die Freunde
weg sind. Sie lässt ruhig ihren Fiaker unten warten. Meldung: die
Pferde haben kalt. (Mehrmals: er soll warten). (Walzer die mitgesun-
gen werden)

Störung der Idylle: der Wasserer mit der Meldung der Herr Nazi solle
augenblicklich einspannen.

Handlung I.

a. Erzählung des Beleidigten, den sie vor drei Jahren verschmähte.
Prüfung Nazi's. Die Wassererstochter.
b.) der Maskenball.

Ihr Geständnis: eine Kammerjungfer gewesen zu sein: aber auch
eine Gräfin – eine Spionin – eine Gefangene – eine brave Näherin –

N 2

27 VIII ⟨1924⟩

Fiaker als Marquis.

Emilie weiß dass der Marquis da sein wird. Sie sieht ihn drüben. Ihre
ominöse Auseinandersetzung mit Tassilo, der ihr eine meskine Ge-
sinnung vorwirft.
Sein Aufspringen-wollen zuerst, sooft ein Herr erscheint – dann
immer bessere Contenance. Einer der Herren, jähzornig, will das Spiel
stören. – Es kommen lauter O r d r e s (durch grooms) denen er parie-
ren muss – was er geschickt verschleiert. (Z. B. Er solle sie am nächsten

Tag zu sich ins Palais zu Tisch bestellen) Ein Kellner der sich (auf
Befehl Aladars) frech gegen ihn benimmt.

Lord Delaville der nicht in die Intrigue eingeweiht ist u. sie ohne zu
wollen zerstört

Die Herren stellen Nazi ein Zimmer in einem Palais zur Verfügung.   5
Emilie begleitet ihn. (oder besucht ihn am nächsten Tag zu Tisch)
Sämtliche Fiaker kommen mit Mädchen.

N 3
                              Fiaker als Marquis.
I. Aladar Elis   10
Suggestive Formeln: Hast du nie etwas Auffallendes von ihr reden
ghört –

Emilie erhält eine falsche Warnung sie solle sich nicht irre machen
lassen der Graf sei wirklich der Erbgraf Z.

Das Angespritztwerden von Koth bei einem starken Regenwetter   15

N 4
                              Fiaker als Marquis
Kräutlerin / Stubenmädchen / = die Wassererstochter
der ungar. Schackerl / der Weissfisch / der Sandor / Fuxmundi-hansl /
Fisolenpoldl   20
Emilie (ihre »Tante«)
Aladar / Zdenko / Dominik / Matteo / Ferdinand / Lamoral

Rede: in der Brisil – halt die Frau die ihrige – hat die Frau wer gfragt? –
Sie, das farbelt mich! – der Bediente ist sehr kebig – ein gemeiner
Batzen – er kann mich von der hantigen Seiten kennen lernen – du   25
machst die feine Stimm – sie verweis sich schon nicht vor lauter
Glück – feurige Augen wie der lichte Steg, die vornehme Nasn wie's
scharfe Eck, und die Füss aus der Bognergassn –

N 5

Fiaker: Pinagl (Savaladi)   30

N 6

Lepschi

N 7

(Gauner)

₅ Fiaker: Lepschi, Gigerl.

N 8

Fiaker (Detail)

Die Herren: der Cyniker der nie eine behalten will weil es keinen Sinn
hat sich zu attachieren.

₁₀ Die Herren: der gemüthliche ältere sehr erfahrene (Waldau)
der scharfe cynische

N 9

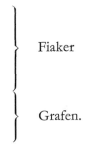

Fiaker

Grafen.

₁₅ Wasserer
Annerl seine Tochter

Wien, in den achtziger Jahren des vorigen Jahrhunderts.

⟨Die⟩ B⟨eiden⟩ Klingsberg Pagenstreiche / Odette / Ruy Blas

N 10

₂₀ Namen: Pinagl / Savaladi /
für Gauner: Lepschi / Gigerl /

N 11

17 X. 24.

Fiaker I.

Staatsdienst eine Veranstaltung um Menschen unterzubringen

Unmöglichkeit Carriere zu machen wenn man ein zu scharfes Auge   5
für die Physiognomien der Vorgesetzten hat
Lamoral erklärt seine Unfähigkeit zum Staatsdienst

Fiaker: männliche Madame Laroche
will mit der
Ja wennst du es so nimmst hat gar nichts einen Sinn   10

N 12

30. X. ⟨1924⟩

Fiaker

Exposition:
Tassilo, im Begriff zu verreisen, übergibt Emilie seinen Freunden;   15
unter diesen hat Aladar von einem solchen Vertrauen schon einmal
einen bedenklichen Gebrauch gemacht – und durch die damals er-
folgte Zurückweisung ist in ihm ein Stachel gegen das Mädchen zurückgeblieben. – Er sucht aufzuspüren, ob sie nicht in einen andern
verliebt sei. Nanni verräth ihm, dass Emilie die Photographie an sich   20
gebracht die sie von Nazi besitzt. Die Photographie stelle einen jungen Fiakersohn dar (der 966) der in der Singergasse steht.

Interesse Emilies herauszubringen wieso ihr Stubenmädel eine Photographie von diesem Grafen habe. Frage an Nazi ob junge Herren solchen Mädeln ihre Photographien schenkten. Nazi: wenn es eine   25
Fiakerstochter wäre, so sei es möglich.

Ein Theresianist als Groom

N 13

5 XI 24.

Der Fiaker als Graf.   30
I. Scenar.

Der Pavillon mit dem Quartett u. der Volkssängerin unsichtbar.
Frage Eugens des naiven: (der lange weg war) Hat er noch immer die

Milli? Aladar u. zwei Herren (auf Tassilo u. Milli wartend): die Idee Milli zu debauchieren als vage Möglichkeit in der Luft. Philosoph. u. cynische Reflexionen. (Vom Haben u. nicht-haben der Frauen.)

Milli u. Aladar. Ihr Stolz auf Tassilos Erfolge. Volkshaft, auftrump-
5 fend, auch tactlos; wirft Aladar vor, er altere. Ihr Lachen à gorge déployée. Er mache ein »jüngeres Gesicht«.

Tassilo u. Aladar über Milli. Das Volkshafte in ihr. Sie habe Tassilo erzählt – alles: Beichtväter, Lehrer, erste Liebe alles Tassilo spürt Aladars Verstimmung. Aladars Andeutung er halte sie für eine raffi-
10 nierte Comödiantin. Potemkinsche Dörfer –
Tassilos Wunsch: sie soll in der Villa Hausführen. Ich will dass sie sieht wen sie will: das Sociale existiert für sie nicht. Sie wird für alles die Nuance finden. Ihre Lectüre Ich habe durch sie reizende bürger-liche milieus kennengelernt. Er bittet Aladar ausdrücklich, sie zu
15 besuchen.

Milli u. Tassilo allein. Abschiedsstimmung. Wie sie ihm in die Augen schaut. Sie bittet um Verzeihung für die frühere Tactlosigkeit. Drängt ihn ins Dunkel um ihn zu küssen. Macht ihm eine sehr wahrhaftige Liebeserklärung. Bittet zugleich: ihr die richtige Freiheit zu geben:
20 im Notfall werde sie sich selbst beherrschen. Sie werde sich dann durch Balancieren ins Gleichgewicht bringen. »Geh, fahren wir schon z'haus.«

Nanni-Elis
Aladar fasst den Plan erst allmählich. Herr v. Huber macht Anstren-
25 gungen zu den Grafen zu gelangen. Aladar in den Anstalten energi-scher.
Verrath des Geheimnisses nahe: aus Eifersucht, Milli habe etwas mit Nazi.
Eifersucht des Friseurs.
30 Nanni behauptet ihre Liebe für Nazi überwunden zu haben. Nanni hat Nazi gesehen; wird blass u roth (Die Schwester: mach nicht ein Ge-sicht wie die Hofrätin die ihren Rattler verloren hat)
Aladars Kraft über Nanni. Ihr Daherreden, in dem sie gerade subtil u. klug u. vorsichtig sein will, u. jedes Wort reden wie gestochen. –
35 Endlicher Verrath.
Aladar knüpft ein mot an jedes Wort.

Ihr seid's wie Katharina II u. Potemkin: Sie baut die gewissen Dörfer –
und Du
Aladars Anstalt: Nazi zu verbergen.

Nazi und die Herren. (auch ein paar abseits sitzende Grafen dazu.)
Leicht angetrunkene Stimmung. Über den Unterschied der Stände: 5
das gewisse Etwas. Sein Börsianer. Über die Wassererstochter. Die
Unmöglichkeit. Ob er sich wohl getrauen würde – als Graf aufzutre-
ten. Er steht vor Schreck auf. Abdankung der Volkssänger. – Seine
Kränkung, dass Nanni (Elis) nicht gelten lasse, dass er mehr wie sie
sei, seit sie Kleider trägt wie eine Dame u. viel Geld verdiene: aber   10
ihr Damen-Sein sei doch ein Schein

N 14

XI 24.

Millis Ideal bürgerlich: honetter Kauf oder Tausch.
So gibt der Volkssänger –   15
so gibt sie dem Tassilo so viel als er ihr.
»Anständige Frau«

N 15

⟨6 XI 24⟩

Milli. I. Ihre Fähigkeit auf alle einzugehen – auf den Feschen, auf den   20
Traurigen, auf alle eher als auf Aladar den wollenden

N 16

                                      I
Eugen: Ihr könnts nicht verlangen dass ich mich an Leut erinner die
ich Monate lang nicht gesehen hab – Alles was vor 5 Monaten passiert   25
ist ist für mich in ein Abgrund gefallen – Aus die Zeitungen erfahrt
man ja nix! – Lauter neue Gesichter! – Aber ich begreif gar nicht. Es
is ja alles anders gewordn!

N 17

⟨13 XI 24.⟩   30

in I. (muss die Schwester den Friseur unterhalten, und coupiert sehr
scharf das zu lange Gespräch Elis' mit Aladar)

Vgl. N 60.

N 18

13 XI 24

Milli begabt die Wahrheit zu errathen: bei einer Rechnung, bei einem
Bild, bei einem Betragen. Sie durchschaut Matteos affectierten Cynis-
mus.

Tassilo, bizarr: gequält von seiner Familie. Seine Verwandten sind
ihm unerträglich. Alle unwahr.

Herr von Huber, ein Spassmacher.

I Detail: ein alter Kasten is ein alter Kasten. Und ein copiertes Möbel
is ein copiertes Möbel.

N 19

Fiaker.

I. gegen Aladar

Milli: wer is der dort der ein jüngeres Gsicht macht als er ist?

Machen's nicht das Gesicht wie die Dame die ihren Rattler verloren
hat –

ein Musiker, à la Masseau.

»Sie hat mir viel Interessantes über die religiöse Musik des XVII
gesagt«

Ein Mann der f r e i ist: das V e r s p r e c h e n darin – er hat in diesem
Augenblick alle Frauen der Welt.

Ein zweites Paar: der Herr ein unverstandener Mann, ein Dritter der
es nicht weiß.

N 20

Elis: finden Sie das besonders anständig wenn eine Dame einer andern
weiblichen Person eine Photographie wegnimmt.

N 21

Fiaker I (Nanni über Milli)

Detail: Nanni über Milli: dass sie sich jünger macht –

II Aladar: Denken Sie doch ein bisserl nach
Milli: Oh ich denk immer!

Aladar: meint dass Milli keinen Typ habe. Aber Nanni sagt sie hat
einen: Tassilo sei es beinahe – aber wirklich sei es der 966.

Aladars Frau, Amerikanerin, war Tassilos Geliebte.   5

Nanni: alle Frauen möchten treu sein –

Vgl. N 36.

N 22

I   Detail

Zwischen Tassilo u. Milli gewisse Streitigkeiten: wenn sie ihn auf-   10
merksam macht was an ihr nicht hübsch ist, u. darauf insistiert, ihn bei
andern Frauen darauf aufmerksam macht – aber nicht gern hat

I Sie haben gestritten u. suchen nun den Streit zurückzugehen bis an
den Anfang: Du hast ihr gesagt – ja aber das hab ich ja nur deswegen
gesagt. Er: ich hab nichts getan als einmal zuerst das gefunden was   15
Du mir an einer andern oft lobend zeigst. Es handelt sich um die
Stirn von Elis. Milli hält bis zu III. Elis für eine böse Person.

Elis: Sie hat einen Pik auf mich. Ich weiss auch warum.
A.: Haben Sie ihr etwas getan.
Nein – aber vielleicht sie mir –   20

N 23

I 4

Aladar Tassilo:
Aladar: Das sind lauter unbeweisbare Behauptungen –
Tassilo: (ärgert sich) Alles was der Mühe wert ist ist unbeweisbar.   25
Aladar: Ich merke dass Du ausserordentlich emballiert bist.
Aladar (kühl) Mir ist nicht ganz klar ob Du willst dass ich sie besuch
oder dass ich sie nicht besuch.
Tassilo (zornig): Ich hoffe mich ganz deutlich ausgedrückt zu haben:
dass ich großen Wert darauf leg dass man ihr égards erweist.   30
(Tassilo hat ihr Lachen zum ersten Mal gehört wie sie mit Aladar auf
einem Canapee saß)

N 24

Tassilos logische schrullenhafte Deduction warum er nun besonders
freundlich gegen Aladar sein müsse . .

N 25

I 5.

Tassilo: Du findest ich war zu freundlich mit ihm –
Milli: Ah ja –
Tassilo: Und dass ich dickschädlig war
Milli: Schau!
Tassilo: Und dass wir unsern letzten Abend hätten besser verbringen
können . . .
Milli: Ah ja!
Tassilo:

Milli: Fahr'ma zhaus!
Tassilo: Und da sagst du: fahr ma zhaus – wo ich dir noch so viel zu
sagen hätte
Milli: Fahr ma zhaus!

N 26

16 XI 24.

I.

Streit:
Tassilo insistiert, Aladar zu begrüßen. Man müsse jetzt besonders
freundlich mit ihm sein.
Sie (tief gekränkt) Da kann man nur lachen! – Und überhaupt –
Er: spricht seine Überzeugung aus dass sie au fonds Aladar gern habe
u. deshalb werde er alles tun, um ihn ihr nahe zu bringen. Dabei bleibt
er störrisch wie ein Maulesel. Ich wünsche dass du ihn begrüßt – ich
kann diese Launen nicht ausstehen – ich hätte diesen letzten Abend –
Da – er steht schon auf! also bitte!

N 27

16 XI. 24.

I. genaueres Scenar. (a) linke Seite.

Aladar u. Dominik stehen auf u. schauen ob das Zelt noch leer ist.
Kellner avisieren Ankunft. »Also das Zelt wird ja nächstens leer bleiben.«

1. Aladar, Dominik u. Matteo. Gespräch über Milli Die Idee Milli
zu debauchieren als vage Möglichkeit in der Luft. Aladar cynisch.
Vom Haben u. Nicht-haben der Frauen. Aladars Idee dass sie alle
canaillen sind.»Ich an Tassilos Stell tät mich fürchten.« Aladars Versuch mit Elis anzubandeln.   5
2. Tassilo u. Milli, hinter ihnen Eugen u. Jaroslav. Tassilo. Setzt's
euch derweil, anderswo, wir müssen erst ausstreiten. Der Streit. (im
Zelt: Kellner dazwischen)
3. Dominik als Bote von Aladar, der seine Aufwartung machen
möchte. Aladar hinzu. (Tassilo lässt sie allein? Die Freunde rufen ihn.)   10
Milli wirft Aladar vor, er altere. Ihr Lachen à gorge déployée. Er
mache ein jüngeres Gesicht. Er sei affectiert. Er spreche jetzt für die
kleine Person dort, die übrigens boshaft u. sehr gescheidt sei. – Sie
grüsst Elis. Kellner: ob serviert werden dürfe.
4. Milli geht zum Tisch. Sie lacht sehr viel. Tassilo glaubt gegenüber   15
Aladar, Milli entschuldigen zu müssen. Das Volkshafte an ihr. Wie
sie ihm allmählich alles erzählt habe: Lehrer, Beichtväter, erste Liebe,
alles. Wie sie ihn lachen mache! Das sei ansteckend Das Zelt geschlossen.
Tassilo spürt Aladars Verstimmung. Aladars Andeutung er halte sie   20
für eine raffinierte Comödiantin. Große Suggestion. Ich bin überzeugt
dass sie jedesmal eine neue solche Vergangenheit erfinden könnte.
Potemkinsche Dörfer. Tassilo: Da hast du aber keine Idee wie sie is! –
Wie ein so gescheidter Mensch wie Du so falsch urteilen kann! Du
könntest sehr profitieren. Tassilos Wunsch sie solle in der Villa haus-   25
führen, u. Bitte, Aladar möge sie besuchen. Bizarres entêtement in
diesem Punkt. (Er ist gewohnt seinen Willen zu haben) Er wünscht
dass man die äussersten égards für sie habe. Sie verdiene sie. (Das
Unbetrügbare an Milli) Ihr Ernst. Ihre Liebe für Beethoven u. Schil-
ler. Ich bin überzeugt dass Unterhaltungen mit ihr über die Pathétique   30
sehr genussreich sein werden. Auch Contrapunctstunde hat sie genommen. Aladar solle trachten dass sie nicht gar zu sehr ins Ernste
verfalle. Er solle sie in jeder Art zu amusieren trachten. Die Grenze u.
die Nuance wisse sie immer einzuhalten.
5. Milli u. Tassilo allein. Milli: Du warst zu freundlich zu ihm. Das   35
verdient er nicht. Ich habs gesehn. – Jetzt redt er von mir. – Fahrn wir
schon nachhaus. Ohne auf ihn zu warten. – Warum setzt er sich denn
dort hinten? mit wem sitzt er denn dort? Mit der Volkssängerin? wir
hätten allein wo hin gehen solln statt mit der ganzen Quart, was?

Jedes Fortfahrn is doch was tiefes . . .
Tassilo: (fällt plötzlich ein) Potemkin!

Herren mit Vollbärten, Spitzbärten, Henriquatres, Coteletts

Aladars Cynism. Er kann nicht leiden, wenn etwas als »unmöglich«
bezeichnet wird. Wir sind alles die gleiche crapule, mit ein bisl Firnis.
Sein Manöver mit dem Schneider bei dem er Schulden hat.

Huber. Der eine Hirsch bricht im Feuer zusammen . .
Einer über Beamte:

Die wär was für sie.
Elis war gerade damals viel im Haus, als Aladar sich bemühte . . . hat
bei einem offenen Fenster genäht. Frozzeln's mich nit. Das war die!
Milli durchschaut sein gespieltes Erstaunen. – Sie haben ja beinah
schon mit ihr geredet wie ich hereinkommen bin. Ich seh den ganzen
Garten mit einem Blick. Sie sind alleweil auf der Jagd
Alad: Das einzige was der Müh wert is.
Milli: Deswegen fliegt man aufn ersten Blick   ein Comödiant gspürt
an Comödianten. Da is dem Tassilo seine Situation gerad die umge-
kehrte. Der kann sich nicht erwehren. alle möchten ihm hängen
bleiben. Momentan bin ichs.
Elis: Sie haben sich ja mit der Dame über mich mokiert.
Aladar: Sie kennen sie doch. Sie wissen doch wer sie ist.
Elis: O ja recht genau. Ich könnt Ihnen Geschichten erzählen. Die
Photographie die mir einmal abhanden kommen ist – Das war sie. –
Ich gebet was darum! –

Onkel zurück. Aladar vermeidet Vorstellung.

Elis: Der Betreffende is ein Fiaker. Kein Knecht. Die jungen Grafen
gehen mit ihm ins Ronacher. Und davon ist er ein so ein stolzer
Mensch.

N 28

Tassilos Dépit: Zerschlagen von Gläsern.

Aladars Verhör mit Emilie –: er glaubt ihre Laufbahn aufgedeckt zu
haben: Verhältnis mit dem Gutsherrn, fortgelaufen – Stubenmädchen – Zahnarzt – Agent – Bookmaker – Prinz – Kl. Komiker – (sie
hasst Theaterspielen – ausser im Leben)

Emilie war eine kurze Zeit Aladars Frau in Argentinien.

2 *H*

I 2

(Der Streit.)

EUGEN U. JAROSLAV
Tuts nur ausstreiten – wir setzen uns inzwischen zu denen.   5

setzen sich zu Lamoral u. Gundakker

MILLI
Sags gleich dass ich dir zuwider bin. Dass Du mich mit dem Hut nicht
sehen kannst. Ich hab ja der Babett beim Gindreau gesagt: er steht mir
nicht – aber die Gans – übrigens warum hab ich nicht auf die Bertha   10
gewartet

TASSILO
Ja warum?

MILLI
        warum denn nicht?   15
um dich nicht eine Minute warten zu lassen. Wie gewöhnlich –

TASSILO sieht zum Himmel
Wie gewöhnlich!

MILLI
Es ist ja unangenehm genug zu wissen dass einem ein Hut nicht steht   20
und gerad am letzten Abend: so behaltst du mich jetzt 2 Monat im
Gedächtnis. Ich möcht ihn herunterreißen den Deckel! aber deswegen
noch angefahren zu werden

TASSILO
Es ist nicht meine Gewohnheit Damen anzufahren – Übrigens sehe ich   25
keinen Zusammenhang zwischen einem Hut der dir notabene im Profil
sehr gut steht von vorn vielleicht weniger – und dem Umstand dass
Du mich unaufrichtig nennst, weil ich nicht im Stand bin bei dem
Tempo zu folgen mit dem deine Launen umschlagen

MILLI   30
Ich leg meine Worte nicht auf die Goldwag. Wenn ich in jedem Ton
von dir spür dass Du mich nicht leiden kannst, so nenn ich das anfah-
ren. Schimpfwörter erwart ich von Dir nicht. Dafür bist Du schließlich
zu gut erzogen. Die gehören zu einem andern Typ von Männern.

TASSILO
Du scheinst ja Erfahrungen aller Art zu haben.

MILLI sie schneidet das Fleisch für den Hund bläst es
Das ist eine Perfidie ohne gleichen von dir zu mir! Mir das zu sagen
wo ich mein ganzes Leben vor dich hingebreitet hab wie die Serviette
da. sie hat die Thränen in d. Augen

TASSILO
Ich habe mich ausschliesslich gegen das Wort unaufrichtig verwahrt.
Das war der Anfang von unserm ganzen Streit. Und dann hast Du
gesagt überhaupt.

TASSILO
Du weisst »überhaupt« –

MILLI
Ich hab m. Muttersprach nicht ausm Lexicon gelernt. Ich war nur in
der Bürgerschul

MILLI
Pardon das war nicht der Anfang. Ich hab ausschliesslich gesagt: es ist
eine Unaufrichtigkeit von dir, wenn Du mir nicht eingestehen willst
dass Du Dich ärgerst dass der Aladar hier sitzt u. uns den letzten
Abend ausspioniert. Also gut. – Ich lass mich belehren. Besonders
wenn man es so energisch tut. Du warst entzückt wie Du ihn gesehen
hast.

TASSILO
Ich mache aufmerksam dass Du ihn gesehen und mir gezeigt hast. – Es
wird mir wohl frei stehen, mich zu freuen wenn ein witziger mir sehr
zugetaner alter Freund – oder sagen wir guter alter Bekannter zufällig
hier sitzt

MILLI
Und mir wird es frei stehen mich zu fuchsen, wenn ich sehe, wie Du
aufs Spriesserl hupfst sooft er dir⟨s⟩ hinhalt'. Der Aladar sitzt nämlich
nie zufällig irgendwo, das zu glauben, dazu gehört schon ein solches
hochgräfliches Maß von Naivität

TASSILO
Wenn ich Dich bitten dürfte Eigennamen zu vermeiden und soziale
Bezeichnungen u. ein bisserl leiser zu sprechen –

MILLI
Aber bitte. Verbring doch gleich den Abend mit ihm statt mit mir.
Wenn Du ihn so witzig findest – Ich fahr halt z'haus. Vielleicht verkuppelt er Dich wieder einmal – er hat ja immer eine Amerikanerin
oder so was auf Lager sie füttert den Hund   5

TASSILO mit mühsamer Contenance fängt an mit dem Oberkellner zu berathen
Würdest du Krebsen

MILLI
Ah – du glaubst jetzt vielleicht dass ich eifersüchtig auf – oder was soll
sonst dein Gesicht sagen?   10

TASSILO zum Kellner
Warten Sie einen Moment.

KELLNER
Sehr wohl Herr Graf.

MILLI   15
Ah da bist du aber derart aufm Holzweg, mein Lieber. Es ist erstaun-
lich wie wenig Du einen kennst. Also ich soll grandig geworden sein –
wegen seiner d. h. wegen deiner verflossenen – wegen dieser mageren
amerik. Stange – das is ja lachhaft. Das aufdisputierst du mir?

KELLNER   20
Haben sich entschieden?
Tassilo winkt ab

MILLI
Lachhaft ist das. Das ist schon geradezu fin de siècle. Das is ja für'n
Girardi.   25

TASSILO
Ich imputiere gar nichts. Ich suche mir zu erklären was Dich an unserm
Abschiedsabend in diese Stimmung versetzt –

MILLI
Also so wenig kennst Du mich nachdem wir beinah zwei Jahr zusam-   30
men sind. – Vielleicht bin ich heut empfindlich.
da Tassilo den Garten mustert mit dem Messer aufklopfend
Hörst du mir zu?

TASSILO
Es wäre auch für weiter wegsitzende schwer möglich dich nicht zu   35
hören.

MILLI

Vielleicht hast Du sofort wie wir ausgestiegen sind, gespürt dass mich
was ärgert – dass ich ein Gesicht angesehn hab, das mir's stiert, und
dann hast du errathen dass es der Betreffende is, und hast halt geglaubt dass es mir wegen mir zuwider is ihn zu sehen – es ist mir aber
ausschliesslich wegen Dir zuwider. Wenn ich einen Zorn auf ihn hab –
so is es aus einem Grund der sich nur auf dich bezieht und den Du gar
nicht einmal weißt

TASSILO

Also weißt du, ich weiß sehr genau, dass er Dir auf Tod und Teufel
den Hof gmacht hat damals wie wir zwei schon ziemlich weit miteinander waren

MILLI

Das wär's natürlich nicht gewesn? Dass mir noch einer mehr den Hof
macht, das hat mir immer nur eine damische Freud gmacht. Das kann
ich nicht leiden wenn Du ⟨mich⟩ schöner machst als ich bin – u. mich
hinstellst wie die schwäbische Jungfrau in der Bognergassen.

TASSILO Gebärde

Ja einen Mailberg wie gewöhnlich. Und ein grossen Krondorfer

MILLI

Aber die Art wie er mir den Hof gemacht hat, da war schon eine
Perfidie drin wie ich aufrichtig gsagt bisher nur von einem weibl.
Wesen für möglich gehalten hätt.

TASSILO

Er hat gspürt dass zwischen uns was los is und hat dich mir wegnehmen wollen – das wär nur eine revanche gewesen für gewisse frühere
umgekehrte Fälle.

MILLI

Das weiß ich sehr genau dass es nur eine revanche gewesen ist. Und
wenn er dich mit mir zusammengebracht hat so war das auch nur eine
Revanche. Der ganze Mensch is nämlich aus Revanche gegen dich
zusammengesetzt. Für gewöhnlich kann ja so etwas bei einer Hofmacherei der Nebenzweck sein. Aber wenn man als Frau spürt dass das
der Hauptzweck is und wenn man noch dazu in den andern verliebt is
da kann einem bei so einem schon das Grausen angehn!

TASSILO
Ah da muss ja ein Mann doch ziemlich ins Zeug gehen – damit er
seine innersten Motive so decouvriert. Da muss die ganze Sache doch
eine ziemliche Entwicklung gehabt haben – das ist mir neu –

MILLI
Ah ja ins Zeug glegt hat er sich schon der Aladar. Ah das kann er.

TASSILO
Das is mir alles sehr neu – wenigstens das Gewicht der ganzen Sache –
er scheint ja da sehr weit gegangen zu sein

MILLI
Weißt, mein Lieber, wie weit die Männer sind, darauf kommts nicht
an. Es kommt nur darauf an, wie weit wir uns mit ihnen einlassen
wollen. – Und nah gegangen is mir der Aladar nicht so viel. – Gfallen
hat er mir einen Abend vielleicht zehn Minuten lang. Und dann schon
gar nicht mehr, so fesch und elegant als er ist. Das kannst mir glauben.

TASSILO
Aber dann hast du doch gar kein Grund gehabt dich zu ärgern wenn er
zufällig hier sitzt u. soupiert.

M
Wegen mir hab ich mich nicht geärgert. Und jetzt lassen wir schon die
ganze Gschicht. Heinrich!

TASSILO
Wenn Du Dich nicht geärgert hast dass er da sitzt – da sinds wir doch –
da ist doch des Pudels Kern: du warst aus irgend einem Grund grandig
und weil Du nicht ausstehen kannst dass dann jemand um dich herum
seine Laune behält

M
Warum soll ich denn aber grandig gewesen sein wenn's nicht wegen
dir war!

TASSILO
Warum, das ahne ich nicht! Ich war jedenfalls in dem Augenblick auf
den es ankommt, nicht grandig, nämlich wie wir aus'm Wagen gestiegen sind – also kannst du nicht sagen dass du's wegen mir warst! Jede
Verdrehung hat doch ihre Grenzen.

MILLI
Nicht so wegen dir – darüber dass du von vorn herein grandig gewe-

sen wärst, sondern so wegen dir weil er halt grad heut da sitzt u weil
ich gwusst hab er wird und muss dich ärgern! und weil du dann
gethan hast als obs dich nicht ägern tät.

⟨KELLNER⟩

Ob später serviert werden soll?

T

Gleich d. h. später! d. h. gleich! aber ein bissl später! springt vor Ungeduld
Das behaupt ich doch! das ist doch genau was ich unaufhörlich
behaupte. Wie wir aus'm Wagen gestiegen sind war ich in der besten
Laune –

MILLI

Aber das was du behauptest, ist doch genau das Gegentheil. Du behauptest dass in dem Augenblick wo du den gewissen unangenehmen
Ton angenommen hast, wie wenn irgend etwas in mir dir nicht recht
gewesen wär –

TASSILO

Das war doch nicht beim Aussteigen, das war wie wir über den Hof
gegangen sind!

MILLI

Beim Aussteigen wars – in dem Augenblick wo deine gewisse ge-
schminkte Gredl aus'm Carltheater die wenn sie dich sieht immer so
dreinschaut wie die Fräulein die ihren Mops verloren – neben uns aus
dem unnumerierten mit den zwei Eisenschimmel gstiegen is.

TASSILO

In dem Moment soll ich grandig gewesen sein – ah! das is doch stark!
Da hab ich ihn doch gar nicht gsehn ghabt

MILLI

Aber ich hab ihn gsehn –

TASSILO

Darum handelt sichs doch nicht –

MILLI

Wenn ich draussen beim Gatter vorfahr – so seh ich wer herin sitzt –
ich kann nix dafür – ich hab halt Augen im Kopf

TASSILO

Es handelt sich nicht um den Moment – wo du ihn gesehen hast –
dieser Moment

MILLI

in einem Moment seh ich die Glatzen von dem Börsianer der früher
mit der Bedecovich gangen is die immer wart bis ich wegschau um
dir einen Blick zuzuwerfen – und ich seh die von dem Infanteriehaupt-
mann ich seh den Ebenstein der immer nachdenkt ob er wie ein Graf
ausschaut und zugleich ausrechn⟨et⟩ wie viel Zinsen er an der Rechnung verliert die ihr schuldig seid's

TASSILO

dieser Moment, wo du ihn gesehen hast, ist für unsern Streit vollkommen irrelevant!

MILLI

und zugleich seh ich doch von der Seiten was in dir vorgeht, ich bin
a mal nicht tramhappert – und da hab ich gesehen dass du dich ärgerst

TASSILO

Störrisch wie ein Mulo, hat unsre Gouvernant gsagt wenn die Elle

MILLI

dass du dich giftst – und dass du accurat merkst dass ich merk wie
du dich giftst

TASSILO

Eine fixe Idee!

MILLI

und dass Du in dem Augenblick dir vornimmst so zu tun als ob du
nicht giften tätest u. alles in dich hineinfrisst – und dadurch nahmlich
noch viel wütender wirst –

TASSILO

Eine fixe Idee! eine fixe Idee! eine fixe Idee!

I. 3.

ALADAR

Ich habe die Ehre guten Abend zu wünschen.

MILLI

Servas, Aladar. – Man wird älter was. Schöner Abend heut. –

ALADAR

Ich weiß nicht womit ich mir die Ungnade zugezogen habe.

MILLI
Aber geh.

ALADAR
Ich kann mich an Zeiten erinnern wo ich Ihnen nicht so antipathisch
war. Wo man sich auch nicht so ganz zufällig nur getroffen –
Milli Plausch mit Peperl.

Aladar etwas lauter

MILLI
Da schau dir 'n an den Aladar! Jetzt kriegt er auf einmal ein viel ein
jüngeres Gesicht. Das is ein Verwandlungskünstler. Von dem kann
man was lernen. Wo is er denn hinkommen der Tassilo?

ALADAR

MILLI
Das war was extra-gescheidts was Sie jetzt gsagt haben.

ALADAR
Finden Sie.

MILLI
Ich hab zwar nit zughört. Aber ich kenns Ihnen an die zufriedenen
Nasenlöcher an.

ALADAR

MILLI
Ja, Sie haben schon ihren Effect gemacht, sie spitzt schon die Ohrn
die kleine Schwarze.
Elis grüßt, Milli erwidert

ALADAR
Sie kennen das Fräulein? Ah das ist merkwürdig.

MILLI
Aber ich bitt Sie, spielen nicht den Erstaunten. Frozzeln lass ich mich
nicht. Sie wissen sehr genau dass das die schwarze Elis is die früher
bei mir Hausschneiderin war – Sie haben ihr in der Wohllebengassen
oft genug – Und jetzt hat sie einen Modesalon. Wollens die Adress
wissen? Soll ichs herrufen

ALADAR
Ich erinnere mich. Sie ist aber hübscher geworden.

MILLI

Aladar! Aber das bemerken Sie nicht jetzt erst – denn schon früher
haben Sie angebandelt wie ich in einer Ecke gsessen bin

ALADAR

Ah Sie verwenden doch noch Blicke – auf unwürdige Gegenstände: 5

N 29

Eventuelle Vorrede zum Fiaker als Graf.
Das Wort von Biron-Lauzun.
Die Analogie dieser Arbeit mit einem platonischen Dialog.
Die mimischen Elemente in den platonischen Dialogen.   10
                                        (Reich, Mimus)

N 30

17 X 24.

                        Fiaker II
Sie küsst ihm die Hand, weil er die französische Unterschrift nicht   15
lesen kann (was sie für höchste Verstellung hält)

Morbek / Norbeck /

N 31

5 XI 24.

                    Der Fiaker als Graf.   20
                        II. Ballsaal.
Anfang Milli mit den zwei älteren Herren.
Der eine Herr (Diplomat) Affectiert leicht: spricht immer von sich.
Sie haben durchaus recht dass sie bleiben wollen, man muss sich von
Vapeurs nicht drunter kriegen lassen. Sie haben durchaus recht dass   25
sie gehen wollen – pressentiments sind Alles!

Millis Angst, dass Tassilo bös sein könnte, wenn sie ohne ihn eine
Bekanntschaft mache. Abergläubische Vorgefühle. Lust nachhaus zu
fahren. Aladars Kraft, dass sie sich niedersetzt. Ihr Widerstand.
(Reflex jener einst von beiden durchgelebten Scene.) Aladar zwingt   30
sie, ihre Treue für Tassilo zu rühmen. Er enthüllt seine Kenntnis ihrer
ganzen Vergangenheit. Sie: Glauben Sie dass Tassilo e t w a s nicht
weiß! Er: Sie reden die Wahrheit u. s i n d unwahr dabei. Seine Idee:

sie habe ihn verlassen weil es vorteilhafter gewesen sei, zu Tassilo zu
kommen.

Parallel: Aladar mit Nazi. letzte Instructionen.

N 32

5 6 XI 24

II.

Aladar, um ihre Sensibilität zu wecken – zählt alles auf, was er mit
eifersüchtigen aber trockenen Augen gesehen u. errathen hat – Sie:
das ist ja mein ganzes Ich – wie können Sie das so zerstückeln – das
10 ist ja nicht meine Vergangenheit: so bin ich – beim Tassilo ist das
wunderbar aufgehoben: er versteht mich, er heiligt mich – er weiß
doch dass er ohne das nicht mich sondern eine andere hätt – was
wollen Sie denn? Er: Sie sind nicht verliebt in den Tassilo. – Sie: bin
ich ihm nicht treu? – Er: aus Indolenz.
15 Gespräch mit Nazi (Anfang): dass sie die Photographie gesehen habe,
bei einer Dame. Ihr Widerstand bis zu einem gewissen Punkt: dann:
vogue la galère – dann: sich noch einmal zusammenreissen und fährt
a l l e i n nachhaus.

Ihr Begriff was man sich erlauben kann und wo man innehalten müsse.
20 Ihre sehr gute naive Dialektik: ob und unter welchen Umständen ein
Kuss erlaubt sei.

Gespräch mit Nazi: der entscheidende Punkt: dass sie ihm ein rendezvous gibt. Sie ladet ihn für morgen zum Essen ein. (Aladar hat ihm
aufgetragen, diese Einladung zu forcieren.)

25 Im Nachhausgehen mit Aladar den sie sich bestellt hat. Ihre Undurch-
dringlichkeit, Undurchsichtigkeit, wie weit sie gekommen u. was sie
vorhabe. Der gefährlichste Moment: wo sie Aladar fast verleitet zu
glauben es sei alles nur ein verdecktes Spiel, sie sei in ihn verliebt. Er
ist es jetzt durchaus in sie: ihre Strenge. Und Tassilo? Ihr Geständnis
30 gerade das etwas Ältere bei Aladar sei gefährlich für sie und jenes eine
Mal sei sie bis zur Besinnungslosigkeit in ihn verliebt gewesen. Sie
verspricht ihm morgen zu sagen, wie sie aus dieser Verliebtheit damals
herausgekommen sei. (Der tatsächliche Grund war, dass sie das nicht
ganz Echte erkannte).

N 33

6 XI. 24.

Fiaker II.

Das Gespräch wo Aladar sich geliebt wähnt, die Umkehrung dessen,
wo er sich gehasst glaubte. Im ersten zerstört er alles was sie sagt,
wendet alles gegen sie – im zweiten entkräftet er alles was sie gegen
sich selber vorbringt.

Schema des Gespräches b. Sie: Sie haben recht – ich bin eine leicht-
fertige Person.. Er: das habe ich nur so gesagt. Sie: eigentliche Leidenschaft zu g e b e n ist mir versagt! – Er: Wie können Sie das sagen!

Emilie eine junge Witwe
Elis eine junge Schneiderin.

N 34

11 XI 24.

II.

Milli (gegen Aladar)
Furcht vor Übertreiben. Schwulst. Zigeunermusik. Schwindel. Sie
weiß genau wie viel ihr inneres geben kann. Ihre Augen sehen klar.
Sie ist leichtsinnig, nicht leichtfertig.

(Katthi!)

Alladar ausgehend von der Falschheit der Frauen. Ein Frauenherz ist
ein Abgrund. – Ein Mann bleibt immer unverstanden.

Milli unterscheidet: Falschheit u. die nötige Geschicklichkeit. (Unbe-
holfen darf ein Frauenzimmer nicht sein.)

N 35

13 XI 24.

Depesche Tassilos

in II. durchfahre Ungarn – Mähren – möchte nicht stören nicht über-
raschen, bitte nur Wagen Staatsbahnhof.

(Für diesen nachmittag arrangiert Aladar das Fest)

Aladar hat veranlasst dass ein Pferd das Tassilo interessiert gerade in
Wien zu besichtigen: er bittet Aladar, dies mit ihm zu tun.

N 36

II
Aladar: Denken Sie doch ein bisserl nach
Milli: Oh ich denk immer!

Vgl. N 21.

N 37

17 XI 24
II.
Milli mit Nazi. (nach einer sehr herzlichen Scene)
Ich hab 2 Gründe. Ich bin zu alt für Sie u. ich hab einen andern gern. –
Sie brauchen eine gescheidte Person keine Flitscherln. In unserer Bür-
gerwelt is nur die Ehe was rechts   jung heirathen. Ich bin zu jung
Witwe geworden. Sie werden doch eine Geliebte haben? Oder allweil
eine Flitscherln? Pfui Teufel. Darüber redn mir noch Kommen's
morgen zum Speisen. Ich bin draußen in der Villa. Er: Ah vom Herrn
Bräutigam?   Sind Sie a Schauspieler? Beamter? Is auch nix rechts. –
Sie woll'n 's nit sagen? (er will ihr die Hand küssen: sie gibt ihm einen
Kuss)

N 38

20 XI 24
II.
vorletzte Scene.
Angst Milli's ob er den Kuss gesehen hat. Ängstliches vorsichtiges
Ausfragen: wie nahe er war – warum die Nebenloge so ruhig war – ob
dort ein Spiegel

Ihr Schreck daher weil Aladar sehr plötzlich herein kommt, weil er
sehr sans façon mit dem »Grafen« ist – (Abfahren! verschwinden!
später! unten warten!) worüber sie ihre Verwunderung ausspricht –
dann weil sie weiß dass er ihre glänzenden Augen eventuell bemerkt –

Nazi: Ich muss noch mit Ihnen sprechen Herr Graf. Wo darf ich
warten?

Milli: (träumerisch) Wer das war, ist wurscht – ein Wiener halt. – Es
gibt was was uns zusammenhält. So ein komischs Gschau hat er
ghabt – Sie haben ja früher gesagt: den Menschen muss man spüren –
den nackten Mann – Sie habens auf Ihnen gemeint

N 39

Aussee 26 XI. 24.

II.

Milli's Begriff des D r a h e n s höher als der alles andern.

Milli: (zu Aladar) Schlusscene.

Aladar hat ihr angeboten die Welt für sie auf den Kopf zu stellen

Milli: also tun Sie das und das – (sowie er nur einen Moment zögert)
Sie tun es nicht. Adieu. Ich bin schon nimmer da.

Die Kellner sogleich in sie verliebt, ebenso die Herren aus den Neben-
logen. Ihr schnelles Sprechen, wobei er durchaus nicht zu Wort
kommt.

N 40

Milli: Ja, ich glaube dass Sie verliebt in mich sind, aber ich glaube
nicht dass es eine so große Sache ist wenn Sie in jemanden verliebt
sind.

Aladar: Huit! huit! huit!

N 41

Aladar: Sie haben zu viele Reserven! wie die Bocchesen!
Wann endlich etwas kommt das Sie fühlen u. denken macht.

N 42

II.

Aladar Der Führer der Intrigue ein Cyniker, auch dem eigenen Stand
gegenüber. Sie war Jungfer bei seiner geschiedenen Frau (nach der
Scene mit Tassilo) der sie in alle Sonderbarkeiten Nazi's einweiht –
in seine Absencen, in die Completheit seiner Schauspielerei, aber in
seine furchtbare Wut wenn man ihn manquiere.

Je daigne parfois m'oublier mais je n'admets pas que l'on s'oublie.
Dies hält sie sich immer vor; dies hält sie von Intimitäten zurück.

Post: er solle cavaliermässiger frecher sein. Sie wird immer zurück-
haltender.

Sein Wunsch irgendwo mit ihr ohne Beobachter zu sein.

(Sie ist 36, gibt sich für 27)

Ihr: ich kenne die Frauen, wie keine andere Frau sie kennt.

N 43

II Handlung Anfang.

1. Scene Fremdes Paar wird von Aladar weggewiesen: mit H u i !
nachdem Aladar recognosciert hat dass dies die geeignete Loge ist.
Der Burger: Aber die Herren haben schon eine Loge. Aladar: Eben
deswegen! Mein Herr! Nur das Überflüssige ist der Mühe werth.
Ihr kommt vor, als ob das alles auf Verabredung geschehe. Ihr habts
euch gewinkt: hier! – (Als sie den Nazi erblickt – scheint ihr – aber
es war wohl Einbildung, einer der Herren ein Zeichen gegeben habe:
ça y est.)

Sie winkt eine Freundin herbei. Ob sie was gspassiges bemerkt habe.
Ihr sei so schwummerlich. Sie werde nachhaus fahren. – »Du kennst
doch den Aladar. Kennst du den jungen Herren mit dem er geht?«

Bemerkung dass Aladar seit 5 Wochen fort ist.

N 44

Detail (Dialog.)
Ah! sehr! Ah ja! Ah freilich! ah ja! –

Aladar flucht ungarisch, am Ende der 2ten großen Scene mit Milli
(in II) nachdem es ihm nicht gelingt sie von ihrer geschickten Defen-
sive abzubringen.

N 45

Der Fiaker wird benützt eine Abenteurerin zu demüthigen.

Der Fiaker der immer fährt von 18 an – führt Liebespaare, Firmkin-
der – alte Generale –

N 46

II.

worin die Spannung liegt:
Aladar: Sag mir dass Du in mich verliebt warst – und ich schick den
Fremden zum Teufel – oder sag du willst ihn kennen lernen weil du
auf den ersten Blick verliebt in ihn bist – weil es dich berauscht frei zu
sein – (alle m. Hoffnungen sterben ab wie die Fliegen)

Aladar: Du hast mich stolz von dir gewiesen u. dadurch meine Eigenliebe gekränkt dann hast du dich mit Geheimnissen umgeben u. meine
Neugierde gereizt. D. Schönheit, Dein Geist, dein Charakter haben
das Übrige getan.

Ich würde Dir den Rest meines Lebens opfern –   5

Seine Frage: in was beim Tassilo man verliebt sein könne. Er habe
doch keine G e s t e – Begriffe er das, wäre er curiert. Aber dass er es
nicht begreife darin liegt der Widerhaken des Pfeiles: die Schauspielerei, die Lüge, die Dummheit, das Dämonische.

Schluss: Seine Wut wenn sie mit einem anderen lache.   10

Aladar: Ich wünsche dass man erkenne wer ich bin. Wer mir dafür
steht dass ich es wünsche das steht bei mir –

N 47

                            II.

Aladar (wie sie ihm vorwirft, Hasardspieler zu sein) Und das Gefühl   15
das mich durchsaust, wenn ich die letzte Karte auf den Tisch lege –
hast du eine Ahnung von dem Gefühl?

N 48

                            II.

Aladar   20
Milli: Sie reden alleweil von Glück. Sind Sie so ganz überzeugt dass
Sie mir es geben könnten?

Aladar: Die große Liebe ist mit tiefem Verstand untrennbar verbunden: der weite Blick des Verstandes entspricht der Tiefe des Herzens –
Eine Frau mag auf jede Art lieben wenn sie nur nicht auf Katzenart,   25
nicht aus B e r e c h n u n g liebt. »Der Egoismus zu zweien« Eine
ehrenhafte anständige Frau.

Alad: ob sie gescheidt oder s c h l a u sei – pfiffig

Aladar: Wenn die sogenannten Kenner des Menschenherzens mich
sehen würden – die behaupten: Liebe ist Egoismus zu zweien – Liebe   30
verschwindet wenn die Eigenliebe verletzt wird – Liebe vergeht wenn
sie nicht erwidert wird –

»Ich liebe wie vierzigtausend Brüder« sagt Hamlet.

N 49

II.

Aladar: Es ist das in dir was mich närrisch vor Glück machen könnte.

Milli: Sie müssen – einmal – ein bezaubernder Liebhaber gewesen sein.

5 Dann is was dazwischen kommen. »blasiert bist du halt« – Wenn ihm
wer einmal am Clavier phantasieren zugehört hat, der weiß was mit
ihm los ist.

Aladar: Nirgends ein Ziel – Überall Schlaf u. Langeweile u. trübe
Schwermut. – Wenn jemand dein Namen nennt überlauft es mich
10 heiß u. kalt. – Vielleicht geh ich vor die Hunde

Milli: Sie sind zäh.

Aladar: Dieses zweite Leben im Leben – dieses trunkene Spiel der
Kräfte – diese Seligkeit –

Auf die erkaltete Spur dieses Feuerwirbels legt sich dann die Stille
15 der Friede – den die Leute Liebe nennen.

Der Rausch ist es der dem ganzen Leben etwas von seinem farbigen
Glanz gibt – dieser matte farbige Abglanz ist die Liebe die Freundschaft –

N 50

20   II

Aladar

Aladar: Ich wünsche dass man erkenne wer ich bin. Wer mir dafür
steht, dass ich es ihm wünsche, – das steht bei mir.

Auch meine Scherze haben eine gewisse Schärfe:

25 Milli: Sie kennen sich selbst nicht. Darum ist auf Ihre Entschließungen
u. Versprechungen kein Verlass. Heute nehmen Sie sich das vor u.
morgen wird was anderes draus. –

Sie kommen mir vor wie ein Zigeunerprimas.

Sie haben halt so a Naturell.

30 Aladar: Gib mir diese Leidenschaft die mich verzehrt u. zugrunde
richtet, die mich aber auch in vollen Zügen bis zur Sattheit trinken
lässt aus ihrem Becher –

Die Hoffnungslosigkeit macht gesund –

N 51

II

Aladar: Die Leidenschaft ist wie ein beständiger Rausch – wie ein Wandeln auf Blumenpfaden. Vor dir schwebt stets dein Idol. Das du beständig anbeten, für das du sterben möchtest.   5

Steine fliegen dir an den Kopf, u. du glaubst in deiner Leidenschaft, es seien Rosen. Zähneknirschen erscheint dir wie Musik, Schläge von der Geliebten Hand kommen dir köstlicher vor als die Liebkosungen einer Mutter.

»Das Feuer, die Kraft deiner Seele zu fühlen: sich in diesem Feuer-   10
strudel gesund baden« –

Milli: weil es übertrieben ist – weil die Eitelkeit dahinter steckt –

Aladar: Dieser Zug nach der sinnlich wahrnehmbaren Schönheit des Weibes als dem edelsten Producte der Natur bekundet die höchsten menschlichen Instincte u. die Hinneigung zu jeder andern nicht sinnl.   15
wahrn. Schönheit, zu den Idealen des Guten als der Schönheit im Leben – In der Menge im Schmutz verkümmern sich diese hohen natürl. Instincte – In mir steckt ein Funken von diesem reinen Feuer – »den Strahl – oder Keim wecken«

N 52   20

II

Aladar: Sie stehen vor mir als Statue: und dann plötzlich werden Sie lebendig.

Al. Sie verstecken sich: Sie pappeln anstatt zu reden – Sie gehen nur in Operetten anstatt in Concerte – Sie subordinieren sich der Dumm-   25
heit . . . Sogar Ihr Gang hat sich verändert – Sie haben nicht mehr den federnden wiegenden Gang von früher – Sie gehen mit gleichmäßigen Schritten die ein bissl knarren – So wie Sie waren – hätte selbst ein Greuze nicht vermocht auszudrücken was in Ihren Augen lag an schwermüthiger Grazie, weicher fast mütterlicher Zärtlichkeit u.   30
unbändigem Glücksversprechen . . .

N 53

Norbeck. Ein Mann gegen 50. Die Attraction die Milli für ihn hat weil sie mit seiner ihm durchgegangenen Frau irgendwie zusammenhängt. – Seine Idee: er hätte nicht das Unmögliche von seiner Frau verlangen sollen.

N 54

Norbeck: Die Stadt ist ihm zu klein, es wird ihm das Herz so schwer – die Musik be t r ü g t ihn u. entwaffnet ihn.

N 55

1 II 25

Norbeck
(vom Komiker zu spielen)

Nebenfiguren: 1° der Melancholiker der den Anflug der Krishaber' schen Krankheit hat – zugleich eifersüchtiger Liebhaber (aber plato- nisch) Er sucht seine Fixation: durch das Einzelne. Die G e s t e einer Frau kann das Entscheidende werden. Die Fülle der Möglichkeiten hat ihn wirr gemacht. Der erste Anfall kam als seine Freundin ihn betrog. Das G a n z e beängstigt ihn namenlos. Die Musik macht ihn mutig: er hält dann alles für möglich, für erreichbar. – Das Verwir- rende war, dass ihn seine Frau mit den Unmöglichsten betrogen hat. 2° der junge Advocat (von Raisser zu spielen) der die »Stimmung« sucht –

N 56

10 II 25

Norbeck in II. besonders melancholisch, als Warner. Sie hat ihn auch zum Essen geladen für den gleichen Tag, hat es aber vergessen.

N 57

III. bei Emilie

Emilie mit Überlegenheit – spielt gegen Aladar.
Elis wieder bei ihr – mit der Schwester.
Aladar hat ein Frühstück angeordnet: 12 Personen.
Es kommen 4 Fiaker.

Anfang: Scene zwischen Emilie u. Aladar wo er noch einmal will
dass sie sich durch Wahrheit von der Blamage loskauft. Ihre inner-
liche Überlegenheit. Aladar hat Nanni herbestellt.

Emilie mit Nanni allein – ohne ihre Absicht zu decouvrieren. Kommt
auf die Photographie zu sprechen. Sie habe Erkundigungen über den   5
jungen Mann eingezogen.

N 58

III. Anfang.

A. Aladar glaubt sie verstecke einen andern: die Verlegenheit der
Jungfer, die eigene Verlegenheit Millis. Vorhänge am Schlafzimmer   10
heruntergelassen. Ein Pantoffel von einem Herrn. Sie verstecke den
Fiaker.
Indem wird der Fiaker gemeldet.

»Ein Tiger fletscht die Zähne nach dem Bursch der ihm auf dem
Rücken sitzt«   15

»Sie werfen mir zuweilen einen Brocken hin . . .«

Ihre Gefühlsschlamperei: der gegenüber ich altmodisch erscheine –
Milli: Nerven haben Sie!
Aladar: Das Besiegeln – mit dem Tode.
Milli: Ich weiß dass sie leichtsinnig mit Ihrem Leben umgehen – wie   20
ein Hasardspieler

Ein Walzer aufrauschend – g e s u n g e n

B   Aladar: Sie haben ihm alles gesagt?
Milli: Ich hab vergessen.

N 59   25

7 XI. 24.

Fiaker
Handlung III. (In der Villa)

Beim Verrath eine Freundin u. deren Freund Huber, Bewunderer der
Milli beteiligt.   30
Aladar da er das ganze Arrangement nicht mehr verhindern kann (weil
er es zu sinnreich mit falschen Motivierungen in Gang gebracht hat:
einerseits die Fiaker, anderseits Tassilo, ferner den Wasserer u. Nanni)

will jetzt alles tun, es an Ort u. Stelle unschädlich zu machen, eventuell auch Tassilo beiseite nehmen. Es eingestehen will er nicht, weil
er jetzt vor ihr nicht so hässlich da stehen will.

Emilie, ganz überlegen: Lassen Sie nur alles, wie es ist. Es ist gut.
Aber ich bin bereit Ihnen jetzt die Aufklärung über uns (sie u. ihn)
zu geben, die ich Ihnen gestern abends versprochen hab. (Fiaker
fangen zu singen an)

Nanni kommt gestürzt, gestehen dass sie die Wassererstochter sei.
(Sie hat zuhause gehört, dass ihr Vater in die Villa bestellt sei. Ferner
hat sie durch den Friseur erfahren, dass Nazi dort hinausfährt. (oder
dass die singenden Fiaker dorthin bestellt sind))

Tassilos Dank an Aladar, dass er ein so reizendes Finale herbeigeführt.

N 60

13 XI 24.

                    Handlung III

Elis bringt eine äusserst mundfertige jüngere Schwester mit, um ihre
Sache zu führen. in I. (muss die Schwester den Friseur unterhalten,
und coupiert sehr scharf das zu lange Gespräch Elis' mit Aladar)

Milli: Sie Fräuln aufn Mund gfallen sind Sie nicht

N 61

22 XI 24.

                    III.

Milli: Alles ihrer Natur nicht gemäße vergisst sie sehr schnell wieder –
so das ganze Abenteuer.

in III es dem Zdenko zu erzählen – ist ihr schon kaum der Mühe werth.
Sie sagt sie werde es ihm später erzählen, aber noch bevor sie es vergessen habe.

Dann mit Aladar glänzt sie ganz vom gegenwärtigen Glück u. Zdenkos Rückkehr. Er argwöhnt sie habe mit dem jungen Menschen die
Nacht verbracht. – Aber ja! sie sei glücklich. – Also was war das
gestern mit mir? – Freundschaft, neu angeknüpft.

Sie zieht Zdenko im Morgenrock hervor – in den Tanz hinein.

VARIANTEN UND ERLÄUTERUNGEN

ARABELLA

ENTSTEHUNG · QUELLEN

ENTSTEHUNG

1

Im Herbst 1909 macht sich Hofmannsthal Notizen für eine Komödie in drei Akten.
Statt der geplanten Komödie erscheint 1910 die kleine Erzählung Lucidor. Figuren
zu einer ungeschriebenen Komödie.[1] *Hofmannsthals Interesse an einer lust-*
spielmäßigen Behandlung dieses Sujets ist in den folgenden Jahren durch andere Arbei-
ten zwar immer wieder unterbrochen worden, aber nie ganz erloschen. Seine weitere
Beschäftigung mit dem Lucidor-Stoff bezeugen Szenarien und Notizen aus dem
Jahre 1910, weitere Notizen von 1911, 1912, 1914, 1917, 1921, 1922, ferner der
Plan zu einem Lucidor-Film Ende 1923 sowie Notizen von 1925 und Skizzen zu
Lucidor (als Vaudeville) *1926.*[2]
    Der Gedanke, den Lucidor-Stoff zu einem Libretto auszuarbeiten, begegnet in dem
Briefwechsel von Hofmannsthal und Strauss vor 1927 wohl nur einmal im Zusam-
menhang mit dem Plan zu einem zweiten ›Rosenkavalier‹ *im September 1923.*[3]
Allenfalls könnte man eine Anspielung auf Lucidor *schon ein Jahr früher in Hof-*
mannsthals Äußerung vom 21. September 1922 vermuten.[4] *Da heißt es – gleichfalls*
unter dem programmatischen Stichwort zweiter ›Rosenkavalier‹ *und nach der*
Mitteilung, daß er den Versuch, aus Voltaires ›La princesse de Babylone‹ ein

[1] *Vgl. Erzählungen 1, SW Bd. XXVIII, S. 235.*
[2] *Einzelheiten zur Entwicklung des Lucidor-Stoffes s. S. 309–315.*
[3] *Vor dem ersten Weltkrieg hat Max Reinhardt Hofmannsthal einmal auf die Eignung*
des Lucidor-Stoffes für eine musikalische Komödie hingewiesen; vgl. Hofmannsthals Brief
an Strauss vom 25. Dezember 1927. Am 15. Juni 1918 schrieb Hofmannsthal an Bahr:
Lucidor . . . vielleicht für Musik zu behandeln.
[4] *So offensichtlich ohne nähere Hinweise John Sargent Rockwell in seiner B.A.-Schrift:*
Arabella. The evolution of a libretto, *Cambridge (Mass.): Harvard College 1962*
(masch.), S. 7.

Szenar zu machen, wohl werde aufgeben müssen: Aber ich habe mir noch
etwas anderes vorgemerkt und will im Frühwinter versuchen, ob ich ein
Szenar für eine komische Oper gewinnen kann. Ja – ein zweiter ›Rosenkavalier‹ – aber doch anders. Man kann nichts wiedererleben. Was mir vorschwebt, müßte in viel dünnere Musik getaucht werden, und in einen ande-   5
ren Stil, so wie er mir schon für den ›Rosenkavalier‹ vorschwebte . . .
    Noch am 4. Februar 1923 berichtet Hofmannsthal aber an Strauss, er habe trotz
der Lektüre von Lukian, Stendhal, Musset und Scribe noch nicht vermocht, ein
neues brauchbares Opernszenar . . . zu beschaffen, leichteren Charakters,
hie und da konversationell.   10
    Wohl erst der Brief von Strauss vom 8. September 1923, in dem es heißt »Ich
hoffe, in Garmisch die ›Helena‹ vorzufinden . . . ich möchte gern in Garmisch im
Herbst noch was Hübsches arbeiten. Am liebsten einen zweiten ›Rosenkavalier‹ ohne
dessen Fehler und Längen! Den müssen Sie mir noch schreiben, ich habe in
diesem Stimmungsgebiet noch nicht mein Letztes gesagt«, scheint Hofmannsthal   15
veranlaßt zu haben, die Möglichkeit einer Lucidor-Operette zu erwägen. Er antwortet
am 22. September: Was Sie unter einem »zweiten Rosenkavalier« verstehen,
glaube ich genau zu fühlen. Es müßte die Handlung in Wien spielen, etwa
1840 oder so, etwas Heimliches, Gutmütiges, dazu Lustiges. Die Handlung
zum ›Rosenkavalier‹ fiel mir nur so im Schlaf ein – das zweite ist immer   20
schwerer, denn man darf um alles den ersten Einfall nicht kopieren wollen.
Aber ich glaube, ich fühle, ich werde es Ihnen machen. Eine Ahnung von
Handlung habe ich. Sie spielt unter jungen Leuten, endet in mehrfacher
Hochzeit. Aber ich muß es in mir entwickeln, nähren, aufziehen.
    Bemerkenswert ist, wie die hier anklingenden Fragen nach Ort und Zeit der Hand-   25
lung schon die Ausführungen Hofmannsthals über die Notwendigkeit der richtigen
historischen Fixierung der Arabella-Handlung im Briefwechsel von 1927 vor-
wegnehmen.
    Vorerst jedoch scheint über der gemeinsamen Arbeit an der Aegyptischen Helena
die Idee einer Lucidor-Operette wieder in Vergessenheit geraten zu sein. Der Plan   30
zum Lucidor-Film 1923 *ist Episode geblieben. Die umfangreichen Notizen zu*
Lucidor (als Vaudeville) *von 1926 enthalten zwar eine Fülle neuer Motive, lassen*
aber noch keinen konturierten Handlungsverlauf erkennen.
    Inzwischen hatte Hofmannsthal im Sommer 1924 ein neues Lustspiel begonnen,
das zuerst Der Fiaker als Marquis, *bald* Der Fiaker als Graf *betitelt worden ist.*[1]   35
An diesem Stoff dürfte ihn die lokale Wiener Thematik angezogen haben, durch die
Der Fiaker als Graf *– wenngleich er nicht als Libretto, sondern als* Konversationsstück[2] *konzipiert worden ist – an jenes Bemühen um lokale Fixierung an-*
knüpft, das Hofmannsthal in dem zitierten Brief vom 22. September 1923 bekundet.
    Einer Betrachtung ex eventu stellt sich dieser Lustspielentwurf als einer der wich-   40

[1] *Vgl. S. 325.*
[2] *An Strauss am 13.11.1927.*

*tigsten Schritte auf den Weg zur Arabella-Dichtung dar: Begegnen doch hier zum
erstenmal die Fiaker-Welt mit der historischen Figur der Fiakermilli, die Namen
Zdenka, Matteo, Dominik, Lamoral, die in den frühen Notizen zur* Arabella *noch
für Mandryka und Elemer benutzten Namen Aladar und Eugen, ferner die 1927*
5 *bei der Ausführung des ersten Akts der* Arabella *gestrichene Figur des Nazi und die
der Elis, die in der ersten Fassung des ersten Akts 1927 noch genannt wird, in der
Neufassung 1929 ganz fortgefallen ist. Dies sind freilich – abgesehen von der Fiaker-
Atmosphäre – nur Einzelheiten von geringem Gewicht, die Handlung der* Arabella
selbst ist im Fiaker *als Graf nicht vorgebildet. Diese leichte Fiakergeschichte,*
10 *die im August 1924* schon etwas Consistenz gewonnen[1] *hatte, ist im November nach der Niederschrift des Dialogs zum ersten Akt abgebrochen und – abgesehen von sporadischen Notizen aus dem Februar 1925 – von Hofmannsthal vor
1927 nicht wieder aufgegriffen worden.*

2

15 *Mitte 1927 – die Arbeit an der* Aegyptischen Helena *nähert sich ihrem Abschluß –
erneuert Strauss sein Drängen, Hofmannsthal möge ihm wieder ein Libretto schreiben. Am 16. Juni schlägt er Hofmannsthal eine Reihe von Stoffen zur Auswahl vor,
die ihm alle für »Meistersinger Nr. III« geeignet erscheinen. Bald darauf aber, am
30. Juni, will er statt »Meistersinger Nr. III« den Text zu einem »kleinen Ein-*
20 *akter« und fragt: »Haben Sie nicht hierfür eine hübsche Idee auf Lager?«, fährt
sogleich mit einem Hinweis auf Turgenjews ›Dunst‹ fort und bittet Hofmannsthal
zu prüfen, ob sich »daraus eine kurze, höchstens zweiaktige Oper, etwa 6 bis 7 Seiten,
in Depeschenstil« erfinden ließe. Er fügt den Vorschlag für ein Szenarium bei und
wünscht die Handlung in das Karlsbad Kaiser Ferdinands oder in das Bad Kissingen*
25 *unter Ludwig I. von Bayern zu verlegen.*
*In mehreren Briefen vom Juli schält Hofmannsthal aus den etwas verworrenen
Vorschlägen von Strauss einige leitende Ideen heraus: Am Beispiel der von Strauss
ins Gespräch gebrachten ›Meistersinger‹ weist er auf die Wichtigkeit eines historisch
genau fixierten Milieus für eine wirkliche* Verknüpfung von Gestalten voll Sinn
30 und Bedeutung zu einem Ganzen *hin, das sich für den Komponisten brau-*
chen läßt. *Seine* Phantasie ginge dabei eher *als auf die in Strauss' erwähnter
Liste von Stoffen enthaltene Fürsten- und Musikerwelt des 18. Jahrhunderts* auf
eine lustspielmäßige Atmosphäre einer viel näheren Zeit – etwa 1840 oder
1850.[2] *Aus dem Hinweis auf Turgenjews ›Dunst‹ glaubt Hofmannsthal herauszu-*
35 *fühlen, daß Strauss für das neue Libretto vorschweben:* Einfachheit und das stark
Lyrische der Situationen.[3] *Die von Strauss benutzte Formulierung »in Depeschen-*

---

[1] *An Burckhardt am 24.8.1924 (BW S. 158).*
[2] *An Strauss am 1.7.1927.*
[3] *An Strauss am 6.7.1927.*

*stil« schließlich behält für Hofmannsthal längere Zeit suggestive Wirkung und kehrt
in seinen Briefen bald als in* Telegrammstil *bald als im* Telegraphenstil *wieder.[1]
Ein von Strauss am 12. Juli mitgeteilter Einfall, eine autobiographische Thematik
aus der Musikerwelt mit »einem schönen kulturhistorischen Milieu« zu wählen,
wird – was das Autobiographische angeht – vom Dichter als abwegig zurückgewiesen* 5
*und – was das »kulturhistorische Milieu« betrifft – noch einmal Anlaß, Strauss
gegenüber die Schwierigkeiten darzulegen, ein solches Milieu als Ganzes, als* histo-
risch-überhistorisches *– wie Hofmannsthal sich mit Blick auf den* Turm *aus-
drückt – zu imaginieren.[2]
    Am 20. September schreibt Strauss: »Ich lese, daß Sie ein ›Wiener Volkstheater‹* 10
*in der Arbeit haben! Wäre dies nicht auch mal ein Operntext oder ein Singspiel mit
Musik (und Kasperltheater), oder auch gesprochenes Volksstück mit musikalischen
Einlagen à la Molière?« Wo Strauss von dem Volkstheater-Plan gelesen hat, ist
bislang nicht nachzuweisen. Es dürfte sich bei dem erwähnten »Wiener Volkstheater«
um den* Xenodoxus *handeln, in dem Hofmannsthal die Figur des Kasperl hat auf-* 15
*treten lassen wollen. (Andeutungen dieser Art stehen bereits in Paul Stefans Ver-
öffentlichung ›Gespräch mit Hugo von Hofmannsthal‹ in der ›Literarischen Welt‹
vom 26. Februar 1926.) An den* Fiaker als Graf *zu denken, verbietet Hofmannsthals Brief vom 29. September, der auf die drängende Aufforderung von Strauss am
20. desselben Monats »...jetzt habe ich nichts mehr zu arbeiten: total abgebrannt!* 20
*Also bitte: dichten Sie! Es darf sogar ein ›zweiter Rosenkavalier‹ sein, wenn Ihnen
nichts Besseres einfällt« wieder noch ganz vage von produktiver Stimmung, von dem
guten Lustspielmotiv des ›Zwischengatten‹ und von Hofmannsthals Anfrage bei
Richard Beer-Hofmann nach einem Libretto für Strauss handelt.
    Nach seinem eigenen Zeugnis vom 1. Oktober hat Hofmannsthal erst am 30.* 25
September den Fiaker als Graf *für das erbetene Libretto in Erwägung gezogen:*
Ich habe vor zwei Jahren mich mit einem Lustspiel beschäftigt, Notizen
gemacht, ein Szenar entworfen, und dann die Arbeit wieder weggelegt. Es
hieß: ›Der Fiaker als Graf‹. (Bitte behalten Sie den Namen für sich.) Es
war ein recht reizvoller Stoff, aber er langte mir schließlich nicht ganz für 30
das Kostüm der Gegenwart. Die Verhältnisse darin waren noch in meiner
Jugend völlig wahr (solange der Hof und die Aristokratie in Wien alles
waren) – heute müßte man es zurückverlegen – ich dachte an 1880, aber
man könnte auch sogar 1860 – ich überlegte hin und her ... Gestern abend
fiel mir ein, daß sich das Lustspiel vielleicht für Musik machen ließe, mit 35
einem leichten Text, in der Hauptsache im Telegraphenstil. Der erste Akt,
soweit ich ihn im Gedächtnis habe – wird gehen; der zweite wird sich besonders eignen: er spielt in einem Ball-Lokal und bietet reizende Möglichkeiten. ... Gestern nun fiel mir zum ersten Mal plötzlich ein, daß das Ganze
wirklich einen Hauch vom ›Rosenkavalier‹ in sich hat, eine sehr reizende 40

---

[1] *An Strauss am 16.7., 17.7., 29.9., 1.10.1927.*
[2] *An Strauss am 16.7.1927.*

Frauenfigur in der Mitte, rund um sie meist junge Männer, auch etliche
Episoden – keinerlei äußere Verwandtschaft oder Ähnlichkeit mit dem
›Rosenkavalier‹, aber eine innere Verwandtschaft. Aber – ich kann Ihnen
unmöglich vor dem Jänner etwas davon geben oder auch nur erzählen. Ich
5 muß mir einmal die irgendwo in Rodaun vergrabenen Notizen kommen
lassen und dann in mir das Szenarium für eine leichte Oper (im Stil des
›Rosenkavalier‹ aber noch leichter, noch französischer, wenn ich mich so
ausdrücken darf – noch ferner von Wagner) ausbilden.

3

10 *Nach der Rückkehr aus Aussee hat Hofmannsthal Ende Oktober 1927 gemäß*
der Datierung des unten auf S. 199 beschriebenen Konvolutumschlags Spieloper. (Ende
October 1927) Vor der Abreise Berlin *und nach der Datierung von N 4 mit*
Notizen zu dem neuen Libretto-Plan begonnen.
    Nach dem Aufenthalt in Berlin Anfang November zu Besprechungen mit Max
15 *Reinhardt hat Hofmannsthal – zunächst zusammen mit Rudolf Alexander*
Schröder, der in ähnlicher Weise schon am Entwurf des Librettos Die Frau ohne
Schatten *mitgewirkt hatte – die Schematisierung des Werks angefangen. Von dieser*
gemeinsamen Arbeit zeugen ausdrücklich der erwähnte Konvolutumschlag sowie N 5
mit der offensichtlich als Titel des Werks gedachten Überschrift Der Fiakerball.
20 *Ihr dürften aber gleichfalls die vom 11. Nobember stammenden Notizen N 70 und*
N 98 zum zweiten bzw. dritten Akt zuzurechnen sein.
    Der Wandel der Personenverzeichnisse von N 1 zu N 2, der Inhalt der Notizen
N 4, N 70 und N 98 zeigen, wie überraschend schnell jetzt nach dem langen Zögern, das
aus dem Briefwechsel zwischen Hofmannsthal und Strauss vor Oktober 1927 zu
25 *erkennen ist, der e n t s c h e i d e n d e S c h r i t t z u r K o n z e p t i o n d e r* Arabella *vollzogen*
worden ist, der in der Z u s a m m e n f ü g u n g v o n M o t i v e n a u s d e m Fiaker als
Graf *und* Lucidor *besteht.*
    An Strauss geht am 13. November die Nachricht über das erreichte Ergebnis:
Ich habe, trotzdem ich g a n z in einer neuen dramatischen Arbeit bin,[1] mir
30 die Notizen zum ›Fiaker als Graf‹ kommen lassen und nicht nur diese,
sondern auch die Entwürfe zu mehreren anderen Lustspielen. Der ›F. a. G.‹
war ganz als ein Konversationsstück angelegt – die Handlung, soweit man
überhaupt von einer Handlung reden konnte, war zu fadenscheinig für eine
Oper, aber ich habe einige Elemente dieser Fiakerwelt mit Motiven aus
35 einem anderen unausgeführten Lustspiel verbinden können und hoffe
(noch kann ich mich täuschen, aber ich hoffe!) das Szenarium einer dreiaktigen Spieloper, ja fast Operette (ich würde auch den ›Rosenkavalier‹

---

[1] *Gemeint ist der Entwurf* Die Kinder des Hauses, *ein* Chinesisches Trauerspiel; *vgl.*
die Beschreibung von N 18.

eine Operette nennen!) gefunden zu haben, das an Lustigkeit dem der
›Fledermaus‹ nichts nachgibt – und dem ›Rosenkavalier‹ verwandt ist,
ohne jede Selbstnachahmung, und 5 bis 6 sehr lebendige Rollen und vor
allem einen sehr starken, bewegten zweiten und einen keineswegs abfallen-
den dritten Akt enthält. *Eine Woche später heißt es:* Die Figuren der neuen
Musikkomödie tanzen mir fast zudringlich vor der Nase herum, *und derselbe*
Brief beschreibt den Kontrast der Charaktere der beiden Mädchen durch die Analogie
Carmen-Micaëla, den Liebhaber als eine Figur aus einer halb-fremden Welt
(Kroatien) halb ein Buffo, und dabei ein großartiger Kerl, tiefer Gefühle
fähig, wild und sanft – fast dämonisch.

Wichtige Notizen gehören in die Zeit zwischen diesen beiden Briefen Hofmanns-
thals: N 6 mit Einzelheiten zur Figur des Kroaten Mandryka; N 7, N 8 und N 9 mit
Arabellas Begegnung mit den drei Grafen und dem erst in der Neufassung des
ersten Akts von 1929 ausgeführten Motiv der Kartenaufschlägerin, N 15, N 71,
N 73, N 81, N 82, N 99. Weitere Notizen wie N 10, N 11, N 12, N 14,
N 16, N 17, N 72, N 74, N 75, N 76, N 77, N 78, N 79, N 80, N 100
lassen sich – auch wenn sie keine Datierung tragen – aus verschiedenen inhaltlichen
Gründen in dieselbe Zeit datieren. Solche Gründe sind etwa das Auftauchen des
noch aus dem Fiaker als Graf *stammenden Namens Nazi, das Schwanken bei den*
Namen[1] der drei Grafen, die Bezeichnung Matteos als Manuel in N 16 oder die
Tatsache, daß es sich um Exzerpte aus Paul Eisners Sammlung slawischer Volks-
lieder handelt, aus der die Lieder stammen, die Hofmannsthal für die Rolle Man-
drykas vorgemerkt hat.[2] Am 25. November hatte er an Eisner geschrieben: ich
habe in diesen stillen Arbeitsmonaten sehr viel in Ihren ›slawischen Volksliedern‹ gelesen und mit unendlichem Genuß.

Die Weiterarbeit im November und Dezember 1927 bezeugen Notizen wie
N 18, N 19, N 83 und die Handlungseinteilungen wie N 20, N 21 und
N 28. Vom 12. und 14. Dezember datierte Notizen (N 33, N 35) erreichen
fast schon den Charakter erster Entwurfsniederschriften. In I/1H¹ finden sich
Datierungen vom 15. und 16. Dezember – Hofmannsthal hat also diese erste
kohärente Niederschrift des ersten Akts bereits begonnen, bevor er – nach dem
Zeugnis von Strauss' Brief vom 18. Dezember – diesem am 16. Dezember den Stoff
erzählt hat. Nach dem Brief zu urteilen, muß Hofmannsthal auch davon gesprochen
haben, daß ihm die Struktur des Ganzen noch Sorge mache. Strauss äußert Bedenken,
dem Stück fehle die – der Marschallin im Rosenkavalier *entsprechende – inter-*
essante Frauengestalt, fürchtet, der Kroate werde »keine hundert Leute ins Theater«
locken, und empfiehlt – zumindest für die exponierenden Szenen – die lockere Form

---

[1] *Bemerkenswert ist, daß seit N 3 und N 5 bei dem Namen Zdenko/Zdenka kein Schwanken*
mehr vorkommt. Rockwell erklärt den Namen Zdenka a.a.O. (S. 167, 26) überzeugend
damit, daß das anlautende Z als letzter Buchstabe des Alphabets in polarem Gegensatz
zu dem anlautenden A des Namens Arabella zu verstehen sei und daß durch diese Kon-
trastierung die Polarität in den Charakteren der beiden Mädchen symbolisiert werde.
[2] *Einzelheiten dazu im Abschnitt Quellen. S. 190ff.*

gereihter Bilder. Wenig später scheint Strauss sich mit der Gestalt Mandrykas ange-
freundet zu haben: teilt er Hofmannsthal doch am 21. Dezember mit: »Ich habe
hier aus der Hofbibliothek vier schöne Bände südslawischer Volkslieder und Tänze,
aus denen nicht nur ein Riesenballett für unseren II. Akt zusammenzuzimmern ist,
5 *sondern sich auch die schönsten Lieder für unseren Kroater ergeben können . . .«*
Hofmannsthal, der indessen – wie die Datierungen vom 17., 19. und 20. Dezember
zeigen – die Niederschrift I|1H¹ zügig fortgesetzt hat, beantwortet beide Briefe
am 22. Dezember: Er beruhigt Strauss, daß Arabella, nicht Mandryka die
Hauptfigur sei, wie denn auch das erste Paket Notizen *als vorläufigen Titel bereits*
10 *die* Aufschrift Arabella oder der Fiakerball *trage. Er charakterisiert Arabella*
als ein junges Mädchen, aber ein ganz reifes, wissendes, ihrer Kräfte und
Gefahren bewußtes junges Mädchen, durchaus Herrin der Situation, also
eigentlich soviel wie eine ganz junge Frau, und eine durchaus moderne
Figur. *Er umreißt die Funktion Mandrykas so:* wie der Ochs ist dieser Man-
15 dryka die Figur, die durch ihr Hereinkommen, ihr Ankommen vom Land
in eine fremde Welt, die Handlung in Bewegung bringt. *Er skizziert die*
Stellung der beiden Schwestern zueinander, ferner die Rollen der Liebhaber, unter
denen Matteo *gar keine kleine, sondern eine sehr hübsche richtige Liebhaber-*
figur sei. Adelaide in ernste Liebesszenen mit Resignation zu verstricken,
20 eine falsche halbe Marschallin aus ihr zu machen, *lehnt Hofmannsthal – Strauss'*
Vorschlag vom 18. Dezember zurückweisend – ebenso ab wie die filmische Form der
lockeren Bilderreihung statt der strengen dreiaktigen. Auf den Brief vom 21. Dezem-
ber eingehend, schreibt er über Mandryka: Auch will ich ihn tatsächlich hier
und da einmal eine Zeile oder eine halbe Strophe eines seiner heimatlichen
25 Volkslieder anstimmen lassen und habe mir dazu schon mehr als genug
solcher Stellen aus einer großen Sammlung slawischer Volkslieder vorgemerkt. Ich kann Ihnen aber diese Stellen heute noch nicht ausliefern, so
gern ich möchte, denn ich kann absolut nicht wissen, wie viele derselben
und welche ich auf unauffällige Weise einfügen kann, hier muß der höchste
30 Takt walten; es wäre furchtbar, wenn diese Figur ein Automat für kroatische Volksweisen würde. *Den Gedanken an ein südslawisches »Riesenballett«*
verwirft Hofmannsthal: Hier darf ich keinen Spaß verstehen, denn hier geht's
gerade ums Entscheidende, um das, daß alles richtig ist, richtiges Wien
von 1860, genau wie der ›Rosenkavalier‹ einen Teil seiner Wirkung daraus
35 zieht, daß alles richtiges Wien von 1740 ist. Also wir sind auf dem Wiener
Fiakerball, und da kann ebensowenig ein kroatischer Tanz vorkommen als
ein persischer oder indischer. *Die den Brief abschließenden Sätze über Handlung*
und Ballatmosphäre im zweiten Akt zeigen, wie weit – noch vor der Beendigung der
Niederschrift von I|1H¹ – die Umrisse des zweiten Akts festliegen.
40 *Die späteste Datierung, die in I|1H¹ zu finden ist, stammt vom 23. Dezember*
1927. Vermutlich ist die Niederschrift an diesem Tag beendet worden. Ein Brief
Hofmannsthals vom 25. Dezember resümiert noch einmal, welche verschiedenen
Motive und Einfälle zur Konzeption der Arabella *zusammenkommen mußten, hebt*

hervor, daß das Hauptmotiv aus Lucidor – *das Rendezvous der jüngeren Schwester mit dem Liebhaber der älteren* – *nunmehr vor allem die Funktion eines* Spannungsmotivs *über die Akte hinweg erhalten habe, und beschreibt das gute Gefühl in den letzten zehn Tagen, in denen* ich den ersten Akt organisierte, aufs genaueste – der viel Bewegung enthält, Lustiges und Sentimentales (das Sentimentale   5 habe ich, nicht ohne einige Geschicklichkeit, an den Schluß konzentriert) und der wirklich exponiert, d. h. auf Kommendes hinspannt, alle Figuren zeigt, und mir der beste erste Akt erscheint, den ich je gemacht habe.

Mit Abschluß der Niederschrift I/1H¹, die sehr starke Varianz aufweist, ist der erste Akt im wesentlichen fertig. Gegenüber der jeweils letzten Stufe der Varianz   10 *in I/1H¹ weist die Reinschrift I/2H² nur noch vergleichsweise wenige Abweichungen und auch nur geringe Binnenvarianz auf. Dasselbe gilt erst recht für die Varianz der nach der Reinschrift gefertigten Typoskripte I/3tH¹ und I/4tH². Bemerkungen in den Briefen an Strauss vom Frühjahr 1928 (7. Januar, 17. und 30. April), in denen von der weiteren Arbeit am ersten Akt die Rede ist, sind also nur auf die*   15 *Anfertigung der Reinschrift und die Änderungen an den Typoskripten zu beziehen, bei denen es sich vor allem um die Striche handelt, auf die Hofmannsthal Strauss bei der Übersendung von I/4tH² am 2. Mai hinweist und von deren Öffnung er abrät. Da die Reinschrift und die Typoskripte keine Datierungen enthalten, läßt sich, was ihre Entstehungszeit angeht, nur soviel schließen – und auch die eben erwähnten Brief-*   20 *zeugnisse legen dies nahe –, daß sie teils im Januar, teils Ende März, zum größten Teil aber im April 1928 entstanden sein dürften, weil Hofmannsthal in den Monaten Februar und März auf Reisen nach Heidelberg, Leipzig, Berlin, Neubeuern und München gewesen ist. Strauss hat das Typoskript des ersten Akts am 3. Mai erhalten und sich noch am selben Tag bei im ganzen positiven Urteil kritisch über den*   25 *Aktschluß geäußert, für den er sich eine lyrische Soloszene der Arabella wünscht. Außerdem bittet Strauss um Übersichten über die Handlungen des zweiten und dritten Akts.*

4

Unmittelbar nach der Fertigstellung von I/1H¹ beginnt Hofmannsthal mit der   30 *Ausarbeitung des zweiten Akts. Das Szenar N 89 zu dessen erster Hälfte, datiert vom 25. Dezember 1927; die Entwurfsniederschrift II/1H¹ trägt auf dem ersten Blatt die Datierung 26/27 XII. Diese Handschrift enthält noch nicht den Anfang des zweiten Akts mit der dem Verlobungsgespräch vorangehenden Szene Waldner-Mandryka. An dieser Handschrift hat Hofmannsthal im Frühjahr*   35 *1928 weitergeschrieben, wie zwei Datierungen vom 22. und 23. April zeigen (diejenige vom 22. April befindet sich auf einem Blatt, das im Oktober 1928 in II/2H² eingelegt worden ist). Möglicherweise bezieht sich Hofmannsthals briefliche Mitteilung an Strauss vom 4. April* Ich beschäftige mich unausgesetzt, teils in Gedanken, teils auf dem Papier, mit der Komödie *auf die Arbeit an II/1H¹.*   40

II/1H[1] enthält den zweiten Akt nur bis zur Schlüsselszene auf dem Ball, in ihr fehlen ferner die Dialogtexte von Adelaide, Mandryka und Waldner für den Abschnitt S. 39, 35–43, 23 im Textteil.

Zur Unterbrechung der Ausführung des zweiten Akts hat Hofmannsthal die
5 *immer heftiger vorgetragene Kritik an der dramaturgischen Fügung des ersten Akts veranlaßt, die Strauss in seinen Briefen vom 6., 9. und 13. Mai 1928 geübt hat. Sie richtet sich besonders gegen die Architektur des Schlusses nach dem Abgang Mandrykas; Strauss fordert für diese Stelle einen starken lyrischen Einschnitt, etwa ein Quintett Waldner-Adelaide-Arabella-Zdenka-Matteo, dann eine Szene*
10 *Zdenka-Matteo und zum Abschluß – hier wiederholt Strauss seine erste Kritik vom 3. Mai – eine Arie der Arabella. Ein Konzentrat der Einwände enthält der Brief vom 9. Mai:»Der Fehler liegt darin, daß der Aufbau nicht einheitlich genug, die verschiedenen wichtigen Motive zu zersplittert und oft nur so en passant eingestreut sind und einer geschlossenen musikalischen Linie schwere Hindernisse*
15 *bereiten. So halte ich es nicht für gut, daß Zdenka und Matteo drei Szenen eingeräumt sind, statt alles, was sie sich zu sagen haben, in zwei längeren Szenen abzumachen. Daß zum Beispiel das Motiv, warum Zdenko Mädchen werden soll, daß sie ›etwas Gefährliches‹ hat, so verstreut und gleichsam nebenbei behandelt wird . . . Für das gesprochene Lustspiel wäre die jetzige Form sicher genügend, für die Oper,*
20 *wo sowieso so viel Text verlorengeht, ist die Linienführung zu hart.« Am 13. Mai moniert Strauss noch, daß der Akt »in einigen stark prosaischen Redensarten nicht ganz auf der Höhe Hofmannsthalscher Diktion« sei. Zwischen dem 21. und 28. Mai[1] haben sich Strauss und Hofmannsthal in Rodaun über die Mängel des Akts besprochen. Wohl eine Notiz über die Ergebnisse dieses Gesprächs ist N 36.[2]*
25 *Aufgrund des Gesprächs bittet Hofmannsthal Strauss am 21. Juni in einem Brief aus Leopoldskron um die Streichung der mittleren Begegnung Matteo-Zdenka und kündigt die Umarbeitung des Aktschlusses an. Weiterreichende Änderungen am ersten Akt möchte er dagegen nicht vornehmen, fordert Strauss aber noch auf, ihm ein paar Stellen aufzuschreiben, die er für* vernachlässigt im Ausdruck *halte.*
30 *Am 24. Juni wendet Strauss seine Kritik, die bisher vor allem dem zersplitterten Aufbau des Akts gegolten hatte, gegen die Gestaltung der Figur Arabella:»Vor allem ist Arabella bis jetzt noch durchaus keine – Rolle!« Auch wünscht er möglichst bald den zweiten Akt oder »deutliche Entwürfe der beiden letzten Akte«, um das Ganze besser überblicken zu können. Hofmannsthal schreibt dazu am 27. Juni:*
35 Ich muß also besonders auf die Arabella als Gestalt, als Rolle aufpassen. Zdenka ist eine gute Rolle, der Tenorino auch, Waldner und Adelaide sind gute, scharfumrissene, lustige Figuren, und Mandryka mit seinen slawischen Balladen, Tanzliedern und Volksliedern wird eine neuartige und s e h r s t a r k e Rolle – also Arabella! Das ist ja zwischen uns ausgemacht,
40 daß sie den Schluß von Akt I bekommt. *Derselbe Brief enthält über den*

---

[1] *Vgl. den Brief von Strauss vom 3. 5. und den Hofmannsthals vom 21. 6.*
[2] *Vgl. Hofmannsthals Brief an Strauss vom 21. 6. 1928.*

Expositionscharakter des ersten Akts die folgende Bemerkung: In I habe ich immer, schon beim ersten Konzipieren, diesmal einen Expositionsakt gesehen, ganz entgegengesetzt zum ›Rosenkavalier‹, wo Akt I eigentlich ein Stück für sich ist ... *Wie eine Notiz zu diesen Bemerkungen mutet eine bisher unveröffentlichte und außerordentlich sorgfältig geschriebene* Anmerkung *an, die* 5 *bei den Zeugnissen S. 300 wiedergegeben ist. Außerdem teilt Hofmannsthal seine Absicht, den Akt Max Reinhardt vorzulesen, sowie den Beginn der Skizzierung des neuen Aktschlusses mit. Dazu stimmt das Datum auf dem ersten Blatt von I/5H³. Schließlich wiederholt Hofmannsthal seine Bitte um Hinweise auf im Ausdruck vernachlässigte Stellen.* 10

Hofmannsthal hat wohl Anfang Juli – vielleicht trotz anders lautender Erklärungen an Strauss aus einer gewissen Unsicherheit gegenüber dem bisherigen Konzept – verschiedenen Personen, auf deren Sinn für dramatischen Aufbau *er sich* verlassen *könne,*[1] *den ersten Akt vorgelesen und den geplanten Handlungsverlauf des zweiten und dritten Akts erzählt, darunter Max Mell und Franz Werfel. Werfel* 15 *hat Hofmannsthal am 7. Juli einen begeisterten Brief geschrieben (s. S. 300 f.), der von allen einmütig beifälligen Reaktionen trotz seines Überschwangs noch nicht einmal der allerlebhafteste Ausdruck gewesen sei.*[2] *Hofmannsthal hat den Brief Werfels am 13. Juli an Strauss weitergeleitet. Zugleich kündigt er – nach einer Einleitung, die die eben erwähnte Unsicherheit des Dichters zu belegen scheint – für* 20 morgen oder übermorgen den völlig umgearbeiteten Schluß des ersten Aktes (die Gestalt der Arabella leuchtend herausgearbeitet, ein Ruhepunkt, Ensemble, alles nach Ihren so begründeten Wünschen) und die Handlung von II und III genau und deutlich aufgeschrieben *an. Er charakterisiert noch einmal* die Atmosphäre der ›Arabella‹ *im Vergleich zu der des* Rosenkavalier 25 *als* unserer Zeit schon sehr nahe, ... gewöhnlicher, natürlicher ordinärer. Den drei leichtfertig nach Frauen und Mädchen jagenden Grafen, dem ganzen zweifelhaften Milieu dieses kassierten Rittmeisters Waldner haftet etwas Ordinäres an, ein etwas ordinäres und gefährliches Wien umgibt diese Figuren – von diesem Grunde hebt sich die selbstverantwortliche 30 mutige Arabella und die rührend haltlose Zdenka ab – vor allem aber ist dieses vergnügungssüchtig-frivole, schuldenmachende Wien die Folie für Mandryka – ihn umgibt die Reinheit seiner Dörfer, seiner nie von der Axt berührten Eichenwälder, seiner alten Volkslieder – hier tritt die W e i t e des großen halb-slawischen Österreich herein in eine Wienerische Komödie 35 und läßt eine ganz andere Luft einströmen ... Die kleinen Sprachseltsamkeiten in den Reden des Mandryka ... sind natürlich charakterisierende Absicht!

Nach dem Zeugnis seines Briefes vom 20. Juli hat Strauss den umgearbeiteten Schluß des ersten Akts und die erbetenen Handlungsübersichten über den zweiten und 40

---

[1] *Brief an Strauss vom 13. 7. 1928.*
[2] *Brief an Strauss vom 26. 7. 1928.*

den dritten Akt am 18. Juli empfangen. Es handelt sich bei den ihm zugeschickten Materialien um das Typoskript I/8tH⁴, in das Hofmannsthal noch nach dem Typieren einige Varianten eingetragen hat, sowie um den Text von N 92 und N 109. (Von N 92 und N 109 haben sich die übersandten Typoskripte – und mit Sicherheit
5 *hat Hofmannsthal Typoskripte an Strauss geschickt – bisher nicht nachweisen lassen, sondern von N 92 nur Hofmannsthals eigenes typiertes Exemplar und von N 109 nur seine handschriftliche Ausarbeitung.) Zu der Sendung hat außerdem N 38 gehört, eine für Strauss angefertigte Übersicht über die vor dem Einsatz des neuen Schlusses vorzunehmenden Änderungen, die Strauss in seinem Handexemplar I/4tH² aus-*
10 *geführt hat. Strauss hat den umgearbeiteten Schluß in seinem Brief vom 20. Juli begrüßt, trägt aber nun erneut Einwände gegen die bisherige Gestaltung der Arabella vor. Er findet den Entschluß Arabellas, den Bauunternehmer zu heiraten, »begreif-lich, aber . . . wenig interessant« und ihre »plötzlich auftretende Leidenschaft für Mandryka« nicht ausreichend motiviert, »weil dieser unter allen Umständen ein besse-*
15 *rer Tausch gegen den Bauunternehmer ist.« Er schlägt daher, um ihrer Neigung zu Mandryka ein Motiv »von sittlicher Bedeutung« zu geben, Hofmannsthal vor, »daß sie den Matteo wirklich liebt und bereit gewesen wäre, ihn zu heiraten, wenn er nicht ein armer Teufel wäre . . . Es müßte also gleich in den Anfang des ersten Aktes eine entscheidende Aussprache zwischen Arabella und Matteo, worin sie ihm ihre Liebe*
20 *erklärt, aber zugleich bedeutet, daß er endgültig auf ihre Hand verzichten müsse, weil sie sich verpflichtet fühlt, durch eine reiche Heirat ihre Familie zu retten.« Diese Aussprache solle überdies so geführt werden, »daß er sich schließlich die Hoffnung suggeriert, sie könnte doch, als Abschluß ihrer Mädchenzeit, ebenso wie sie mit den drei Grafen noch einen vergnügten Abend*
25 *durchtanzt, auch ihm noch das einmalige Rendezvous gewähren, das ihre Schwester endlich für sie genießt.«*

Die motivierende Wirkung dieses Vorschlags für die Arabella-Matteo-Szene zu Anfang des dritten Aufzugs hebt Strauss noch einmal in seinem nächsten Brief vom 23. Juli hervor, der sich sonst überwiegend mit den beiden Handlungsübersichten
30 *befaßt. Außer der Kritik an der Zeremonie mit dem Glas Wasser und an der Figur des geigenden Zigeuners am Schluß des dritten Akts bringt dieser Brief einen Einfall, der für den Aufbau des zweiten Akts ganz wesentlich geworden ist: daß nämlich Mandryka Zdenka und Matteo bei der Schlüsselübergabe auf dem Ball zuhört und sich – »in seinem reinen Glauben an Arabella erschüttert« – in den Flirt mit der*
35 *Fiakermilli stürzt. Hofmannsthals handschriftliche Eintragung in seinem Typo-skript von N 92¹ Mandryka, horchend . . . ist vielleicht durch diesen Brief von Strauss veranlaßt worden, wenn sich auch im weiteren Text dieser Eintragung* bereit auszuhelfen *ein Motiv ankündigt, das Hofmannsthal erst im dritten Akt ver-wendet hat, wenn er Mandryka die vermeintliche Affäre durch Geld vertuschen*
40 *helfen will.² Als Konsequenz seines Vorschlags fordert Strauss, daß »das Motiv der*

---

¹ *Vgl. S. 275.*
² *Vgl. S. 58, 21–24.*

wirklichen Verlobung mit dem Trunk reinen Wassers (wenn Sie dieses etwas kindliche Symbol überhaupt beibehalten und nicht durch etwas Stärkeres ersetzen wollen)« im zweiten Akt »viel früher erwähnt werden« müsse. Anregungen hat Hofmannsthal aus dem Brief vom 23. Juli auch für den Flirt Dominiks mit Adelaide im zweiten Akt – eine erst im Mai 1929 gestrichene Episode – und für die Kon- 5 *stellation im dritten Akt empfangen, die Strauss so beschreibt: »Während nun im III. Akt in der Matteoszene Arabella ernstlich schuldig erscheint und doch total unschuldig ist, fühlt sich Mandryka als treuloser Schuldiger, wenn auch entschuldbar, da verführt durch Eifersucht ... So kommen in den III. Akt lauter mehr oder minder Schuldige oder Schuldbewußte, und nur die einzige, die wirklich kompro-* 10 *mittiert erscheint, steigt im III. Akt völlig rein aus dem ganzen Durcheinander empor ... Der brave Marlittheld Mandryka hat dann auch seinen Klaps aus der feschen Wiener Stadt bekommen, und die hübsche, brave Arabella ist wirklich die liebenswürdige Idealfigur geworden, und steigt dann nicht ohne eine letzte kleine Prüfung (wenn sie ihrem künftigen Herrn Gemahl schon in der Stunde der Verlobung* 15 *etwas verzeihen muß) ins provinzielle Ehebett.« Dieser wichtige Brief, für Hof-mannsthals weitere Arbeit von gleichsam katalysatorischer Wirkung, schließt zusammenfassend mit den Worten »Aber im II. Akt müssen Konflikte und Spannun-gen kommen, die jetzt vollkommen fehlen – das Ganze ist ein lyrisches Geplätscher –, damit im III. Akt eine wirkliche Explosion als befriedigende Lösung empfunden* 20 *wird« und mit der Einladung, die Einzelheiten nächstens einmal mündlich zu er-örtern. Diesem Brief läßt Strauss am 26. Juli einen weiteren folgen, in dem er noch einmal das Fehlen entscheidender Einfälle im bisherigen Konzept konstatiert, zugleich aber auch – bewußt, daß seine »brutalen Forderungen« dem Dichter »große Opfer« auferlegen – etwas beunruhigt um eine telegraphische Nachricht darüber* 25 *bittet, wie Hofmannsthal seinen letzten Brief aufgenommen habe. Außerdem ver-sucht er, möglichen Bedenken Hofmannsthals zu wehren, daß der zweite Akt durch seine Vorschläge zu lang werden könnte.*

Hofmannsthal nimmt den Vorschlag, das Verhältnis von Arabella zu Matteo durch die Abschiedsszene zu vertiefen, am 26. Juli mit um so größerer Befriedigung 30 *auf, als sie ihm erlaubt, ein altes, aber verworfenes Motiv aus einer ganz frühen Notiz (N 3) wieder aufzunehmen, in der* eben diese Führung angedeutet *ist. Er möchte die neue Szene Arabella-Matteo am Anfang des ersten Akts einfügen:* Durch diese Szene gewinnt auch die Szene mit den drei Grafen eine wehmütige Folie – Arabellas Koketterie mit Lamoral bekommt da- 35 durch eine kleine Nuance von Verbotenem, aus Verzweiflung hervor-gehendem. Den nunmehrigen Schluß des Aktes (die Briefszene) würde ich unberührt lassen ... – aber auch er gewinnt stärkeres Pathos dadurch, daß der aufgeopferte Liebhaber beim Schreiben di e s e s Briefes zugegen ist. *Er rechtfertigt noch einmal die – von Strauss noch immer[1] nicht ganz akzeptierte –* 40 *Atmosphäre des Entwurfs:* Ich verstehe genau, was Sie mit der Atmosphäre

---

[1] *Vgl. den Brief von Strauss vom 20. 7. 1928.*

meinen – die Ihnen ein wenig gegen den Strich ist. Aber ich bin nicht
Librettist der ›Fledermaus‹, sondern der des ›Rosenkavalier‹ – das heißt:
jenes gewisse Halb-Naive, Lumpige, das in dem französisch-angehauchten
Wienertum der ›Fledermaus‹ das Element des Ganzen ist – kann bei mir
immer nur Folie sein: und Arabella und Mandryka (der ja völlig als ein
Fremder in diese Atmosphäre tritt, und als ein wie besonderer und opern-
mäßiger Gast) – und ebenso Matteo und Zdenka – all dies Wirkliche, von
sehr ernstem Leben durchströmte, steht ja nur auf der Folie jenes anderen
Elementes.

Am 1. August teilt Hofmannsthal Strauss mit, daß die Szene Arabella-Matteo
schon genau ausgedacht *ist und schreibt* – *nachdem er Strauss zuvor schon in*
einem nicht erhaltenen Telegramm sein Einverständnis übermittelt hatte – *zu den*
neuen Gedanken und Anregungen des Komponisten: so sehe ich auch . . .,
daß Sie im Hauptpunkte recht haben, und daß der Handlung noch eine
Wendung abgewonnen werden muß – ich sehe dabei keine Gefahr, daß der
II. Akt überlang werde; und die Hauptszene des III. wird durch eine solche
Verwicklung noch wesentlich gewinnen. Das Wie wird die Sorge meiner
nächsten Tage sein, doch fehlt es nie an einem Weg, wenn das Ziel klar
erkannt ist. Nicht alles, aber manches, das Sie vorschlagen, deutet diesen
Weg schon an –, der Witz ist, die Figuren durch die neuen Verwicklungen
noch lebendiger, nirgends aber gröber werden zu lassen. *Zur Mandryka-*
Gestalt bemerkt Hofmannsthal: Das, was Sie ›marlittisch‹ nennen . . ., das
sehr Einfache im Kontur, märchenartig oder volksliedartig, ist mir bewußt
und ist gewiß gut – aber das hindert nicht, daß man auch dieser Figur mehr
Aktion geben kann. *Das von Strauss vorgeschlagene Treffen lehnt Hofmannsthal*
ab: wir kommen durch den Austausch von Briefen weiter als durch ein
Gespräch, *da* zwischen jedem empfangenen und abgesandten Brief die
Zeit *liege*, alles genau zu überlegen und aufs Wesentliche zu bringen. Ein
Mißverständnis aber, das in lebendiger Rede gelöst werden müßte, besteht
ja nicht.

Wenn Hofmannsthal in diesem Brief schreibt, die neue Szene Arabella-Matteo
sei schon genau ausgedacht, so heißt das vielleicht, daß die Entwurfshandschrift I|9 H5
bereits fertig gewesen ist. Ein in dem Brief noch erwähnter maschinenschriftlicher
Auszug, die sämtlichen relevanten Punkte *umfassend, ist nicht nachzuweisen;*
es muß sich dabei um Auszüge aus Strauss' Briefen zum zweiten und dritten Akt
gehandelt haben.

Von Hofmannsthals positiver Reaktion auf seine Vorschläge ermutigt, schleudert
Strauss – *wie er selbstironisch bemerkt* – *dem Dichter am 2. August* »aus dem unge-
wählten, mehr oder minder geschmackvollen ›Schatz‹« seiner »dramatischen Einfälle
auf gut Unglück noch einige unlautere Motive« *zu* – *Motive, die Hofmannsthal als*
nicht aus dem Stoff hervorgegangene im folgenden nicht aufgegriffen hat und am 5.
August mit diesem Vergleich abwehrt: Aber nicht zu viel neue Kombinationen,
sonst wirds wie ein übermöbliertes Zimmer! *Die Einfälle von Strauss sind*

gewesen: Mandryka vor der Hochzeit noch einen Fehltritt begehen zu lassen, damit
er an Harmlosigkeit verliere; im dritten Akt den Bauunternehmer »mit Ansprüchen
auf Arabella auftauchen« und Milli dem Mandryka nachlaufen zu lassen. Hof-
mannsthal reduziert diese Einfälle – was Mandryka angeht – auf sein Eifersüchtig-
werden und – was die Fiakermilli betrifft – auf die Funktion, dem zweiten Akt   5
Turbulenz zu geben: Also Ihr Vorschlag, durch ein Eifersüchtigwerden
Mandrykas diesen, und mit ihm Arabella, ganz anders ernsthaft, als im
bisherigen Verlauf, mit der gefährlichen Geschichte Matteo-Zdenka zu
verknüpfen, ist ganz ausgezeichnet – und der Nebengewinn, daß dadurch
Mandryka nicht gar so harmlos bleibt (sondern gelegentlich recht wild und   10
wüst wird, ohne aber sein Eigentliches zu verlieren, daß er ein nobler Kerl
und ein naiver Mensch ist), dieser Nebengewinn ist auch beträchtlich; der
Gedanke, daß im dritten Akt dann alle schuldvoller dastehen als die schwer
beschuldigte Arabella, springt schön und richtig aus dem Ganzen hervor,
und der Gewinn ist, in summa, sehr groß. Die Fiaker-Milli präsentiert sich   15
wie gerufen für diesen Teil der Handlung, und lassen Sie mich nur machen,
so wird sich der zweite Akt auf ein turbulentes Finale hinspielen, in dem
man vor dem Mandryka und vor einem bösen Ausgang ernstlich bange
wird, bis sich dann in dem großen Qui pro quo des III. Aktes alles, nach
schärfster Spannung, schön und freundlich löst. Im einzelnen nun, wie das   20
alles aus den gegebenen Figuren lebendig und natürlich herauszuholen ist,
in welcher Weise Adelaide und Waldner wirkungsvoll in diese Konflikte
einzubeziehen (ohne daß es zu so umständlichen Nebenerfindungen kommen müßte, wie ein Anbandeln der drei Grafen mit der Mutter;[1] einer
solchen Szene steht das Stigma: »Nebenszene« auf die Stirn gebrannt, und   25
sogleich sinkt die Teilnahme des Publikums) – für diese eigentlich dichteri-
sche Arbeit der Ausführung nun ... geben Sie mir freie Hand. *Ob sich die*
Gestalt des Bauunternehmers in den Plan der Handlung einfügen lasse, bezweifelt
Hofmannsthal aufgrund der dramaturgischen Erwägung, daß es im allgemeinen nicht
günstig, *sei,* im dritten Akt eine frische Figur zu zeigen. *Strauss' Kritik an*   30
dem geigenden Zigeuner zu Ende des dritten Aktes gibt Hofmannsthal nach, will
aber auf die Zeremonie mit der Überreichung des Glases nicht verzichten: Und ich
glaube nicht, daß ich für den stillen lyrischen Schluß von III etwas Schöneres
und dabei gleich Einfaches finden werde, weder in der Phantasie, noch beim

---

[1] *Dies Anbandeln – nicht der drei, sondern ausdrücklich eines der drei Grafen (und zwar*   35
nicht des von Arabella geküßten Lamoral) – mit Adelaide hatte Strauss am 23. Juli
vorgeschlagen. Hofmannsthal hat die Nebenerfindung *für den zweiten Akt (vgl. seinen*
Brief an Strauss vom 18. Oktober 1928) in II/2H², II/3H³ und II/4tH¹ – vielleicht,
weil Strauss am 8. August noch einmal davon schreibt – doch verwendet, die Stelle aber
dann wieder – nach dem Zeugnis seines Briefes an Strauss vom 7. Mai 1929 auch dies auf   40
Verlangen des Komponisten – mit Vergnügen gestrichen. Strauss selbst hat dann bei
der Komposition die Episode wiederum z. T. erhalten.

Durchblättern von slawischen Volksbräuchen. Denn es muß etwas sein, das im Dorf vorkommen kann und auf der Hotelstiege ungezwungen nachgemacht werden kann ... Natürlich könnte man an Stelle jeder Zeremonie den bis dahin aufgesparten Verlobungskuß setzen. Aber die einfache Zeremonie: das Entgegentragen des vollen Glases, die Stiege herab, hat eben ungeheuere mimische Vorteile. Einen Kuß kann sie ihm nicht entgegentragen, sondern nur einfach auf ihn zugehen und ihm den Kuß geben – im andern liegt die bräutlichste Gebärde in der schamhaftesten Form, und nachher kann der Kuß kommen – er bekommt dadurch etwas Feierliches, über die Realität Hinausgehobenes, und von diesem letzten Moment, nach soviel Rumor, verspreche ich mir viel.

Dieser Brief Hofmannsthals vom 5. August, der bereits große Sicherheit in der Linienführung für die beiden noch ausstehenden Akte erkennen läßt, enthält den Hinweis, er werde in den allernächsten Tagen die Szene zwischen Arabella und Matteo schreiben, damit der erste Akt komplett werde. Zwischen dem 5. und 11. August müssen I|10H⁶, die Reinschrift dieser Szene, und die von Hofmannsthal handschriftlich noch leicht variierten Typoskripte I|11tH⁵ und I|12tH⁶ fertig geworden sein. Am 11. August schickt er I|12tH⁶ an Strauss und bemerkt dazu: Ich glaube, daß die Gestalt der Arabella nun fest und bestimmt dasteht: gegenüber dieser schmerzlichen Szene ist nun der Flirt mit den drei Grafen im richtigen Licht und der Schluß, ihr gebetartiger Monolog beim Schreiben des Briefes, hat nun ein ganz anderes Gewicht. – Für die Szene in II, wo Zdenka den Brief mit dem Schlüssel überbringt, ist nun ein wichtiges mimisches Motiv gewonnen: Matteo muß den »letzten« Brief ersehnen, weil er noch einmal zärtliche Worte enthalten wird – und noch mehr ihn fürchten, weil es wahrscheinlich der endgültige Abschied sein wird. So weicht er vor Zdenko zurück, und dieser ist genötigt, ihm mit dem Brief in der Hand nachzugehen, ihm den Brief aufzudrängen. Diese Szene hat etwas so Auffälliges, daß Mandryka, der gewiß kein Horcher ist, durch die Sonderbarkeit des Vorganges unwillkürlich gereizt ist, näherzutreten und so die Worte hört: »Es ist der Schlüssel zu Arabellas Zimmer«. Ich hoffe, daß nun der Akt in Ordnung ist, möchte es aber sehr gerne von Ihnen hören.

Strauss hat die neue Szene – sofern die Briefdaten stimmen – noch am selben Tag in Garmisch in Händen und schreibt am 12. August: »Die gestern hier eingetroffene Szene Arabella-Matteo ist sehr gut! Vivant sequentes!« *Es scheint zunächst, als sei – nach dem sehr dichten Briefwechsel über die Änderungen im ersten Akt – dieser hiermit von Strauss und Hofmannsthal als abgeschlossen angesehen worden. Doch schon im Herbst, während der Arbeit am zweiten und dritten Akt, treten die alten Bedenken erneut und stärker wieder zutage.*

5

Strauss hatte, nachdem die Korrespondenz über die Arabella-Matteo-Szene und über die Handlungsübersichten immer wieder schon wichtige Einzelheiten des zweiten Akts berührt hatte, Hofmannsthal bereits am 8. August eine von N 92 in manchen Punkten abweichende Disposition geschickt. *Die entscheidende Abweichung in der Linienführung liegt im Verzicht auf die Chorszene zu Beginn des Akts und in der Verschiebung des Walzers in die Aktmitte. Strauss wünscht, so die Ähnlichkeit mit dem zweiten Akt der ›Fledermaus‹ zu mindern, und will mit dem »fort-laufenden Walzer« die Möglichkeit schaffen, in »immerwährendem« Hin- und Her-Auftreten und Verschwinden der verschiedenen Personen« die verschiedenen Konversationsszenen – »elegisch (Arabella und die drei Grafen), leidenschaftlich (Matteo und Zdenka), burlesk (Mandryka mit seinem Juden), rauschend (die Fiakermilli mit dem ganzen Ballensemble)« – unterzubringen und durch die Musik des Walzers die Gespräche in diesen Szenen zu charakterisieren. Auf die Anregun-gen, die Strauss für diese Disposition von den zweiten Akten von Lortzings ›Zar und Zimmermann‹ und Gounods ›Faust‹ empfangen hat, weist er Hofmannsthal hin. An Details ist aus diesem Brief noch hervorzuheben, daß Strauss sich mit der Zeremonie der Überreichung des Glases Wasser abgefunden und mit der Figur des galizischen Leibjuden angefreundet hat und ihm gern als Lauscher in der Szene Matteo-Zdenka eine etwas größere Rolle geben möchte; dagegen findet er das plötzliche Fortwollen Arabellas zu Beginn des Akts »ein bißchen trivial«.*

Hofmannsthal begrüßt die von Strauss skizzierte Linienführung, da sich aus ihr – wie er am 13. August schreibt – eine willkommene Dreiteilung des Akts ergebe: ein ruhiger, konventioneller, der bunte bewegte Mittelteil, in welchem der Walzer alles trägt, alles verbindet – dann der scharf kontrastierte Schlußteil – Sie können meiner Phantasie keine willkommenere Route weisen – und ich will in den mir günstigen Herbstmonaten alle Lust und Mühe daran wenden. *Was Jankel angeht, so glaubt Hofmannsthal für ihn im zweiten und dritten Akt* noch gute Verwendung *finden zu können, will aber dem Vorschlag, Jankel die Schlüsselübergabe belauschen zu lassen, nicht folgen, da er die* Ähnlichkeit mit den Intriganten und dem Herbeirufen des Ochs *im zweiten Akt des* Rosenkavalier *vermeiden möchte.*

Auf seine Äußerung, er wolle den zweiten Akt (von dem alles abhängt) nicht anfangen, bevor *er nicht sicher sei,* daß der erste, wie er nun ist, *Strauss* (als Expositionsakt) nichts Wesentliches zu wünschen übrig *lasse, scheint Strauss nicht reagiert zu haben. So nimmt Hofmannsthal nach dem Aufenthalt in Salzburg im September in Aussee die im April beiseite gelegte Arbeit am zweiten Akt wieder auf – vor sich die* letzten Briefe *von Strauss,* in der Hand das *von Strauss empfohlene* Textbuch von ›Zar und Zimmermann‹ – dem sich, trotz einiger Plattheit, doch manches ablernen *lasse, wie er am 14. September schreibt. Er hält Strauss' Disposition nach wie vor für ausgezeichnet, verspricht, Jankel im zweiten Akt hervortreten zu lassen und ist nur ohne Verständnis dafür, daß Strauss Arabellas Zögern zu Beginn des Akts befremdlich findet und trivial*

10

15

20

25

30

35

40

genannt hat: Jenes Stutzen der Arabella gerade beim Anblick von Mandryka –
die Angst, gerade mit diesem Menschen wieder eine Enttäuschung zu
erfahren – dieses ganze Motiv erscheint mir aus dieser Mädchennatur – die
schon auf einen gefährlichen Punkt gelangt ist – natürlich hervorzugehen,
und ich würde ungern darauf verzichten. *Aus der Zeit der Wiederaufnahme
der Arbeit am zweiten Akt stammen die datierten Notizen N 93 und N 94, die
noch durch ihre Überschrift die Anknüpfung an Strauss' »Disposition« zu erkennen geben.*

*Die Niederschrift von II/2H² dagegen, dem Entwurf der in II/1H¹ noch nicht
ausgeführten Partien wie Aktbeginn, Schluß des Verlobungsgesprächs, Ballkonver-
sation zwischen Mandryka, Adelaide und Waldner und Schlußteil des Akts, hat
Hofmannsthal erst nach der Rückkehr von der Münchener Premiere der* Aegyptischen Helena *am 8. Oktober begonnen. Das erste Blatt dieser Handschrift ist
datiert A‹ussee› 13 X 28. Weitere Datierungen vom 14., 15., 18. und 22. Oktober
zeigen, daß Hofmannsthal den Text sehr zügig ausgearbeitet hat. Freilich ist die
Handschrift noch reich an Varianz. Teile aus II/1H¹, so die Verabschiedung
der Grafen, werden noch einmal überarbeitet, ein vom 22. April 1928 datiertes
Blatt in dieser Handschrift aber zeigt eben durch seine Datierung, daß es aus II/1H¹
übernommen worden ist. Der zweite Akt gewinnt in diesen Oktobertagen diejenige
dreiteilige Gestalt, die Hofmannsthal aus Strauss' Disposition hergeleitet hat. Gespräche mit dem Komponisten anläßlich des Aufenthalts in München haben die von
Strauss empfangenen Anregungen vertieft, wie Hofmannsthals Brief vom 18. Oktober
zeigt. Aus ihm ist – in Übereinstimmung mit den erwähnten Datierungen in II/2H² –
auch zu entnehmen, daß Hofmannsthal zuerst den Schluß des Verlobungsgesprächs
und dann den Mittelteil des Akts konzipiert hat. In dem Mittelteil hat er nun doch,
Strauss' altem Vorschlag folgend, einen Flirt Adelaides mit Dominik untergebracht.*

*Den dritten Akt hat er in unmittelbarem Anschluß an die Fertigstellung von
II/2H² begonnen. In III/1H¹ findet sich die Datierung 29. Oktober auf zwei
Blättern. Das Ende der Niederschrift von III/1H¹ dürfte sich aber bis in die zweite
Novemberhälfte hingezogen haben. Man kann das aus Hofmannsthals Brief vom
16. November erschließen. Auch der dritte Akt ist – nachdem viel Vorarbeit in
der Korrespondenz schon getan war – recht zügig niedergeschrieben worden.[1]*

[1] *Nicht zweifelsfrei zu entscheiden ist die relative Chronologie von N 91 und N 95–97
im zweiten und N 101–108 im dritten Akt, sowohl im Verhältnis zueinander als auch
in Bezug auf die absolut datierten bzw. datierbaren Notizen wie N 92 und N 109. Da
N 92 – die Handlung des zweiten Akts – weithin im Stil eines Berichts abgefaßt ist,
liegt die Vermutung nahe, daß die Notizen N 95–N 97 als Gesprächsskizzen erst nach
N 92 und als Vorbereitung der Ausführung von II/2H² entstanden sind. N 109 – die
Handlung des dritten Akts – zeigt demgegenüber überwiegend bereits Gesprächstext,
so daß die Notizen N 101–108 mit einiger Wahrscheinlichkeit schon vor N 109 entstanden sein dürften. Jedoch sind – bei dem Versuch einer chronologischen Reihung der
Notizen – andere Anordnungen als die hier gebotene durchaus denkbar. Nur einige Beispiele für Unsicherheiten seien genannt: N 91 könnte wegen der Zitate aus Eisners*

6

Strauss hat am 1. November zunächst noch sehr vorsichtig die Kritik am ersten Akt erneuert: »die Figuren sind nicht interessant, alle ein bißchen altes Theater«, *schreibt er Hofmannsthal. Am 7. November wird er sehr viel deutlicher:* »die Figuren interessieren mich gar nicht: weder der Kroate, dieses reiche, edle Seitenstück zum armen, verlumpten Ochs, noch vor allem die Hauptperson Arabella, die in drei Akten auch nicht den geringsten seelischen Konflikt durchmacht. Denken Sie ganz nüchtern: im I. Akt verabschiedet sie kühl lächelnd einen Anbeter, den sie wegen Geldmangels doch nicht heiraten kann, flirtet zum letzten Male mit drei Grafen, die wiederum sie nicht heiraten würden, entschließt sich, einen Bauunternehmer zu heiraten, den wir nicht einmal kennen und der uns schon gar nicht interessiert — um dann sofort im II. Akt — ›auf den ersten Blick‹ — sich dem noch viel reicheren und immerhin präsentableren Mandryka zuzuwenden, womit die sog. Handlung eigentlich zu Ende wäre. Was dann noch kommt, ist eine ziemlich gewaltsame Verknüpfung mit einer Nebenhandlung (Zdenko-Matteo), die der eigentlich wirkliche Konflikt des Abends ist, indem die Schwester Zdenka die einzig halbwegs interessante Figur des Stückes ist. Die Eltern interessieren wenig, Mandryka mit seiner Gefolgschaft wird Ihnen nur als Umkehrung des Ochs mit seinen Trabanten angekreidet werden; die drei Grafen, der Fiakerball — II. Akt ›Fledermaus‹. Alles ist schwächer und konventioneller als im ›Rosenkavalier‹, wenn es Ihnen nicht noch gelingt, aus Arabella eine wirklich interessante Figur zu machen wie unsre Marschallin, die letzten Endes den ›Rosenkavalier‹ trägt — und sei es selbst, daß der III. Akt tragisch enden müßte — erschrecken Sie nicht! — ja, ja, vielleicht tragisch, in welcher Form sie wollen, ein einfacher Verzicht ihrer — oder seinerseits — so wie es heute ist, ist auch das Ende reichlich flach —, Matteo tröstet sich mit der Schwester, alle geben gerührt ihren Segen und finden gar nichts dabei, das Verhältnis Arabella-Mandryka wird nach ganz kurzer Trübung, an die auch im Publikum niemand glaubt, so wiederhergestellt, wie es schon zu Anfang des II. Aktes war — über diesen Mangel wird auch die schönste poetische Himbeer-Sauce, die Dichter und Musiker in das ›Glas Wasser‹ noch hineinschütten werden, nicht hinweghelfen ... vielleicht fällt Ihnen doch noch eine Steigerung des dramatischen Gehalts ein — es muß ja kein Lustspiel sein, besonders wenn es wie jetzt schon eigentlich gar nichts Komisches und Witziges enthält und alles eher nach der Tragikomödie zuneigt. Bitte erwägen Sie genau, ob der ganze Stoff (trotz Fiaker-*

Volkslieder-Sammlung mit einigem Recht noch den frühen Notizen zum zweiten Akt zugerechnet werden, dies auch wegen der erkennbaren Anknüpfung an N 89. Auch N 96 bringt ein Zitat aus Eisner und könnte früher eingeordnet werden. Bei N 108 und N 109 könnte man die umgekehrte Reihenfolge rechtfertigen, wenn man berücksichtigt, daß N 108 Scenar *überschrieben ist und daß Hofmannsthal die von ihm so genannten Szenarien — ihrem Charakter nach meist schon dialogisierte Partien enthaltende Schemata — im allgemeinen kurz vor der Entwurfsniederschrift anfertigt. Jedoch sind dies alles Erwägungen, die mit nicht weniger Ungewißheit belastet sind als die hier versuchte Anordnung der Notizen.*

ball) nicht eigentlich tragisch ist. Wie wärs, wenn der so temperamentvolle Mandryka in dem Moment, wo ihm Arabella als untreu vor Augen geführt wird, sich erschießt und Arabella dem Sterbenden das ›Glas Wasser‹ reicht?«

 Diese schärfste Abrechnung mit den Figuren des Stücks, eine Abrechnung, die
5 *sich keineswegs auf den ersten Akt beschränkt, sondern den Plan des Ganzen umzuwerfen droht, und in der sich Sinn für Theatralik und Hang zum Kitsch eigentümlich vermischen, hat Hofmannsthal erst am 15. November gelesen – als der dritte Akt schon weit gediehen war. Seine erste Reaktion am 16. November ist zurückhaltend:* Man muß die Sache ganz nüchtern anschauen; ich habe den
10 zweiten und (nahezu) den dritten mit v i e l e m Vergnügen gearbeitet und glaube, daß manches, ja das meiste von dem, was Sie mit den Worten andeuten: »es muß ja nicht lustig sein«, »es kann ja ans Tragisch-Komische herangehen« usf. darin realisiert ist, weil es eben im Stoff gelegen ist. Jetzt aber befassen Sie sich bitte in keiner Weise mehr mit dem ersten Akt, an
15 dem bestimmt manches geändert werden muß, so z.B. die Haltung der Arabella in der Begegnung mit Matteo, in der etwas Irreführendes liegt. Ich bin dann von Anfang Dezember an in Wien und warte auf Sie. Dann muß man die Akte II und III miteinander lesen, dann eine ganz nüchterne Entscheidung treffen. *Bemerkenswert ist, daß Hofmannsthal die eingefügte Abschieds-*
20 *szene Arabella-Matteo, der er noch im August so viel dramaturgischen Wert beigemessen hatte, als irreführend verwirft. Die Deutung des zweiten und dritten Akts als tragisch-komisch im Sinne von Strauss' Kritik mutet wie ein gewaltsamer Versuch der Rettung des schon Gearbeiteten an. Weniger verdeckend ist Hofmannsthals nächster Brief vom 19. November mit dem Eingeständnis, wie sehr ihn die Kritik von*
25 *Strauss bestürzt hat:* Ihr Brief, in diesem Moment empfangen, gerade in die Arbeit hinein, war wirklich etwas hart . . . Indem ich ihn aber noch einmal überlege, . . . so kommt mir doch der Gedanke, ob nicht vielleicht ganz ohne Ihren Willen . . . eine innere Ermüdung, ein Erkalten *eingetreten ist* – so daß Ihnen auf einmal meine ganze Palette, die Art, wie ich Figuren und was
30 für Figuren ich hinstelle, kurz meine – natürlich begrenzte – Eigenart, die Ihnen lange reizvoll und gewissermaßen komplementär war, auf einmal unschmackhaft und unanregend geworden wäre. Auch diesem Phänomen müßte man ganz nüchtern und ruhig ins Auge sehen und die Konsequenzen daraus ziehen – aber das freilich erst, wenn Sie die neue Arbeit als ein Gan-
35 zes kennen . . . *Für den Fall der weiteren Zusammenarbeit – auf die Hofmannsthal, durch ähnlich positive Urteile wie dasjenige Werfels von Jakob Wassermann und anderen ermutigt, durchaus hofft – deutet er einige der vorzunehmenden Änderungen an: Verzicht auf das Gefolge bei Mandrykas Auftritt und Ersatz durch einen Kammerdiener, um die Ähnlichkeit mit den »Trabanten« des Ochs zu vermeiden;*[1]

---

[1] *Hier – und ähnlich schon am 16. November – weist Hofmannsthal die von Strauss mehrfach vertretene Auffassung zurück, Mandryka sei eine Kopie des Ochs, und begründet dies mit dem völlig verschiedenen Charakter der beiden Buffo-Figuren.*

Ergänzung des Auftritts der drei Grafen durch ein kleines Zeremoniell, eine Art
kurzer Entrée de ballet, *um der Szene mehr Glanz zu geben; stärkere Konturie-
rung der Gestalt eines der drei Grafen im ersten und zweiten Akt – allerdings unter
Beibehaltung der Dreizahl, denn* nur so kann versinnbildlicht werden, daß sich
Arabella dem »Flirt« im allgemeinen, ohne ernste Konsequenzen, ergeben   5
hat ... Noch andere Veränderungen halte ich für möglich, doch ist die
Voraussetzung der Lust und des Schwunges dazu, daß sich Ihr positives
Verhältnis zum Ganzen – das ja von Ihrem guten Willen v ö l l i g u n a b h ä n-
g i g ist – einstellt und kundgibt.
      Am 21. November versichert Strauss: »Es wäre mir leid, wenn meine Kritik   10
*Ihnen die Freude an der schönen Arbeit verdürbe! Das soll sie beileibe nicht. Aber ich
meine eben, ich m u ß Ihnen alles schreiben, was mir durch den Kopf geht. Aber da ich
eben den II. und III. Akt nicht kenne, kommt mir bis jetzt die Figur der Arabella
noch etwas blaß und konfliktlos vor und mehr wie eine Novellen- anstatt Theater-
figur! Aber wie gesagt: ich warte – hoffnungsvoll, und was Sie sonst befürchten,*   15
davon spüre ich noch nichts.«
      *Im Hinblick auf die für Ende Dezember geplante gemeinsame Lesung des zweiten
und dritten Akts hat Hofmannsthal nach der Fertigstellung des dritten Akts die*
Spieloper *zunächst* liegen lassen, *wie er am 24. Dezember mitteilt,* aber ver-
schiedentlich darüber nachgedacht. Wenn man über II und III einig wäre,   20
könnte man daran denken, an I noch einschneidend zu ändern – vielleicht
auch an der H a l t u n g der Arabella-Figur. Dann würde ich die d r e i Grafen
in eine Figur zusammenziehen, sowohl in I als in der Abschiedsszene:
dadurch wird diese eine Figur ergiebiger, die Stellung der Arabella zu dieser
Figur interessanter. Aber ich will bei der Dreizahl der e r s c h e i n e n d e n   25
gräflichen Verehrer bleiben, weil hier drei weniger ist als eins – drei Verehrer ihr Konto weniger belasten als ein ernsthafterer – will aber zwei davon
nur Schatten sein lassen, stumm oder fast stumm, den einen (Elemer) eine
wirkliche Liebhaberfigur.
      Gegenüber den schon im November erwogenen Abänderungen enthalten diese Über-   30
*legungen nichts wesentlich Neues. Vielleicht ist die Notiz N 39 der früheste Ansatz
zur Umgestaltung der Arabella-Figur. Am 29. Dezember hat Hofmannsthal
Strauss die beiden Akte vorgelesen – vermutlich sind zu dieser Zeit die Reinschriften
II/3H³ und III/2H² fertig gewesen (Genaues über die Zeit ihrer Entstehung ist
nicht zu ermitteln). Der Eindruck auf Strauss muß nach Hofmannsthals Brief vom*   35
*1. Januar 1929 sehr günstig gewesen sein, und Hofmannsthal setzt im Januar zur
völligen Neugestaltung des ersten Akts an, um ihn* – soweit das bei einem Expositionsakt möglich ist – an Schwung und Leichtigkeit mit den beiden späteren in Übereinstimmung zu bringen.
      Greifbar wird diese Neugestaltung in zahlreichen, meist undatierten und auch   40
*kaum datierbaren Notizen. Noch vom 29. Dezember, dem Tag der Vorlesung,
stammt N 40. Im Zusammenhang mit einem Gespräch mit Max Mell ist die Schematisierung N 44 vom 15. Januar 1929 entstanden. In ihr gewinnt zum ersten*

Mal die Figur der Kartenaufschlägerin genauere Umrisse. (In N 9 war das
Motiv ganz sporadisch schon einmal aufgetaucht.) Die Notizen zur Neufassung
lassen die Ausformung von Einfällen erkennen, die Hofmannsthal Strauss brieflich
bereits mitgeteilt hatte, etwa die entrée de ballet in N 46; das durchgehende Bemühen,
in den Kontrastierungen Arabella-Zdenka und Arabella-Elemer den Gestalten der
Arabella und des Grafen mehr Interesse zu geben. Ein schönes Beispiel dafür ist
N 48.

Bei Antritt seiner Reise zu Carl J. Burckhardt Ende Januar ist Hofmannsthal
zuversichtlich, in ein paar Wochen . . . mit dem frischen ersten Akt zurückzu-
kommen.[1] *Diese Hoffnung hat sich nicht erfüllt. Die Erkrankung auf der Rück-*
reise im März mag dazu beigetragen haben, daß die vorgesetzte Arbeit nicht so rasch
vollendet worden ist. Am 23. März kann er Strauss nur schreiben, er wisse genau,
wie der erste Akt sein soll, um als reizvolle Exposition der Akte II und III,
die Sie nun kennen, zu dienen.

Ein neuerliches Stocken der Arbeit bezeugt Hofmannsthals Brief vom 7. Mai.
Offensichtlich hat Strauss – wahrscheinlich nach Erhalt der Typoskripte des zweiten
und dritten Akts – noch einmal Bedenken gegen die beiden Akte erhoben, vielleicht
in einem nicht erhaltenen Brief.[2] Dann überwog bei Ihnen wieder das kältere
Verhältnis dazu, *beschreibt Hofmannsthal diese Einwände. (Der verlorene Brief*
mag auch den Wunsch enthalten haben, im zweiten Akt die Flirt-Szene Adelaide-
Dominik wieder zu tilgen, da Hofmannsthal deren Streichung in seinem Brief vom
7. Mai mitteilt.) Der Brief beschreibt das Stadium der Neugestaltung des ersten
Akts so: Ich habe jetzt in bezug auf das Umgestalten von Akt I alles getan,
was guter Wille, Verstand und Überlegung tun können. Das Ganze ist wie
ein wohlangelegtes, besonntes Blumenbeet, aber jetzt muß ein Regen kommen, damit die Samen aufgehen. Was jetzt zu tun ist, kann in zehn Tagen
geschehen sein, aber diese Tage müssen eine gewisse produktive Atmosphäre in sich haben – wie sie mir im letzten Herbst für II und III zu Hilfe
kam.

Bis Mitte Juni stellt sich die produktive Atmosphäre nicht ein. Vergeblich hatte
Strauss am 9. Mai »etwas mehr Lyrik« *und* »eine große kontemplative Soloszene*
der Arabella« – sein alter Wunsch für die Neufassung des Schlusses schon im Sommer
1928! – gefordert. Erst am 17. Juni nimmt Hofmannsthal die Notizen wieder zur
Hand und berichtet Strauss drei Tage später, daß die Gestalten für ihn wieder
volles Leben bekommen. Ich hoffe – *schreibt er weiter –,* daß ich den I. Akt
jetzt zusammenbringe. – Ihre Äußerungen und Wünsche habe ich mit gros-
sem Ernst aufs neue durchdacht. Um sich als Hauptfigur zu dokumentieren,
genügt es nicht, daß alles Tun und Reden der Andern sich um Arabella
dreht, – sie muß auch in der Hauptszene des Aktes stark sich offenbaren.

---

[1] *Brief an Strauss vom 27. 1.*
[2] *Vielleicht hat diese Kritik auch in der von Hofmannsthal am 7. 5. erwähnten Nachricht*
von Franz Strauss gestanden.

Diesem, wie es zu bewerkstelligen, habe ich lange nachgesonnen. Es muß
eine Hauptszene mit einem Mann sein, aber nicht mit dem elegischen und
von ihr schon abgetanen Matteo, sondern mit ihrem eigentlichen letzten
»Flirt«, bevor der Richtige (Mandryka) kommt – mit einem der drei Grafen.
Als solchen hebe ich Elemer heraus, während die beiden anderen bleiben wie   5
sie sind. Durch diese starke (lyrische) Szene in I ist auch dem Abschied von
Elemer unter den drei Abschieden im II. Akt der Hauptakzent gegeben, und
wie Elemer an Physiognomie, gewinnt die ganze Szene an Gehalt. Im Ganzen dürfen Sie . . . von dem Expositionsakt nicht das gesteigerte Tempo des
II. noch die Geschlossenheit und Schlagkraft des dritten erwarten, den ich   10
vielleicht für das beste halten möchte, was ich fürs Theater je gemacht . . .
Aber ich werde alles tun, um die Stimmung in größeren Maßen zusammen-
zuhalten (die bisherige Form fehlte gegen diesen Grundsatz) und um die
Figuren und die Handlung wirksam und richtig zu exponieren.

Seinen Niederschlag hat das hier Ausgesprochene in den beiden Notizen N 55 und   15
N 56 gefunden, die beide am 20. Juni geschrieben sind. Einen Tag später hat Hof-
mannsthal der Datierung auf dem ersten Blatt von I/13H⁷ zufolge mit der Ausfüh-
rung des neuen Aktbeginns angefangen. Der Fortgang der Arbeit verzögert sich seit
dem 21. Juni infolge des lastenden Wetters, über das Hofmannsthal am 26. zu Leo-
pold von Andrian, am 30. zu Strauss klagt: Es reiche in den bessseren Stunden zum   20
genauen Ausdenken des Inhalts, nicht aber um dem Dialog das letzte Leben, die
Existenz, zu geben. Und am 2. Juli heißt es noch: Das schwül-gewittrige,
unruhige Wetter, das mich bei der Arbeit beeinträchtigt, hält an . . . aber
trotzdem komme ich vorwärts, und es fehlt von dem neu zu Machenden
(und das Neue wird 3/4 des ersten Aktes) nur mehr eine Szene. Es handelt   25
sich bei der genannten einen Szene vermutlich um die am 4. Juli dialogisierte Szene
Arabella-Elemer (N 65), vielleicht auch um die kleine Skizze N 61 vom selben Tag.
Der Brief vom 2. Juli enthält außer einer Erklärung zu der von Strauss am 29. Juni
beanstandeten Beginn des Verlobungsgesprächs und der Mitteilung, daß die Szene der
drei Grafen als Fiaker fortfallen soll, als wichtigste Nachricht eine Übersicht über   30
die geplante Szenenfolge des neuen ersten Akts. Diese Szenenfolge läuft so ab, daß den
Beschluß des Akts eine blitzartige Szene Zdenka-Matteo bildet, um die Brief-
sache für Akt II in Spannung zu stellen. Zwar sind für Arabella zwei große
Szenen – eine mit Zdenka, eine mit Elemer – vorgesehen, aber ihr ist nicht der Akt-
schluß zugedacht. Dagegen protestiert Strauss am 6. Juli: »Arabella muß unbedingt   35
den I. Akt schließen mit einer längeren Arie, Monolog, Kontemplation, schon aus
dramaturgischen Gründen: 1. Aktschluß Arabella 2. Aktschluß Mandryka 3. Akt-
schluß Arabella und Mandryka« und erneuert seinen alten Vorschlag: »Also bitte
dringend, dirigieren Sie den ganzen Akt so, daß er mit zwingender Notwendigkeit auf
diese lyrische Soloszene der Arabella sich zuspitzt (nach der kurzen ›blitzartigen‹   40
Szene Zdenka-Matteo).«
Offensichtlich hatte Hofmannsthal sich inzwischen selbst schon an die Überein-
kunft mit Strauss erinnert, daß Arabella den Schluß des Akts erhalten sollte, und

ihn entsprechend gestaltet. Die Reinschrift I|14H⁸, die an den gar nicht oder nur
wenig veränderten Stellen aus den entsprechenden Typoskriptblättern von I|3tH¹
besteht, sowie das Typoskript I|15tH⁷, dessen typierter Textbestand dem an Strauss
geschickten Exemplar entspricht, sind in wenigen Tagen bis zum 10. Juli entstanden.
5 *Und bei der Übersendung der fertigen Neufassung am 10. Juli kann Hofmannsthal*
das Erreichte Strauss gegenüber so charakterisieren: auf einen solchen ruhigen
contemplativen Schluß hatte ich es angelegt, war aber nicht sicher, es Ihnen
damit recht zu machen. Daher, als Ihr Brief kam, war mir ein Stein vom
Herzen. Es ist das Mögliche geschehen, insbesonders in der Szene der
10 Schwestern aus dem Dialogischen ins Lyrische überzugehen, mehrfach –
sowohl Arabella allein, als die beiden Schwestern zusammen.
Strauss telegraphiert am 14. Juli: »Erster Akt ausgezeichnet. Herzlichen Dank
und Glückwünsche.« Hofmannsthal hat dies Telegramm, das an seinem Todestag
in Rodaun eintraf, nicht mehr geöffnet. Das darin ausgesprochene Urteil hat Strauss
15 *am 18. Juli gegenüber Harry Graf Kessler bekräftigt:* »»Arabella‹, die nun wunder-
schön geworden ist.«

7

Die Libretto-Dichtung Arabella *gehört, obwohl sie kurz vor Hofmannsthals Tod*
im wesentlichen fertig geworden ist, zu den nachgelassenen Werken des Dichters. Für
20 *die Einrichtung des Textes in den postumen Drucken von 1933, der anläßlich der*
Uraufführung in Dresden bei Adolph Fürstner erschienenen Partitur nebst Stimmen,
dem Klavierauszug und dem Textbuch, zeichnet Strauss verantwortlich. Eine gene-
tisch orientierte kritische Ausgabe der Arabella *– auch den Untertitel der Drucke,*
›Lyrische Komödie in drei Aufzügen‹, so sehr er im Sinne des Dichters gewählt sein
25 *dürfte, hat Hofmannsthal selbst nicht bestimmt – hat diese Drucke des Werks folg-*
lich nicht zu berücksichtigen. Die Dokumentation der postumen Textgeschichte wäre
Bestandteil der hier nicht zu schreibenden Rezeptionsgeschichte des Werks.
Zweifellos hätte Hofmannsthal in mündlichem und brieflichem Gespräch gegen-
über dem Stand, den die Arbeit am Libretto im Juli 1929 erreicht hat, noch
30 *viele Änderungen in Einzelheiten vereinbart. Diese Vermutung findet ihre Ab-*
sicherung darin, daß Hofmannsthals Handexemplar des dritten Akts (III|3tH¹)
Varianten und Ansätze zu solchen enthält, die den typierten Textbestand (den
allein Strauss noch kennengelernt hat) wiederum verändern. Sie sind im Appa-
rat zu III|3tH¹ nachgewiesen. Die Vermutung ist außerdem begründet durch
35 *die Tatsache, daß Hofmannsthal sich bei der Ausarbeitung der* Arabella *in großem*
Umfang auf Anregungen von Strauss gestützt hat – freilich betreffen sie Inhalt und
Gehalt, nicht aber den Text. Nichts berechtigt daher, Änderungen am Text, die
Strauss nach Hofmannsthals Tod vorgenommen hat, durch die Tatsache der Zusam-
menarbeit beider gleichsam stillschweigend als autorisiert zu betrachten.
40 *Nach den Veröffentlichungen von 1933 hat Willi Schuh als erster aus dem Strauss-*
Nachlaß wichtige Texte zur Entstehungsgeschichte der Arabella *mitgeteilt: 1944*

*in der ›Schweizerischen Musikzeitung‹ die Abschiedsszene Arabella-Matteo und
1954 in der ›Neuen Rundschau‹ die ursprüngliche Fassung des ersten Akts.*

1956 hat Herbert Steiner für seine Ausgabe der Arabella *im vierten Band der
Lustspiele der Gesammelten Werke in Einzelausgaben zum ersten Mal Materialien
aus Hofmannsthals Nachlaß herangezogen. Seine Ausgabe leidet bedauerlicherweise*   5
*daran, daß er für den ersten Akt in der neuen Fassung diejenigen Typoskripte mit der
am weitesten gehenden Varianz nicht hat berücksichtigen können, da sie im Strauss-
Nachlaß liegen, und daß er für den dritten Akt nicht Hofmannsthals Handexemplar,
sondern nur einen solchen Durchschlag des dem Handexemplar zugrundeliegenden
Typoskripts hat benutzen können, in den Hofmannsthal Varianten und Korrekturen*   10
seines Handexemplars nicht mehr übertragen hat.[1]

QUELLEN

1

Bei einer Analyse der Quellen der Arabella *sind literarische und folkloristisch-kul-
turgeschichtliche zu unterscheiden, im Hinblick auf ihre Verwendung außerdem solche,*   15
*die für Inhalt und Struktur wesentliche Anregungen geliefert haben und teils sogar als
Zitat in den Text eingegangen sind, und solche, die die Gestaltung einzelner Motive
und des Atmosphärischen beeinflußt haben.*

Die Notiz N 4 nennt als Hauptmotiv *den Lucidor-Stoff und weist auf Molières
Verskomödie ›L'estourdy ou Les contretemps‹ hin. Bei dieser Molière-Erwähnung*   20
*dürfte Hofmannsthal vor allem die Analogie Hippolyte/Zdenka vorgeschwebt haben,
die darin liegt, daß beide Liebhaberinnen ihre Liebhaber schon lange geliebt haben, von
diesen aber erst nach vergeblicher Bewerbung um eine andere Frau geheiratet werden.
Nicht aus ›L'étourdi‹, sondern aus einer andern, späteren Komödie Molières, nämlich
aus ›Le dépit amoureux‹, hat Hofmannsthal die zentralen Lucidor-Motive der Ver-*   25
*wechslung der beiden Schwestern infolge des travesti und des heimlichen Rendezvous
im Schutz der Dunkelheit übernommen. Auch andere Lucidor-Quellen wirken in der*
Arabella *noch weiter, nämlich Stendhals Roman ›Le rouge et le noir‹ und Ben Jonsons
Komödie ›Volpone, or The Foxe‹. Aus ›Le rouge et le noir‹ hat Hofmannsthal
Züge der Mathilde de la Mole auf Arabella übertragen, so den Hochmut und die*   30
*Suche nach einem Liebhaber, der sich von anderen völlig unterscheidet. Auch die
Kontrastierung der hochmütig erscheinenden Arabella und der sanften Zdenka ist in
der Konstellation der beiden weiblichen Hauptfiguren, Madame de la Mole und
Madame de Rénal, in Stendhals Roman vorgebildet. (Freilich findet sich für diese
Gegenüberstellung auch ein anderes, von Hofmannsthal etwa am 20. November 1927*   35

---

[1] *Zu den erwähnten Drucken ist jeweils zu vergleichen: Horst Weber: Hugo von Hofmannsthal. Bibliographie. Werke – Briefe – Gespräche – Übersetzungen – Vertonungen. Berlin
1972, S. 380–384.*

Strauss gegenüber brieflich erwähntes Vorbild in den Frauengestalten Carmen und
Micaëla der Oper ›Carmen‹.) Aus Ben Jonsons ›Volpone‹ stammt die Gestalt des
reichen Onkels im Lucidor, *von dem sich einzelne Züge im Mandryka der* Arabella
wiederfinden, wenn dieser auch im Gegensatz zur Vorlage seinen Reichtum nicht
5 *geizig hütet, sondern verschwenderisch ausstreut.*

 Es heißt in N 4 weiter: Hauptmotiv: Lucidor. (cf. L'Etourdi) zu verbinden
mit Marivaux: Les jeux [*sic!*] de l'amour et du hazard.[1] *Sucht man in dem aus-*
geführten Werk nach einem greifbaren Einfluß von Pierre Carlet de Chamblain de
Marivaux' für das Théâtre-Italien geschriebener Komödie ›Le jeu de l'amour et du
10 *hazard‹, so findet er sich vor allem in der Koketterie Arabellas, einer Koketterie, die –*
gleich derjenigen Silvias im Spiel Marivaux' – weniger aus Gefallsucht denn als
Selbstschutz eingesetzt wird.

 Mit dem Hinweis auf Sir Giles Overreach dürfte Hofmannsthal wohl weniger den
wucherhaft-geizigen Charakter dieser Figur aus Philip Massingers Komödie ›A
15 *New Way to Pay Old Debts‹ gemeint haben als die krankhaft-wahnsinnige Verfal-*
lenheit an das Geld. Bei Massinger opfert Overreach – schon durch seinen sprechenden
Namen charakterisiert – das Glück seiner Tochter der Geldgier auf. Eine Analogie
zur Arabella *könnte man immerhin darin sehen, daß auch Waldner seine Tochter*
nur an einen reichen Bewerber verheiraten will, nicht um ihres Glückes willen, sondern
20 *damit sie die Familie aus finanziellen Nöten befreie. Durch die Erwähnung der mexi-*
kanischen Episode in N 4[2], deren kriegerische Ereignisse abenteuernde Militärs
begünstigt haben, wird ebendies abenteuernde Wesen des Grafen betont. Da die Hand-
lung der Arabella *in den 1860er Jahren spielt, hat der Gedanke an die Wirren*
nach der Thronbesteigung Kaiser Maximilians nahegelegen. Unmittelbare Anregungen
25 *mag Hofmannsthal von dem 1924 in Wien im Amalthea-Verlag erschienenen und*
seinerzeit viel gelesenen zweibändigen Werk ›Maximilian und Charlotte von Mexiko.
Nach dem bisher unveröffentlichten Geheimarchive des Kaisers Maximilian und son-
stiger unbekannter Quellen‹ des Historikers Egon Cäsar Conte Corti empfangen
haben. Von nur untergeordneter Bedeutung scheint demgegenüber die Bemerkung zur
30 *Courteline-Figur zu sein. Vielleicht findet sich ein Reflex davon im dritten Akt der*
Arabella, *und zwar in der Szene mit den Vorbereitungen zum Duell zwischen*
Waldner und Mandryka. Das karikierende Moment, das die Schilderungen von
Militärpersonen in den kleinen szenischen Charakterstudien von Georges Courteline
auszeichnet, bricht aber kaum durch. Von Courteline hat Hofmannsthal die 1901 in
35 *Paris bei Flammarion erschienene Sammlung ›Les Marionettes de la Vie‹ besessen.*
Das Exemplar hat sich in der Bibliothek des Dichters erhalten. Anstreichungen
weist es nicht auf, die in N 4 gemeinte Stelle dürfte auf das Stück ›La Peur des
Coups‹ zu beziehen sein.

 Nicht geklärt ist, warum sich Hofmannsthal in N 4 den Namen Zerboni-
40 *Sposetti notiert hat. Es handelt sich um den aus Posen gebürtigen, journalistisch und*

---

[1] *Vgl. auch die Beschreibung zu N 39.*
[2] *Vgl. auch N 29.*

als Anhänger der Ordnungspartei 1848 auch politisch hervorgetretenen Julius von Zerboni di Sposetti, der zusammen mit seinem Bruder Wilhelm seit 1846 Friedrich Hebbel in Wien gefördert hat.[1] Aus Hebbels Tagebüchern dürfte Hofmannsthal der Name geläufig gewesen sein. Julius von Zerboni hat 1841 ›Lyrische Blätter‹ veröffentlicht, in denen sich ein Titel ›Die Griechin‹ nicht nachweisen läßt.[2] 1838 hat er ₅ *ein Libretto ›Turandot, Princessin von Schiras‹ geschrieben. Anzunehmen, daß Hofmannsthal sich Zerbonis Name wegen des Turandot-Librettos notiert habe – etwa weil die Sprödigkeit Arabellas an den Männerhaß der chinesischen Prinzessin erinnere –, scheint ebenso abwegig wie die von Rockwell geäußerte Vermutung, Puccinis 1926 zum erstenmal in Wien aufgeführte Oper ›Turandot‹ habe Hofmannsthal* ₁₀ *bei der Arbeit an der* Arabella *beeinflußt.[3] Wenn man überhaupt an eine Einwirkung dieses Stoffes denken wollte, so läge zumindest näher, Schillers Bearbeitung als Quelle anzunehmen.*

2

Statt der Spekulation über solche im einzelnen kaum verifizierbaren Anregungen[4] sei ₁₅ *hier ein Blick auf einige greifbare kulturgeschichtliche Vorlagen gelenkt. Was – gleichfalls noch in N 4 – über den Fiakerball gesagt wird, findet seine historische Absicherung in den Schilderungen der Fiakerbälle des 19. Jahrhunderts, die etwa Friedrich Schlögl in seinen bekannten Wiener Feuilletons geliefert hat. 1876 schreibt Schlögl: »Ein halbes Jahrhundert mag's sein, daß das Verbot erging, ›allgemeine* ₂₀

---

[1] *Vgl. Constant von Wurzbach: Biographisches Lexikon des Kaiserthums Oesterreich. Th. 59. Wien 1890, S. 331–333.*

[2] *Nach dem Ergebnis einer freundlicherweise von Herrn Hofrat Dr. Walter Ritzer (Wien) besorgten Durchsicht des Exemplars im Besitz der Österreichischen Nationalbibliothek.* ₂₅

[3] *Vgl. die S. 167, 26 zitierte Arbeit Rockwells S. 8.*

[4] *Übergangen seien hier auch die von Hofmannsthal* Strauss *gegenüber brieflich erwähnte Oper ›Die Meistersinger‹, ferner* Der Rosenkavalier *und der in N 22 notierte Einakter Arthur Schnitzlers ›Komtesse Mizzi oder der Familientag‹. Ihre Wirkungen liegen im Atmosphärischen der* Arabella, *nicht in greifbaren Details. Dasselbe gilt auch* ₃₀ *für Anregungen, die Hofmannsthal aus Fontanes Werken empfangen haben könnte. Immerhin sei erwähnt: daß Waldner als Rittmeister a.D. ein wenig an die Hasardeurnatur des Oberst a.D. in ›Cécile‹ erinnert; daß Arabellas Selbständigkeit derjenigen Corinnas in ›Frau Jenny Treibel‹ gleicht; daß Jennys Streben, ihren Sohn standesgemäß zu verheiraten, sich in den entsprechenden Bemühungen Adelaides um die Verheiratung* ₃₅ *Arabellas wiederfinden könnte; daß das Verhältnis der beiden Schwestern Melusine und Armgard im ›Stechlin‹ auf das der beiden Schwestern in der* Arabella *eingewirkt haben könnte. – Solchen vagen Vermutungen gegenüber sei hier noch die Einzelheit festgehalten, daß es sich bei dem Text des Verlobungsgesprächs (S. 38, 20ff.) um eine fast zitathafte Übernahme aus dem ›Buch Ruth‹ (1, 16f.) handelt.* ₄₀

Fiakerbälle‹ in Wien abzuhalten, da dieses meist in der heiligen Fastenzeit[1]
scenirte Fest stets so ausartete, daß es nicht nur überhaupt für fromme Christenseelen
zum ausgesprochenen Ärgerniß wurde, sondern auch der löblichen Sicherheitsbehörde
genügend Anlaß gab, einzuschreiten, und außerdem die Bezirkschirurgen alle Hände
voll Arbeit hatten, die blutig geschlagenen Schädel nothdürftig zu repariren. Das
Verbot war also da – es hatte nur umgangen zu werden, und so half sich denn der
Fiakerwitz auch bei dieser Gesetzesumgehung in lachendster Weise, und so geschah es,
daß trotz des polizeilichen Veto alljährlich doch ein ›Fiakerball‹ stattfand,
freilich nur in Form eines ›Privatballes‹, indem irgend ein notabler Repräsentant
dieser Zunft, in dessen Haus sich ›zufällig‹ ein Wirthsgeschäft befand, die
Bock-Collegen samt den ›Ihrigen‹ auf ein kleines ›Lätitzl‹ zu sich lud, das aber
selbstverständlich meist auch nicht anders verlief und endete, als – die streng verbotenen
›allgemeinen Fiakerbälle‹.«[2]
 Der Satz in N 4 Der Graf arrangiert: daß ein öffentlicher Ball als ein von
ihm gegebener Privatball erscheint *bildet gleichsam die Umkehrung des von*
Schlögl geschilderten Fiakerwitzes. Für die 1860er Jahre der Arabella *ist bei den*
Fiakerbällen ein Auswuchs zu konstatieren, den Schlögl folgendermaßen skizziert:
»Die Fiakerbälle erlebten in dem als ›volkswirthschaftlichen Aufschwung‹ bekannten
Zwischenacte einen nicht minder ungesunden Aufschwung. Die brutalste Demi-
monde wurde ihre Lady Patronesse, und der bedenkliche Duft des Phrynen-
thums wurde ihr obligater Parfum. Einige temporäre Millionäre favorisirten diese
Richtung und es war den neuen Gönnern und Pächtern unserer Schnellfahrer in dem
Dunstkreis der ›Emilie Wagner‹ und ihrer Freundin, der ›Resi‹ so wohl, wie
unter fünfhundert – Contremineurs.«[3]
 Sehr wohl hätte sich ein kroatischer Magnat[4] *wie Mandryka auf einem der*
Fiakerbälle der sechziger Jahre unter die schlimmste Demimonde gefallen und sich
von einer käuflichen Comtesse Arabella betrogen wähnen dürfen. Da wäre denn
Arabella nur ein anderer Name für Emilie Wagner – und diese Möglichkeit klingt
in der ersten Fassung des ersten Akts tatsächlich noch an, wenn Arabella dem Grafen
Elemer ins Gesicht sagt, was dieser nur denkt, nämlich daß sie den drei Grafen als
Grisette auf'm Graben[5] *recht wäre.*
 Nach dem großen Wiener Börsenkrach von 1873 verlieren die Fiakerbälle ihre
Ausgelassenheit. Der Fiakerball der Arabella *gleicht bis zu der verdächtigen*

---

[1] *Den Fiakern ist – wie etwa auch den Dienstleuten – oft eine Ausnahmegenehmigung*
erteilt worden, ihre Standesbälle in der Fastenzeit abzuhalten, da sie in der Faschingszeit
infolge ihrer Berufspflichten Bälle nur unter Schwierigkeiten arrangieren konnten.
[2] *F. Schlögl: Wienerisches. Kleine Culturbilder aus dem Volksleben der alten Kaiserstadt*
an der Donau. Abdr. 2. Wien 1883, S. 489.
[3] *Ebd. S. 493. – Vgl. ferner Otto Erich Deutsch: Arabella und die Fiakermilli. In:*
Deutsch: Musikalische Kuckuckseier und andere Wiener Musikgeschichten. Wien 1973,
S. 133–136.
[4] *Vgl. S. 104, 4.*
[5] *Vgl. S. 84, 15.*

Schlüsselübergabe an Matteo durchaus schon einem der purifizierten aus der Zeit nach dem Börsenkrach, einem der ausgelassenen der Zeit des »volkswirtschaftlichen Aufschwungs« gleicht er von dem Augenblick an, da Mandryka sich betrogen glaubt und seine Enttäuschung in Zügellosigkeit übergeht. In dem einen Fiakerball der Arabella *sind anachronistisch zwei Formen des Fiakerballs kontaminiert. Hofmanns-* 5 *thals briefliche Äußerung gegenüber Strauss am 22. Dezember 1927 darf man daher – was die historische »Richtigkeit« des Fiakerballs der* Arabella *angeht – nicht vordergründig allein auf Faktisches beziehen. Vielmehr erschließt sich der Sinn der beschriebenen Kontamination erst einer Interpretation, die Hofmannsthals Geschichtsdeutung berücksichtigt.[1] Dazu ist hier nicht der Ort.* 10

Festgehalten sei aber noch, daß sich im Fiaker als Graf *– so sehr dort das Fiakermilieu der* Arabella *auch schon angelegt sein mag – zur Gestaltung des Fiakerballs im zweiten Akt der* Arabella *noch keine Ansätze finden.*

3

Eine Einzelheit, deren präzise Herkunft schwer zu bestimmen ist, ist das Motiv der 15 *sommerlichen Schlittenfahrt (S. 22, 28 ff.). Möglich ist, daß Hofmannsthal an das im 17. und 18. Jahrhundert bei Hoflustbarkeiten verbreitete Damencaroussel gedacht hat, das sich unter dem Einfluß der italienischen Trionfi bei den Ritterspielen herausgebildet hat.[2] Er kann das Motiv der Schlittenfahrt auf hingestreutem Salz aber auch aus Theodor Fontanes ›Schach von Wuthenow‹ übernommen haben. Als* 20 *Anregung kommt ferner in Betracht die Geschichte des Grafen Waldbott Bassenheim, von der Hofmannsthal bei seinen Aufenthalten auf dem Bodenhausenschen Besitz in Neubeuern gehört haben mag: »Auf einer Gutswiese ließ er [Waldbott] eine breite, ellipsenförmige Bahn abstecken und handhoch mit Salz aufschütten. Weshalb? Weil, ja weil ein neuer, mit Gold und bunten Lackfarben reich verzierter Schlitten, den er in* 25 *Rußland bestellt hatte, mitten im Sommer eintraf und sofort ausprobiert werden mußte. Die Gräfin schrieb darüber in französicher Sprache an ihre Mutter: ›Wir haben gestern zwischen Margariten und Glockenblumen, auf denen die Schmetterlinge sich wiegten, die bezauberndste Schlittenfahrt unseres Lebens gemacht. Ich hielt meinen Sonnenschirm dabei aufgespannt.‹«[3]* 30

---

[1] *Vgl. H.-A. Koch: Die österreichische Ballkultur des 19. Jahrhunderts im Werk Hofmannsthals. In: Hofmannsthal-Forschungen II. Freiburg i. B. 1974, S. 23–38.*

[2] *Vgl. Heino Maedebach: Caroussel- oder Rennschlitten mit Fortuna. Coburg: Kunstsammlungen der Veste Coburg 1966.*

[3] *Ludwig Benedikt von Cramer-Klett: Traum auf grünem Grund. Vom wundersamen Rehbock im Schwarzenbachtal. Hamburg 1956, S. 89 f. – Herrn Dr. Willi Schuh und Freiherrn von Cramer-Klett sei für freundliche Hinweise auf die Gestalt Waldbott Bassenheims gedankt.*

4

Um Welt und Herkunft Mandrykas zu charakterisieren, hat Hofmannsthal volks-kundliche slawistische Studien herangezogen. Am 5. August 1928 schreibt er Strauss vom Durchblättern von slawischen Volksbräuchen. *Genau bestimmt wird* Mandrykas Heimat in der Arabella *nicht.* Er heißt croatischer Magnat[1], *aber wichtiger als jede präzise Lokalisation ist, daß er aus den österreichischen Donau-ländern stammt. Entsprechend frei schaltet Hofmannsthal bei der Auswertung folkloristischer Studien, indem er Bräuche verschiedener slawischer Völker verbindet, sie teils umdeutet und für andere Gelegenheiten verwendet, als die Vorlagen angeben. Von den unten genannten Titeln dürfte Hofmannsthal wohl durch die im fünften Abschnitt zu behandelnde Sammlung slawischer Volkslieder erfahren haben. Wahr-scheinlich hat ihn in Einzelheiten auch der Herausgeber dieser Sammlung, Paul Eisner, beraten.*

Aus folgenden Werken wird sich Hofmannsthal über slawische Volksbräuche informiert haben:

1) *Friedrich Saloman Krauss: Sitte und Brauch der Südslawen. Nach heimischen gedruckten und ungedruckten Quellen. Wien 1885.*

2) *Johannes Piprek: Slawische Brautwerbungs- und Hochzeitsgebräuche. Mit einem Vorwort von V. von Jagić. Stuttgart 1914 (zugleich als Ergänzungs-heft 10 der Zeitschrift für österreichische Volkskunde erschienen).*

3) *Johann Heinrich Schwicker: Die Zigeuner in Ungarn und Siebenbürgen. Wien 1883. (Die Völker Oesterreich-Ungarns. 12.)*

4) *Theodor Ritter Stefanović Vilovský: Die Serben im südlichen Ungarn, in Dalmatien, Bosnien und in der Herzegowina. Mit einem Anhang Die süd-ungarischen Bulgaren. Von Géza Czirbusz. Wien 1884. (Die Völker Oesterreich-Ungarns. 11.)*

5) *Josef Šuman: Die Slovenen. Wien 1881. (Die Völker Oesterreich-Ungarns. 10, 1.)*

Krauss berichtet S. 458 folgenden Hochzeitsbrauch: »Der vojvoda[2] *legt sie [die Braut] ins Bett, deckt sie zu und verschliesst im Fortgehen die Thüre. Sobald er wieder in die Stube zu den Gästen tritt, ergreift er ein Glas voll Wein, bringt vor den Gevattern auf das Wohl der Brautleute einen Trinkspruch aus, leert auf einen Zug das Glas und schleudert es mit aller Wucht gegen die Thüre, dass es zerschellen muss.«* Piprek *gibt S. 38 einen Hochzeitsbrauch der Kleinrussen wieder:* »Dann trinkt sie [die Brautmutter] dreimal ein wenig aus dem Topf und reicht ihn dem Bräutigam. Dieser kostet von dem Wasser und wirft den Topf hinter sich. Zerschlägt dabei der Topf, so wird die Ehe mit Kindern gesegnet sein.« *Als weißrussische Sitte teilt* Piprek *S. 69 diesen Brauch bei den Hochzeitsfeierlichkeiten mit:* »Die Braut holt aus der nächsten Quelle oder aus dem Flusse Wasser und trägt es zu den Gästen,

---

[1] *Vgl. S. 95, 29.*
[2] *Leiter der Hochzeitsfeierlichkeiten.*

*von denen sie mit Geld beschenkt wird.« Eine polnische Sitte der Brautwerbung
schildert Piprek S. 70: »Nimmt das Mädchen von den Werbern Schnaps an und
sendet dem Burschen dafür Wasser zurück, so ist dies das Zeichen ihrer Einwilligung
zur Ehe. Mancherorts heißt sie von nun an ›Verlobte‹, auch wenn die eigentliche
Verlobung erst später stattfindet.« Stefanović berichtet S. 182f. von den Serben:*   5
*»Nach Mitternacht sucht gewöhnlich der Hochzeitsschalk oder der Vojvoda dem
Dever oder Brautführer die Braut zu entführen. Gewöhnlich gelingt ihm dies sehr
bald, er führt sie zur Thüre des Schlafzimmers, schließt diese hinter sich zu und
wirft nun auf dieselbe ein Glas, aus dem er kurz zuvor auf das Wohl des Paares
getrunken hat. Das zerbrochene Glas ist eben ein Zeichen, daß die Braut in diesem*   10
*Augenblicke im wahrsten Sinne des Wortes Frau geworden ist. Die Hochzeitsgäste
belustigen sich nun bis zum anderen Tage.« Und im Anhang zu dem Werk von
Stefanović schreibt Czirbusz S. 394f. über den Abschluß der Hochzeitsfeier bei den
südungarischen Bulgaren: »Endlich werden sie aber auch der Lustbarkeiten müde
und schließen das Fest mit einer eigentümlichen Sitte. Der Kum*[1] *trinkt zum letzten-*   15
*mal auf das Wohl des Ehepaares, schleudert dann das leere Glas einer brennenden
Kerze zu, welche an der Thürklinge befestigt ist. Es würde für ihn den größten Spott
und für die Eheleute Unglück bedeuten, wenn er die Kerze nicht träfe. Das gebrochene
Glas soll ein Symbol der nächst zu verlierenden Jungfräulichkeit sein. (Ähnliches
sah ich bei den Serben in Slavonien.)«*   20

Man sieht, daß Hofmannsthal aus diesen Quellen für die Zeremonie mit dem Glas
Wasser zahlreiche Anregungen erhalten hat, daß er aber in der Arabella keiner
dieser Vorlagen im einzelnen gefolgt ist, vielmehr verschiedene Hochzeits- und
Werbungsbräuche miteinander verbunden hat.

Aus Pipreks Buch stammt eine weitere Entlehnung, die sich in der Notiz N 78   25
findet, später in den Text freilich nicht eingegangen ist. S. 79 und S. 107 berichtet
Piprek, daß bei den Polen bzw. bei den Slowaken die Braut dem Bräutigam am
Hochzeitsabend die Stiefel ausziehen muß.

Gegenüber diesen evidenten Entlehnungen ist die Benutzung der Bücher von
Schwicker und Šuman nicht mit Sicherheit nachzuweisen. Immerhin mag Schwickers   30
Abhandlung dem Dichter Anregungen für die Figur des Zigeuners Djura gegeben
haben und mag Šumans Bemerkung, daß Werbung und Hochzeit bei der slovenischen
Landbevölkerung – wegen der winterlichen Arbeitsruhe – zumeist in die Fastenzeit
fallen, neben anderem die Werbung Mandrykas in der Fastenzeit motiviert haben.

5   35

*Die mit Abstand wichtigste volkskundliche Quelle der Arabella ist indes das Werk:
Volkslieder der Slawen. Ausgewählt, übersetzt, eingeleitet und erläutert von Paul
Eisner. Leipzig 1926. (Meyers Klassiker-Ausgaben.) Möglicherweise verdankt*

---

[1] *Der Kum entspricht dem Vojvoda.*

Hofmannsthal dem vorzüglichen Anmerkungsteil der Eisnerschen Sammlung die
Kenntnis der im vorigen Abschnitt erwähnten Literatur, sofern er sie nicht sonstigen
Mitteilungen Eisners entnommen hat. Über Hofmannsthals Verkehr mit Eisner sind
wir durch eine Dokumentation Martin Sterns unterrichtet.[1] Am 25. November 1927
schreibt Hofmannsthal an Eisner: ich habe in diesen stillen Arbeitsmonaten
sehr viel in Ihren ›slawischen Volksliedern‹ gelesen und mit unendlichem
Genuß.[2] *Am 5. Juli 1928 läßt er Eisner wissen:* Das Buch slavischer Volkslieder ist für mich ein unerschöpflicher Schatz. Ich werde von einigen dieser
Lieder für eine musikalische Comödie Gebrauch machen – ich hoffe keinen
geschmacklosen.[3]

    Gegenüber Strauss erwähnt Hofmannsthal Eisners Sammlung am 22. Dezember
1927 brieflich: Auch will ich ihn [Mandryka] tatsächlich hier und da einmal
eine Zeile oder eine halbe Strophe eines seiner heimatlichen Volkslieder
anstimmen lassen und habe mir dazu schon mehr als genug solcher Stellen aus
einer großen Sammlung slawischer Volkslieder vorgemerkt. Ich kann Ihnen
aber diese Stellen heute noch nicht ausliefern, so gern ich möchte, denn ich
kann absolut nicht wissen, wie viele derselben und welche ich auf unauffällige Weise einfügen kann, hier muß der höchste Takt walten; es wäre
furchtbar, wenn diese Figur ein Automat für kroatische Volksweisen
würde . . .

    Im einzelnen hat Hofmannsthal aus Eisners ›Volksliedern der Slawen‹ über-
nommen:

    1) S. 25, 27 u.ö.: Der Name Welko ist eine Entlehnung aus dem bulgarischen
    Lied mit dem Titel ›Haidut Welko‹ (Eisner S. 453). Die Namen der
    beiden anderen Begleiter Mandrykas, Djura und Jankel, stammen aus dem
    kroatischen ›Hochzeitslied der Zigeuner‹ (Eisner S. 334). Hofmannsthal hat
    die Namen in N 27 notiert. Aus dem Vornamen Awram, den Welko in N 27
    trägt, ist vielleicht zu schließen, daß er ursprünglich als Leibjude fun-
    gieren sollte. (Die in Hofmannsthals Brief an Strauss vom 5. Juli 1928
    skizzierte Rollenverteilung der drei Begleiter Mandrykas (Welko – Leib-
    husar, Djura – Leibzigeuner, Jankel – Leibjude) dürfte in dem frühen
    Stadium der Konzeption, dem N 27 angehört, noch nicht festgelegen haben.

    2) S. 37, 23 stammt die Wendung Pfauen weiden *aus dem kroatischen Lied*
    ›Der Name‹ (Eisner S. 312). Zu vergleichen ist N 26.

    3) S. 37, 34 geht die Formulierung die helle stille Donau *zurück auf das*
    bulgarische Lied ›Bruder und Schwester‹ (Eisner S. 478) und auf die An-
    merkung bei Eisner S. 489f. In dieser Anmerkung nennt Eisner auch eine Ab-
    handlung über Namen und Bedeutung der Donau im Volksleben der Slawen von
    Vratoslav Jagić: Dunav-Dunaj in der slavischen Volkssprache. In: Archiv

---

[1] *M. Stern: Hofmannsthal und Böhmen (3). In: HB 3. 1969, S. 195–215.*
[2] *Ebd. S. 207.*
[3] *Ebd. S. 208.*

für slavische Philologie. 1. 1876, S. 299–333. Hofmannsthal hat sich die Abhandlung von Jagić in N 99 notiert. Ob er die Abhandlung selbst auch gelesen hat, ist nicht zu entscheiden. Denn die wesentlichen Auskünfte – daß die Donau in der slawischen Volkssprache männlichen Geschlechts ist und wie ihre gängigen Epitheta lauten – sind bereits bei Eisner zu finden. Mit der Kennzeichnung der Donau als hell *dürfte Hofmannsthal bewußt von der unzutreffenden, aber seit dem gleichnamigen Walzer üblichen Redeweise von »der schönen blauen Donau« abgerückt sein.*

4) S. 39, 10–13: die Verse stammen aus einem Lied der Großrussen (Eisner S. 35). Zu vergleichen ist N 79.

5) S. 51, 2–6; 51, 10–19: das Lied Mandrykas findet sich unter den kroatischen Volksliedern bei Eisner (S. 329). Notizen stehen in N 80, N 81 und N 91. Beachtung verdient, daß aus N 91 mit Sicherheit geschlossen werden kann, daß Hofmannsthal Mandryka dies Lied ursprünglich noch in der übermütigen Freude und nicht erst – wie später im Text des zweiten Akts – nach der Enttäuschung durch Arabella hat singen lassen wollen.[1]

6) S. 88, 25 stammt der Ausdruck Gospodar *aus dem serbischen Lied ›Segens Fülle‹ (Eisner S. 373). Die Erklärung des Ausdrucks für Strauss in I|4tH² (vgl. S. 237, 14f.) ist aus Eisners Erläuterung S. 535 genommen.*

7) In N 75 zitiert Zdenka aus dem serbischen Lied ›Liebeszauber‹ (Eisner S. 388).

8) In N 79 sind außer den oben unter 4) angeführten Versen aus Eisners Buch übernommen: Knabe = junger Held = junak *(Eisner S. 523);[2]* Katorga = Gefangenenschiff Galeere *(Eisner S. 505);* Goldner Name *stammt aus dem tschechischen Lied ›Schläfst du, Liebste?‹ (Eisner S. 230);* schwarze Wörter *sind Zitat aus dem kroatischen Lied ›Wohl steht's an, frühmorgens aufzustehen‹ (Eisner S. 313);* Im mitten Feld lass ich dich greifen *ist Zitat aus dem großrussischen Lied ›Iswostschikenleben‹ (Eisner S. 65).*

9) N 81 enthält außer dem unter 5) genannten Lied auch Verse aus dem kroatischen Lied ›Armgefreit‹ (Eisner S. 331).[3] Den Ort, an den Hofmannsthal diese später nicht verwendeten Verse ursprünglich hat stellen wollen, bezeichnet N 91.[4]

10) N 96 enthält ein irrtümlich als serbisch *bezeichnetes Zitat.* Schönes Mädchen – keine Sippe *findet sich bei Eisner (S. 444) in dem bulgarischen Lied ›Stojan und Zlata‹.*

11) N 100 gibt die zweite Strophe des kroatischen Liedes ›Mißgeschick über Mißgeschick‹ wieder.[5] Hofmannsthal hat die Verse im Entwurf des dritten Akts (III|1H¹) gegen Schluß des Akts verwendet und um zwei eigene Verse

---

[1] *Auf N 81, N 91, N 100 hat bereits hingewiesen Rudolf Hirsch: Paul Eisner, ›Volkslieder der Slawen‹. Eine Quelle für ›Arabella‹. In: HB 4. 1970, S. 287f.*

[2] *Vgl. ferner N 99.* [3] *Vgl. S. 263, 8–13.*

[4] *Aus dem September 1928.* [5] *Vgl. S. 286, 3–7.*

ergänzt (vgl. S. 298, 4ff.), die Stelle jedoch noch in III|1H¹ wieder getilgt. Der in N 100 zitierte Refrain, der in III|1H¹ mit den Versen aus ›Mißgeschick über Mißgeschick‹ verbunden ist, stammt aus dem kroatischen ›Zigeunerlied‹ (Eisner S. 312).

Trotz der Fülle der Zitate aus Eisners Buch finden sich in Hofmannsthals eigenem Exemplar, das in seiner Bibliothek erhalten ist, keine Anstreichungen. Bemerkenswert ist, daß Hofmannsthal – ganz entsprechend seinem Verfahren bei der Auswertung der im vorigen Abschnitt behandelten Literatur – auch bei den Zitaten aus Eisners Sammlung keineswegs darauf achtet, im Sinne faktischer Stimmigkeit nur Lieder eines einzigen slawischen Volkes heranzuziehen. Im endgültigen Text stehengeblieben sind ein großrussisches und ein kroatisches Volkslied (vgl. oben die Nummern 4 und 5).

ÜBERLIEFERUNG

I. Akt

N 1–N 35	*Notizen zur ersten Fassung des I. Akts. N 1, N 2, N 4, N 5, N 15, N 19, N 22, N 23 zusammen mit weiteren frühen Notizen zum II. und III. Akt in einem Konvolut (E III 31), dessen Deckblatt (E III 31.1) die Aufschrift trägt* Spieloper (Ende October 1927) Vor der Abreise Berlin. sodann nach der Rückkehr schematisiert, zuerst mit Schroeder. I^{ter} auszuführen begonnen Wien (Blaasgasse) 12 XII. vollendet 24 XII. 27.
N 1	*E III 31.3*
N 2	*E III 31.2*
N 3	*überliefert durch Hofmannsthals Brief an Richard Strauss vom 26. 7. 1928 (BW S. 647).*
N 4	*E III 31.5*
N 5	*E III 31.6*
N 6	*E III 29.54. – Teil von N 71.*
N 7	*E III 29.8*
N 8	*E III 29.14*
N 9	*E III 29.6. – Auf derselben Seite N 10.*
N 10	*E III 29.6. – Auf derselben Seite N 9.*
N 11	*E III 29.12. – Auf derselben Seite N 24.*
N 12	*E III 29.13*
N 13	*E III 30.83. – Rückseite: Gedruckter Briefkopf: Dr. Periz.*
N 14	*E III 29.11*
N 15	*E III 31.11. – Auf derselben Seite N 82.*
N 16	*E III 29.4*
N 17	*E III 29.5. – Auf derselben Seite N 72.*

N 18   *E III 29.9.* – *Rückseite: Durchgestrichene Notiz zu* Kinder des Hauses, *auch* Chinesisches Trauerspiel *genannt.*

N 19   *E III 31.4*

N 20   *E III 29.3*

N 21   *E III 29.10*

N 22   *E III 31.7*

N 23   *E III 31.10*

N 24   *E III 29.12.* – *Auf derselben Seite N 11.*

N 25   *E III 30.84*

N 26   *E III 29.64.* – *Auf derselben Seite N 99.*

N 27   *E III 29.67.* – *Auf derselben Seite N 100.*

N 28   *E III 29.15, 16.* – *29.16 nachträglich paginiert* D_2.

N 29   *Privatbesitz.* – *Einseitig beschriebenes Blatt.*

N 30   *E IV B 39.4^b.* – *Vorderseite: Später geschriebene Notizen zu dem Aufsatz* Hans Carossa.

N 31   *E III 29.7*

N 32   *E III 29.2.* – *Rückseite: N 37.*

N 33   *E III 29.18, 19.* – *Zwei Blätter, pag.* A, B_2, *Datierung oben auf E III 29.18.*

N 34   *E III 29.17.* – *Pag.* D_2; *auf derselben Seite N 35.*

N 35   *E III 29.17.* – *Auf derselben Seite N 34.*

I/1H¹   *E III 29.1; 29.20 – 44.* – *25 Blätter, pag.* A_1–A_6, B_1–B_3, C, D_a, D_b, E–R. *Entwurf, zusammen mit Notizen in einem Konvolut, dessen Deckblatt (E III 29.1) die Aufschrift trägt* Arabella oder Der Fiakerball I December 1927 April 1928. *Diese Datierung bezieht sich auf die Zeit bis zur Fertigstellung der Reinschrift I/2H², denn die Niederschrift von I/1H¹ ist bereits im Dezember 1927 abgeschlossen worden. Die Handschrift enthält am oberen Rand mehrerer Blätter Datierungen. Pag.* A_1–A_6 *bzw.* B_1–B_3 *führen das erste bzw. zweite Blatt von N 33 aus; Notizen zu pag.* $D_{a/b}$ *in N 29 und N 34.*

I/2H²   *E III 24.1 – 39.* – *Konvolutdeckblatt mit der Aufschrift* Arabella I Reinschrift *und 38 Blätter, fortlaufend paginiert. Auf der Rückseite von pag.* 17 *ein Eintrag (1)* Mandryka *(2)* Arabella oder der Fiakerball. I^ter Act, *dessen erste Stufe vielleicht eine sonst nicht bezeugte Titelvariante überliefert, die aber auch als Verschreibung gedeutet werden kann. Das Blatt ist vielleicht einmal Konvolutdeckblatt gewesen. Auf der Rückseite von pag.* 38 *N 90.* – *Zur Datierung vgl. I/1H¹.*

I/3tH¹   *V III 1.2, 3, 9–30.* – *24 Blätter, pag.* 1, 2, 4–16, 24–32. *Typoskriptdurchschlag, auf dem ersten Blatt als* Handexemplar *gekennzeichnet. Abgesehen von vereinzelten Korrekturen Hofmannsthals – meist an Stellen, die zugleich variiert wurden – sehr korrupte Abschrift von I/2H².*

7 ursprünglich zugehörige Blätter, pag. 17–23 *(E III 23.21 –*
27) sind später entnommen, in die Reinschrift der Neufassung
des I. Akts (I|14H9) eingelegt und mit neuer Paginierung
(22–28) versehen worden.
5 Blätter (V III 1.4–8) pag. 3, 3a–d, *die in I|3tH¹ einge-*
legt sind, bilden I|11tH⁵.

I|4tH²

Richard-Strauss-Archiv, Garmisch. – 31 Blätter, pag. 1, 2,
4–32. *Typoskriptdurchschlag, Abschrift von I|2H², zusammen*
mit I|3tH¹ entstanden, auf dem ersten Blatt als Handexemplar
Dʳ Strauss *von Hofmannsthal gekennzeichnet, von ihm eigen-*
händig korrigiert und variiert, und zwar unabhängig von I|3tH¹
und stellenweise weitergehend. I|4tH² enthält einzelne Kompo-
sitionsskizzen von Strauss.

Wegen der größeren Vollständigkeit und der weitergehenden
Varianz gegenüber I|3tH¹ ist I|4tH² nach stillschweigender
Emendation von Korruptelen dem Text der ersten Fassung des
I. Akts (S. 71–102), hier zusammen mit dem Einschub I|12tH⁶
und dem neuen Aktschluß (I|8tH⁴), und dem Text des ursprüng-
lichen Aktschlusses (S. 103–110) zugrunde gelegt worden.

Die ursprüngliche Typoskriptseite 3 wird im Originaltypo-
skript zu den Durchschlägen I|3tH¹ und I|4tH² überliefert,
das im übrigen ohne Bedeutung ist. Es ist lediglich von Gertrud
von Hofmannsthal flüchtig korrigiert; die Blätter 3, 3a–d mit
der neuen Szene Arabella-Matteo enthält es nicht.

Ebenfalls textkritisch ohne Bedeutung ist ein weiterer un-
korrigierter Typoskriptdurchschlag (E III 21.1–37), der
gleichfalls die ursprüngliche Seite 3 enthält, dem aber auch die
neuen Blätter 3, 3a–d beigefügt sind.

N 36–N 38

Notizen zu einzelnen Veränderungen der ersten Fassung des
I. Akts, die zumeist brieflichen Anregungen von Strauss
folgen.

N 36   *E III 30.51*
N 37   *E III 29.2ᵇ. – Vorderseite: N 32.*
N 38   *Privatbesitz. – Zwei einseitig beschriebene Blätter, Reinschrift*
für Strauss.

I|5H³

E III 30.76, 53, 50, 52. – Konvolutdeckblatt mit der Auf-
schrift Arabella I. *(veränderter Schluss. Ende Juni 1928)*
u. Scenar II. III. (vgl. N 91 und N 108) sowie 3 Blätter,
davon zwei (E III 30.53, 50) pag. a, b.

I|6H⁴

E III 30.54–62. – 9 Blätter, pag. 25–33 *(anschließend an pag.*
24 von I|3tH¹ bzw. I|4tH²). Reinschrift der Neufassung des
Aktschlusses. Rückseite von pag. 30 zuvor Konvolutdeckblatt
mit der Aufschrift Chinesische Gedichte. *(Definitiver Ent-*

schluss am 20 XI 27 Aussee), *auf der Rückseite von pag. 31*
der frühere Eintrag Arabella I. Neuer Schluss.

I|7tH³   *V III 1.23–30. – 8 Blätter, pag. 25–32. Typoskript, korrupte*
Abschrift von I|6H⁴, von Hofmannsthal, stellenweise von
Gertrud von Hofmannsthal korrigiert, von Hofmannsthal   5
variiert.

I|8tH⁴   *Richard-Strauss-Archiv, Garmisch. – 8 Blätter, pag. 25–32.*
Typoskriptdurchschlag von I|7tH³, von Hofmannsthal stellen-
weise korrigiert und unabhängig von I|7tH³ variiert; gekenn-
zeichnet Dʳ Strauss Arabella I (neuer Schluss Seiten 25–32).   10
     Aus den bei I|4tH² genannten Gründen ist I|8tH⁴ nach still-
schweigender Emendation dem Text der ersten Fassung des
I. Akts ab S. 95 zugrunde gelegt worden.
     Ohne textkritische Bedeutung ist ein weiterer Typoskript-
durchschlag (Privatbesitz).   15

I|9H⁵   *E III 26.1–6. – Konvolutdeckblatt und 5 Blätter, z.T. pag.*
a, c, d, f. *Entwurf der neuen Szene Arabella-Matteo, Wechsel*
von Notiz und zügigerer Ausarbeitung des Dialogs. Das Deck-
blatt trägt die Aufschrift Arabella I. Neue Scene: Arabella-
Matteo. *Der Titel* Arabella I. (Neue Scene des Matteo)   20
bzw. Arabella-Matteo *auch auf zwei Notizblättern in einem*
Konvolut mit Notizen zu Afrikanische Reise *und autobio-*
graphischen Notizen (EIV B 130.1 bzw. E IV B 130.5ᵇ);
vielleicht waren diese Blätter einmal als Konvolutdeckblätter
bestimmt.   25

I|10H⁶   *E III 30.77–81. – 5 Blätter, pag. 3, 3a–d. Reinschrift von*
I|9H⁵.

I|11tH⁵   *Archivalisch Bestandteil von I|3tH¹; vgl. die dort gegebene*
Beschreibung. I|11tH⁵ ist korrupte Abschrift von I|10H⁶, von
Hofmannsthal variiert.   30

I|12tH⁶   *Archivalisch Bestandteil von I|4tH²; vgl. die dort gegebene*
Beschreibung. I|12tH⁶ ist Durchschlag von I|11tH⁵, z.T. un-
abhängig von diesem variiert und mit dem Vermerk Scene
Arabella-Matteo einzuheften Dʳ Strauss *versehen.*

N 39–N 69   *Notizen zur Neufassung des I. Akts aus der Zeit von Dezember*   35
1928 bis Juli 1929. Alle Notizen außer N 51 und N 59 sind
in einem Konvolut mit der Aufschrift Arabella I. neu (Ausführung) *enthalten (E III 25.20).*

N 39   *E III 25.39. – Rückseite früheres Konvolutdeckblatt mit der*

	Aufschrift Le jeu de l'amour et du hazard Als Pantomime. XII 28.
N 40	*E III 25.26. – Auf derselben Seite N 41. Rückseite: Früheres Konvolutdeckblatt mit der Aufschrift* Hôtel. Sprechoperette.
N 41	*E III 25.26. – Bleistiftnotiz; auf derselben Seite N 40.*
N 43	*E III 25.40*
N 44	*E III 25.38*
N 45	*E III 25.34*
N 46	*E III 25.35. – Stark verknäulte Varianz, so daß die Zuordnung der Texte z. T. unsicher ist.*
N 47	*E III 25.31*
N 48	*E III 25.30^b. – Vorderseite: früheres Konvolutdeckblatt mit der Aufschrift* Anabase von St. J. Perse.
N 49	*E III 25.32. – Auf derselben Seite N 69.*
N 50	*E III 25.27. – Auf derselben Seite N 66.*
N 51	*E III 25.82. – Rückseite: N 59.*
N 52	*E III 25.29. – Auf derselben Seite N 54, N 68.*
N 53	*E III 25.36. – Auf derselben Seite N 42, N 60.*
N 54	*E III 25.29. – Auf derselben Seite N 52, N 68.*
N 55	*E III 25.23*
N 56	*E III 25.33. – Auf derselben Seite N 57.*
N 57	*E III 25.33. – Auf derselben Seite N 56.*
N 58	*E III 25.25*
N 59	*E III 30.82^b. – Vorderseite: N 51.*
N 60	*E III 25.36. – Auf derselben Seite N 42, N 53.*
N 61	*E III 25.21. – Auf derselben Seite N 65; Rückseite: N 62.*
N 62	*E III 25.21^b. – Vorderseite: N 61, N 65.*
N 63	*E III 25.22*
N 64	*E III 25.24*
N 65	*E III 25.21. – Auf derselben Seite N 61; Rückseite: N 62.*
N 66	*E III 25.27. – Auf derselben Seite N 50.*
N 67	*E III 25.28*
N 68	*E III 25.29. – Auf derselben Seite N 52, N 54.*
N 69	*E III 25.32. – Auf derselben Seite N 49.*

I|13H7

E III 25.1–19. – Konvolutdeckblatt und 17 Blätter, pag. 1–16, 18, 29. Entwurf der Neufassung des I. Akts. Die ausgesparten Seitenzahlen erklären sich aus der Beibehaltung des Textes der mit eben den ausgesparten Zahlen bezeichneten Typoskriptblätter von I|3tH¹; pag. 29 ist unbeschrieben. Das Konvolutdeckblatt trägt die Aufschrift Arabella I neu (Text) (21. VI 29.) *und eine Bleistiftnotiz* Szytia. *Das Datum bezeichnet den Beginn der Ausarbeitung. Ein Blatt (E III 25.20) mit der Aufschrift* Arabella I. neu (Ausführung), *Konvolutdeckblatt der Notizen zur Neufassung des I. Akts, hat vielleicht auch einmal als Deckblatt zu I|13H7 gehört.*

$I|14H^8$ *E III 23.1, 79–81, 2–30. – Konvolutdeckblatt und 31 Blätter, pag. 1–17, 17–31. Reinschrift der Neufassung des I. Akts; pag. 17 versehentlich doppelt vergeben; pag. 22–28 sind Typoskriptblätter aus $I|3tH^1$ mit Varianten im Zusammenhang mit der Übernahme der Blätter in $I|14H^8$. Das Deckblatt trägt die   5 Aufschrift Arabella I. Neue Fassung Reinschrift 1929 Frühjahr.*

$I|15tH^7$ *Richard-Strauss-Archiv, Garmisch. – 31 (zum größten Teil Durchschlag-) Blätter, pag. 1–26, 26–30. Pag. 26 versehentlich doppelt vergeben. Stellenweise korrupte Abschrift von $I|14H^8$,*   10 *von Hofmannsthal korrigiert und variiert.*

    Nach stillschweigender Emendation Textgrundlage für den I. Akt (S. 7–33).

    Textkritisch ohne Bedeutung ist ein zum größten Teil aus den Originalseiten zu $I|15tH^7$ bestehendes Typoskript (E III   15 *22.1–31), das an den Stellen, wo $I|15tH^7$ aus Originalseiten besteht, Durchschlagseiten aufweist. Von Gertrud von Hofmannsthal flüchtig korrigiert und als »Fassung 1929 Juli« gekennzeichnet.*

II. Akt   20

N 70–89   *Frühe Notizen zum II. Akt, die zum großen Teil vor der Niederschrift von $II|1H^1$ liegen, z.T. im Zusammenhang mit ihr stehen. Diese Notizen sind teils in demselben Konvolut enthalten, das auch frühe Notizen zum I. und III. Akt umfaßt (E III 31), teils in demselben Konvolut wie $II|1H^1$ (E III 29).*   25

N 70   *E III 29.50. – Auf derselben Seite N 98.*
N 71   *E III 29.54. – Vgl. N 6.*
N 72   *E III 29.5. – Auf derselben Seite N 17.*
N 73   *E III 31.9. – Auf derselben Seite N 74, N 75.*
N 74   *E III 31.9. – Auf derselben Seite N 73, N 75.*   30
N 75   *E III 31.9. – Auf derselben Seite N 73, N 74.*
N 76   *E III 29.47*
N 77   *E III 29.51*
N 78   *E III 29.66*
N 79   *E III 29.52*   35
N 80   *E III 29.48. – Bleistiftnotiz.*
N 81   *E III 31.8*
N 82   *E III 31.11. – Auf derselben Seite N 15.*
N 83   *E III 29.53*
N 84   *E III 31.15. – Teil von N 105.*   40
N 85   *E III 29.45. – Auf dem Konvolutdeckblatt von $II|1H^1$.*
N 86   *E III 29.49*
N 87   *E III 29.57^b. – Vorderseite: pag. c von $II|1H^1$.*

N 88	E III 29.65. – *Rückseite: gestrichene Notiz zu* Die Kinder des Hauses, *auch* Chinesisches Trauerspiel *genannt.*
N 89	E III 29.46. – *Nachträglich pag.* I *als erster Teil zu N 91.*
N 90	E III 24.39ᵇ. – *Rückseite des letzten Blattes von* I|2H², *so daß die Notiz wahrscheinlich aus dem April 1928 stammt.*

II|1H¹   E III 29.45, 55–63. – *Konvolutdeckblatt und 9 Blätter, pag. a–i. Entwurf der ersten Hälfte des II. Akts ohne den Anfang des Akts (genauer Nachweis der Lücken in den Varianten zu II|1H¹). II|1H¹ ist reich an Binnenvarianz, stellenweise der Notiz noch näher als dem Entwurf. Auf der Rückseite von pag. c steht N 87. Das Konvolutdeckblatt trägt die Aufschrift* Arabella oder der Fiakerball IIᵗᵉʳ Aufzug. R⟨odaun⟩ 25 XII 27 *sowie N 85. Nach den Datierungen auf pag. a (26/27 XII. 27) und auf pag. f (23 IV. ⟨1928⟩) stammen die Blätter a–e wahrscheinlich alle noch aus dem Dezember 1927, die Blätter f–i aus dem April 1928. Zu demselben Stadium der Weiterarbeit an II|1H¹, zu dem die Blätter f–i gehören, ist wahrscheinlich auch das Blatt d aus II|2H² (E III 30.27) mit der Datierung 22 IV 28. zu rechnen, das im Oktober 1928 aus II|1H¹ in II|2H² übernommen worden sein dürfte.*

N 91–97   *Bei N 91, 93–97 handelt es sich um Notizen, die im Sommer und frühen Herbst 1928 als Vorbereitung und im Zusammenhang mit der Ausarbeitung von II|2H² entstanden sind. Der Text von N 92 ist zusammen mit dem von N 109 Mitte Juli 1928 an Strauss geschickt worden, der die Skizzen der Handlungsabläufe des II. und III. Akts am 18. Juli 1928 empfangen hat. Die Blätter mit der Grundsignatur E III 30 gehören zu einem Konvolut, dessen Deckblatt (E III 30.45) die Aufschrift* Arabella II. Neues Scenar Juli 1928 *sowie die Notiz* Schubert Hölderlin: Lied-Ode, *andererseits* chanson *(dann »*Liedchen*«des XVIIIᵗᵉⁿ) trägt.*

N 91	E III 30.46. – *Nachträglich pag.* II *als zweiter Teil zu N 89.*
N 92A	E III 28.1–16. – *Überliefert (A) in der handschriftlichen Aus-*
N 92B	*arbeitung Hofmannsthals (E III 28.7–16), die geringe Binnenvarianz aufweist und deren 10 Blätter fortlaufend paginiert sind, sowie (B) als Typoskript (E III 28.1–6), das als Abschrift der handschriftlichen Ausarbeitung die jeweils letzte Stufe der Varianz der Handschrift wiedergibt und dessen 6 Blätter fortlaufend paginiert sind. Der Text von N 92 folgt dem Typoskript unter stillschweigender Emendation von Korruptelen.*

    Außer diesem aus Hofmannsthals Nachlaß stammenden Typoskript hat mindestens ein weiteres existiert, nämlich das an Strauss geschickte, das sich vielleicht im Nachlaß des Komponisten erhalten hat, bislang aber nicht ermittelt worden ist.

| N 93 | E III 30.45 |

N 94	E III 30.47
N 95	E III 30.48
N 96	E III 30.49
N 97	Deutsches Literaturarchiv, Marbach a. N. (Nachlaß Herbert Steiner).

II|2H²   *E III 30.22–44. – Konvolutdeckblatt und 22 Blätter, pag.* 1, 2, c_1, c_2, d–g, zu g, h–u. *Entwurf des II. Akts, nicht vollständig (vom Verlobungsgespräch enthält II|2H² nur den Schluß; genauer Nachweis der Lücken in den Varianten zu II|2H2), starke Binnenvarianz. Die Paginierung des 2. bis 4. Blattes ist wiederholt geändert worden. Zu Blatt* d *und seiner Datierung* 22 IV 28 *vgl. die Beschreibung von II|1H¹. Das Konvolutdeckblatt trägt die Aufschrift* Arabella II. (Text) Aussee Ende September–18ᵗᵉⁿ October 1928. *Dazu stimmen die Datierungen auf mehreren Blättern am oberen Rand.*

II|3H³   *E III 23.31–57. – Konvolutdeckblatt und 26 Blätter, pag.* 1, 2, a, b_1, b_2, c_1, c_2, d–q, s–x. *Reinschrift mit geringer Binnenvarianz in einem Konvolutdeckblatt mit der Aufschrift* Arabella II Reinschrift.

II|4tH¹   *V III 1.31–52. –* 22 Blätter fortlaufend paginiert. Abschrift *von II|3H³, gelegentlich korrupt, von Hofmannsthal korrigiert und variiert und als* Handexemplar *gekennzeichnet.*
        Textgrundlage für den II. Akt (S. 34–53).
        Textkritisch ohne Bedeutung ist ein Durchschlag (E III 22.32–53), in dem Gertrud von Hofmannsthal *einige Korrekturen aus II|4tH¹ übertragen hat, und der von Hofmannsthal als* Exemplar Dʳ Strauss *gekennzeichnete Durchschlag im Besitz des Richard-Strauss-Archivs, in den ebenfalls Gertrud von Hofmannsthal einige Korrekturen und Varianten aus II|4tH¹ übertragen hat. In den beiden genannten Durchschlägen ist pag.* 10 *durch ein neu typiertes Blatt ersetzt, das den großen Strich in II|4tH¹ (vgl. den Apparat zu II|4tH¹) an der Stelle S. 42, 21 berücksichtigt.*

III. Akt

Von den Notizen zum III. Akt sind diejenigen mit der Grundsignatur E III 31 in demselben Konvolut überliefert, das frühe Notizen zum I. und II. enthält, diejenigen mit der Grundsignatur E III 29 in dem Konvolut mit Notizen zum zweiten Akt.

N 98	E III 29.50. – Auf derselben Seite N 70.
N 99	E III 29.64. – Auf derselben Seite N 26.
N 100	E III 29.67. – Auf derselben Seite N 27.
N 101	E III 31.12

N 102   *E III 31.13. – Rückseite: Durchgestrichene Dialogskizze zu* Chinesisches Trauerspiel, *auch* Kinder des Hauses *genannt.*

N 103   *E IV B 39.2ᵇ. – Vorderseite: Später geschriebene Notizen zu dem Aufsatz* Hans Carossa *und Aufzeichnungen zu Josef Nadlers Literaturgeschichte.*

N 104   *E III 31.14*

N 105   *E III 31.15. – Vgl. N 84.*

N 106   *E III 31.16*

N 107   *E III 31.17*

N 108   *E III 30.72–74. – Konvolutdeckblatt mit der Aufschrift* IIIᵗᵉʳ Aufzug (Scenar) *mit 2 Blättern, pag.* a, b.

N 109   *E III 30.63–71. – 9 Blätter, fortlaufend paginiert. Entwurf der* Handlung *des III. Akts, z. T. mit starker Binnenvarianz. Ein nach dieser Handschrift angefertigtes Typoskript hat sich bisher weder im Hofmannsthal- noch im Strauss-Nachlaß nachweisen lassen. Es muß aber als sicher gelten, daß ein solches Typoskript existiert hat, da Strauss am 18. Juli 1928 nicht nur die* Handlung *des II. Akts (vgl. N 92), sondern auch die des III. erhalten hat.*

III|1H¹   *E III 30.1–21. – Konvolutdeckblatt und 20 Blätter, fortlaufend paginiert. Entwurf des III. Akts mit starker Binnenvarianz. Das Konvolutdeckblatt trägt die Aufschrift* Arabella III. Text *(ab 25ᵗᵉⁿ X.–2 XI. 28). Zu dieser Datierung stimmen weitere einzelne Daten auf mehreren Blättern von III|1H¹. Es fehlt die einleitende Beschreibung des Bühnenbildes, statt derer sich auf der sonst leeren pag. 1 der Hinweis wie* Handlungsentwurf *(vgl. N 109) findet.*

III|2H²   *E III 23.58–78. – Konvolutdeckblatt und 20 Blätter, fortlaufend paginiert. Reinschrift mit geringer Binnenvarianz. Auf dem Deckblatt die Aufschrift* Arabella III. Reinschrift.

III|3tH¹   *V III 1.53–70. – 18 Blätter, fortlaufend paginiert. Abschrift von III|2H², von Hofmannsthal korrigiert, variiert und als* Handexemplar *gekennzeichnet.*

    Textgrundlage für den III. Akt (S. 53–70).

    Textkritisch ohne Bedeutung sind ein unkorrigierter Durchschlag (E III 22.54–71) und der von Hofmannsthal als Exemplar Dr Strauss *gekennzeichnete Durchschlag (Richard-Strauss-Archiv), in den Gertrud von Hofmannsthal einige Korrekturen und Varianten aus III|3tH¹ übertragen hat und in dem sich einige Kompositionsskizzen von Strauss finden.*

VARIANTEN

Notizen zur ersten Fassung des ersten Akts (N1–N35)

N 1

Figuren.

Eugen ⎫   5
Lamoral ⎬ Grafen
Dominik ⎭
Matteo, ein Leutnant
Nazi
der Pinogl ⎫   10
der ungar. Schackerl ⎪
der Weissfisch ⎬ Fiaker
der Fuxmundihansl ⎪
der Sandor ⎭
Mandryka (ohne weiteren Namen)   15

208, 5:   aus Aladar
208, 6:   aus Tassilo
208, 10 Pinogl *danach gestrichen :* der Savaladi
208, 15 : aus Aladar

N 2   20

Figuren.
Wladimir Conte Waldner.
Die Gräfin seine Gattin geb. Rzewinska
Arabella
Lucile   25
Matteo ⎫
Hannibal ⎪
         ⎬ Grafen
         ⎪
         ⎭
         ⎫
         ⎬ Fiaker
         ⎭
Herr von Uermening ein reicher Gutsbesitzer   30
Hotelier
Stubenmädchen
»Der Fiakergraf«

N 3

Neigung auch der älteren Schwester zu dem Leutnant, von ihr unterdrückt.

*Vermutlich Ende Oktober 1927; bei der Notiz handelt es sich um einen – durch
Hofmannsthals Brief an Strauss vom 26. 7. 1928 erhaltenen – Teil des* ersten
ältesten Notizzettel*s; im Brief wohl aus der Erinnerung* Mitte Oktober *datiert.*

N 4

29 X 27 vor der Abreise nach Berlin

                     Spieloper. (Außen Hui, innen Pfui)
Ein Abenteurerehepaar.
Der Graf etwas von Sir Giles Overreach (Oberst in Kais. mexican. Dien-
sten) auch von dieser Courteline Figur: ich werde den Herrn vor seiner
Schwadron ohrfeigen – (indem erscheint der Rittmeister)
Die Gräfin: Frau v. Murska.

Der Graf: wieder auftauchend: nimmt die Sache mit der Verheirathung
der Töchter in die Hand

Dessen Spezi ein angeblicher Gutsbesitzer –

Hauptmotiv: Lucidor. (cf. L'Etourdi)

zu verbinden mit: Marivaux. Les jeux de l'amour et du hazard.

Figuren: Aladar / Matteo /
Zerboni-Sposetti / Die Griechin /

Der Graf arrangiert: dass ein öffentlicher Ball als ein von ihm gegebener
Privatball erscheint.
Die eleganten Herren (die der Graf nicht kennt) und die der Gutsbesitzer
kennenlernen möchte: der Gutsbesitzer (der Ehrengast) (Arie) über das
versäumte Leben: er sei ein Bettler, strecke seine Hand aus nach Glück.
Der Graf: Lauter die Musik! Platz dem Baron!
Der Graf: Hübsche Stellung! (weil der Ehrengast sich mit einer Dame
große Freiheiten herausnimmt)

N 5

mit Schroeder. 11. XI 27

                     Der Fiakerball.
I. Salon in einem Wiener Hôtel.
Verlegenheit Verwirrung: weil der Wirt die Zimmer anfordert für einen
ungarischen Herren. Der Credit ist hin, die ganze Kärntnerstrasse weiß es.

Graf singt einen Brief des ungar. Vetters u. Cameraden. (Er hat ihm Photographie der Tochter geschickt)

Zdenko hat tausend unangenehme Posten an den Papa auszurichten:
Mamas Nerven müssen geschont werden.

Anfang: der »Graf«: Ich hab ihn hergebracht! – und jetzt kommt er   5
wirklich an.

Wirt: Erst muss ich Geld sehen.
Graf. Der Ankömmling will mich besuchen
Der junge Mann: Ich nehme alles auf mich.

Hotelstubenmädchen frech (bringt Rechnungen). Sie hat etwas gemerkt.   10
Ballett Hausknecht. Zimmerkellner. Oberkellner. Hotelier. Dienstmann.
Blumengeschäft. Modistin – Herrenschneider. Buchhalter. Schuster. Geldgeber –
geliehene Sachen abgeholt

Die Gräfin: (Madame Laroche) Ganz überflüssig – ich weiß nicht was du   15
willst – ich bitte das Arrangement mir zu überlassen! (sie nimmt Platz
inmitten des Zusammenräumens)

Anfang: Lucidor als Laufbursch alle beruhigen: Ich – der groom, sage
ihnen, Sie werden bezahlt werden.

Verkäuferin. Wozu halten sich die Leute einen groom?   20
Den Frauenzimmern gefällt er: Herr Zdenko!

Sie möchte lieber Stallpag werden beim Vater vom Nazi –

210, 1f.; 210, 3f.; 210, 14: Nachträge, Ort der Einfügung nicht gesichert.

N 6

13 XI ⟨1927⟩   25
                    Details Mandryka I
Mandryka, der Gospodar (Seine Mutter eines Paschas Tochter) verwandt
mit Ali Pascha von Janina
Schrecken seiner Diener, wenn er zürnt: Niederknien.

Empfang des Briefes auf der Bärenjagd.   30

Der verkaufte Eichenwald – mit Bären – Luxen – Zigeunern – Geistern –
alten Wilderern – Köhlern – Riesen – alles darin in der Brieftasche. Soll in
Rauch aufgehen!

Geschenke abgeliefert noch in der Nacht.

Mandryka zu Waldner: Ich habe verstanden warum du das Bild von dem
hochgeborenen Mädel in den Brief eingelegt hast –
(Waldners manchmal absurde, manchmal fast geniale »Einfälle«)
Er sieht jedem in die Augen: süßes Gefühl: guter Mensch
                        leeres Gefühl: schlechter Mensch
in Bezug auf die Schwiegermutter: armes Weib
»Dieses Wien wird vergehn – der Wald wird bestehen.« Groß ist das Land –
groß ist der Kaiser. (Einflechten des Gott erhalte) Im Wald da bin ich der
Kaiser u Herr: Gott erhalte. – Das ist vorbei – Wald ist verkauft.
Vgl. N 71.

N 7

16 XI ⟨1927⟩
                   I. gegen Schluss.
Arabella: Recht hat das Mädel – für mich ist die Mädelzeit aus – für sie soll
sie anfangen – aber gib acht. Zdenkerl, Du hast etwas Gefährliches in Dir –
gib acht (Zdenka lehnt sich an sie u. weint) Du lachst mir zu wenig –
Sie zieht ihr eines ihrer Kleider an –
(bei verschlossenen Türen) Von morgen an!

N 8

16 XI ⟨1927⟩
                     I
         Arabella und die drei Grafen.
Elemer: Eine Sphinx ist sie – er kann nur auf dem Clavier ausdrücken wie
ihm zumut ist – Worte zu sagen schämt er sich.
Arabella: Der Richtige wird sich nicht schämen! er wird starke Worte
sagen.

Gesellschafterin bei deiner Tant – Kinderfräulein oder Cocotte

Dominik: Wie kann man nur so sein – so eine Circe – selbst wie Stein –
kaltes Herz
Arabella: Ich spür Sie – aber ich spür Sie nicht so, dass ich nichts anderes
spür. Ich kann mich fragen: Kannst ihn vergessen?
Dominik: Kaltes Herz –
Arabella: (sieht ihn an)
Dominik (hält sich die Augen zu)
Eugen: Nur Macht zeigen will sie! das ist ihr alles.
Arabella: Ohnmacht tät ich lieber zeigen!

211, 27 Kinderfräulein *aus* Fräulein
211, 30 spür Sie *aus* spür dich

N 9

16 XI ⟨1927⟩

I.

Arabella und die Grafen

Der, dem sie gesagt hat, dass sie genau wisse er werde sie nicht heirathen,   5
wie wenn sie ihm aus der Hand gelesen hätte (sie ist Fatalistin; war heute
bei der Kartenaufschlägerin, der Weybora) – Er: das ist ja Verachtung –
Sie: Nein, es ist Schätzung nach dem Wert genau –

N 10

I   10

Die Mutter hat gute Botschaft erhalten u. auf sichere Nummern das letzte
Geld gesetzt fünfzig Gulden – die Smaragden sind schon versetzt –
Nazi möchte einen Vorschuss – er will auch umsonst fahren –

N 11

Arabella: (zu Eugen) Aber deiner Gräfin-Mutter tätest mich nicht bringen 15
und deine Gräfinnen Schwestern schauen weg wenn Du mit mir am Eis
tanzen tust –

N 12

Arabella u. der Liebhaber.

Eugen Vorwürfe: Man weiß nie wie Du bist –   20

Arabella: Der Richtige wird mich nehmen u. es werden keine Fragen sein.
Er wird mich einsaugen wie ein Wirbel –

Schlittenpartie: dann zum Demel – dann ins Wiedener Theater – dann auf
den Ball –

N 13   25

II.

Arabella: Elemer

Sie fatalistisch hochmütig –
er spöttisch, sucht diesen Hochmut zu erschüttern –
Arabella: Mich trifft ihr Wort nicht –   30
Nein, setzen Sie sich her.
Sie: Ich bin der Preis, um den ihr ringt: ich bin aber zugleich die Richterin –
Zornig sollte ich sein auf euch, die ihr es n i c h t seid.

ihr sich-entziehen – c a r m e n h a f t.

Versprechen der Entscheidung für heute abend   35

Wohl irrtümlich II. *überschrieben.*

N 14

I.

Arabella. Ach lass, Mama.
　　　　Geh, lass, Papa.

5 Bonbons von Dominik
Parfum vom Elemer
Spitzen vom Lamoral –

213, 5: aus Blumen vom Eugen
213, 7 Lamoral *aus* Dominik

10 ## N 15

18 XI 〈1927〉

I.

Verschuldeter Zustand.
Eugen hat ein Reitpferd geliehen.
15 Es soll auch gepfändet werden.
Es steht beim Nazi seinem Vater

Gestrichen.

N 16

I.

20 　　　　Arabellas Coquetterie
Manuels Qualen: Was kann sie ihm sagen? Jetzt wieder dem andern – so
ernst – er wird rot u. blass –
Zdenka schleicht sich näher –

Mutter: Wir sind nicht so reich wie wir scheinen – d.h. im Augenblick –
25 die weißrussischen Güter sind sequestriert –

Arabella: Von Euch aus gesehen sind wir doch niemand
Ein päpstlicher Graf – eine alte Närrin – und eine coquette Tochter

N 17

I Zimmerkellner eifersüchtig auf Stubenmädchen wegen Zdenko

30 I Zdenko: was hab ich ihm gesagt: wie ich gegen die Grafen sein werde –
wenn ich nur nichts vergessen habe – wie hab ich ihm mein Benehmen
gegen Dominik erklärt? Dass ich mich nur nicht selber desavouiere.

Zdenko zu Matteo: Mir gefielest nur Du!

213, 32 Dominik *aus* La〈moral〉

N 18

21 XI ⟨1927⟩
                              I.
Zdenko zu Matteo:
Ein Mädchen, musst du verstehen – schämt sich – aber sie möchte immer   5
noch mehr geben – alles kommt ihr noch zu wenig vor! Sie haben ja nichts
anderes, was sie wirklich occupiert – nur diesen Gedanken im Kopf!
Matteo: Du bist ein Kenner!
Zdenko: Alles weil ich dich so gern hab! Das macht mich über meine Jahre
gescheidt – in den letzten drei Wochen bin ich um drei Jahre gescheidter   10
geworden.

214, 8 Kenner *aus* Ziniker
214, 10 drei *aus* fünf

N 19
A⟨ussee⟩ 26 XI 27.   15
Spieloper.
(Liebeshandlung)

N 20
                              I.
                       Liebeshandlung.   20
Matteo: böse über die fortwährenden Einladungen der Grafen: Einladung
zum Fiakerball, zu einer Schlittenpartie zu einem Picknick – er ist arm.
Arabella: Luxusliebe – Fiaker, Schlitten, der 666 –
Mutter: prahlt – von Schlössern in Polen – (sie ist nicht wirklich verhei-
rathet: das nennt sie: über einem Abgrund schweben, auf einem Vulcan   25
tanzen)
Lucidor: (Zdenko) lauschend – schnappt alles auf – Furcht vor der Polizei –
sie nimmt alles au pied de la lettre –
Mutter zu Arabella: Sie müsse Matteo zu decisivem Schritt bringen – Wo
nur der Papa bleibe?   30
Arabellas kalte Äußerungen über Matteo – Zdenkos Qualen
Zdenkos viele Lügen im Kopf. Du musst sagen – du musst tuen als ob –
sie ist fertig mit den Nerven – Matteo's Pech hält sie nicht mehr aus.
Graf: Furcht vor Briefen, die ihm Lucidor auf einem Tablett überreicht
(das Tablett gehört der Firma Klinkosch)   35
Geschäftsdiener (schon mehrmals dagewesen) 3 silberne Tabletts abholen –
Zdenko: ein Brief aus Ungarn –
Gleich darauf der Leibhusar

214, 30 bleibe? *danach gestrichen:* – der um Geld gegangen –
214, 31 Zdenkos *aus* Lu⟨cidors⟩   40

N 21

I Handlung
Zdenko und die Gläubiger. Was sie alles im Kopf haben muss.
Mutter hinzu. Zdenko will nicht länger groom sein.
5 Vater nachhaus. Von Mandryka kein Lebenszeichen. Er lässt Koffer weg-
schaffen – Portier verbietet es.
Arabella nachhaus (mit valet de place) erzählt die Begegnung mit dem
Husaren, der sie bittet den Schleier wegzutun.
Vater ab.
10 Hotelier: Salon aufgeben.
Mutter: die drei Grafen! (sie cachiert die Situation mit dem Wirt)
Hotelier: Ich brauche die Möbel –
Scene der drei Grafen. Die Fiaker.
Mutter: läutet um Erfrischungen! Es darf nichts mehr serviert werden.
15 Matteo hinzu. Arabella sich umkleiden.
Matteo u. die Mutter: über Arabella
Mandrykas Ankunft. Brieftasche mit Tausendern: ein Wald.
Matteo – zieht sich zurück; wird wieder kommen.
Die Familie allein. Zdenko darf Mädchen werden. Zu spät! –
20 Die beiden Schwestern. Zdenko bettelt um ein Wort für Matteo. Erhält es
nicht. Hat einen Brief schon vorbereitet. – Matteo liest den Brief. Seine
Klagen. Zdenko: Arabella versteckt ihre Gefühle. Zdenko: jetzt red ich
für sie! pass auf! u.s.f. anderer Zettel[1]. Schluss. Zdenko: Heute abends
bekommst du einen Brief von ihr – und er wird viel enthalten. Matteo:
25 Alles oder nichts! – Sonst geh ich nach Galizien.
Während des alleinseins mit Matteo Zdenko fortwährend gestört durch
Leute die etwas abholen wollen u. die sie auf »später« bestellt hat.
Zdenko allein: Lieber Gott verzeih mir alles.

215, 7 mit valet de place *aus (1)* mit der Mademoiselle *(2)* mit Lohndiener

30 *N 22*

Comtess Mitzi nachlesen.

I
Ceremonie der Einladung auf den Fiakerball.
Die drei Fiaker gemeldet.
35 Mit ihnen eintretend die drei Grafen: mit 3 Buketts.
Die Grafen stellen vor: 666 – Fisolenhansl
(Virginiastroh hinterm Ohr)
212 . . .
89 . . .

[1] *N 18*

Die Fiaker machen Kratzfüße.
Ein Graf: die drei wollen ihre Einladung machen.
Man setzt sich. Zdenko die Stühle rückend.
Fiaker stellen sich in Positur. Sie singen ein Einladungslied.
Arabella singt mit schließlich auch das Personal   5
Arabella coquettiert mit Eugen – Aladar eifersüchtig –
Die drei Grafen: Wir tragen heute abend ihre Livree –
heimlich Dominik
Matteo indessen eingetreten.
Eifersucht   10
Zdenka leidet mit ihm, pufft ihre Schwester, wirft ein Tablett hinunter.
Grafen fragen ob man den ungezogenen Burschen abstrafen soll.

215, 36 Fisolenhansl *aus* Fisolenpoldl
216, 6 Aladar *aus* La⟨moral⟩

N 23   15

I.

Mutter zu Arabella.
Es muss geheirathet werden!
(bis zum Paroxysmus gesteigert)
dann, als Arabella mit den Thränen kämpft: 20
Nein, armes Kind – lieber ins Elend bei Nacht und Nebel, als dich aufopfern, unsere Schönheit!

N 24

Arabella: Der Mädchenhochmut
Zdenka: die Mädchendemut.   25

Arabella: das Gefühl schlechthin unschätzbar zu sein. Der Stolz ihres
Schreitens.

N 25

Matteo (nimmt den Knaben zu sich) ob er ihm gut gesinnt sei – ? ob er
wisse, was solch ein Brief ihm bedeute – ob er ihm einen versprechen   30
könne – (Zdenko: o Gott!) – wenn nicht – so wisse er was erfolgen werde –
die Begegnungen mit Arabella seien finster trotzig – der Brief war der
Himmel –

N 26

Pfauen sollst du weiden …   35

N 27

Mandryka
Sufel Mara, Tsigan Djura.

Mandryka's Gefolge: Awram Welko, Leibhusar, Tsigan Djura, Jankel.

5 Mandryka: eine Stimme wie ein Muezzin

In vieren läuten die geweihten Glocken – und in dreien ruft der Muezzin
vom Turm –

N 28

I.

10 Begegnung Mandryka mit Arabella (die zuerst weggeschickt wurde
Toilette machen)
Sie tritt heran . . . feierlich.
Mandryka: zuerst stumm dann: Ja! ja! ja! ja! (umarmt Waldner) dann: Du
bist in Verlegenheit – lass mich das ordnen – Ich gebe ein Souper heute
15 abend hier!
Die Mutter: wir gehen heute auf einen Ball zu dem sich die erste Gesellschaft zusammenfindet – Sie finden dort die crème de la crème – zwar – die
crème wohl nicht! wir dürfen doch auf Sie zählen? Es wird Arabellas Ab-
schiedsball – als junges Mädchen. Aber davon kein Wort! Wer wird so
20 etwas sagen! (sie rührt Holz an)
Aladar: durch Leibhusar überreicht einen Schmuck – Blitzen von Steinen –

Schluss
Die Familie allein. Vater eilig. Mutter exaltiert. Zdenko darf Mädchen
werden. Die beiden Schwestern.
25 Zdenko bettelt um eine Zeile – erhält sie nicht – schreibt selbst (oder hat
den Brief schon bei sich)
Matteo liest den Brief: Warum so anders auf dem Papier als von ihren
Lippen.
Zdenko: sie ist eine heimliche – Wir sprechen die ganze Zeit von Dir –
30 Matteo (entzückt): Sprich mir von ihr! du sprichst so reizend – wie ist sie
zu mir gesinnt – wirklich! hab ich so große Hoffnungen – Du bist ein lieber
Bub, ich möchte dich küssen (sie hat Herzklopfen, muss sich legen)

Arabella: Besonderer Dépit gegen Matteo – er ist der Sündenbock für die
andern.
35 Zdenko! Wir müssen fort –
Arab.: Sie Matteo sind überhaupt niemals in Frage gekommen!
Zdenko: heut auf dem Ball bekommst du einen Brief von ihr.
Arabella: (Nochmals) behandelt M. sehr schlecht

Matteo: Zu viel tenue – Warum? Es hört niemand zu!
Zdenko: falsch gemacht! Sie weint drinnen

Arabella ab, sich anzukleiden. Waldner kennt den eintretenden Fremden
nicht.
II. Mandryka: (nach der ersten Begrüßung u. vagen Vorstellung) Welko!   5
den Brief! – Sie suchen. Jankel produciert den zerfetzten u. etwas blutigen
Brief
I Mandryka: Mit wem habe ich die Ehre? Sind Sie der Vater? Und Schreiber dieses Briefes. – Er ist blutig geworden u. Ihre Unterschrift ist abgerissen. Hab auf Wölfe gejagt – sie haben mir Schafe und Kühe gerissen – und   10
gar Pferde – (die Diener Mandrykas reichen Stühle u. Cigarren – Jankel
zahlt)

Zuerst Karte herein: Mandryka. Waldner's Entzücken.
Mandryka: Ich nehme die Zimmer drüben
Waldner: Du könntest gleich diese nehmen. Sie werden frei. Wir sind   15
etwas geniert.
(Mandryka: Du bist geniert – Teschek! bedien dich!)
Mandryka's Staunen, dass man für möglich hielte, er nehme es nicht au plus
sérieux, wenn ein Edelmann ihm durch Bild seine Tochter anbietet.
Mandrykas Angst, er sei zu alt: er ist 38. Und: ob sie einen Witwer nehmen 20
würde? und: ob sie Wien verlassen wird. Aber: der Donau fließt auch bei
uns. Und sie wird die Herrin sein auf dem Grund auf dem sie steht – nur
der Kaiser über ihr – Pfauen soll sie weiden . . . Sieht sie so aus wie das
Bild? Jankel schwört wie auf Gold. Welko: versteht Frau. Djura: versteht
Werte.   25

Wann man sich zum ersten Mal sehen wird? Sofort? Das lehnt M. ab. Heute
abend auf dem Ball, proponiert meine Frau. Wie deine Gräfin befiehlt.

»Sie hat ihren Stammbaum im Gesicht geschrieben!«

Waldner (nachher; verzückt) Teschek – bedien dich! (schmeichelnd, hero-
isch-majestätisch) – Waldner tanzt vor Freude er glättet die 2 Tausender,   30
die er nachlässig zu sich gesteckt hat
Adelaide: ahnt Erfüllung der Prophezeiung. Sie küsst die halb angezogene
Arabella auf die Stirn.
Arabella: Was ist los? –
Adelaide: Ein croatischer Magnat hat um dich angehalten. – Aber – ne   35
soufflez mot – der Neid der Menschen ist ungeheuer – wir sind umgeben
von Intriguen – Es wird alles gut ausgehen! (sie rührt Holz an)
Arabella: Geh lass, Mama! Die ewigen Phantasien. (Nachmittags nicht
frei) Dépit

217, 9–21: eingeklammert (Tilgung erwogen?)
217, 10 Mandryka *aus* Aladars
218, 35 croatischer *aus* ungarischer

N 29

Arabella oder Der Fiakerball.
Comte de Waldner, ehemals Kaiserlicher Officier, ein Abenteurer und
Spieler (50 Jahre)
Adelaide s. Frau 40 Jahre.
Arabella, 22 Jahre
Zdenka, 17 Jahre   ihre Töchter

Matteo, Leutnant 23 Jahre
Dominik
Elemer 3 fesche junge Grafen
Lamoral
Mandryka, Großgrundbesitzer 35 Jahre

Es darf als sicher angenommen werden, daß das Blatt einmal an Strauss geschickt
worden ist.
219, 8 40 *aus* 35
219, 9 22 *aus* 20

N 30

Mandryka
Der Regimentscamerad des Grafen war der falsche Mandryka recte Capeta-
nowic

Vgl. auch N 88.

N 31

I Schluss.
Matteo bezweifelt die Schrift
Zdenko: Stehend, stehend hat sie doch geschrieben – und das ist ihr A –
das ist doch die Schlinge –

N 32

Schluss I.
Arabella allein: ein Federstrich – ich weiß was er bedeutet – er entscheidet
über ein Frauenschicksal – ohne das süße Muss. O Verzweiflung – (ein
Spiegel –) o Ironie – ein schönes Gesicht: ein Versprechen von Glückselig-
keit – und für wen? (sie ringt die Hände)

Die ganze Notiz durchgestrichen.

N 33

W⟨ien⟩ 12 XII. ⟨1927⟩

I. Scenar.

Schneiderin will ihre Tochter verheirathen.

Zdenko: Geschäftsleute. Rechnung ist abgegeben worden! Bis morgen zu   5
begleichen!

FRISEURIN

Oder mein Chef wird gerichtlich klagen!

ZDENKO

alles wird geordnet werden – meine Mutter hat Migräne –   10

Geschäftsleute: übergeben Rechnungen –

ZIMMERKELLNER

Ich muss den Herrn Papa sprechen. Ich muss dringend bitten! Ich brauche
den Salon! und ich kann keine verschuldete Clientel behalten.

ZDENKO   15

Alles wird geordnet werden. – Zdenko: Verzweiflung.
Wir werden fort müssen bei Nacht u. Nebel – ich werde ihn nie mehr sehen!
erstickter Schrei Matteo späht herein, verschwindet als jemand eintritt: die Mutter.
Er wollte die Tageseinteilung wissen. –
Fiakerball   Schlittenfahrt   Picnic   20

ZDENKO

In einer Viertelstunde. Sie geht dann aus. Ich begleite sie: ich werde von
dir sprechen. Die Grafen kommen aufs Eis.

MATTEO

Ich will was arrangieren.   25

ADELAIDE

Wer war hier? Mit wem hast du gesprochen?
Ich habe Nummern geträumt – aber meine Versatzzettel verlegt.
Wo ist dein Vater? Mein armer Kopf!

ZDENKO   30

Was weiß ich? – Sie hat Matteo vorbeischleichen sehen
Warum muss ich Bubenkleider tragen! warum ist alles unwahr? Warum ist
von Gütern die Rede die wir nicht haben? Von Erbonkeln die nie sterben?
von unserm Fiaker, der uns längst nicht mehr führt, von Heirathen, die
nie geschlossen werden! Von einer Situation, die durch alles compro-   35
mittiert wird!

ADELAIDE

Wirf nur Steine auf mein Herz!

Möbel weg

Mein Heim!

⟨ZEDENKA⟩   Aber Mama das ist doch ein Hôtel!

ADELAIDE

5 Du weißt dass alles darauf ankommt dass Arabella eine große Partie macht.
Du weißt was man mir prophezeit hat – für sie u. für dich. Sie hat im
Krystall die Partie gesehen für die einzige Tochter (ein blonder Bub steht
daneben) Hat sie Recht behalten? – Du siehst wie sich die Träger der vornehmsten Namen um Arabella reißen.
10 Die meisten der vielen Möbel abgeholt: Bedaure
Sie müssen aufstehen. Stellung wechseln.

⟨ZEDENKA⟩
Adel. Welcher Graf Dominik? Graf Lamoral? Graf Elemer?

ZDENKO
15 Die foppen sie nur. Von denen aus gesehen, sind wir niemand.

MUTTER
Eine schöne Sprache

ZDENKA   für einen Stallbuben.

ADELAIDE
20 Dein niedriger Sinn – die Trivialität deiner Gedanken – du hast das ›mal
occhio‹.

ZDENKA
Einer ist darunter der möchte sie heirathen – und den behandelt sie schlecht.

⟨ADELAIDE⟩
25 Matteo ist keine Partie, u. er compromittiert sie.

ZDENKA
Ich will nicht mehr das Aschenbrödel sein – für die Prinzessin Schwester –
Ich hab es satt. Du hast gesagt bis Weihnachten. Jetzt ist Februar.

Welko Djura Jankel

30 ARABELLA im Negligé herein
Was ist denn los? Heul nicht Zdenkerl. Es wird schon schief gehen Sie hat
Recht. – Für mich ist die Mädelzeit bald aus, für sie soll sie anfangen. Du
hast etwas Gefährliches in dir! gib acht – Willst mein blaues Kleid?
Auf den Fiakerball möcht ich noch gehen – Übermorgen ist Aschermitt-
35 woch – Sie kommen uns einladen: der 89er der 666er und der Weißfisch

Waldner deprimiert herein mit einer Art Trauermarsch
Adelaide: wie wenn man eine Leiche brächte

ADELAIDE
Lasst uns allein, meine Kinder. Euer Vater hat Sorgen!
Zdenka gib d. Schwester den Vortritt.

Zdenko-Arabella im Hinausgehen: schließlich läuft Zdenko voraus haut ihr die Tür vor der Nase zu

ARABELLA   5
Papa, man muss immer über der Situation bleiben!

ZDENKO
Auf meine Kosten

ARABELLA
Wenn ich mein sogenanntes Glück gemacht hab – dann helf ich dir – Lass   10
Mama.

ZDENKO
Dich plagt der Übermut.

ARAB.
Weil's mir vielleicht so gut geht.   15

ZDENKO
Dir gehts wohl gut! Einer möchte dir sein Herz unter die Füße legen –

ARABELLA
Larifari!

ZDENKO   20
Er betet dich an.

ARABELLA
Ein suffisanter Kerl ist er seit ein paar Tagen. Seit er nicht mehr larmoyant
ist, gfallt er mir schon gar nicht. Ich weiß nicht was in ihn gefahren ist.

ZDENKO   25
Hochmutsteufel ist in dich gefahren!

Waldner: reißt Rechnungen auf geräth in Verzweiflung, zeigt sie Adelaide, rauft sich die Haare.

WALDNER
Kein Brief? Kein Erfolg!

ADELAIDE   30
Nichts! Und du? – Du hast gespielt!

WALDNER
Alles ist Spiel! Ich zermartere mir den Kopf!
Nur wenn ich spiel fallt mir was ein –

ADELAIDE
Theodor!

WALDNER
Ich habe an alle Regimentscameraden geschrieben – nach einem alten
5 Schematismus – unter andern an einen – einen gewissen Mandryka.

Jankel steckt den Kopf herein

WALDNER
Er war reich u. ein Phantast. Vor Verona ließ er eines Mädels wegen die
Strassen mit Salz bestreuen – Auch von ihm keine Antwort. Ich habe an
10 seine Großmut appelliert – Ich seh sein Gesicht – wie der Pique-könig
schaut er aus –
Ich habe eine Photographie von Arabella beilegt – die in dem stahlblauen
Ballkleid mit Schwanenbesatz. Ich hab mir gedacht – vielleicht kommt er
u begehrt das Mädel.

15 WALDNER
Es muss ein solider Bewerber geheirathet werden. Statt der ewigen Hof-
machereien!

A.
o mein schönes Kind! Dich aufopfern! Deine Mutter wird dich beschützen!

20 Djura steckt den Kopf herein

ADELAIDE
Man will uns ausquartieren! Fremde spähen herein!
Wir müssen fort bei Nacht u. Nebel. Die Tante Jadwiga muss uns aufneh-
men.

25 W.
Wird sich bedanken!

⟨ADELAIDE⟩
Vergisst du, Theodor, dass meine Mutter eine Opalinska war! Du wirst als
Verwalter eintreten. Ich werde ihr das Haus in Ordnung halten, Zdenko
30 wird ihr Bruder sein – für immer – wir sind nicht in der Lage zwei Töchter
zu haben – und Arabella wird einen Poniatowski heirathen. Es ist prophezeit: sie wird Untertanen haben zu tausenden Wir werden nicht untergehen!

Welko steckt den Kopf herein

WALDNER
35 Hast du fünfzig Gulden –

⟨ADELAIDE⟩   Nicht einen halben!
Der letzte 50er an die Modistin die mit Scandal drohte. Und Nummern
geträumt: in Flammen vor mir.

⟨WALDNER⟩
versetz deine Smaragdbrosch – ich hätte heute Glück ich spürs – (Joueur) –
Mir zucken die Finger –

KELLNER
Drei Fiaker wollen ihre Aufwartung machen –   5

220, 4; 220, 7; 220, 19–25; 220, 37–221, 4; 221, 30; 223, 15–19; 223, 36;
223, 37f.: Nachträge, Ort der Einfügung ungesichert.
220, 31: Regieanweisung trotz der Einschübe 220, 19–25 stehen geblieben. Danach
gestrichen:
WALDNER steht da   10
Ich habe eine letzte Combination im Spiel.

221, 14 Welcher *danach gestrichen:* Eugen
222, 28 Waldner *aus* Wladimir
223, 28 Theodor *aus* Wladimir

N 34   15

Zdenko mit Matteo. Arabella scharf. Zdenko. Die Herren im Abgehen –
Plan für den Tag. Und da Mama Migräne hat: soll Zdenko sie begleiten.
Zdenko soll sich vieles merken: wo man sich trifft u.s.f.

Matteo's Verzweiflung dass sein Wechsel nicht eingetroffen. Zdenko:
Komm wieder! Matteo ab.   20

Waldner (zu Adelaide) Fahr aus – und trachte die Spitzen zu verkaufen –
es ist für zwei Tage. Die Rechnungen können warten. Dieses Wien! Anno
49 wie wir einmarschiert sind, hat man hier rein umsonst gelebt.
Adelaide: Sie wird jemanden kennen lernen – der Erzherzog Max dreht
sich immer um –   25
Arabella (durch die Tür) Ich bitte dich schon Mama! verkuppel mich aber
de facto!

Die ganze Notiz gestrichen.

N 35

14 XII. 27   30
                              Mandryka-Waldner:
M. Zu haus hab ich nie Geld bei mir. Für was? Es gehört alles mir. Ich
kann nix kaufen. Mädeln kauft man bei uns nicht. – Aber ich hab mir gedacht – Hindernisse darfs nicht geben – also mir den Juden kommen lassen
aus Essek – den Eichenwald verkauft – an der Donau – er war nicht klein – 35
Schluchten Köhlerhütten – Zauberer – Räuber – Exilierte – wird alles
heraus müssen – Holz wird verflösst werden – aber es wachsen noch Bäume

genug auf meinen Gütern – und hier darfs keine Hindernisse geben – hier
macht man alles mit Geld, also Geld ins Portefeuille – Verzeih dass ich von
solchen Sachen rede –
Waldner. (fasciniert) Der ganze Eichenwald . . ?
M. Ja – Schluchten – Höhlen – hat alles Platz in so einem Portefeuille –
W. Schön anzuschauen –
M Darf ich vielleicht – bist du vielleicht – Teschek bedien dich –

I/1 H¹

*Im folgenden Apparat werden die Endstufen ausgewählter Varianten gegenüber dem
Text der ersten Fassung des I. Akts (S. 71–94, 31 und S. 103–110) lemmatisiert.
Wesentliche Textabweichungen ergeben sich aus dem Fehlen der Szene Arabella-
Matteo (S. 73, 25–76, 35), ferner aus zusätzlichem Text an solchen Stellen, an
denen später in I/3tH¹ und I/4tH² im Sinne von Hofmannsthals Brief an Strauss
vom 21. Juni 1928 und von N 38 gestrichen worden ist (77, 19; 78, 18; 78, 31;
79, 25; 79, 33–36; 80, 4; 80, 11; 80, 36; 83, 8–22; 85, 23–26; 90, 37–91, 6;
94, 18; 108, 16; 108, 23f.; 109, 23; 110, 2).*

72, 17	Schande!] Schande! ich sehe es kommen! es steht vor mir!
72, 31	Arabella?] Arabella?
	Keine Zeile für mich?
73, 25–	Ich werde sie begleiten
76, 35 :	Ich spreche von dir
	die ganze Zeit
	– sie muss verstehen –
	dass alle die andern –
	nicht so viel wert sind
	wie dein kleiner Finger –
	Matteo!
	MATTEO
	Braver Bub!
	Du bist mein einziger Freund!
	ZDENKO
	Wirklich?
	Bin ich dein einziger Freund!
	sags noch einmal! sags noch einmal!
	Matteo hört legt Hand auf Lippen – verschwindet
77, 2	eine Unruhe] ein Getöse

77, 19   Tag!] Tag!

ZDENKO
Aber Mama! Es ist doch ein Hotel –

ADELAIDE
Am hellichten Tag!   5
ringt die Hände

78, 19 :   ZDENKO
Nicht dass ich wüsste!
Um die Hand meiner Schwester!
Vielleicht um die linke!   10

ADELAIDE

78, 23 :   glaub mir – ich hab sehende Augen

78, 25 :   Dein niedriger Sinn treibt mir das Blut in die Wangen –

78, 29   Matteo!] Matteo – und den behandelt sie wie wenn er ihr
Bedienter wär –   15

78, 31   Kein Wort] Genug von diesen Trivialitäten!
Ein niedriges Auge sieht die Dinge niedrig
Kein Wort

79, 10   vorüber!] vorüber! Ich will mein Recht

79, 25   Namen.] Namen   20
Zdenkerl, willst du mein blaues Kleid? Komm u. probiers.

79, 33–36 :   Waldner langsam auf ein Fauteuil rechts zu
Adelaide zu ihm

WALDNER
Rechnungen –   25
hält sie A hin
Die Mädel nach links.

ARABELLA
Flenn doch nicht mehr!
Man muss immer über der Situation bleiben –
schau mich an –   30

ZD

Auf meine Kosten –

ARABELLA

Red doch nicht so hässlich

5   ZD

Sei du nicht lieblos – du

ARABELLA

Wenn ich mein sogenanntes Glück gemacht hab
dann mach ich deins!

10   ZD.

Dich plagt der Übermut

A.

Weils mir vielleicht so gut geht –

ZDENKO

15   Dir gehts wohl gut
Einer möchte dir sein Herz unter die Füße legen –

ARABELLA

Larifari!

ZDENKO

20   Anbeten tut er dich!

ARABELLA

Ein suffisanter Kerl ist er geworden
dein Freund Matteo. Seit er nicht mehr so weinerlich und
                                                schüchtern tut
25   missfallt er mir schon gar –
Ich weiß nicht was in ihn gefahren ist

ZDENKO

Der Hochmutsteufel ist in dich gefahren!

läuft ab links rückwärts
30   Arabella ab links vorne

80, 4   ADELAIDE] ADELAIDE

Nichts! Und du – du hast gespielt – du hast verloren –

WALDNER

Ich zermarter' mir den Kopf
35   find keinen Ausweg
Nur wenn ich spiel fallt mir was ein

80, 11 dazu:] und ein Verschwender
für ein Mädel hat der einmal die Strassen von Verona
mit dreitausend Scheffel Salz bestreuen lassen
weil sie hat Schlittenfahren wollen im August –

80, 36 bedanken!] bedanken!

ADELAIDE
Vergisst du dass meine Mutter eine Opalinska war?
Du trittst ein als Verwalter der Güter.
Ich helfe ihr das Haus zu leiten

w
Und die Mädeln

83, 8 *Datierung* 15 XII. ⟨1927⟩

83, 6–25 : MATTEO
Die drei! schon wieder! diese ewigen drei Stutzer!

ZDENKO zu ihm
Ich hab nichts gewusst. Es war eine Überraschung.
Haben Sie doch ein bisserl Geduld. Nehmen Sie Platz. –
Die schönen Blumen – Sie sind ein Verschwender!

MATTEO
Sie wirft nicht einmal einen Blick auf mich.
Ich bin der Niemand!

ADELAIDE
Herr Leutnant kommen Sie doch zu uns.

83, 36 : Eine Sphinx sind Sie – mancher Blick – wenn man ihn deuten
dürfte – Sie spielen mit uns allen – so eine Circe –

84, 22 *a.r.R. :* ARABELLA
Ich spür Sie – aber ich spür Sie nicht so, dass ich nichts andres
spür – Ich könnt mich fragen: Kannst ihn vergessen?
Und die Antwort wär: Oh ja!

84, 23 : MATTEO
Was kann sie ihm sagen! jetzt wieder dem andern! so ernst!
er wird blass und rot

ZDENKO zu Arabella
Der Matteo ist auch da.

ARABELLA
Hab ihn schon öfter gesehn.

ZDENKO
Du könntest ein bisserl gleichmäßiger artig mit deinen Gästen
                                                                    sein.

ARABELLA scharf, nicht schreiend oder keifend
Behalt deine Weisheit für dich, vorlauter Gredl
sie tritt zu Lamoral, der abseits steht

85, 12   *Datierung* Rodaun 16 XII 27.

85, 23–26:   ab. Adelaide bleibt. Waldner schreibt hinter einem Paravent. Die drei Herren im
Abgehen – ziehen ihre Paletots an, die die Grooms gebracht haben. Zdenka bei
Matteo.

MATTEO
Und ich bin heute plötzlich wieder Luft für sie!
Ich möcht ja in die Erden sinken!

ZDENKO
Ist alles doch nur Coquetterie! Ich schwör dir – nur
aus dir macht sie sich was! Ich kenn sie doch!
Ich weiß doch wie sie wirklich ist! Wenn wir allein
sind spricht sie immer nur von dir!

85, 36   verkaufst!] verkaufst!

ADELAIDE
Die Spitzen die dem Kind gehören?

WALDNER

86, 2   Wien!] Wien!

WALDNER
Gib her – ich werd schon selbst – der Levi nimmt sie mir –
steckt sie ein

ADELAIDE

86, 5f.:   in höchste Höhe!
Wir wissen nicht was diesem Kind noch vorbehalten ist!
immer exaltierter
Aufm Eis der Erzherzog Ludwig wendet nicht den Blick von
                                                ihr wie eine Bildsäule

86, 9–14 :   *fehlt*

86, 1 5   *Datierung* 17. XII. ⟨1927⟩

86, 34   gewärtigen . . . *danach gestrichen:*
                Mir fallt nix ein. Ich weiß keinen Ausweg

87, 36 :   Ah so! Mit wem hab ich die Ehre?   5

88, 1 8   Regimentscamerad.] Regimentscamerad
                Er hat ganz anders ausgesehn
                So mehr – wie der Pik-könig –

88, 20   todt.] todt. ertrunken in reissendem Wasser an seinem
                45. Geburtstag wie er von einer schönen Müllerin   10
                weg ist

                230, 9–11 aus gefallen drunten anno 59 als Oberst.
                         Sein Viererzug hat ihn geschleift

90, 37–91, 6 : aber sie wird Herrin sein und niemand über ihr als der
                Kaiser und unter ihr Füße und Hände – und der Donau   15
                fließt auch bei uns.
                Waldner ringt nach Atem bringt ihn zum Sitzen
                MANDRYKA pressant
                Ich scheine Ihnen zu alt –
                und ich bin Witwer. Schreckt das die Tochter? Ich war 20
                                            glücklich.
                Meine Maria war zu gut für mich. Sie ist nur 2 Jahre bei mir
                                            geblieben.
                Waldner macht ihn setzen

                230, 23 danach gestrichen: 25

                ⟨MANDRYKA⟩
                Mein Portefeuille schaut aus wie die
                Geldtasche von einem Viehhändler
                mit diesen vielen Tausendern –
                Hab mich stante pede aufgemacht   30
                Klopfen

                M⟨ANDRYKA⟩
                Welko Djura brav habt ihrs ausgeführt
                Jankel brav habt ihr gekundschaftet

Ihr habt gefunden
in der großen Wienerstadt
Das Einzige was soviel wert ist – als die ganze Stadt

91, 7   *Datierung* 19. XII. 27.

93, 4   Art.] Art
als meinem Onkel jemals zugestoßen ist.

93, 11   *Datierung* 20 XII ⟨1927⟩

93, 17   nicht!] nicht.
Was? das passiert am Spieltisch jeden Tag. Das ist
das einzige was einmal passieren muss!

94, 1–13:   bis zur Frenesie
Teschek – bedien dich!

94, 18   erwartet.] erwartet –
da

gibt Spitzen
    gib das dem Mädel von mir. Sind hübsche Spitzen.

ADELAIDE
Die? Valenciennes.

W⟨ALDNER⟩
Ja, ja. Ich mach ihr ein Cadeau damit.
Ist nicht der Rede wert.

103, 2   fast wegwerfend *fehlt*

104, 24   Stunde!] Stunde –
Das aus dem Munde meines Lieblingskindes!

104, 34:   Spielfreude Geberde: gibt Karten
ADELAIDE
Dein Vater sagt dir nichts

WALDNER
Lass, lass!

er winkt Adelaide ab
    Viel besser sie weiß nichts
es macht sie höchstens stützig

ARABELLA

105, 18   *Datierung* 23 XII 27

106, 15   Elis' *aus* Mariann

106, 21–25 :   mit dem uneleganten Kerl – den der Weißfisch führt –

              ARABELLA
              Dafür ist halt der Weißfisch elegant   5
              und die Frau wird elegant sein

              ZDENKA
              Das heißt ja, dass du dich verloben willst

              ARABELLA
              Ja, am Aschermittwoch.   10

              ARABELLA
              es ist Zeit dass die Zigeunerwirtschaft hier
              ein End hat. Der Papa und die Mama gehn
              dann zur Tant' Jadwiga – und du gehst
              aus in Lemberg u. dann kommst du zu mir   15

107, 18 :   ARABELLA
              Das Brieferl schreib ich – und wir nehmens gleich mit
              u schickens durch einen Dienstmann

              ZDENKA
              Muss es schon heut sein –?   20

              ARABELLA

107, 32   so?] so? wie ein Mädel! sei doch ein Mann!

108, 13   Brief!] Brief die mich von ihren Lippen wahnsinnig gemacht
                                                       hätten –

108, 16   alles?] alles? bist du so ganz ihr Vertrauter?   25

108, 23f. :   Dieses Grübeln – wenn sie so sprunghaft ist –
              diese Sehnsucht nach einfacher Zärtlichkeit –
              diese Ahnung: sie ist eine ganz andere als du siehst
              Sie kann ganz Hingebung sein –

109, 2   hab.] hab.   30
              Das macht mich über meine Jahre gescheidt –

109, 23   Welt!] Welt! Sie darf nicht ahnen dass ich was weiß von
                                     dem was
     vorgeht zwischen dir u ihr!

110, 2   ihn!] ihn!
     o du Bub – was weißt denn du –
     wie einem Verliebten zumut ist –
     wie da immer gleich der Tod sich auftut –
     also lass mich nicht im Stich –

*Notizen zu einzelnen Änderungen
der ersten Fassung des ersten Akts
und zur Neugestaltung des Aktschlusses
(N 36–N 38)*

N 36

Abzuänderndes.   p r o s a i s c h e Redensarten.

                           Arabella I.
Die Motive zu sehr en passant. (warum ein B u b)

3 Scenen Zdenka-Matteo. (Die mittlere kann fallen)

ab S. 25.
alle 5. (Arabella: lyrisch)
Ende: Waldner: Ich möchte wissen wann.
Arabella: S. 26: Papa – heut nachmittag.
S. 28 bleibt bis S. 29.
Schluss Arabella Brief
                   (letzter Schluss: abrupt)

Seite 15. der Adelaide was einschieben: Die Prophetin . . .

Die leichten sprachlichen Fehler des Mandryka

*Die ganze Notiz ist vermutlich Gesprächsnotiz von der Unterredung mit Strauss
zwischen dem 21. und 28. 5. 1928, vgl. den Brief von Strauss an Hofmannsthal vom
3. 5. 1928 und den Brief Hofmannsthals an Strauss vom 21. 6. 1928.*
    *Die angegebenen Seitenzahlen beziehen sich auf die Paginierung von I/3tH¹ bzw.
I/4tH².*
    Zu Die Motive *bis* kann fallen) *vgl. den Brief von Strauss an Hofmannsthal
vom 9. 5. 1928 und den Brief von Hofmannsthal an Strauss vom 21. 6. 1928.*
    ab S. 25. entspricht S. 103, 2.
    Zu alle 5 *bis* heut nachmittag *vgl. die Briefe von Strauss an Hofmannsthal vom*

3. 5., 6. 5. und 9. 5. 1928 mit den Äußerungen über das Quintett, seinen Abschluß und Arabellas lyrische Szene. S. 26 entspricht S. 104, 35.
S. 28 bis S. 29 entspricht S. 106, 9–107, 21; daß auch diese Stelle bei der Neufassung des Aktschlusses nicht ganz unverändert geblieben ist, zeigt der Vergleich mit S. 97, 27–99, 36.
Zu abrupt *vgl. das zweite Postskript zu Hofmannsthals Brief an Strauss vom 27. 6. 1928.*
S. 15 entspricht oben S. 86, 13; vgl. die Ausführung dieses Notats in N 37 und N 38.
Zu Die leichten sprachlichen Fehler des Mandryka *vgl. das Postskript zu Hofmannsthals Brief an Strauss vom 13. 7. 1928.*

N 37

Details: Adelaide
S. 15. ist nicht die Liebe zauberstark –
        sie sprengt alle Ketten – sie ebnet die Berge
        sieh ihre Schönheit an und wage zu zweifeln!
        emporgehoben über die Menschen
        ihrer wartet ein herrliches Los!
        das sagt die Prophetin das sagt mir mein Herz!
S. 25   Adelaide
        Theodor!
        Was für ein Ton zu mir! in einem solchen Augenblick!
        niemand achtet die Überfülle schmerzvollen Glückes
        unverstanden als Frau
        unverstanden als Mutter – das ist mein Los!
        Sie schreiten hinweg der Mann die Kinder
        sie schreiten hinweg über ein Herz
        das grenzenlose Zärtlichkeit verdiente!

Die Seitenzahlen beziehen sich auf die Paginierung von I/3tH¹ bzw. I/4tH².
S. 15 entspricht S. 86, 9–14; vgl. ferner N 38. S. 25 entspricht S. 103, 21; vgl. ferner die Neufassung des Aktschlusses S. 95, 16–22.

234, 14 zauberstark *aus* stark wie der Tod
234, 15 Berge *danach gestrichen:* sie hebt unser Kind hoch über die Menschen –
        Kleingläubiger

234, 22f. aus niemand versteht *(1)* mein Herz *(2)* meine Seele

N 38

Durchzuführende Veränderungen v o r Seite 25.
zu streichen:
Seite 4:   Zdenka: Aber Mama, es ist doch ein Hôtel
5   Adelaide: (zum zweitenmal) Am hellichten Tag.
Seite 6.   Arabella: Zdenkerl, willst du mein blaues Kleid – komm
                                                      und probiers!
Seite 7.   Die ganze Seite Arabella-Zdenka streichen.
              Ist entbehrlich! Nicht so häufige Brechungen der Linie.

10   Also: die Mädchen gehen sogleich ab bei Adelaides Stelle:
              lasst uns allein meine Kinder
              euer Vater hat Sorgen.
Seite 8.   Waldner. zu streichen die 3 Zeilen:
              Für ein Mädel hat der – – –
15   mit dreitausend Scheffeln – –
              weil sie hat – – –
Seite 9:   statt: Der letzte Fünfziger ist weg
              setzet: Inzwischen ist der letzte Fünfziger dahin
Seite 10   streichet, oben, Waldner: die drei Zeilen, wo er die
20   Visitkarten abliest.
              Lasset nur stehen: Wir sind nicht zuhause.
Seite 11– streichet alles auf Matteo bezügliche, außer dessen erster Zeile
14   Seite 11.
Seite 15   oben streichet:
25   Adelaide: Aufm Eis der Erzherzog –
              Wir wissen nicht –
Seite 24   streichet: Das auf die Spitzen bezügliche. Ziehet zusammen:
              Waldner: Ich geh jetzt aus, ich werd erwartet.
              Brauchst du vielleicht?
30   (er winkt ihr mit dem Tausender)

Dagegen füget ein (wenn es Ihnen passt!)
für Adelaide: Seite 15.
Hats denn vielleicht im allerhöchsten Erzhaus
noch keine Liebesheiraten gegeben?
35 ist nicht die Liebe stärker als Gesetze?
sieh ihre Schönheit! wagst du zu zweifeln?
emporgehoben über die Menschen –
ihrer wartet ein herrliches Los!
Das sagt die Prophetin, das sagen die Sterne –
40 das sagt mir mein Herz!

ferner Seite 21. Lasset Waldner die Worte des Mandryka wiederholen.
So:
Wenn man bedenkt, ein Wald! Einsiedler waren drin
Zigeuner waren drin und alte Hirschen,
und auf eins zwei – ein solches Portefeuille!

Die Seitenzahlen beziehen sich auf die Paginierung von I|3tH¹ bzw. I|4tH². Diese
Notiz, eine für Strauss gefertigte Reinschrift, liegt den von Strauss ausgeführten
Änderungen in I|4tH² zugrunde; vgl.: S. 77, 19; S. 79, 25; S. 79, 36; S. 80, 11;
S. 81, 11; S. 82, 5; S. 83, 6 und S. 83, 22; S. 86, 8; S. 94, 18; S. 86, 9–14;
S. 92, 6 – in dieser Reihenfolge entsprechen die genannten Stellen jeweils den von
Hofmannsthal angeführten Seitenangaben.

Vermutlich hat diese Notiz der Sendung mit der Neufassung des Aktschlusses
des ersten Aktes an Strauss beigelegen. Die Neufassung des Aktschlusses muß nach
dem 13. 7. 1928 an Strauss geschickt worden sein, der sie am 18. 7. erhalten hat
(vgl. den Brief Hofmannsthals an Strauss vom 13. 7. 1928 und den Brief von Strauss
an Hofmannsthal vom 20. 7. 1928). Ein die Sendung begleitender Brief ist bisher
nicht bekannt geworden.

I|2H²

Von geringfügigen Änderungen einzelner Formulierungen und von wenigen nicht
gravierenden Nachträgen meist einzelner Verse sowie der ausgeführten Stelle S.
236, 27–39, die in I|1H¹ nur im Entwurf vorhanden ist, abgesehen, weist die Rein-
schrift - als Abschrift von I|1H¹, die zur Typoskriptvorlage dienen sollte – gegen-
über der Endstufe von I|1H¹ keine Außenvarianz auf. Auch Binnenvarianz ist sehr
selten. Die Handschrift ist offensichtlich, nachdem sie als Typoskriptgrundlage
gedient hat, beiseite gelegt worden. Denn alle spätere Varianz ist nur in den Typo-
skripten I|3tH¹ und I|4tH² vorgenommen worden.

82, 5   genommen] genommen
                 Nr. 666 der ungarische Schackerl.
                 Nr. 84 der Fisolenpoldl,
                 die dritte Karte nehmend
                 und das ist der Weißfisch, derzeit ohne Nummer
                 zum Kellner

82, 29   wienerisch!] wienerisch!
                 DOMINIK den Stösser in der Hand:
                 666!
                 ELEMER ebenso
                 Derzeit ohne Nummer!
                 LAMORAL ebenso
                 84!

$$I/3tH^1$$

Die wesentlichen handschriftlichen Varianten sind: die Streichung der Szene Zdenka-Matteo, deren Text bei den Varianten zu I/1H¹ (S. 225, 20–35) nachgewiesen ist, im Sinne von Hofmannsthals Brief an Strauss vom 21. Juni 1928 und N 38; die Streichung des S. 228, 13–23 mitgeteilten Textes aufgrund der Angaben in dem genannten Brief; ferner sind die meisten der übrigen Änderungen, die in N 38 zusammengestellt sind, ausgeführt, wenn auch z. T. nur nachlässig. Von geringer Bedeutung sind die Änderungen einzelner Formulierungen sowie Nachträge von Regiebemerkungen.

$$I/4tH^2$$

Der für Strauss bestimmte Typoskriptdurchschlag zeichnet sich gegenüber I/3tH¹ durch einige Striche aus und einzelne Erläuterungen, die Hofmannsthal handschriftlich eingetragen hat; es handelt sich teils um Worterklärungen: Tschau, armeedeutsch = Servus *zu S. 87, 30;* Gospodar (serbokroatisch) = Herr *zu S. 88, 25 oder* Teschek: eigentlich geschrieb. Tessek, ungarisch = Bitte! in der Armee allgemein gebräuchlich. *zu S. 92, 14, teils um Hinweise zur Komposition wie* Das Folgende in der Art einer serbischen Ballade *zu S. 91, 15. Außerdem weist I/4tH² mehr von Hofmannsthal nachgetragene Regiebemerkungen auf als I/3tH¹. Die von Hofmannsthal selbst – vor Absendung des Typoskripts an Strauss – ausgeführten Varianten sind, entsprechend der Bestimmung des Typoskripts, sorgfältiger geschrieben als die in I/3tH¹. Die in N 38 aufgezählten Varianten sind von Strauss eingetragen worden.*

Zu S. 92, 14 findet sich von Ludwig Kárpáths Hand noch eine ergänzende Bemerkung: »Tessék! heißt wörtlich übersetzt: ›Es gefalle Ihnen‹, im übertragenen Sinne: ›wie beliebt‹ – oder ›Was ist gefällig?‹ Ist kaum übersetzbar. Im folgenden Satz z.B. würde Tessék besagen: Bediene Dich, bitte! Kárpáth«. *Dieser Eintrag deutet darauf hin, daß Strauss Kárpáth einmal das Typoskript überlassen hat, möglicherweise schon 1928, so daß sich Hofmannsthals Bemerkung in seinem Brief an Strauss vom 26. Juli erklären ließe, es habe eine Andeutung der Handlung . . . – offenbar durch Karpath – in irgendwelcher Zeitung gestanden. Dieser Zeitungsabdruck hat sich bisher nicht auffinden lassen. Vielleicht hat Kárpáth das Typoskript aber auch erst nach Hofmannsthals Tod in die Hand bekommen – immerhin hat er am 13. Juli 1930 einen Artikel über* »Richard Strauss' Arabella« *in der* »Neuen Freien Presse« *veröffentlicht. Es mag sich um eine Information der Presse durch Strauss handeln, wie sie ähnlich in dem unten S. 302f. wiedergegebenen Artikel Smekals belegt ist – freilich ist die Indiskretion bei dem sachlich unzutreffenden Artikel Smekals insofern pikanter, als Strauss in seinem Brief vom 9. Mai 1929 an Hofmannsthal sich gerade nicht als Informant bekennt.*

I|5H³

Die Endstufe der Varianz in I|5H³ entspricht schon weitgehend I|6H⁴. Das erste
Blatt (E III 30.53) ist am oberen Rand datiert R⟨odaun⟩ 27 VI 28 *und beginnt*

> Arabella Act I. Neues
> Ensemble Seite 25   5
> Seite 25.

ADELAIDE zu ihr und küsst sie auf die Stirn

Die Seitenangabe bezieht sich auf die Paginierung der Typoskripte I|3tH¹, I|4tH²;
die Stelle, an der der Text einsetzt, entspricht S. 103, 28. Das erste Blatt umfaßt
den Entwurf von S. 95, 28–96, 14, das zweite (E III 30.50) den Entwurf von   10
S. 96, 14–30.
    Das dritte Blatt (E III 30.52) ist überschrieben Arabella (Briefscene) *und*
bietet fortlaufend den Text Arabellas von S. 98, 16–101, 12. Die Regieanweisun-
gen fehlen weithin noch.

96, 10:   Von einem Tag zum andern kann sich vieles ändern   15
            Der Mutige harrt aus und einmal kommt der Tag

I|6H⁴

Der Text der Reinschrift des neuen Aktschlusses, entspricht nahezu völlig dem
Abschnitt S. 94, 32–102, 13 des Texts, der auf diesen Seiten I|8tH⁴ folgt.

I|7tH³   20

Auch I|7tH³ stimmt weithin mit dem Text der Seiten 94, 32–102, 13 überein.
Die handschriftliche Varianz geht gelegentlich weiter als in I|8tH⁴. So sind z.B.
einzelne Regiebemerkungen nachgetragen, die Verse S. 95, 6 und S. 97, 24f. gestri-
chen. Die Stelle S. 98, 24–31 ist ersetzt durch:

> Und wenn du mir was Liebes tun willst   25
> Sprich nicht mehr vom Matteo.

I|8tH⁴

Der Textbestand von I|6H⁴ ist kaum variiert. Vereinzelt sind Regieanweisungen
nachgetragen. Gegenüber I|7tH³ zeichnet sich I|8tH⁴ durch einige Randbemerkungen
aus, die Strauss Hinweise für die Komposition geben sollten. So ist zu S. 95, 17   30
notiert: fast parodistisch zu componieren, sie ist eine Phrasenmacherin;
zu S. 95, 35: Ensemble, *eine Bemerkung, zu der Hofmannsthals Brief an Strauss*
vom 13. Juli 1928 zu vergleichen ist; zu S. 99, 18: grosser Monolog der Arabella, leise begleitet von Zdenka und Matteo.

$I|9H^5 - I|10H^6 - I|11tH^5 - I|12tH^6$

Die Endstufe der Varianz im Entwurf der neuen Szene Arabella-Matteo in
$I|9H^5$, *der Text der Reinschrift* $I|10H^6$ *und der Typoskripte* $I|11tH^5$ *und*
$I|12tH^6$ *stimmen im wesentlichen mit dem S. 73, 28–76, 36 auf der Grundlage von*
$I|12tH^6$ *wiedergegebenen Text überein.* $I|11tH^5$ *weist insofern stärkere Varianz*
auf, als Hofmannsthal sich – offensichtlich erst nach der Übersendung von $I|12tH^6$
an Strauss – darin eine Reihe mißfallender Stellen zur Tilgung oder Änderung durch
Einklammerung vorgemerkt hat, z.B. S. 74, 8; S. 74, 25; S. 74, 33; S. 75, 2–4;
S. 75, 18–76, 5; S. 76, 12f. $I|12tH^6$ *zeigt gegenüber* $I|10H^6$ *und* $I|11tH^5$ *ver-*
einzelte Striche, z.B. ist nach S. 74, 5 deine Wohnung zu wechseln *und nach*
S. 74, 17 Das sind deine neuesten Reden *gestrichen.*

Notizen zur Neufassung des ersten Akts (N 39–N 69)

N 39

Arabella I.
Die verschiedenen Aspecte von Arabella:
Den die Mutter in sich trägt: von unbändigem Stolz
Den Elemer in sich trägt.
Den Zdenka dem Matteo entwirft. von ihrem goldnen Herzen, ihrer Güte
Den Matteo in sich trägt: von unbegreiflichem Hochmut – wie sie einen
immer tief hinabstürzt, dann wieder e r h e b t
Den Arabella selbst in sich trägt: im richtigen Moment werd ich mich
schon wie eine Frau benehmen.

N 40

29 XII. ⟨1928⟩ (nachdem ich Strauss die Acte II u. III vorgelesen)
I. Arabella erzählt wie ein fremdartig wirkender Herr ihr schom zum 2ten
Mal in so auffallender Weise nachgeschaut habe. Zdenka erschrocken dass
sie nun mit einem d r i t t e n anbandle.

Arabella strahlend nachtwandlerisch sicher.
Zdenka voll Angst u. Sorgen.
Matteo-Elemer.

Schluss-scene: Zdenka-Matteo.

N 41

Zdenkas viele Tätigkeiten: Rechnungen verstecken – Sachen verkaufen –
um Aufschub bitten – dem Papa verheimlichen – den Matteo beruhigen.

N 42

Adelaide: Die Prophezeiung: die jüngere Schwester wird die gefährlichste
Situation über sie bringen –

N 43

Arabella: 5
Zdenka: Du bist durch mich in Gefahr.
Arabella: Mir geschieht nichts. Der eine hats bemerkt – der andere nicht
einmal. (Dass sie von etwas Frischem erfüllt ist)
Zdenka hat Vieles errathen von der Prophezeiung. Sie spürt Arabellas
Nachhaus-Kommen – spürt dass ihr was widerfahren ist, versteckt Rech-   10
nungen.

N 44

15 I 29.

Handlung A⟨rabella⟩   15
Gespräch mit Mell.
Adelaide u. die Kartenaufschlägerin
Zdenka hinzuschleichend
Die Kartenaufschlägerin: der Rechte werde kommen, die schöne Tochter
will sehr hoch hinaus aber die jüngere Schwester sei eine Bedrohung des   20
Glücks – dieselbe die wegen ihrer Wildheit Bubenkleider trage – sie werde
als Frau ihr gefährlich –
Zdenka: schwört sie wolle Arabella nicht gefährlich werden – (beim Ab-
gehen der Sibylle)

Zdenka: Matteo: 25
Matteos Zorn über Arabellas Spielen – Wunsch, sie aus seinem Herzen zu
reißen u. Drohungen –
Zdenka: sie liebt Sie. Zdenka weint
Matteo: gerührt über den Buben: wärest du eine Frau – du wärest ein
Engel –
Zdenka: verspricht ihm einen Brief.   30
Zdenka Monolog: nun muss ich ein Bub bleiben –
Sie fühlt Arabella kommen –
Rechnungen. Zdenka versteckt sie.

240, 18 Rechte *aus* Richtige
240, 23 Sibylle *aus* Kart⟨enaufschlägerin⟩   35
240, 24 Matteo *danach gestrichen:* Freundschaft
240, 27 weint *danach gestrichen:* Zdenka: Monolog – ihre Hilflosigkeit
240, 30 Brief *danach gestrichen:* Er solle fortgehen.

N 45

                                I.

Zdenka u. Arabella übers Heirathen:
Zdenka: bei dir wirds im Glanz geschehen: sie hats ja im Krystall gesehen –
5 bei mir gar nicht.
Arabella: Kann das nicht anhören.
Zdenka: (Immer lugubrer)
Arabella: Du bist wie die Mama!
Zdenka: Ich weiß alles: der Mama ihr ridicül –
10 ist voller Versatz- u. Riscontozettel –
Ich werd immer ein Bub bleiben.
Wir werden nie in der Lage sein
zwei Mädels auszuführen
Gerührtheit Arabellas über Zdenka: Wie bist denn du!
15 Arabella. Jetzt geht deine Mädelzeit an!
Zdenka: finstere Ahnungen in Bezug auf die Rolle die sie bei A's Hochzeit
spielen wird.
(Mutter indessen sucht ihr Ridicül)
Zdenka spürt das Sinken von Matteos Chancen: er zeigt sich ihr als Todter
20 an –
Arabella: Ich trag alle diese Traurigkeiten
auch in mir – aber ich lass sie
nicht aufkommen: es kommt immer was unerwartetes: heute dieser merkwürdige Fremde: – entrée de ballet –
25 Arabella: Von ihm?! Nein – von den drei Grafen –

N 46

                        I. Handlung.

Zdenka: Matteo.
Zdenka allein: Rechnungen. Matteo dazu. Die Drohung – die Freund-
30 schaftserklärung (über Zdenkas Thränen)
Matteo: Sie hat mir einmal einen Brief geschrieben
Zdenka: Ich weiß –
Matteo: der Brief scheinbar hart – dann so süße Worte –
Zd. verspricht den Brief
35 Matteo muss glücklich werden – sie opfert sich auf.
Zdenka verstört u verklärt zugleich, – spürt Arabellas Kommen: statt
dessen Rechnungen: M. Mutter hat Migräne bittet Gott die Rechnungen
verschwinden oder ein Wunder geschehen zu lassen –
Arabella: was hast Du?
40 Zdenka: wir gehen zu Grund – wir müssen fort von Wien.
Arabella: Geh, Du Ängstliche. Was ist da dabei?

Arabella: erwartet das Annähern des Fremden –
Es werden Geschenke der 3 Grafen gebracht.
Zdenka: Matteo war da
Arabella: von ihm nichts mehr! Wohnt er noch im Haus? Er hat mir ver-
sprochen, seine Wohnung zu wechseln: ich hab ihm geschrieben. – Zdenka: 5
Schreib ihm sanfter – und ich habe mich nicht gebunden! – wenn ich mich
binde – dann –
Zdenka: ist dir der Elemer so viel – ?
Er kommt u. holt dich ab. Es ist sein Tag. Heute gehörst du ihm.
Arabella: ich hoffe mir was – das wird sich in mir anzeigen – mir ist wer   10
begegnet –
entrée de ballet: die Geschenke.
Arabella über den Richtigen: zu Elemer der seinen Schlitten meldet
Rendezvous zur Schlittenfahrt –
Sie ist plötzlich ernst. Vielleicht wird sie auf dem Ball ihm ein entscheiden-   15
des Zeichen geben, /Carmen/
Elemer: wild vor Glück
Zdenka: verzweifelt
Arabella: allein – geht sich anziehen – am Fenster der Fremde –
Sie schreit: Zdenka. (Nicht elegant: Viel mehr. Das ist ein ganzer Mann.)   20
Eintreten Waldners von rechts Zdenka beobachtet ihn verstohlen – sie holt
die Mutter – Kritik der Geschenke –
Adelaide: Die Prophetin prophezeit das Höchste –
Hats denn vielleicht im allerhöchsten Erzhaus –
Waldner: (liest Rechnungen)   25

I Adelaide – Kartenaufschlägerin Zdenka (dazwischen einen Moment
Zdenka allein) – Gebet Zdenka (horchend): Gott mach nicht notwendig
dass wir verreisen! lass viel Geld kommen! (Sie legt Rechnungen an verschiedene Stellen) II. Zdenka – Matteo III Zdenka – Arabella IV. Arabella – Elemer   30
V. Arabella – Zdenka
VI. Waldner Adelaide VII Waldner – Mandryka VIII. Waldner – Zdenka
                           10 Seiten.
IX Zdenka – Matteo.: Matteo Düster drohend: dann (wenn sie heute
abends nicht anders ist) sieht sie mich nicht mehr – denn sie hat sich an   35
meiner Manneswürde versündigt

241, 28: Vorstufe: Adelaide Zdenka u. die Kartenaufschlägerin.
241, 31–35; 242, 2: Nachträge, Ort der Einfügung nicht gesichert.
241, 41 dabei *danach gestrichen:*
Zdenka: Ich muss als Mädel auftreten dürfen –   40
Arabella: Bist verliebt?

Zettel: Gespräch übers Heiraten.
Bei dem Zettel handelt es sich um N 45.
242, 16 geben *danach gestrichen:* – vielleicht auch werden sie verschwinden:
242, 20 Nicht elegant ... Mann *davor gestrichen:*
5 Zdenka mit Rechnungen – Mandrykas Auftreten im gleichen Moment –

N 47
Arabella I. neue Fassung.
Anfang. (Meine Mutter hat Migräne)
(Setzen, Tür zusperren. vorher Rechnungen – Suchen des réticule)

10 DIE KARTENAUFSCHLÄGERIN
Die Karten liegen besser als das letzte
Mal. Die Erbschaft rückt schon näher –
noch ein Etwas verzögert sie

ADELAIDE
15 Mein Gott auf lang? wir können nicht
mehr warten!

Anfang:

K.
Was ist es mit der Erbschaft?

20 A.
Es gibt nur eine Hoffnung, die Vermählung meiner Tochter –

K.
Die Hindernisse werden dichter:

ADELAIDE
25 Das ist ihr schwieriger Charakter! ihr Stolz! weil sie so schön ist!

KARTENAUFSCHLÄGERIN
da – der
Fremde – er kommt von weither: ein Brief hat ihn gerufen
Er hat viele Untertanen!

30 ADELAIDE
Ein Bräutigam, ein großer Herr? wer ist
es? Graf Elemer – Graf L⟨amoral⟩. Sie ist umgeben von Bewerbern –
Klopfen: eine Rechnung.

K.
35 Nein! Ein Fremder großer Herr – Er hat viele Untertanen! Ein Starker!
o weh: was drängt sich da dazwischen?

ADELAIDE
o was? Heilige Mutter Gottes lass es nicht geschehn!

K.
So haben Euer Gnaden eine zweite Tochter?

ADELAIDE   5
Warum? An was für ein Geheimnis rühren Sie!

K.
Die Heimliche! Sie schädigt die Schwester – lasst sie
nicht nahe kommen – sonst geht alles schief.
ich sehe einen großen Streit – Entzweiung – Demütigung – das Übel kommt   10
alles von der kleinen Blonden –

Klopfen: Rechnung

ADELAIDE
Entfernen Sie das Unglück – noch
einmal! Sonst müssen wir fort aus Wien – ins Küstenland   15

K.
Da liegt der Fremde – da drängt sich
die Schwester ein – Es fallen fürchterliche Dinge vor –

ADELAIDE
Leise! – Kommen Sie in mein Zimmer! sie ist es! wegen ihrer Wildheit   20
haben wir sie als Buben laufen lassen –

K.
Von ihr droht der Schwester Gefahr durch einen Officier –

Adelaide mit K. links ab K. gleich wieder hinaus.

Indessen: 25

ZDENKA
Wenn wir fort müssen, was wird mit Matteo!

Die Kartenaufschlägerin im Abgehen ein prophetisches Wort zu Zdenko:
warnend: vor dem Officier: von ihr drohe der Schwester Gefahr durch den
Officier   30

ZDENKA
Durch Selbstmord sicher!

243, 33: am Rand, vielleicht nur Notat der folgenden Regiebemerkung.

N 48

Arabella I

Die Kartenaufschlägerin entwickelt alle Figuren u. das ganze Stück: den
Vater sehe ich in Sorgen – aber er spielt – ? O weh! er verspielt!
(Adelaide wirft sich auf die Knie)
Zdenka (dazwischen) Eine Rechnung! wieder eine Rechnung! Müsste ich
zu den Gerichten . . .

Arabellas Phobien: Furcht vor der Armuth –
Aber sie muss gedemütigt werden . . . »Sie kann nicht widerstehen« Sie ist
auch eine Träumerin in ihrer Art – Furcht vor der Last, die ihr die Neigung
Matteos auferlegt –

Phantasie: wie stark es draussen schneit –
Das Auswickeln aus grober Umhülle in Silber-lamé –

Arabella fühlt eine Art von Insulte in der Art wie ihr die Grafen den Hof
machen – aber sie kann nicht widerstehen –
Arabella: Elemer: ihr Freibleiben. Vielleicht wird sie auf dem Ball ein
entscheidendes Zeichen geben . . .
Zdenka (horcht zu): Was soll dann mit dem Matteo werden?

Schluss: Zdenka Matteo Arabella

N 49

Arabella I.

Erkennen wie der Richtige beschaffen sei – auch seine bösen Seiten . . von
ihm etwas Hartes erleiden, auch das zieht sie magnetisch an –

N 50

Arabella leichtsinnig fast turbulent – will von Matteo nichts wissen –
staunt, dass der sie für so gebunden hält –
Zdenka immer voll Zweifel – hört das Gras wachsen
hat gehört wie heute nacht Papa u. Mama von Abreise gesprochen haben –
vom letzten Mittel –

Prophezeiung des Richtigen durch die Mutter coincidiert mit Hereinkommen des Mandryka mit dem Zimmerkellner: zugleich entnimmt
Zdenka hieraus dass ihr Versprechen an Matteo verfallen: wenn sie abreisen, wird Arabella einen Brief schreiben (Sie reisen ins Küstenland)

Schluss (nach Abgehen des Waldner)
Die Pessimismen der Mutter fallen zerstörend in Zdenkas Herz. Sie spricht
der Mutter von Matteos wahrscheinlicher Verzweiflung – von Arabellas

Schicksal u. wie sie gestraft werden würde – aber sie: Zdenka werde sich
zum Opfer bringen –
sie versteckt einen Brief. (Im Anfang stellt sie einen Brief als möglich in
Aussicht.)

N 51   5

Und s'ist halt auch sehr Zeit dass meine Mädelzeit ein End hat
Zdenka: O nimm den Richtigen – nimm nicht den Elemer –

*Gestrichen; eine Paginierung 9 bezieht sich vielleicht auf den Text von I/13H7 an
der Stelle S. 14, 25.*

N 52   10

Zdenka: Von Arabella: ich weiß nicht – wie du bist – dazu hab ich dich zu
gern

N 53

Zdenka ist froh sich aufzuopfern – im Dunkel zu bleiben –
Arabella: Was wäre ich – wenn ich nicht alles dürfte –   15
Zdenka: Ja Du hast ganz recht – du darfst –
Dir wird alles glücken – Du darfst auch wehtun –

N 54

Arabella: Da war ein Mensch mit einem Husaren – der hat mich angeschaut – ich glaub der schickt mir Blumen – von dem Blumen wären heute   20
mehr als alles – die nehmet ich in mein Zimmer

246, 21 Zimmer *danach gestrichen* Zd. Der Matteo hat Dir Rosen geschickt

N 55

20 Juni. ⟨1929⟩
                              I. Ganze Handlung.   25
Scene der Kartenaufschlägerin:
Zdenka-Matteo.
Zdenka (allein)
Arabella: kommt, entlässt das Ausgehfräulein – Ich danke Fräulein. Mor-
gen um die gleiche Stunde. ob nicht ein Husar Blumen gebracht – Nein   30
diese sind von Matteo – das andere von den drei Grafen – Elemer habe
heute seinen Tag. Er werde im Schlitten kommen.
Zdenka: Wie – Du denkst wieder an einen Andern? Ja Du darfst, Dir ist
alles erlaubt. Und auch den Matteo verschmähst du.

Arabella: Er ist der Richtige nicht. Ich fürcht mich nicht vor ihm. Er ist
kein Mann.
Arabella: Mir wird alles schwer. Ich grüble u. verwerfe Ich fürchte mich
vor der Gewalt des Mannes. Man müsste auch das noch lieben können:
5 das Brutale, Ungerechte, Selbstische ... Dann will ich augenblicklich
sagen: das ist der Richtige –
Zdenka: Der Richtige ist der dich über alles liebt
Arabella: Der Richtige muss daherkommen wie der Teufel –
Zdenka: Sie macht sich nichts aus ihm!
10 Er tötet sich. (Vision wie er todt da liegt)
Arabella: Zdenkerl, du bist so exaltiert.
(es klopft)
Arabella: schau – ob es ein Husar ist –
Zdenka: Nein – Blumen von Elemer . . Ich warne dich vor den 3 Grafen
15 Arabella: Aus dir redet der Matteo.

Arabella-Elemer: Einladung zur Schlittenfahrt – u. abends zum Ball. (er
geht)
Arabella: Vielleicht wird sie auf dem Ball ihre Entscheidung treffen! ihre
Art, abzulehnen. Sie will kein Einsatz sein.
20 Sie tritt ans Fenster: schreit: Zdenka! Dann: Du begleitest mich im Schlitten.

Arabella-Adelaide-Zdenka
Waldner nachhaus.

Schluss. Waldner Zdenka: Sag deiner Mutter – heute abends oder wann,
25 möcht ich ihr einen Herrn vorstellen –
Zdenka: (verzweifelt) Rechnungen. Abreise. Angst vor dem Ruin: bittet
ihn, nicht mehr auszugehen.

247, 14 Elemer *aus* Matteo

N 56

30 20 VI 29.
                                    I.
Hauptscene: Arabella-Elemer. (der ihr nun zu wild ist)
Arabella: Durchschauen will ich Sie.
Sie wollen u. wollen nicht
35 Lieben u. lieben nicht
Sie sind heftig aber nicht unbedingt
Arabella: Ich schulde nichts – ich schulde mich ganz dem Richtigen.
Elemer weiß dass sie größter Hingabe fähig

Elemer: Komm mit mir in Prater auf dem Schlitten – heut ist Fasching-
dienstag Heut ist mein Tag!
Arabella: Gerne. Den Zdenko aber nehm ich mit als chaperon.
Elemer: Unheimliches Mädchen! Nicht zu fassen
Arabella (von der Liebe redend, wie von der Inspiration)   5
Bald zeigt sich's an – bald schwindet es völlig –
lässt uns allein – so arm u elend –
Elemer: Die Liebe kommt wenn man sich gibt –
Arabella: Die Liebe kommt wenn sie will –
bald in tiefstem Ernst –   10
bald im frevelhaftesten Scherz –
wo aber Fragen sich einstellen – ist alles dahin
Der Richtige wenns einen gibt für mich auf dieser Welt der wird auf einmal
da sein u. wird mich anschaun u. ich ihn u. keine Winkelzüge werden
s⟨ein⟩ u⟨nd⟩ k⟨eine⟩ Fragen   15
Elemer: Soll das heißen – nein?
Arabella: Wer weiß – auf dem Ball – wie Sie mir gefallen –
Dominik – Elemer – Lamoral – gleich schwer wiegen die Lose –
Elemer: (fast enttäuscht – weil er spürt, er ist ihr nicht gefährlich: das
macht ihn vulgär fast drohend:)   20
Du sollst erkennen was ein Mann ist.
fasst sie an
Arabella: (macht sich los) (Hasst die Fessel)
Ganz frei will ich sein, um mich ganz zu verschenken – ich weiß sehr
wohl, dass im Fürchten das Süßeste – aber so nicht   25

*247, 38; 248, 1f. heut ist Faschingdienstag; 248, 13–15: Nachträge, Ort der
Einfügung nicht gesichert.*

N 57

Zdenka: Arabella:
Arabella: Den Namen nenn nicht mehr, er hat bei mir verspielt!   30
Zdenka (leidenschaftlich für ihn)
Arabella: Zdenkerl gib acht, es steckt so was Gefährliches in dir
Zdenka (weint)
Arabella (küsst sie)
Mir scheint doch Es ist höchste Zeit dass Du ein Mädel wirst, – so wie es 35
höchste Zeit ist, dass meine Mädelzeit zu Ende geht.

N 58

Arabella-Zdenka.
Arabella-Elemer.

2 Hauptscenen:

5 Arabella – lachend – spöttisch über Matteo: vor ihm fürcht ich mich nicht –
Der ist kein Mann – der hat bei mir verspielt – (Zdenka hätschelnd, übermütig)
Dann plötzlicher Übergang zu dem schicksalhaften Ernst bei der Erwähnung des Fremden. – Sie glaubte, die Blumen wären von diesem –

10 Zdenkas Plaidoyer für Matteo –

Arabella: Zdenkerl gib acht – du redest ja schon ganz wie die Mama gib
acht auf Dich. Es steckt etwas Gefährliches in Dir. Mir scheint doch es ist
höchste Zeit, dass Du ein Mädel wirst. So wie es höchste Zeit ist, dass
meine Mädelzeit zu Ende geht.
15 Zd.: Ich werd ein Bub bleiben!
(Das Klingeln von Elemers Schlitten)
Zdenka: Das ist der Elemer! wirst du den heirathen?
meint ers ehrlich? liebt er dich wirklich?

Abschluss der Elemerscene: beide Mädel rechts am Fenster.
20 Adelaide herein: Waldner von rückwärts.

N 59

ZDENKA
Der Schlitten vom Elemer. Heut kommt er allein.
Ist er denn der Richtige? nein! nein!

25 ARABELLA
Ich weiß es nicht. Aber ich werde mich
bald entscheiden! bald

ZDENKA
(o Gott dann ist alles zu Ende.)

30 ARABELLA
Siehst du – da war ein fremder Mensch – der
hat mich angeschaut – ich hab geglaubt er schickt
mir Blumen – Blumen von dem wären heute
mehr als alles – die tät ich mir in mein Zimmer nehmen.

35 ZDENKA
Nimm die – sie reden vom heißesten Herzen! o Gott
wie bring ich sie dazu – sie ist so schön und gut –
sie verkennt das einzige Glück

*Die Notiz ist gestrichen, wahrscheinlich nach ihrer Verwendung in I/13H7, denn
eine Seitenangabe S. 11 auf der Notiz bezieht sich auf die Paginierung von I/13H7,
vgl. S. 17, 25–18, 6.*

N 60

                                        I.   5
Elemer sagt ihr: sie hätten sich jetzt eingeteilt, er, Dominik u. Lamoral,
jeder einen Tag um den andern vor ihr zu erscheinen – (vorher die entrées
der Putzmacherinnen – grooms –) es sei ein Lotteriespiel – er aber hoffe das
Glück zu zwingen: sie sei von denen die überrumpelt werden müssen –

N 61   10

4. VII 29.
                         Kl⟨eine⟩ Scene: Arabella-Zdenka
Arabella sieht den Unbekannten. Enttäuschung weil er nicht heraufsieht.
Zdenka: Denk, nur Männer wählen! Frauen werden gewählt.
Arabella: quasi G e b e t   15
Zdenka: Gebet: lenk ihren Sinn!
Schellen
Arabella: Ja, ja die Schlittenfahrt die mach ich noch
Komm zieh dich an, Du fahrst mit uns, ich wills
Zdenka: Pst die Mama!   20

N 62

und heut nacht auf den Fiakerball möcht ich noch gehn
und mich austanzen bis zum lichten Tag
Morgen aber ist Aschermittwoch
u. bald hat meine Mädelzeit ein End   25
und deine die fangt an, in Gottes Namen

N 63

                                        I.
                             Arabella-Elemer.
            La⟨moral⟩   30
                                    Mandryka
                Do⟨minik⟩
                             Matteo
                El⟨emer⟩

Arabella: Wie triumphierend Sie eintreten!   35
Elemer: Heute ist mein Tag, Arabella.

Werd ich Glück haben? Sie haben eine Pirutschade – den Fuxmundi . . .
Arabella: um 2 Uhr werd ich auf⟨n⟩ Kohlmarkt kommen – auf der Demel-
seiten –
Elemer: Wie immer rätselhaft u. in der Schwebe –
Arabella: Ja – dieses Glück kost ich aus – vielleicht wird bald was andres
kommen – Sie durchschauen. Sie wollen u. wollen nicht, lieben u.
lieben nicht. Sie sind heftig aber nicht unbedingt. Und ich bin stolz und
könnte vieles nie verzeihen!
Elemer: und abends der Fiakerball –
wie schön Sie sein werden –
welcher Genuss sie mit dem
Blick zu suchen – der Blick vertritt alle übrigen Sinne –
Arabella: Mit solchen Augen hat mich heut wer angesehen!
Mir ist als käme er jetzt her –
Elemer: Ein Fremder! Wehe! Einer von uns dreien muss es sein. Uns
gehören Sie!
Arabella (wie er ihre Hand anfasst) Angst vor der Fessel! vor dem Zusam-
mengebundensein

N 64

Arabella (bei der Enttäuschung über die Geschenke) – Ich kann nix dafür:
ein Mensch ist mir zu viel – oder fast nix – und das geht schnell. dann fangen Fragen an, auf die Fragen geb ich mir Antworten . . . Aber der Richtige . . . da werden keine Fragen sein

N 65

4. VII 29

Arabella-Elemer.

ELEMER

Heute ist mein Tag – so haben wir gelost! Ich führ Sie in Prater – Anspannen hab ich lassen meine Russen – Ich bin Ihr Tänzer auf dem Fiakerball –
der Tänzer der Königin – meine Blicke wachen über Ihnen

ARABELLA

Wie triumphierend Sie eintreten!
Als hätten Sie mich schon durch Ihren Willen

ELEMER

Einer von uns dreien muss es sein!
Sie aber bleiben rätselhaft u. in der Schwebe –

ARABELLA
Ja dieses Glück, dieses bittersüße Glück
des Mädchentums koste ich aus. Vielleicht wird bald ein andres kommen

ELEMER
Und abends – wie schön Sie sein werden!   5
Welcher Genuss Sie mit dem Blick zu suchen! Der Blick vertritt alle übrigen Sinne!

ARABELLA
Mit wie ganz andern u. doch starken Augen hat mich heut wer angesehn!
Ja Sie begehren – und wollen – u. lieben vielleicht auch –   10
Sie sind heftig – aber nicht unbedingt –
Ich aber habe meinen Stolz und könnte vieles nicht verzeihn –

ELEMER
Ihr Stolz verlangt sich zu schmiegen.

er fasst sie bei der Hand   15

Einer von uns dreien muss es sein – der Dominik ist es nicht, der Lamoral
wäre es, ist aber zu jung – Einer muss es sein

ARABELLA
Aber Ihrer Gräfin Mutter mich vorzustellen wäre Ihnen schwer u. Ihre
Gräfinnen Schwestern schauen weg – wenn Sie mich auf⟨m⟩ Eis zum   20
Tanzen holen

ELEMER
Das sollen sie sich unterstehn!

⟨ARABELLA⟩
Wir sind die Art von Leut nicht die ihr respectierts!   25
Ich mag die Fessel nicht tragen

ELEMER
Du wirst sie tragen Mädel!
Wenn sie dir auferlegt wird von d. Richtigen –

ARABELLA   30
Zornig sollte ich sein auf euch, dass ihr es nicht seid
Das bedenk ich!

ELEMER
Du bedenkst dich zu viel!

Die Schellen   35

Unten mein Schlitten! Du willst ja!
Du willst ja! Sausend dahin!

Nachdenken ist der Tod! im Nicht-bedenken liegt das Glück –
Jähe Entscheidung ist alles! so ist das Leben!

ARABELLA
Ja. Ich werde mich entscheiden!
₅ Ja – ich will – aber der Bub kommt mit.

ELEMER
Kein Wort soll ich reden zu Ihnen allein!

⟨ARABELLA⟩
In einer Viertelstunde werd ich unten sein. Solang muss sich der Schlitten
₁₀ gedulden.

251, 33 Als *aus* Welch
252, 12 Ich . . . Stolz *aus* Und ich bin stolz
252, 16–25: Nachträge, Ort der Einfügung nicht gesichert.
252, 25 respectierts *danach gestrichen: Zornig müsste ich sein.*
₁₅ *253, 9* unten *aus* aufm Kohl⟨markt⟩

N 66

Waldner hält seine Pläne geheim. Sagt auch nach dem Gespräch mit Mandryka nichts.

N 67

₂₀   I neue Fassung (Schluss)
nach der Scene Waldner-Mandryka:
W. (zu Adelaide): Na überlegts Euch halt derweil! vielleicht stell ich dir
heute abend jemand vor . . .
meine Combinationen interessieren euch ja nicht!
₂₅ Adelaide: großartig. Monolog: Unverstanden
Adelaide zu Arabella großartig: Du machst die größte Partie – sagt die
Prophetin.
Zdenka (ängstlich horchend)
Adelaide ab.
₃₀ Arabella (jäh ans Fenster) Da schau den Menschen dort unten
Zdenka: Um Gottes willen – ein Neuer –
Matteo rückwärts . . .
Arabella: Der Richtige – da werden keine Fragen sein – sie liest Matteos
Brief – antwortet ihm ni c h t – Will nur an den Ball denken –

₃₅ *253, 26* großartig *danach gestrichen: Im Erzhaus.*

N 68

Schluss:
Zdenka: Wenn sie ohne Arabella ist, kommen ihr finstere Gedanken – –

N 69

Arabella: in Träumerei (es schneit)
Zimmerkellner: Auch diese Zimmer werden nächstens frei –
Mandryka: Wie können Sie können Sie sich unterstehen mich hereinzu-
führen – hier wohnt eine Dame –

I|13H⁷

*Im folgenden Apparat werden die Endstufen ausgewählter Varianten gegenüber dem
Text (S. 7–33) lemmatisiert. Ein Vergleich mit dem Textteil der Neufassung
zeigt vor allem den größeren Umfang einzelner Dialogpartien gegenüber I|14H⁸
und dem als Textgrundlage dienenden Typoskript I|15tH⁷. Hervorgehoben sei,
daß die Kürzungen bereits in der Reinschrift I|14H⁸, nicht etwa erst im Typoskript
I|15tH⁷, erfolgt sind. Da die Neufassung des ersten Akts nur für dessen ersten Teil
tiefgreifende Änderungen heraufgeführt hat, bricht I|13H⁷ an der Stelle S. 21, 19
als geschlossener Entwurf ab und wird von dieser Stelle an nur in Einzelnotaten fort-
gesetzt, die die Verbindung der Neufassung mit den aus der ursprünglichen Aktfas-
sung übernommenen Textpartien betreffen.*

7, 5   *Datierung* 21 VI. ⟨1929⟩

7, 21   Karten?] Karten? Brechen Sie Ihr Schweigen!

9, 11   ganz unmöglich!] unmöglich, geben Sie!
              in einer Stunde! vielleicht. Nein lieber morgen.
              Jetzt ist es ganz unmöglich!

9, 17   Herrn!] Herrn!
              Was ist denn das! da gibt es einen bösen Streit
              Ich seh gezogene Säbel!

10, 15:   Nein! kommen Sie mit mir – hier in mein Zimmer –
              Befragen Sie die lieben Karten noch ein drittes Mal –

              KARTENAUFSCHLÄG.
              Die Karten kennen nur die Wahrheit!
              Gefahr droht von der Schwester und dem Officier.

              ADELAIDE leise – auf Zdenka deutend

10, 29:   Gezogene Säbel seh ich – es stehen Leute rings herum –
der Bräutigam zieht sich zurück.

10, 35:   ADELAIDE
Aber vielleicht, wenn man sie noch einmal befragt,
so fügen sie hinzu – was auf die rechte Spur uns bringt!
Schnell! schnell! Ich flehe Sie an . . .

11, 1–6:   ZDENKA
Wohin versteck ich sie dass Arabella sie nicht sieht!
Sie wollen alle die Bezahlung – sie drohen mit den Gerichten –
sie haben was gehört dass wir abreisen wollen
o Gott – davon weiß ich nichts – abreisen?
dann ist alles aus –
dann geht der Matteo nach Galizien –
oder er schießt sich eine Kugel in den Kopf –

12, 26:   Der Brief – der war wie etwas das vom Himmel kommt
und einen unbeschreiblich selig macht –

12, 31   Sie schämt sich halt so furchtbar. *fehlt*

13, 1–3:   dass mich der Tod angrinst – wenn sie so bleibt

14, 14:   Du behandelst ihn so schlecht

15, 33:   Sag was du willst – Er ist der Richtige nicht für mich.

16, 17   Kind.] Kind.
red ich wie eine Hexe, Zdenkerl – bin ich bös?

am Rand: (Duett) Arabella wiederholt: Der Richtige wenns
einen gibt für mich . . .

17, 2:   und weil halt Fasching ist, so treib ichs mit.
Bis an den Aschermittwoch. Denn ein End muss sein
für alles auf der Welt.

17, 5:   Und abends auf dem Fiakerball wo Du und die Mama
die Patronessen sind da darf er mehr
als beide andern mit dir tanzen –
das ist zwischen ihnen abgemacht –

ARABELLA   Du Schlaukopf!

ZDENKA

17, 29–32:	mit dunklen ernsten festen Augen wie ein Mensch sie hat

17, 29–32: mit dunklen ernsten festen Augen wie ein Mensch sie hat
der einsam lebt u vor sich hinschaut ohne Furcht
und hinter ihm ein Leibhusar, ein Fremder halt
von irgendwo aus Ungarn oder aus der Walachei –
der hat mich angeschaut –
Dann hat er was gesagt zu seinem Diener –
und dann noch mal hergeschaut auf mich –
So hat kein Mann jemals mit seinen Augen gefragt u n d
        A n t w o r t auch zugleich gegeben so.

18, 10 dir?] dir? Pass auf auf dich! ich sag d⟨irs⟩ n⟨och⟩ e⟨inmal!⟩

18, 17 herein?] herein!
Als hätt der Fasching selber sie geschickt –

19, 16 nicht!] nicht
bevor ich selber meine Hände dir hinhalten werd und sag: Da!

19, 21 euch] euch
euch drei wienerische Grafen
aus – auf Sie und Ihre zwei Cumpane, Elemer –

20, 1 Geschöpf] Geschöpf auf dieser Welt!

20, 2 mich, allein auf dieser Welt!] über einen Mann!
Das ist was das Leben von uns will: Entschlossensein!

22, 5–18 *Hier und im Folgenden sind einzelne Notate wiedergegeben, die sich*
auf dem Blatt E III 25.18 befinden und Änderungen markieren, die
sich aus der Verbindung des neuen Entwurfs des ersten Akts mit den
im wesentlichen unverändert übernommenen Texten der alten Fassung
ergeben. Die in den Notaten vorgemerkten Änderungen sind in
I|14H⁸ – zumeist auf den aus I|3tH¹ in I|14H⁸ eingelegten Typo-
skriptblättern – ausgeführt. Die Seitenangaben Hofmannsthals
beziehen sich auf die Paginierung der Typoskriptblätter von I|3tH¹
bzw. I|7tH³.

S. 18 des Textes
(nach der kleinen Scene der Schwestern)
Waldner von rückw.
zugleich Adelaide, die ihn kommen gehört hat, von links
heraus.

A.

Lasst uns allein m Kinder
Euer Vater hat Sorgen!

A. u. Z. ab. Arabella nach links rückw.

Adelaide Waldner

W.

Nichts als das – von niemand einen Brief?

Zu S. 18 des Textes *vgl. S. 79, 26.*

23, 6–24, 5:   A.

Fort mit uns! zur Tante Jadwiga! auf ihre Schlösser

. . .

und sie wird Untert⟨anen⟩ haben in die Tausende

W.

Inzwischen ist der letzte Fufziger dahin!

A.

Sei ruhig Theodor mir sind im Traum . . .

W.

Versetz die Smaragdbrosch u. gib mir das Geld

auf

Was du hast sie nicht mehr?
Du unglückselige Person! – Was sind denn das für Sachen da?

⟨ADELAIDE⟩

Bonbons v⟨om⟩ D⟨ominik⟩ . . . Parfum vom Elemer!
Spitzen vom Lamoral!

W

Spitzen wo sind die Spitzen?

Vgl. S. 80, 33–81, 18 und S. 85, 31–33.

32, 4–33:   nach der kleinen Scene: Waldner Zdenka
folgt die kleine Scene: Zdenka Matteo.

MATTEO

Er hat mich nicht gesehn

ZD.

Pst sie ist drin.

M.

Hast du den Brief

ZD.

Den Brief

M.

Den du versprochen hast von ihr –

ZD.   5

Den Brief? Ja! nein! sie will jetzt nicht
Sie sagt sie wird ihn dir heut abend
Komm auf den Fiakerball

Zdenkas letzte 4 Zeilen S. 31

ARABELLA   10
Du bist nicht angezogen?

Im Monolog: Denn es ist Zeit dass die Zigeunerwirtschaft
hier ein End hat.

Die Scene: Waldner Zdenka *ist entworfen auf V III 1.22,*
pag. 24 von I|3tH¹ und ersetzt zusammen mit der Scene: Zdenka   15
Matteo *die alte Fassung S. 94, 13–97, 12.*
Das Notat Zdenkas letzte 4 Zeilen S. 31 *bezieht sich auf die in*
der neuen Fassung gestrichenen Zeilen S. 101, 31–34, das Notat
Im Monolog: Denn es ist Zeit dass die Zigeunerwirtschaft
hier ein End hat. *auf die in der neuen Fassung ebenfalls gestrichenen* 20
Zeilen S. 98, 5f.

I|14H⁸

Die Reinschrift, die im wesentlichen dem Text der Neufassung des ersten Akts ent-
spricht, wie er S. 7–33 auf der Grundlage von I|15tH⁷ geboten ist, zeichnet sich
gegenüber I|13H⁷ durch erhebliche Kürzungen einzelner Dialogstellen aus. Von 25
S. 25, 28 bis S. 31, 11 besteht I|14H⁸ aus den 7 Typoskriptblättern, die aus
I|3tH¹ eingelegt sind (vgl. die Beschreibungen von I|3tH¹ und I|14H⁸). Die durch
S. 25, 28–31, 11 ersetzte alte Fassung findet sich S. 87, 35–93, 34. Ein Vergleich
zeigt auch hier umfangreiche Striche, die auf den eingelegten Typoskriptblättern vor-
genommen worden sind.   30

I|15tH⁷

Die handschriftliche Varianz in diesem, dem Text S. 7–33 zugrunde liegenden
Typoskriptdurchschlag beschränkt sich auf vereinzelte Streichungen. So ist S. 16, 5
nach bin *gestrichen:* Ich bin halt so. *und S. 22, 21 die Regiebemerkung schweigt*
an die Stelle des folgenden Textes getreten: Ich zerbrech mir den Kopf, find kei-   35
nen Ausweg. Nur wenn ich spiel fallt mir was ein! *Die Kürzungen setzen*
eine schon in der Reinschrift I|14H⁸ anzutreffende Tendenz fort. Sie überschreiten
aber nirgendwo den Umfang von ein bis zwei Versen.

Frühe Notizen zum zweiten Akt (N 70–N 90)

N 70

11. XI 27

II Ball.

Zuerst: Lucidor führt den jungen Mann vom Ball weg. Er soll ins Hotel
fahren. »Aber Arabella ist ja noch hier« – Sie coquettiert mit den drei
Verehrern. »Fahr nur indessen ins Hotel«

Arabella macht Aussichten.

Der Buffo: ich werde Mädel heute noch haben.

259, 4 Ball. *danach gestrichen:* Lucidor ist verschwunden. Onkel ist plötzlich
mit Fiakern da. Will hier Lucidor sehen.
Andere Version: heimlich auf den Ball gekommen?

N 71

13 XI ⟨1927⟩

Details Mandryka II.
Mandryka, der Gospodar, (Seine Mutter eines Paschas Tochter) verwandt
mit Ali Pascha von Janina
Schrecken seiner Diener, wenn er zürnt: Niederknieen.

Empfang des Briefes auf der Bärenjagd.
Der verkaufte Eichenwald – mit Bären – Luxen – Zigeunern – Geistern –
alten Wilderern – Köhlern – Riesen – alles darin in der Brieftasche. Soll
in Rauch aufgehen!
Geschenke abgeliefert noch in der Nacht.

Glaube an Hexen als Katzen. Plötzliche Wut über Katzengelichter.
Alle da reden wie Katzen

Während des Balls wird er erfüllt von dem Gefühl seiner Person – erzählt
wie sie einreiten werden – und vom Wald – (serb. Ballade)
Seine erste Frau habe ihn zu viel gefürchtet. Er wolle das an ihr gut machen.

Wenn du etwas befiehlst – werden Boten reiten –

I. Mandryka zu Waldner: Ich habe verstanden warum du das Bild von
dem hochgeborenen Mädel in den Brief eingelegt hast –
(Waldners manchmal absurde, manchmal fast geniale »Einfälle«)

Er sieht jedem in die Augen: süßes Gefühl: guter Mensch
                    leeres Gefühl: schlechter Mensch
in Bezug auf die Schwiegermutter: armes Weib

Sein Sprechen zu der Braut. Der unsäglich zarte Kern. Sie soll sich nicht
gewöhnen – es soll ein süßer Schrecken bleiben, ihm zu gehören.

»Dieses Wien wird vergehn – der Wald wird bestehen.« Groß ist das Land –
groß ist der Kaiser. (Einflechten des Gott erhalte) – Im Wald da bin ich der
Kaiser u Herr: Gott erhalte. – Das ist vorbei – Wald ist verkauft.

Vgl. N 6.

N 72

                    II Ende
Mandryka zur Mutter: ein Glas Brunnenwasser von der Braut verlangen –
in Gegenwart der Mutter –

260, 12 Brunnenwasser *aus* Que⟨llwasser⟩

N 73

10 XI ⟨1927⟩
                    I.
Mandryka: Bruder mir von Gott!
Nein Schwester – kleine!

Herrgott was bist du für eine!

Wohl irrtümlich I. *überschrieben.*

N 74

(k)
Mandryka: Ausmalen der Hochzeit:
Fahnen flattern, rollen wie Donner –
sieben Dörfer – Bauern drinnen –

Mandrykas Singen übertönt das ganze Wienerische – er commandiert auch:
Leise!

auf dem Ball: verlangt von ihr einen Trunk Wasser –

Zu (k) *vgl. N 89; das Zeichen ist nachträglich eingefügt.*

N 75

Zdenka und der Brief:
Schlaf nicht Blättchen und nicht schlaf, Geschriebenes!

N 76

II.

Luperl Mandryka (Offizier bei einem Grenzerregiment)

Confusion des Buffo wer ein Graf wer ein Fiaker ist. Vorwärts, vorfahren
mit dem Zeugl.
Der Buffo: Er ist zufrieden: Es ist nichts mehr notwendig. Waldner, schaff
die Leut auf die Seite. Lass mich mit dem Mädel reden. Ich feire noch heute
Verlobung. Ich rangiere dich. Deinen Buben versorg ich. Ich bin rasches
Tempo gewöhnt. Ich habe keine Lust, um einen Tag älter zu werden.
Arabella: will eine Stunde – er gibt ihr nur eine halbe. Wie er ihr seinen
Antrag macht – sagt sie nur: Ja! Darf ich mich als Bräutigam betrachten?
Ja Sie dürfen sich betrachten. Ja ich habe alles erwogen –
Was wird der Bräutigam mit der halben Stunde anfangen? Ein unbändiges
Zusammenreissen des Ganzen: Hinunterschütten von Champagner – Ganze
Welt an mein Bruderherz – alle sind meine Gäste
Dazu sieht er immer auf die Uhr – Die halbe Stunde ist vorbei. Fertig? ruft
er einer weiblichen Gestalt zu. Die Gestalt übergibt ihm einen Zettel: Ich
bin nachhause gefahren – auf morgen. Er will noch den Verlobungskuss,
in Gegenwart der Schwiegereltern.

Wir haben Champagner getrunken – aber ich
habe noch nicht Brunnenwasser aus ihrer Hand getrunken –
(er schüttet schweigend den Champagnerkelch zu Boden)

N 77

Gewand vom Nazi. (Begeisterung des Grafen. Protectors.)

Zdenko: Die Eltern wissen nichts. Für die lieg ich zuhaus im Bett auf
Nummer 11.
Nazi stellt Zdenko vor als seinen jüngeren Bruder. Milli busselt ihn ab.
Millis Jodler.

Anfang: Matteo lauernd. Zdenko zu ihm. Matteo rasend eifersüchtig –
verzweifelt. Zdenko: übergibt einen Brief (wie Schluss I). Matteo will,
dass sie den Brief mündlich bestätigt, sofort. Zdenkos Angst: Nicht hier!
zuhause! Du musst zuerst fort! Sie kommt nach. ich führe sie. (verschämt)
Der Schlüssel zum Zimmer. Matteo: Wann hat sie dir den Schlüssel gegeben? Zd.: Dort hinter der Säule

Dazwischen die Scenen Arabellas: Zdenko niederknieend – Such nicht immer ihre Nähe! Matteo: Ich habe auf der Welt nichts als sie! Ich bin ein Pechvogel!

261, 35 ich führe *aus* Nazi führt

N 78

Arabella.
Die hübschen gewissenlosen Burschen –
Das Stiefelausziehn am Hochzeitsabend

N 79

II.
Mandryka (auf dem Ball)

Tretet auseinander, gute Menschen.
Nach den vier Weltseiten auseinander
Lasst die junge Magd ein Kleines tanzen
Eh vom Väterchen sie noch vermählt wird.

allein – auf sie wartend –
Hab mein Mädchen, sieben Dörfer hab
hab du Schöne sieben große Dörfer hab
kleine Dörfer Nebendörfer sind nicht gezählt –

Knabe = junger Held = junak.
Katorga = Gefangenenschiff Galeere

goldner Name
schwarze Wörter

»Im mitten Feld lass ich dich greifen« –

262, 19 Dörfer *aus* Nester

N 80

Mandrykas erste Frau: ein Lamm
seine Reue

II Schluss

I Bruder? was willst du Pferde? verlang! willst Geld – da! (Gedicht S. 331)
Mutter was soll ich bestellen? – Schmuck? Kleider?

Versatzzettel Ein Réticule voll
Mandryka und Arabella:
Lamm zu geben, Messer nicht zu geben –

Essenz davon: Er will alles (S. 329)
(das Lamm gab was sie hatte)

262, 29: nachgetragen.

N 81

5   16 XI 27

Mandryka.

als Freier:
Gab dem Vater ungezählte Gabe
Gab der Mutter Feintuch ungeschoren
10   Gab den Ohmen Pferde reichgesattelt
Gab den Brüdern Messer reichverzierte
Kaufte wohl den Schwestern blanke Spiegel
– und sie sagten: Mein das Mädchen wäre! –

etwas von seinem Charakter:
15   Ging durch einen Wald und weiß nicht durch welchen
Fand ein Mädchen – weiß nicht wessen Tochter –
Trat ihm auf den Fuß, weiß nicht auf welchen
Fing es an zu schrein, weiß nicht warum doch!
Seht den Wicht wie er sich denkt die Liebe!
20   Wohl stünds an, ihm Lammbraten zu geben,
Lamm zu geben, Messer nicht zu geben:
Mag der Wicht das Fleisch mit Zähnen reißen
Mag sich plagen bis zu klügern Tagen!
Wohl stünds an, ihm Kanne Wein zu geben
25   Wein zu geben, Becher nicht zu geben
Mag der Wicht aus schwerer Kanne trinken,
Mag sich plagen bis zu klügern Tagen;
Wohl stünds an, mich Mädchen ihm zu geben,
Mich zu geben, doch kein Bett zu geben:
30   Mag der Wicht auf bloßer Erde schlafen
Mag sich plagen bis zu klügern Tagen!

N 82

18 XI ⟨1927⟩

Arabella: Wir sind doch niemand!
35   ⟨Mandryka:⟩ Sie tragen Ihren Stammbaum im Gesicht.

N 83

25 XI 27.

II. Fiakerball.

Die Versprechungen Zdenkas
die bitteren Zweifel Matteo's:
Schau jetzt coquettiert sie wieder mit dem Fremden – Was wird sie mir
geben –
Zdenko: Viel wird sie dir geben – so sind Mädchen – sie will Deine Trauer –
wie einen tiefen Brunnen: ihr ganzes Ich hineinzuwerfen – (sie sieht ihn
glühend an) sie anderen sind seichte Brunnen

N 84

⟨Mutter⟩
in II u. III
zu Matteo: wechselnd: Nur Mut, nur Ausdauer – und: Sie haben recht
dass Sie das Spiel aufgeben –

N 85

Lieferanten / Fiaker / Hotelgäste /

N 86

II.

Zdenkos leise Detailvorschriften für das rendezvous: flüstern –
ihre Haare nicht anrühren wollen –

N 87

II.
Ball.

Die Mutter: in Ekstase: Sehen Sie, Baron Mandryka, so ist Wien. Jeder
Fiaker vielleicht ein Graf –
alles rätselhaft – wir schweben über einem Abgrund –
après nous le déluge – die Preussen von links – die Russen von rechts – sie
werden uns verschlingen – aber wir werden ewig da sein – Ein Augenblick
kann Decennien enthalten –
Mandryka läßt Champagnerkübel nachtragen
Mandryka: Ach was Baron – Hier sind Juden u. Tuchscherer Barone –

Die ganze Notiz durchgestrichen.

N 88

Mandryka

Arabella: Wo der auftritt bringt er seine Luft mit. Er umfasst die ganze
Welt. Alles, was nicht er ist, ist ihm gleich.

5 Der falsche Mandryka: gehängt! (bei Arad)

Mandryka hat ein Stück vom Strick eines Gehängten bei sich – wirft es
weg vor dem Duell.

Vgl. auch N 30.

N 89

10 R⟨odaun⟩ 25 XII 27

II. Scenar. (I^te Hälfte)

  a Ankunft
  b Matteo-Zdenko
  c Mandryka wird vorgestellt Djura – Arabella u. d. Mutter
15 d Matteo
  e Die Verlobung
  f die drei Tänze zugleich: Mutter. Mandryka – Sie zeigt ihm Matteo –
  g Matteo-Zdenko Detailvorschriften fürs rendezvous
  h die Botschaft von Arabella
20 Mandryka: He du irgendeiner oder wer du bist! Da hast 4 Ducaten! Ist
    schon dahin!
  k Mandrykas Wunsch. Mandryka u. die Eltern.

Waldner: Und dort in Blau – steht meine Tochter Arabella. Erkennst du
das Kleid?
25 M. Ja! ja! ja! ja!

Anfang: Matteo lauernd rasend eifersüchtig verzweifelt – Zdenko zu ihm –
Hast du einen Brief? Nein – eine kurze Botschaft (»Ich muss dich noch
heute sprechen. Das Nähere durch Zdenko«) Aber sei discret (zieht ihn
weg)

30 Es nähern sich Adelaide – Arabella und die drei Grafen. Waldner kommt:
stellt Mandryka vor – Waldner: Er glaubt sie weiß von nichts.

Elemer: Was ist das für ein Kutzowalach?

Adelaide: O Baron – wir tanzen auf einem Vulcan (will die Grafen vorstellen) – der Preusse – der Russe – Sehen Sie, so ist Wien – jeder Fiaker
35 vielleicht ein Graf, alles rätselhaft – wir schweben über einem Abgrund –
après nous le déluge, der Preusse von links, der Russe von rechts – sie
werden uns verschlingen – aber wir wir werden ewig da sein –

Arabella tritt zu Mandryka. – Wie wissen doch nichts von uns.
Adelaide: Will kuppeln.
Arabella: Geh lass Mama, das ist doch ein ganzer Mann – zieh den nicht in
diese Geschichten hinein – Der hat was anderes im Kopf

Adelaide: Dir sein Dasein zu Füßen zu legen –   5

Arabella mit den Grafen   Mandryka mit Waldner

Mutter zu Matteo: sie verstehe seine Melancholie – Chopin Lenau – aber
Arabella sei nun einmal zu Glanz u. Glück bestimmt – lassen Sie sie: Sie
wird Sie entschädigen: ein Augenblick kann Decennien enthalten.

Matteo. Schon jetzt coquettiert sie wieder mit dem Fremden u. zugleich   10
mit den drei Grafen! Was kann da für mich übrig bleiben? – Ein Blick – ein
Nicken –

Zdenko hinter einer Säule. Bist du schon wieder – hats dich schon wieder?

Matteo: Rasend verzehrt's mich! Weil ich ihren süßen Kern k e n n e Ich
will sie e n t z a u b e r n oder ich bin ein erbärmlicher Kerl.   15

Zdenko: Viel wird für dich bleiben. So sind Mädchen. Sie will deine
Trauer – wie einen tiefen Brunnen – ihr ganzes Ich hineinzuwerfen. Die
andern sind seichte Brunnen. – Verstehst du nicht – dass sie das g e n i e ß t :
dies nie etwas merken lassen dürfen!
zuletzt: wie Matteo bereit ist zu gehen: Ich muss nachhaus! (wankt, wird   20
leichenblass)

Zdenko: Wenn ein Mädel in die Donau geht – und kommt wieder zum
Vorschein – ist sie da hässlich?
Matteo: Du glaubst Arabella tut sich was an?
Zdenko: Ah nein –   25
Matteo: Aber ich – ich reise morgen früh
Zdenko gibt ihm die Schlüssel.
Gib acht – dass s i e nichts merkt. Sie will ganz unbefangen scheinen.
Matteo winkt ihr. Matteo: will die Situation genießen küsst der Mutter
empressiert die Hand trinkt Champagner – Zdenko will ihn wegschaffen –   30
Matteo will das V o r h e r noch genießen. Niemand ahnt ja wie sie w i r k l i c h
ist.
Arabella: Was macht der Matteo für lächerliche Faxen? (zur Mutter)

265, 14 vorgestellt *danach gestrichen:* Jankel im Frack
266, 1 uns. *danach gestrichen:* c. Arabella: Wo der auftritt bringt er seine 35
Luft mit. Er umfasst die ganze Welt. Alles was nicht er ist ist ihm gleich!
266, 6 Waldner *am Rand gestrichen:* Dominik will sie zum Tanzen holen –
Später jetzt sprech ich hier

266,7 Lenau *aus* Lord Byron
266,10 Matteo *danach gestrichen:* Zdenko
266,12 Nicken – *danach gestrichen:* Ha! ha! ha!

N 90

5   (II)
nächstes, nach Abgang ⟨Arabellas⟩ Matteo-Zdenko
(Zdenko: Gebet u. verzweifelter Ausweg – die Worte über die Leichen
aus der Donau. »noch diese Nacht wirst du sehr glücklich sein«)
Zdenka: Ich muss nachhaus – Ich fahr mit dir –
10 Matteo – wenn ein Mädel in die Donau geht und kommt wieder zum Vorschein ist sie dann hässlich?
Matteo: Du glaubst sie tut sich was an – Arabella?

Gestrichen. Zu Abgang vgl. S. 46,1 Abgang Arabellas mit Lamoral und den
Apparat zu II/1H¹ zu S. 270,11–21.

15   *II/1H¹*
Im folgenden Apparat wird die Endstufe ausgewählter Binnenvarianz gegenüber dem
Text (S. 34–53) lemmatisiert. Bei den ausgewählten Stellen handelt es sich um
solche mit starker Abweichung gegenüber dem Text, der II/4tH¹ folgt. Insgesamt
weist der Entwurf II/1H¹ noch wenig Kohärenz auf.

20 *34,2–35,13: fehlt*

35,14   *Datierung* 26/27 XII. 27

36,9   Ich habe] Ich bin ein Witwer. Ich habe

36,13–16:   Das sind zehn Jahre her.
                Seitdem hab ich allein u. ohne Frau gelebt.

25   ARABELLA
                Ah hah

                sie sieht ihn an

                MANDRYKA sehr natürlich
                Natürlich hab ich junge Weiber angeschaut
30   Die Untertanin ist bei uns ein liebes offenherziges Geschöpf
                und möchte Freude bereiten der Herrschaft –
                aber das Herz bleibt einsam

                ARABELLA
                Ist es das was mein Vater mir hätte erzählen sollen?

MANDRYKA
Sie sind sehr schön Arabella

ARABELLA
Sagen Sie ruhig Fräulein Waldner

MANDRYKA   5

267, 33 danach gestrichen:

Das ist gewiss sehr landesüblich, was Sie da erzählen
und ethnographisch sehr interessant –
wie soll man sagen so als Heimatskunde

36, 29–37, 4: Bei einem einfachen Menschen   10
den seine Felder und Wälder umgeben, entsteht aus
dem Schönen eine große Gewalt – aus der Gewalt
ein Entschluss der absoluten Hingebung –
aus dem Entschluss das Handeln –
Arabella steht auf.   15

M. schüchtern
Ich habe vergessen wie compliciert die Welt ist –
und was die Schönheit für ein Königszeichen
ich bitte Sie für die Unbescheidenheit dieser Minuten
um Verzeihung.   20
mit großer Würde sehr bescheiden u vornehm
                    Ich werde Ihnen nie wieder zur Last sein.
Weder hier noch anderswo.
er steht auf

37, 10   *am Rand:* Zeit lassen: Geberde für Geberde!   25

37, 13   *am Rand:* sehr leise vibrierende Musik

37, 20–27:   Sie sind stolz
dass Ihnen niemand nahe tritt
Kommen Sie und seien die Herrin
und weiden Pfauen auf seidenem Boden   30
Es wird Ihnen nie begegnen dass jemand über Ihnen ist
außer dem König u. Kaiser und der Kaiserin –
Und wenn Ihnen das genug ist, über einen
Menschen zu gebieten – der wieder gebietet
über viele die ihm willig sich bücken – so kommen Sie –   35

Fragen sind dabei keine – als die eine
ob ich Ihnen würdig erscheine

ARABELLA *kehrt ihm halb den Rücken*

38, 14–24: Darum kann ich erst leben
wenn ich etwas über mich setze –

ARABELLA
Setzest Du mich über Dich – so ich Dich über mich!

⟨MANDRYKA⟩
Arabella – Darf ich mich betrachten als einen Jemand der in
irgendeiner Untergebenheit zu Ihnen jetzt gehört?

⟨ARABELLA⟩
Sie dürfen sich betrachten!

sie reicht ihm die Hand

38, 25 *Notate zwischen den Dialogskizzen:*
Brief
»mein Freund, wir wollen heute nichts mehr miteinander
sprechen –
von morgen an bin ich die Ihrige«
Gestrichen:
Mandryka: Und wann reichst du mir das Glas Wasser?

38, 33–39, 9: MANDRYKA
Wenn Sie diese Räume der Ehre würdigen werde ich hier
bleiben u. erst nach Ihnen fortgehen. Dazu haben Sie
mich ermächtigt: wie den Leibwächter. Aber Sie brauchen
kein Wort an mich zu richten –

ARABELLA
Und es wird Sie nicht ärgern? Wenn ich diese Stunde
vertanze?

M.
Aber, tanzen Sie! tanzen Sie!

39, 35–43, 23 fehlen die Texte von Adelaide, Mandryka und Waldner.

43, 36: Nein Dominik.
Oh nur nichts Falsches jetzt – nichts Wildes jetzt –
ich möcht Ihnen eine gute Erinnerung bewahren.

44, 6 Elemer] Elemer
und will auch seinen letzten Tanz. Adieu

44, 25–27:   *fehlt*

45, 2f.:   Wenn die andern matt werden – werden Sie immer
schöner – immer reizender – immer unnahbarer –
Arabella – werden Sie m Frau – ich werde es
durchsetzen – ein Kuss wird mich stärker   5
machen als alle. –

45, 12   Schöneres] Höheres, Strengeres

45, 25:   LAMORAL steht betäubt

45, 34:   dann fahr ich fort – u. schick ihm ein Billet
er wirds verstehen –   10

46, 19–25   ZDENKA
Nein keinen Brief

MATTEO
So muss ich fort

ZDENKA wankt   15
Matteo, sag mir – wenn ein Mädel i⟨n⟩ d⟨ie⟩ D⟨onau⟩
geht und kommt wieder

MATTEO
Sie tut sich nichts an
Aber ich –   20
Ich werd ihr aus den Augen gehn!

47, 8   *Datierung* 23 IV. ⟨1928⟩

48, 5:   Nimm mich mit – aufm Bock –
nicht im Wagen – ich zeig dir den Weg

48, 6   *hier endet II|1 H¹*   25

Spätere Notizen zum zweiten Akt (N 91–N 97)

N 91

II. Scenar.

Für heute sag ich Ihnen gute Nacht! Von morgen an bin ich die Ihrige.
5 A. W.

h. Kleiner Kellner überbringt Arabellas Brief.
Ist der Herr der Herr der hier auf eine Dame wartet?!
Der Brief: Wir wollen heute nichts mehr miteinander sprechen.
Von morgen an bin ich die Ihrige.
10 He du irgend einer oder wer du bist! Ist auch dahin –

Mandryka (übermütig wie für sich, immer zwischen anderer Conversation)
Ging durch einen Wald weiß nicht durch welchen
Fand ein Mädchen weiß nicht wessen Tochter
trat ihr auf den Fuß weiß nicht auf welchen
15 fing sie an zu schrein weiß nicht warum doch
Seht den Wicht wie der sich denkt die Liebe
Wohl stünd's an Lammbraten ihm zu geben.
. . .
Wohl stünd's an mich Mädchen ihm zu geben –
20 Mich zu geben doch kein Bett zu geben –
Mag der Wicht auf bloßer Erde schlafen –
Mag sich plagen bis zu klügern Tagen.

Waldner: (kommt)
Mandryka: Waldner! du Waldner!
25 Was kann ich für dich tun? – sag hat sie die Pferde gern?
hast du noch andre Kinder? Hat er gerne Pferde der kleine Bruder – Was
kann ich für sie tun –
Adelaide (dazu) – Dieses Wort von ihr – dann betrachtet sie sich als Ihre
Braut

30 Gab dem Vater ungezählte Gabe
gab der Mutter Feintuch ungeschoren
gab dem Bruder Pferde reichgesattelt
Kaufte wohl d. Schwestern blanke Spiegel
und sie sagten: Dein ist nun das Mädchen!

35 Mandryka, Fahnen sollen wehen, auf Seide soll sie gehen –

Mandryka: (erschüttert) Heute! am ersten Abend – (küsst Adelaide die
Hand) – erwähnt den Brauch –

Adelaide (abergläubisch): Wir müssen ihn halten. Ich selbst werde sie
holen – Sie schläft nie gleich ein – sie träumt immer mit offenen Augen –
Mandryka (gewaltig): Welko! Mein Fiaker für Ihre Gnaden

Zu h vgl. N 89, zum Lied N 81.

N 92 B (zu N 92 A vgl. S. 205)

Arabella II^ter Act (Handlung).
Öffentliche Ballsäle, im prunkvollen Geschmack der 1860er Jahre. Die
Bühne stellt einen prächtigen Repräsentationsraum dar, angrenzend an den
eigentlichen Tanzsaal, der hinter der Bühne etwas tiefer gelegen ist.
Die linke und die rechte Seite der Bühne ist je zu einem nach vorne offenen
zeltartigen Pavillon zusammengefasst, sozusagen zu einer großen reich-
möblierten Loge, einem Salon, in dem je eine Gesellschaft sich zu Gespräch
und Champagner zurückziehen kann.
In der Mitte ist die Bühne tief und zeigt einen stark vergoldeten Stiegen-
aufbau, ansteigend in 7 Stufen zu der Estrade der Patronessen. Wo diese
Treppe mit ihrer untersten Stufe die Bühne erreicht, führen noch fächer-
förmig links und rechts ein paar Stufen in den eigentlichen Tanzsaal hinab.
Man kann also von der Estrade auf die Bühne herabschreiten, links und
rechts davon aus der Tiefe auf die Bühne heraufschreiten.

Ballanfang. Die Musik drückt die erwartungsvolle Unruhe dieses Moments
aus. Fiaker, Mitglieder des Ballcomitees. Die Fiakermilli und andere
Mädchen, Freundinnen der Fiaker auf der Bühne. Auch Kellner, Piccolos,
Ballgäste. Unter ihnen seitwärts Waldner und Mandryka, beide im Frack
mit schwarzer umgeschlungener Cravatte. Auf der andern Seite Matteo.
Auftritt Arabellas mit einem Cortege von Herren, darunter die 3 Grafen.
Sie schreitet die Treppe von der Estrade hinunter. Dann, nach einer Weile,
Adelaide, auch mit ein paar Herren.
Mandrykas Entzücken: die Gestalt seiner Träume wandelt auf Erden.
Heimlich Zdenka in Bubenkleidern links zu Matteo. Sie hat sich einge-
schlichen, die Eltern dürfen es nicht wissen.
Waldner tritt vor, stellt Mandryka den beiden Frauen vor.
Arabella sieht ihn groß an, sagt nichts. Adelaide begrüßt ihn mit etwas
überschwenglichen Worten.
Arabella zieht jäh die Mutter mit sich in die Loge (den offenen Salon) links.
»Mama ich will fort. Ich will hier nicht bleiben. Fahr mit mir nachhaus«
»Um Gotteswillen, was ist dir? du bist leichenblass« »Nichts. Aber ich
will fort« »Wie soll ich das verstehen – ist es der Anblick dieses neuen
Bewerbers der dich so erschreckt?«–»Ja« – »Er missfällt dir in solchem
Grade« »Das ist der erste Mann in meinem Leben, der beim ersten Anblick
Gewalt über mich hat. Ich will nicht! ich will fort!« »Das heißt, dass du ihn

fürchtest.« »Ich will nicht das Gleiche mit ihm erleben, wie mit anderen
Bewerbern. Ich will nicht gering von ihm denken müssen. Lieber will ich
ihn nie mehr sehen.«
Adelaide: Dein Betragen ist unmöglich. Bedenke: dein Vater! der Fremde!
5 was würden sie denken? (sie eilt zu den beiden Herren, um sie zu be-
schwichtigen)
Arabella: (will flüchten, steht wie gebannt, allein. Spricht die Angst ihres
Herzens aus.)
Adelaide (bei den zwei Herren) Eine ihrer plötzlichen Melancholien! sie
10 hat eine zarte Seele – so zart wie meine. O wie ich sie verstehe! Das Leben
ist eine Kette von Enttäuschungen. – Aber, sie winkt mir? was mag sie
wollen? (eilt zu Arabella.)
Arabella: Mir ist wohler (sie setzt sich). Bitte ihn hierher zu mir zu kommen.
Ich will ihn sprechen.
15 Mandryka zu ihr: setzt sich neben sie. Gespräch, dann Duett. Das Gespräch
zuerst stockend, angstvoll, beiderseits. Sie wagen einander kaum anzusehen. Sie warnt ihn, vor ihrer Familie, vor diesem ganzen milieu. Seine
Antwort unendlich zart und ehrfurchtsvoll. Liebe und wechselseitiges Entzücken in Flammen hervorschlagend, je mehr sie sich zu beherrschen
20 suchen.
Dominik, Elemer, Lamoral wollten das Gespräch unterbrechen, jeder um
einen Tanz bittend – werden heftig abgewiesen, ziehen sich zurück.
Mandryka und Arabella bleiben allein auf der Bühne, das Liebesgespräch
führt zur Verlobung, schnell wie im Märchen.
25 Arabella: Und jetzt geben Sie mich für eine Stunde frei. Es ist mein letzter
Ball, lassen Sie mich von meiner Mädchenzeit Abschied nehmen. Von
morgen an gehört jeder meiner Gedanken Ihnen.
Mandryka – überglücklich, zu allem bereit, verneigt sich, küsst ihr die
Hand, zieht sich zurück.
30 Der Ball begehrt seine Rechte. Aus dem Tanzsaal herauf dringt eine große
Gruppe von Tänzern, die Königin des Balles zu reclamieren. An ihrer
Spitze, als ihre Sprecherin die Fiaker-milli. Sie huldigt Arabella, überreicht
ihr ein großes Bukett. Arabella rückwärts, im Begriff, in den Tanzsaal
hinabzusteigen, zerpflückt das Bukett, wirft die Blumen unter die Schar der
35 Herren. Dann steigt sie an Dominiks Arm zum Tanzsaal hinab.
Zugleich links vorne: Matteo und Zdenka. Matteo verzehrt sich vor Eifersucht. Für alle hat Arabella Blicke, jedem wirft sie Blumen zu: er allein
existiert nicht. Zdenka hastig, aufgeregt tröstet ihn. Ihre Zärtlichkeit, ihre
Liebe für ihn schimmert durch. Alles vergeblich: er spricht von Verzweif-
40 lung, von Abreise nach Galizien, von Selbstmord. Zdenka zieht einen Brief
hervor. Auch das nützt nichts. Ein zärtlicher Brief würde ihn nicht mehr
trösten für solche Vernachlässigung. Er will ihn gar nicht öffnen. Endlich
reißt er ihn auf: das Couvert enthält keinen Brief, sondern einen Schlüssel.

Zdenka: es ist der Schlüssel zu Arabellas Zimmer. Sie will alles gut machen –
sie will dich glücklich wissen noch diese Nacht.
Matteo glaubt zu träumen.
Zdenka: Fahr sofort nachhaus ins Hôtel. Sie wird sich hier losmachen – sie
wird dich erwarten – eine Stunde wirst du glücklich sein.   5
Matteo ab, wie ein Träumender, Zdenka bittet ihn noch, sie auf dem Bock
seines Wagens mit ins Hotel zu nehmen, sie muss fort, nachhaus, nachdem
ihre Mission erfüllt ist. Die Eltern dürfen nicht ahnen dass sie auf dem Ball war.
Mandryka entschlossen, nichts davon ernst zu nehmen.
Während der Scene dieser beiden im linken Raum lässt Mandryka im rech-   10
ten Raum einen Tisch hereinschieben. Champagnerkübel in Massen, er
vereinigt eine Anzahl Ballgäste, auch Waldner – dem Tisch präsidiert Adelaide, von Mandryka mit ausgesuchter Galanterie behandelt. Mandryka
singt ein serbisches Bauernlied, worin er sich selbst als den ohne Verdienst
glücklichen, als eine Art Tolpatsch, der Glück hat, halb ironisiert. Er bleibt 15
dabei immer sehr elegant, sehr grandseigneur, nur mit etwas von ländlicher
Naivetät. Der Champagner fließt in Strömen.
Nun ist der Raum links leer. Bald betritt ihn Arabella, an Dominiks Arm
aus dem Tanzsaal zurückkommend.
Jetzt folgen links Arabellas drei Abschiede.   20
Zuerst von Dominik kurz, fast streng.
Dann kommt Elemer, sie zum Tanz zu holen. Sie schlägt ihm vor, die
Minuten zu verplaudern. Von ihm nimmt sie sehr freundschaftlich, aber
jetzt unverliebt Abschied, und entlässt ihn mit einem Händedruck. Sie ist
heiter, frei schwebend, allen diesen Männern jetzt unendlich überlegen.   25
Zögernd geht Elemer, schon nähert sich von links seitwärts Lamoral.
Indessen hat Mandryka die Tafel aufgehoben. Mandryka schickt zahllose
Kellner mit zahllosen Champagnerkübeln aus: sie sollen alle Räume durch-
eilen, überall das Feuer des Balles, das Feuer dieser einzigen Stunde
steigern: der herrlichen Stunde die ihm die Erwartung des höchsten   30
Glückes bedeutet. Aber – (hier nimmt er Adelaide beiseite – Mandryka und
Adelaide sind jetzt rechts vorne, Arabella und Lamoral links – aber wie in
getrennten Räumen) – aber (singt Mandryka) noch herrlicher als aller
Champagner der Welt sei ein Trunk klaren frischen Brunnenwassers. Den
pflegen die Mädchen in seinen Dörfern vor dem Schlafengehen auf der   35
Schwelle des Elternhauses ihrem Erwählten zu reichen – als Zeichen der
Verlobung, am Abend des Tages, da sie einander ihre Liebe gestanden
haben. Diesen Trunk erwarte er noch heute abends aus Arabellas Hand.
Adelaide entzückt von so viel Liebe, so viel Ritterlichkeit und Poesie wirkt
hier jung und reizend. Auch sie hat einmal eine glückliche Stunde.   40
Links der Abschied Arabellas von Lamoral, dem Jüngsten. Mit ihm ist
Arabella fast zärtlich, seine Jugend entzückt sie, sie küsst ihn flüchtig auf
die Stirn, dann schickt sie ihn weg. Er will nicht weg von ihr.

Aber aus dem Ballsaal stürmt jetzt eine Kette von Tänzern und Tänzerinnen im Galoppschritt herauf, sie umkreisen das Paar, ein Mädchen, die letzte der Kette, ergreift Lamorals Hand und zieht ihn mit sich. Arabella steht allein – auf der Schwelle ihres neuen Glückes – überströmend froh. Sie spricht es aus: sie will keine Gesichter mehr sehen, will fort – allein sein mit sich, ihrem Glück, sich ausweinen und dann selig einschlafen. Sie kritzelt ein paar Worte auf ihre Tanzordnung. Ruft einen vorbeigehenden Piccolo. Da, nimm diesen Zettel und warte hier. Es wird ein großer dunkler Herr kommen, der mich sucht. Ihm übergib das. – Noch zögert sie: wird er mein Fortgehen missverstehen? Nein! Er wird n i e etwas missverstehen, das ich tue. – Schnell huscht sie weg.

Sofort erscheint Mandryka: die Stunde ist abgelaufen. Wo ist meine Braut? In einiger Entfernung Adelaide und Waldner. Der Piccolo (eine junge Fußspitzentänzerin) umkreist Mandryka. Ob das der richtige Herr ist? Ja! Überreicht den Brief.

Mandryka liest ihn: Für heute gute Nacht mein Freund. Von morgen an bin ich die Ihrige. – (Vielleicht könnte, indessen Mandryka liest, Arabellas Stimme die paar Worte aus dem Orchester singen?)

Die Eltern hinzu. Mandryka: Sie ist fort. Jeder ihrer Wünsche ist mir heilig. Alles ist gut, wie sie es tut.

Adelaide: Aber der Trunk reinen Brunnenwassers. Er muss am Abend der Verlobung credenzt werden. Auf! nachhaus! Sie müssen ihn haben!

Mandryka: Soll ich ihn haben?

Adelaide: Keineswegs schläft sie sogleich. Ich hole sie aus ihrem Zimmer. Sie bekommen den Trunk!

Mandryka: (selig) Welko! Meinen Wagen! Jankel! Alles hier zahlen, aller Champagner für alle Gäste! Djura! zu mir! Ich brauche dich noch! Vorwärts! dieser Abend hat noch Seligkeiten in sich, verborgene, herrliche Minuten!

Die Ballgäste (drängen herauf)

Milli (als die Sprecherin des Festes) Vorwärts! wieder einen Walzer – diese Nacht hat noch verborgene Seligkeiten in sich!

Großer Jubel, Mandryka ab, Adelaide führend, Waldner mit ihnen.

273, 42 Vernachlässigung *daneben am Rand des Typoskripts notiert:* Mandryka, horchend, bereit auszuhelfen, beordert Jankel.
Ein Durchschlag des Typoskripts von N 92 ist am 18. 7. 1928 bei Strauss eingetroffen.

N 93

19 IX 28.

Genaue Disposition:
Auftreten Arabellas. Mandryka u. Waldner warten. ceremoniell Arabellas

Erschrecken. Die Vorstellung. Das Gespräch: ihr Staunen über die unge-
heure Anmaßung der Männer – und dass sie recht haben. (Das Gespräch
unterbrochen durch die 3 Grafen.) Verlobung.
zärtlich-galant
Arabellas Bitte von der Mädchenzeit Abschied nehmen zu dürfen.   5

l. Arabella-Dominik-Elemer (im Hintergrund)-Lamoral (im Hintergrund)
r. Mandryka: Adelaide (Hier sagt Mandryka das vom dörflichen Brauch) –
   sie holt Waldner damit er sich mitfreue: er muss zurück zum Spiel: ver-
   schränkt mit: Matteo-Zdenka
l. Matteo-Zdenka I: Anfang. Warum schreibt sie mir u. hat nur Augen   10
   für andere?
r. Mandryka ein Souper anordnend. Dominik zu Adelaide.
l. Matteo-Zdenka II: der Schlüssel: dazu Mandryka.

Mandryka Jankel – seine Unruhe niedergekämpft – dazu Adelaide mit
Dominik. Jankel ein lebensängstlicher Jude. burleske Scene: die Trost-   15
gründe Jankels. (Sie ist wieder mit ei⟨nem⟩ andern.)

Eintritt der Milli gerade wie Arabella links mit Lamoral

Arabella mit Lamoral zum Tanzen ab.
Dominik-Adelaide –

Mandryka-Milli, Anfang.   20
Das Billet. Scene Mandryka-Milli. Milli: Es kann immer einer für einen
andern einspringen. (zugleich Dominik immer frecher)
Mandryka singt für Milli: Ging durch einen Wald.
Adelaide erblickt Milli mit Mandryka: Wo ist Arabella?
Mandryka: gibt ihr eine cynische Antwort.   25
Adelaide: holt Waldner.
Adelaide besteht darauf dass man ins Hotel fährt.
Waldner mit seinen Partnern. Die Herren müssen mit mir!
Mandryka: Je mehr – je besser! (alle ab.)

276, 4 galant *danach gestrichen:* Er: und wirst du mir den Trunk Wassers   30
reichen?
276, 24–27 aus Adelaide: hilflos – entdeckt das vis à vis: Milli-Mandryka.
Adelaide: Wo ist Arabella? Mandryka: Das frage i c h?! Adelaide: aufgeregt
holt Waldner.

N 94
3 X. 28.

II.

Disposition.

Matteo : Zdenko : Fort! die Eltern ahnen nicht dass ich da bin! Lass sie
jetzt! – bis später!

Arabella mit Adelaide u. Herren	Waldner mit Mandryka.
Arabella mit Adelaide.	„ „ „

Arabellas Hemmung.

Vorstellung.

Arabella – Mandryka. Verlobung.

Arabella lässt sich von Dominik zum Tanz holen.

Matteo Zdenka. Detail auf Zettel:	Mandryka – Adelaide: Wie steht's?
Scenar I^te Hälfte¹ (Sie will Deine	Mandryka antwortet zweideutig ly-
Trauer wie einen tiefen Brunnen ihr	risch
ganzes Ich hineinzuwerfen)	Adelaide: Sie sehen fröhlich?
	M: So fröhlich wie der Bursch der
	verschwiegen auf den Abend wartet
	– o reizende Mutter einer himmli-
	schen Tochter – wie glücklich bin
	ich! (er küsst ihr die Hand) sie holt
	Waldner.
Arabella mit Elemer – u. Lamoral.	Waldner umarmt eilig M. Die Spie-
	ler.
	Waldner: Ich bin im Gewinn!
	Mandryka ordnet das Souper an.
Matteo Zdenka:	Mandryka horchend – ruft Jankel.
Übergabe des Schlüssels	Er solle den Herren verfolgen.
	Mandryka (zu sich) – sie wollte ja
	bleiben – nicht fortfahren
	Confusion
	zugleich Unter Welko's Leitung das
	Souper angeordnet.
	Adelaide-Dominik. Dominik frech
	cynisch zudringlich
	Dominik: Bezaubernde Frau! ich
	bin melancholisch! wann spielen Sie
	mir Chopin – wann lesen wir Lenau?
	Adelaide: Wo ist Arabella – ?
	Jankel meldet: der Herr ist wegge-
	fahren

¹ *Vgl. N 89.*

Mandryka schüttelt ihn
Ein Bub auf dem Bock den er dann
in den Wagen genommen in seinen
Pelz gehüllt.
gleichzeitig

Fiakermilli sucht hier die Königin   Das Billet.
(zu M) »Mein Herr der Ball verlangt
nach seiner Königin Sie verbergen
sie uns!«
Mandryka: Nein sie hat sich zurückgezogen!
Mandrykas Zorn: Diener knien nieder.
»In mittener Gassen lass ich sie greifen«
Bravo! Ich Esel! Fiaker sind Grafen, Grafen Fiaker –
Cocotten u. junge Mädchen (er küsst Milli) – Mutter u. Kupplerinnen –
alte sind junge!
nächstes
Arabella mit D. E. u. L.   Mandryka: Anordnung des Soupers.
                                     (nachgerufene Befehle Kellner zu
                                     ihm ruft Jankel u. Djura: Blumen zu
                                     verschaffen Noch warten bis das
                                     Fräulein ihre Lieblingsblume sagt.

N 95

Arabella II.

Mandryka hört: das ist der Schlüssel zu Arabellas Zimmer. Hier nimmt er
sich sofort an den Zügel. Es wird eine harmlose Bedeutung haben.
Beim Abschied Arabellas von Lamoral: wie sie mit Lamoral bei Seite geht
(oder bei der vorigen Abschiedsscene): Es ist heiß heiß! man muss Bewe-
gung in die Sache bringen – (das erste Liedchen)
Nach dem Empfang des Briefes. Ein Aufbrüllen – halberstickt Aber nicht
mich preisgeben. Er singt wieder das Liedchen von dem Tölpischen
Liebhaber.
Adelaide: Sie sind verändert – ich fühle es – ich erkenne Ihr Auge nicht
wieder! (sie ruft Waldner zuhilfe)
Mandryka dramatisiert seine eigene Situation –
Mandryka: Ich bin fröhlich! ich verstehe den genius loci! alles was ringsum
ist passt ihm in die Ballade auch der viele Champagner
Waldner herbei –
Spieler, denen er Revanche schuldig ist – er darf jetzt nicht aufhören
Mandryka frecher Moment mit der Milli – wir nehmen alle von unserer
Jugend Abschied
Adelaide: versteht alles, erräth alles, erregt sich sehr – wird ohnmächtig
Waldner verzweifelt – man bringt sie zu sich

Mandryka (indem Milli sich an ihn hängen will) erschreckt alle: wild drohend.

Jankel zahlen! alles! Welko den Fiaker! Nachhaus! einpacken! abfahren – insultiert alle: stecken alle unter einer Decke: Huren sind Gräfinnen, Grafen
5 Fiaker –

278, 23 Arabella II. *danach gestrichen:* nach dem Empfang des Briefes
278, 24 Zimmer. *danach gestrichen:* Zuerst ein Aufbrüllen: halb erstickt

N 96

II.

10 Arabella – Mandryka
»Schönes Mädchen – keine Sippe« (serbisch)

Schluss: Er lässt Welko – Djura – Jankel in dieser Fasching-Zigeunerwelt mittanzen. Lässt alle die Gläser zerscherben – weil keine Treue aushält – und die Spiegel zerschlagen – weil kein Schein wahr ist –

15 *N 97*

Arabella:
Sie muss nicht wohl sein.
Eine plötzliche Melancholie
eine Caprice –
20 du kennst ihr Naturell!

Nachhaus mit uns.

Waldner: Du wirst mit uns fahren –
die Herrn bitte ich mitzufahren
wir werden im Hotel weiter spielen wenn diese Sach geordnet ist

25   *II/2H²*
Im folgenden werden die Endstufen ausgewählter Varianten gegenüber dem Text (S. 34–53) lemmatisiert. Die wichtigsten Abweichungen gegenüber dem Text, der II/4tH¹ folgt, liegen an den Stellen S. 42, 2–43, 1; S. 49, 6 und S. 50, 1–11 vor.

34, 1   *Datierung* A⟨ussee⟩ 13 X 28

30 *35, 14–37, 26: fehlt*

37, 26   *Überschrift:* Schluss des Verlobungsgespräches.

37, 26   *Datierung* A⟨ussee⟩ 14 X 28

37, 28   Der Richtige *davor:* Der Richtige – so hab ich still zu mir
                                        gesagt –

38, 1:   *fehlt*

38, 19   ganz leise, mit ihm *fehlt*   5

38, 21:   dein Haus wird mein Haus sein,
                und einst will ich in deinem Grab mir dir begraben sein.

38, 34–39, 9: MANDRYKA   Wenn Sie die Räume hier
                der Ehre würdigen noch zu verbleiben
                so ist mein Platz nicht anderswo als hier.   10
                Arabella runzelt die Brauen

                M.
                Sie aber brauchen nicht ein einziges Wort an mich zu richten!

                ARABELLA
                Da kommt der ganze Schwarm. Mandryka, darf ich wirklich? 15

                MANDRYKA zurücktretend, mit überströmender Lustigkeit
                Sie dürfen. Ja! Sie dürfen alles was Sie wollen!
                Selber ich – von Ihnen werd ich rufen:
                Arabella seitwärts. Von rückwärts viele herauf.
                MANDRYKA zurücktretend, lustig   20

                Bei Arabella seitwärts *beginnt ein neues Blatt mit Datierung
                22 IV 28. Es enthält den Text bis zum Refrain (S. 39, 34) und
                stammt nach der Datierung aus der Zeit der Weiterarbeit an II/1H¹
                (vgl. S. 270, 22).*

39, 29f.:   *Gestrichen:*   25
                die wissen wo Gott wohnt
                und sehen wer als Königin
                am Sternenhimmel thront.

39, 32   unsres Festes Königin] die Fiaker-königin

39, 35   *Datierung* Aussee 15 X 28.   30

41, 9:   *fehlt*

42, 2–8   *aus*

O reizend! o welch eine Zartheit! bezaubernde Sitte o meine
                               Heimat
Wir müssen zusammen weinen – bleib bei mir!

WALDNER
Ich bin am Gewinnen – noch ein paar Spiele!

MANDRYKA ruft seine Diener
Wir werden soupieren – Champagner
à la Abenteurer
ausschicken – bis alle Grafen alle Fiaker einander verwechseln!
Kellner, Weinkarte

43, 2:   Aufpassen, Djura. Geld gib ihm, Jankel!

43, 19–20:   Ich bin einsam, mein Freund, mitten unter den Menschen –
doch nicht von mir will ich Ihnen reden
Ihren Arm Mandryka! und führen Sie mich auf die Estrade!
gehen hinauf
Arabella werden wir tanzen sehen – Ihre schöne Erwählte!

43, 28:   ARABELLA
Für immer sag ich Ihnen jetzt Adieu!
winkt ihm, er solle nichts erwidern

43, 36   Dominik!
Danach gestrichen:
Ich möchte Ihnen eine gute Erinnerung bewahren.

44, 24–26:   *fehlt*

45, 12:   sehr süß ist dieser Walzer –
aber es gibt was Schöneres u Höheres tausendmal

46, 19   man merkt die Lüge *fehlt*

47, 29   Matteo,] Matteo, sie will nicht dass du unglücklich bist!

48, 1:   MANDRYKA
Verflucht und begraben. Er sagt Arabella!
ZDENKA

48, 7   *Datierung* 18 X 〈1928〉

48, 12   Welko! Vorwärts! Laufen!] Welko Djura Jankel

48, 15   WELKO] DIE DREI

48, 31:   *fehlt*

49, 6:   Adelaide an Dominiks Arm links, sie setzen sich   5

                 DOMINIK
                 Bezaubernde Frau! viel schönere Mutter als jemals die
                                                                   Tochter –
                 wie Sie meine Melancholie mir zu heilen verstünden!
                 Sie bezaubernde Frau!   10
                 er küsst ihre Schulter
                 ADELAIDE wegrückend und ihre Mantille aufziehend
                 Dominik – nicht! aber später – ich werde allein sein
                 ohne mein Kind – dann werde ich manchmal für Sie spielen –
                                                                   Chopin –   15

                 DOMINIK
                 ein Nocturne und noch eines

                 ADELAIDE
                 Und dann lesen wir Lenau bei einer Lampe

                 DOMINIK   ja Lenau!   20
                 Lenau da ist es wonach ich mich sehne o Adelaide.
                 Viele Paare tanzen herein

                 MANDRYKA

49, 26:   *danach gestrichen:*
                 Pause   25
                 DOMINIK indem er A zu küssen versucht
                 Lenau, das ist es wonach ich mich sehne –
                 Lenau – ich kann nicht erwarten – o Adelaide

49, 28   Welko! Suchen!] Djura Welko

49, 30   Hast du] Habts ihr   30

49, 31   wirst du] werdts ihr

49, 32   Welko eilt ab] Djura u Welko ab

50, 3–11:   Jankel einen Brief auf einer Tasse, die er vom Tisch genommen zu Mandryka,
                      zupft ihn am Ärmel.

                      JANKEL
5   Da wär a' Billet für Euer Gnaden

                      MANDRYKA
                      Von wem?

                      JANKEL
                      Schaut aus wie a' feine Damenschrift

10   MANDRYKA
                      Fühl ob ein Schlüssel drin ist

                      JANKEL
                      Wieso a' Schlüssel drinnen?
                      Es is a' billet doux. Mit Bleifeder geschrieben.

15   hält es hin

                      MANDRYKA
                      Her damit!
                      Wer Herr Gott hat diesem Gesicht so viel Gewalt gegeben
                                                    über mich?
20   dass ich mich fürchte was ich werde lesen müssen

                      geht bei Seite, zögert, reißt das Couvert auf, liest – sein Gesicht verändert sich

                      ADELAIDE
                      wie geistreich u wie wahr mein Freund –
                      wir schweben über einem Abgrund
25   der Preusse droht von rechts der Russe droht von links –
                      doch unser Schutzengel wird uns erhalten – und ewig

                      DOMINIK
                      Die Liebe wird am Leben uns erhalten – nur die Liebe!

                      MANDRYKA lässt die Hand mit dem Brief sinken, wiederholt den Inhalt grimmig

30 *52, 14*   *Datierung* 22 X. ⟨1928⟩

II/3H³

Da die – jeweils nur Teile des zweiten Akts bietenden – Entwürfe II/1H¹ und
II/2H² keine zusammenhängende Niederschrift darstellen, gewinnt der zweite Akt
erst in der Reinschrift II/3H³ Konsistenz. Der Text stimmt bereits zum größten
35 *Teil mit dem II/4tH¹ folgenden Text (S. 39–53) überein. Die wichtigsten Abwei-*
chungen sind zusätzliche Texte an den folgenden Stellen:

42, 21   Verlobung! *danach:*
              Wie viele Gedanken! – wie mischt sich mit Wehmut die
                               Freude!
              Ergreife dein Leben, du Schöne, du Glückliche! riefen sie alle.
              Ach, ich bin es nicht mehr, jetzt ist es mein Kind – und ich   5
                               bin die Mutter!
              ich bin die Mutter der Braut – und wieder werde ich trinken –
              wieder Moët-Chandon halb süß und halb herb und dazwischen
              schwebt mein Leben, ach – wie ein Hauch! – dazwischen
                               schwebt es vorüber!   10

49, 5   Stunde! *danach:*

              DOMINIK links bei Adelaide
              Oh, bezaubernde Frau! viel schöner als jemals die Tochter!
              Wie Sie die Melancholie mir zu heilen verstünden –
              er küsst sie auf die Schulter   15

              ADELAIDE zieht ihre Mantille über die Schultern hinauf
              Dominik! nicht! aber später: ich werde immer allein sein –
              ohne mein Kind –

              DOMINIK   und dann lesen wir Lenau zusammen.

              ADELAIDE   20
              Oder ich spiele Chopin für Sie!

              DOMINIK
              Nein Lenau! nur Lenau!
              Viele Paare kommen vom Tanzsaal herauf.

50, 1 f.:   MANDRYKA er serviert ihr ein Glas Champagner   25

              DOMINIK bei Adelaide mit einem Glas Champagner
              Wir schweben immer über einem Abgrund –

              ADELAIDE mit einem Glas Champagner
              Wie geistreich! und wie wahr, mein Freund!
              Der Preusse droht von links, der Russe droht von rechts –   30
              doch unser Schutzengel wird uns erhalten!

              DOMINIK
              Die Liebe ists, die uns erhalten wird, allein die Liebe!

                        II|4tH¹

Von II|3H³ unterscheidet sich II|4tH¹ infolge handschriftlicher Varianz durch 35
Nachträge kurzer Texte (z.B. S. 39, 5f.) und zahlreicher Regiebemerkungen,
ferner durch einzelne kürzere Striche – vor allem aber durch die Streichungen an den

aus II/3H³ zitierten Stellen, zu denen jeweils der Text zu vergleichen ist. Zum
Strich an der zweiten Stelle ist auch Hofmannsthals Brief an Strauss vom 7. Mai
1929 heranzuziehen. Außerdem sind die Funktionen der drei Begleiter Mandrykas
auf die Person Welkos vereinigt worden: An den Stellen S. 43, 2; S. 48, 12 ff.;
S. 48, 31; S. 49, 28 ff. tritt in II/4tH¹ nur Welko in Erscheinung, während in
II/3H³ Jankel, Djura und Welko angeredet werden bzw. agieren. Der Piccolo an
der Stelle S. 50, 3–7 schließlich ist in II/4tH¹ mit einer Funktion betraut worden,
die in II/3H³ noch Jankel, in II/4tH¹ zuerst Jankel, dann Welko zugedacht worden
ist.

Notizen zum dritten Akt (N 98–N 109)

N 98

11. XI 27

III.

Es kommen ins Hôtel der Onkel / der Buffo / die Eltern / Arabella / Fiaker
Matteo (der junge Liebhaber) Kommt aus dem Zimmer.
Arabella geht in ihr Zimmer.
Buffo stellt sich als Bräutigam vor.
Das Rencontre der beiden Herren. Immer lauter – an ein Duell herangehend.
Das Rencontre zwischen Arabella u. Matteo, von dem sie denkt er wolle ihr
par dépit die Heirath verderben.
Matteo: Vor einer Viertelstunde war deine Rede: mit dir sterben! Zdenka
in Frauenkleidern zuhörend, in einer Nische.
Zdenka: sie hat ein Schachterl mit Schlafpulvern in der Hand, hat einige
schon genommen –
Kellner: bitte nicht so laut. Gäste mit Kerzen.

285,14 Arabella danach gestrichen: Der zweite Liebhaber

N 99

16 XI 27

III Schluss.

Lied gegen die Folgen eines heftigen Schreckens.

Junak prächtiger Kerl, guter kühner verwegener Bursch: er muss noch
keine Heldentat verbracht haben, aber man traut sie ihm zu.

Die Donau (»Der Donau«)
»Ich geh in die Donau«
Vratoslav Jagić (Archiv für slavische Philologie)
Bd 1. S. 299 ff. 1876

Mandryka holt sich ein Mädchen vom Donau.

N 100

III.

Als er kam vor Liebchens Häuschen, fiel ein Zuber um
Fliegt der Zuber, krachen Töpfe groß der Schaden ist
Mutter springt nach ihren Töpfen hin, und bricht ein Bein
Vater will die Mutter holen, Feuer fängt sein Bart
Kommt der Bursch das Feuer löschen, führt sein Mädchen fort!

Refrain (Zigeunerlied)
Trag nani naj, naj, nam.

N 101

III. Anfang.

Arabella: Wo ist mein Schlüssel –
– Das Fräulein ist schon oben –
Bestimmt!
Sie setzt sich unten – t r ä u m e r i s c h einen Moment hin: zwischen Mädchen
u. junger Frau, schaukelnd.
dann es ist Zeit schlafen zu gehen –
wer kommt da? Matteo –
seit wann wohnt der auch hier im Haus?

später
Zdenka ohnmächtig nach einem reizend zarten Geständnis –
Matteo auf den Knien neben ihr –

N 102

III

Matteo (herauskommend)
– Dann geh aus dem Haus. Und wisse von nichts:
Nicht einmal vor dir selbst.
Du musst es mir schwören.
Kann es das geben? verdient ein Mensch das –
und wie kann man weiterleben u. es entbehren –
mit Arabella: Seltsam – deine Stimme zu hören?
A. Wie?
M. I h r e Stimme – nach diesem Flüstern –
Ja ich weiß ich habe geschworen
von nichts zu wissen –
A. . . .
M. Ihre Haare waren offen. Jetzt ist sie wieder frisiert. Das ist Zauberei –

N 103

Arabella: Papa – schau mich doch an –
Kann ein Verrückter alle närrisch machen (ausm Häusl bringen)

Waldner: Wo kommst du her?
Arab. Vom Ball – mit dem Wagen der Elis'
die mich hier abgesetzt –
W (zu Matteo) Was unterstehn Sie sich zu insinuieren.

Matteo bietet an den Bruder aus dem Bett zu holen – der mit ihm auf dem
Ball war –

N 104

III

Mandryka zum Jankel.
Schaff Zigeuner – hol sie
aus irgendeinem Local heraus.
Hierher! Galopp!
Champagner! Schau nicht lang!
(hält Matteo für den ersten Gast)
Die Gäste: Wir bitten um Ruhe!
Einen unbrauchbaren Diener sperrt er in die Portiersloge, gibt ihm Arrest.
Weck den Wirt!
Den aufgeweckten Gästen lässt er Champagner servieren –
er hat einen Fiaker voller Kübel mitgebracht.

Djura! 2 Säbel!

287, 12 Jankel *aus* Nachtportier
287, 23: nachgetragen mit Stift

N 105

III. Mutter.

Mutter sagt Matteo dass Arabella sich mit Mandryka heute nacht (um
Mitternacht) verlobt hat. Matteo lacht.
Mutter: Was haben Sie? Lachen Sie aus Verzweiflung?

in II u. III
zu Matteo: wechselnd: Nur Mut, nur Ausdauer – und: Sie haben recht dass
Sie das Spiel aufgeben –

Vgl. N 84.

N 106

Fiakerball. III

Nach der Confusion zwischen Matteo u. Mandryka – ein Moment von Stolz
Arabellas wo sie jede Auskunft verweigert, dem Husaren eine Ohrfeige gibt.
Entzücken Mandrykas über ihren Stolz.   5

N 107

III Schluss.

Adelaide erinnert, ob er nicht noch das Glas Wasser aus der Hand Arabellas
wolle. Er bittet drum.

Welko bringt das Glas. Arabella erscheint mit einer Kerze – die Mutter   10
nimmt die Kerze u hält sie:
Djura spielt auf der Geige –
Arabella: Ich reiche das Wasser aus reinem Brunnen
Mandryka: ich trinke das Wasser das die reine Hand mir reicht – in Gottes
Namen –   15

N 108

III. Scenar.

Matteo u. Zdenka (sie hat das Haar verdeckt)
Arabella ins Hotel. Glücklich – in Träumen (mit halb geschlossenen Augen): ihr eigenes Haus zu haben. Zugleich ein etwas: ob es wirklich der   20
Richtige sei. Er sei leidenschaftlich – aber das entzückte sie.
Matteo von oben (meinend er komme aus ihren Armen) staunt dass sie
schon wieder im Ballkleid. Stimmt ihr mit Augurenlächeln bei – verneigt
sich – möchte aber d a n k e n – schließlich wird er ungeduldig – so virtuos
Comödie zu spielen ohne Zuschauer – Du wirst mir nicht ableugnen, dass   25
du aus dem gleichen Zimmer kommst aus dem auch ich komme – Er ertrage
so kalte Selbstbeherrschung nicht – nach solcher Hingabe –
Arabella ungeduldig: er sei betrunken oder verrückt –
Matteo (verzweifelt über so viel Unwahrheit, appelliert an ihr Herz)
Mandryka dazu mit Adelaide bald Waldner   30
Mandryka: (zuerst) Darum nachhause – allein! o Wien!
Mandryka nimmt sie bei Seite: bereit über alles hinwegzugehen
Arabella: Hier ist nichts zu verzeihen: Sie irren sehr!
Matteo: Mein Herr, ich stehe zu Ihrer Verfügung wenn Sie hier Rechte
besitzen   35
Arabella: Alle! denn ich liebe ihn – und sie keines
Matteo: außer denen – welche diese Nacht verliehen.
Adelaide (mischt sich ein) Sie ist rein wie Gold – es muss eine Intrigue vor-
liegen. Dieser junge Mann will A's Hand erschleichen –
Welko, Djura: Sie solle die Wahrheit sagen!   40

Matteo (ungeduldig beschwört Arabella die Wahrheit zu sagen –
Waldner (bereit für die Ehre der Tochter v o r a l l e n einzutreten)
Arabella (großer Ausbruch) Die Niedrigkeit der Männer!
Mandryka (verlangt zwei Säbel)
5 Kellner / Gäste /
Zdenka stürzt die Treppe herunter.

N 109

Arabella. III. Handlung.

Im Hotel. Offener Raum, zugleich Stiegenhaus. (Heute würde man diesen
10 Raum die »Halle« des Hotels nennen.) Die Stiege läuft in zwei Wendungen
aufwärts. Unten stehen ein paar Tische, Schaukelstühle, Fauteuils. Vorne
rechts ist die Portierloge und der Ausgang auf den Neuen Markt.
Es ist Nacht; der Raum ist mit offenen Gasflammen beleuchtet.

Matteo, in Uniform, mit halbzugeknöpfter Bluse, wird am Stiegengeländer
15 in der Höhe des ersten Stocks sichtbar. Er späht herunter.
Es läutet an der Haustür. Matteo verschwindet.
Der Zimmerkellner aus dem ersten Aufzug tritt aus der Portiersloge hervor,
sperrt auf.
Arabella tritt ein, in Mantel und Capuchon, vom Ball kommend. Der
20 Zimmerkellner verschwindet wieder.
Arabella geht langsam auf die Stiege zu. Ihre Augen sind halbgeschlossen,
ihr Gesicht hat einen sehr glücklichen Ausdruck. Die Musik des Balles
umschwebt sie, durch die Tanzrhythmen schlingt sich der Rhythmus von
Mandrykas slavischer Redeweise. Sie lächelt.
25 Halblaut singend (mit sich selber redend) setzt sie sich in den vordersten
Schaukelstuhl, wiegt sich leise. »Schön ist er« – denkt sie (singt sie) – »ein
ganzer Mann. In sein Schloss wird er mich führen. Über seine Felder wird
der Wagen fahren – und durch seine stillen hohen Wälder. Zu denen passt
er. Dann werden uns Reiter entgegenkommen. Das ist eure Herrin« –
30 wird er sagen. »Die hab ich mir geholt in der Kaiserstadt. Sie will aber
nicht mehr zurück – sie will immer nur bei mir bleiben –«
Matteo (in Uniformbluse, ohne Säbel, von oben. Er vergewissert sich
dass es wirklich Arabella ist, die da unten sitzt, er kann es kaum glauben.
Von halber Höhe ruft er flüsternd:)
35 Arabella! nicht möglich! – es ist ja nicht möglich!
Arabella (fährt aus ihrer glücklichen Träumerei auf. Sie sieht ihn nicht;
er ist hinter und ober ihr; sie spürt nur, dass sie nicht mehr allein ist.)
Matteo (leise unten angelangt, verneigt sich vor ihr)

ARABELLA erstaunt, aber innerlich gleichgiltig
40 Sie – hier? Zu so später Stunde?

MATTEO mit versteckter tiefer Beziehung; er meint doch aus ihrem Schlafzimmer, aus ihren Armen zu kommen

Sie – hier? So muss ich fragen. Ich staune.
Du gehst noch einmal aus? Jetzt noch einmal aus?

ARABELLA   5
Wieso? Ich komme vom Ball. Ich gehe Schlafen. Gute Nacht.

sie ist aufgestanden, will an ihm vorbei nach oben gehen

MATTEO mit unendlicher Ironie
Sie kommen vom Ball! Sie gehen jetzt in Ihr Zimmer schlafen!
Geheimnis eines Mädchenherzens, unergründliches.   10

innig

Gute Nacht, Arabella. er vertritt ihr den Weg.

ARABELLA
Ja. Gute Nacht. Wenn ich nicht irre wollen Sie noch etwas –
Dann bitte ich – bei Tag – nicht jetzt u hier.   15

MATTEO
Ich – noch? – Von heute bis ans Ende meines Lebens,
o süße Arabella – danken will ich.

ARABELLA
Danken – wofür?   20

MATTEO mit unendlicher Ironie
                         Danken – wofür?
Das ist zu viel Verstellung, da wir doch allein sind!
Die Kunst ist mir zu hoch.

ARABELLA   25
Was haben Sie?

MATTEO
Mir graut vor einer solchen Virtuosität –
so meisterhaft Comödie spielen – ohne
Zuseher – das ist zu viel! das grenzt   30
an Hexerei.

ARABELLA
Ich verstehe kein Wort von dem was Sie reden.

Matteo vertritt ihr noch einmal den Weg.
Der Zimmerkellner indessen tritt rechts heraus, jemandem aufsperren.   40

MATTEO
Einen Blick, einen einzigen, der mir sagt,

dass Du noch die gleiche bist, wie vor
einer Viertelstunde –

ARABELLA ohne Verständnis

Vor einer Viertelstunde?

5 MATTEO heftig
Vor einer Viertelstunde – da oben!

Arabella schaut nach oben, ohne Verständnis.

Ich ertrage so kalte Selbstbeherrschung
nicht, nach so heißer Hingabe!

10 ARABELLA
Lassen Sie mich auf mein Zimmer
gehen! Sie sind von Sinnen! Oder ich rufe!

MATTEO
Du könntest mich von Sinnen bringen
15 du allein auf der Welt! Bekräftige
mit einem letzten Blick was zwischen uns
gewesen ist ich verlange – und ich lasse dich los –
für immer – (wie ich es Dir oben unter Küssen u. Thränen
geschworen habe) – Du hast dein Wort gehalten – ich will
20 meines halten –

er packt sie am Handgelenk

ARABELLA schreit auf – er lässt sie sogleich los
Ich weiß nicht, was ich mir aus Ihnen machen soll!

Matteo: (verzweifelt über so viel Unwahrheit: appeliert an ihr Herz –
25 an einen Blutstropfen in ihr, der unfähig sei zu heucheln)

Mandryka kommt sehr rasch durch die Tür herein, gleich nach ihm Adelaide und Waldner.

ADELAIDE
Was seh ich! was für ein apartes tête-à-tête hier im Treppenhaus des Hotels!

ARABELLA
30 Dieser Herr ist betrunken oder verrückt!

Matteo tritt bei Seite, verlegen u. compromittierend

MANDRYKA für sich
Darum wollte sie allein nach Hause fahren?

zu Adelaide
35 Entlassen Sie mich! Es hat keinen Sinn die Comödie fortzusetzen

ARABELLA erfreut erstaunt
Mandryka! hier ist nichts, was Sie angienge! Ich komme gerade nachhause.
Diese Begegnung ist zufällig.

ADELAIDE
o Wien! o tückische Verwicklungen!
ich will wie eine Löwin kämpfen
für mein Kind!

auf Matteo los, zornig, elegisch, macht ihm Vorwürfe   5

WALDNER zu A⟨rabella⟩
Wo kommst du her?

A⟨RABELLA⟩
Vom Ball, Papa so schau mir ins Gesicht! Kann ein Verrückter alle närrisch
machen?!   10

Mandryka: (führt Arabella beiseite) Allerdings: es sei hier nichts was ihn
angehe! Er wäre bereit gewesen über alles hinwegzugehen –. Er hätte keine
Fragen gestellt – Aber jetzt schäme er sich selbst – für sie u. für sich. Er
wolle etwas für ihre Familie tun, dann abreisen.

ARABELLA mehr zornig als gerührt   15
Hier ist nichts zu verzeihen. Sie irren sehr! – Mandryka!

MATTEO auf Mandryka los
Mein Herr, falls Sie hier Rechte besitzen –
so stehe ich später zu Ihrer Verfügung!

MANDRYKA   20
Ich habe keine Rechte, mein Herr. Ich gratuliere Ihnen!

ARABELLA
Matteo! untersteh dich! bist du so niedrig! willst mir meine Heirath verderben? durch solche Unterstellungen! Insinuationen! Dieser Herr besitzt
alle Rechte, denn   25
ich liebe ihn – und Sie besitzen keine,
keine, keine! auch nicht das mich aus Bosheit zu compromittieren!

Matteo-Mandryka.

MATTEO[1]
Außer denen – – nach langem Zögern   30
            welche die Liebe mir
verliehen hat ! – und welche

in Verzweiflung   diese Nacht bekräftigt hat!

MANDRYKA
Recht hat er!   35

[1] a. R.: MANDRYKA in Matteos Stille hineinrufend
    Heraus mit der Wahrheit! sei ein Mann! vorwärts!

ARABELLA verzweifelt über Mandrykas Haltung.
Was nützt alles wenn Männer so schwach sind!

Gruppe: Matteo: Waldner: Adelaide

WALDNER wirft sich dazwischen
5 Sie beschimpfen meine Tochter! Ich ziehe Sie zur Rechenschaft!

GÄSTE
Auf wen ist er eifersüchtig? was bedeutet alles? welcher ist der Verehrer?

ADELAIDE
Dieser junge Mensch ist nicht wert, vor Deine
10 Pistole zu kommen! Er ist ein Intrigant:
Er will sich die Hand unseres Kindes erschleichen!

WALDNER
Sie, Herr v Mandryka sind mir Genugtuung schuldig! Meine Pistolen!

A⟨DELAIDE⟩
15 Wir haben sie verkauft! zusammen mit den Jagdgewehren!

WALDNER
Schaff mir Pistolen!

SPIELER
Wir können nicht gestatten! Wir protestieren!

20 MANDRYKA zu Adelaide
Sie hat ihm durch einen Burschen den Schlüssel geschickt.
Ich erkenne ihn!

WELKO
Er war es!

25 Adelaide sucht Ms Mitleid
Matteo: nimmt alles zurück.
Waldner: Aha! Sie Lump!
Mandryka: heftigster Vorwurf! Die herzlose Creatur! Gott strafe sie!
Djura, Welko u. Jankel beschwören Arabella auf den Knien, die Wahrheit
30 zu gestehen: Gestehen die Wahrheit! dass alles ein End hat! Mandryka in
ihr Singen hinein: Nicht lüge! nicht verdamme dich!
Waldner schreit nach einer Pistole. Meine Pistolen!
Die Spieler: Sie sind uns revanche schuldig!
Arabella rein und überlegen über diese Anfechtung, befiehlt sich Gott an.
35 Mandryka glaubt ihr quia absurdum nachdem er sie gewarnt hat nicht zu
lügen.
Mandryka befiehlt Djura u. Jankel, eine Waffenhandlung aufsperren zu

lassen und zwei scharfgeschliffene Cavalleriesäbel herbeizuschaffen, jetzt, sofort! Waldner solle die Damen wegbringen. Welko solle den Wintergarten aufsperren: der Herr u. ich!

Der Lärm hat das ganze Haus geweckt. Einzelne Hôtelgäste oben. Halbangezogene Hotelgäste, Kellner, Hausknechte erfüllen die Stiege. Gäste: 5 dumpf: Jetzt wirds Ernst!

Gäste: (etwas früher) murmelnd: Aufregendes Ereignis! Ich begreife gar nichts! zweifelhafte Familie! Oho! was gibt es noch! Platz dieser jungen Dame! Wär ein Reporter da, der käm auf die Kosten!

Zdenka in einem sehr weiblichen Negligé, völlig Mädchen oder Frau 10 kommt die Treppe heruntergestürzt (drängt sich durch die Hôtelgäste durch) Mama! Papa! lasst mich zu meinen Eltern! Mandryka: sieht ihr Gesicht: Das ist der Bub! – wirft sich vor ihren Eltern auf die Knie: sie werde alles sagen, alles erklären, nur nicht vor den fremden Leuten. Man solle ihr verzeihen wie einer Todten, denn noch vor Sonnenaufgang werde 15 sie ihren Schmerz u. ihre Scham, ihre Liebe in der Donau begraben.

Staunen: jeder verschieden. Waldner gerührt – u wütend auf die Frau.

Adelaide: Extravagantes Geschöpf! Gäste: Erstaunliche Familie! merkwürdige Situation!

Arabella hebt die Schwester auf, sagt ihr: was immer geschehen, sie werde 20 bei ihr stehen. (Duett der Schwestern)

Mandryka stellt sich seiner schönen kleinen Schwägerin ritterlich zur Verfügung, gegen wen immer.

Matteo: begreift nicht – ahnt – fängt an zu verstehen.

Zdenka: Nur von ihm allein habe sie Verzeihung zu erbitten – wenn zu viel 25 Liebe um Verzeihung bitten müsse!

Matteo: (bezaubert) Du! mein Freund! meine Freundin! du süßer mitleidiger Engel! Ich habe nichts gewusst! Das Zimmer war dunkel! du hast nur geflüstert! (er fällt ihr zu Füßen, bedeckt ihre Hand mit Küssen)

Gäste: Es scheint in Ordnung – gehen wir schlafen – Die Gäste ziehen sich 30 wieder in ihre Zimmer zurück.

Arabella zieht Zdenka liebevoll an sich.

Welko kommt mit zwei Säbeln. Djura u Arzt.

Mandryka nimmt Matteo bei der Hand und bittet für ihn um Zdenkas Hand. Er schenke dem jungen Ehepaar ein Gut mit einem Castell. 35

Zdenka (verschämt lieblich)

Mandryka: Wie aber stehen alle wir vor ihr!

Adelaide: wir alle!

Arabella: Ihr Männer! wenig ahnt ihr – wie unbedingt ein weibliches Herz zu lieben versteht! (kleine Arie, übergehend in ein Ensemble.) Vor uns seid 40 ihr alle schuldig! am meisten vor ihr!

Arabella führt Zdenka die Stiege hinauf. Matteo verschwindet. Waldner mit den Spielern ist schon früher verschwunden.

Jankel mit den Säbeln u. Pistolen ab, Djura mit ihm, Welko seitwärts auf
Befehle wartend.
Arabella auf der Treppe erscheinend: Ich möchte ein Glas Wasser. Kann
Ihr Diener es schöpfen?
5 Adelaide zu Mandryka: Was sagen Sie jetzt?
Welko Jankel Djura ab.
Mandryka: (zuerst betreten, dann fröhlich, antwortet zuerst Adelaide und,
allein: singt – ein genau zur Situation passendes serbisches Volkslied)
Mandryka: Dir hätte ich glauben müssen gegen m⟨eine⟩ Augen gegen
10 m⟨eine⟩ Ohren – Herr Gott nimm sie mir nicht zur Strafe wieder weg!
nun zugleich: Adelaide bringt Arabella heruntergeführt, lässt sie den
letzten Treppenabsatz allein heruntersteigen.
Mandryka erwartet sie unten.
Djura, der Zigeuner, hat seine Geige geholt, stellt sich hinter seinen Herren
15 und geigt zu Arabellas Herabsteigen.
Welko eilt mit einem Glas Wasser auf einem silbernen Tablett die Treppe
hinauf, serviert es Arabella.
Arabella mit dem Glas Wasser auf Mandryka zu, nur begleitet von der Geige
Mandryka leert das Glas Wasser.
20 Die Liebenden, Verlobten – Aug in Aug. Kleines Duett. (nicht länger wie
das letzte im Rosencavalier)
Arabella die Stiege hinauf – oben sieht sie sich noch einmal um, wirft
Mandryka einen Kuss zu.
Mandryka unten, ihr nachsehend, der Geiger neben ihm, geigt wie eine
25 Nachtigall, das Orchester fällt ein.
Vorhang.

III/1H¹

*Im folgenden Apparat werden die Endstufen ausgewählter Varianten gegenüber
dem Text (S. 54,7–70,8) lemmatisiert. Wiedergegeben ist ferner die wichtige Binnen-*
30 *variante S. 297, 26 ff., die zeigt, daß Hofmannsthal ursprünglich auch für den Schluß
des dritten Akts ein Zitat aus Eisners Sammlung slawischer Volkslieder hat verwenden wollen. Unter den Abweichungen gegenüber dem Text sei noch die Stelle
S. 297, 7 ff. hervorgehoben, an der in III/3tH¹ gestrichen worden ist.*

54, 24   Sie hier?] Du hier? corrigiert sich Sie hier?

35 54, 26:   MATTEO mit versteckter tiefer Beziehung: er meint doch, aus ihrem Schlafzimmer,
                 aus ihren Armen zu kommen

54, 29   Sie gehn] Du gehst

56, 5	oben! *Danach gestrichen:* ja ich habe geschworen nicht davon zu reden auch zu Dir selber nicht – aber du hast nicht gesagt dass auch dein B l i c k f r e m d sein wird Das ist zu viel – das heißt Gott versuchen 5
56, 6	*Datierung* 28 X. 28
58, 20:	MANDRYKA zu Arabella Ich schäme mich bis in den Grund von meiner Seele. für mich und auch für Sie. Und trotzdem tuen Sie mir so leid. 10 Sie sind ein armes Mädel
58, 25–31:	*fehlt*
58, 32	*Datierung* 29 X 28
58, 33	ADELAIDE] ADELAIDE schlägt die Hände vors Gesicht o dreimal unglückselige Begegnung mit diesem Leutnant! 15
59, 9:	*fehlt*
59, 36	compromittieren!] compromittieren – Sie wollen meine Heirat mir verderben
60, 28	Nichts!] Nichts! Sind s o die Männer! 20
60, 29	*Datierung* 29 X ⟨1928⟩
61, 26–31	*am Rand:* Duett
62, 32:	Auch gut. Geh Welko geh nimm dir den Djura aufsperren lass dir eine Waffenhandlung
63, 12	Mama! Papa! *danach:* lasst mich zu meinen Eltern! 25
63, 16–18:	GEMURMEL DER GÄSTE Was will jetzt wieder die? Schau die Alte an! So ein Theater um Mitternacht! ARABELLA bedeckt Zdenka mit ihrer Mantille Zdenka! was für ein Aufzug! welche Schmach! 30 Zdenka unfähig zu sprechen

63, 26:   DIE GÄSTE murmelnd

66, 22f.:   MATTEO   Engel vom Himmel
herabgeflogen mich im Flug emporzuheben
da sei Gott vor dass die Erde dich beschmutzen dürfte

67, 5:   MANDRYKA   O Arabella!

67, 14   hat!] hat!
Und von den Dörfern zweien meinigen
die Herrschaft, zwischen Bergen und dem stillen Donau
und dem Castell dazu beehr ich mich vor ihre Füße ihr zu
legen.
Damit sie hat wo sie die Herrin ist
und sich nicht braucht zu schämen vor der Schwester

69, 5   herunterkommen] herunterkommen
MANDRYKA vor freudigem Schrecken, tritt zurück
O Allerschönste, Allerbeste auf der Welt!
o was für Wörter kann ich sagen jetzt zu einem solchen
Engel, einem heiligen!

69, 7   sind –] sind – sehr gut war das für mich – und auch für Sie –

69, 8:   *fehlt*

69, 12:   *fehlt*

69, 14:   *fehlt*

69, 20f.:   *fehlt*

69, 22   Freund,] Freund
von der halbdunklen Schwelle meiner Vaterwohnung her

69, 31   ARABELLA sie legt ihm die Hand auf die Schulter
davor gestrichen:
Wer denn hat dich zu mir gelenkt?

MANDRYKA
Wer denn die Liebe mir geschenkt?

Unverdient wie so ganz und gar
unverdient nein das ist nicht wahr –

MANDRYKA
Als er kam vor Liebchens Häuschen fiel der Zuber um –

A.   5
Hast du immer schöne Lieder u. ich bin so stumm

MANDRYKA
Krachen Töpfe fliegt der Zuber, groß der Schaden lag!
Mutter springt nach ihren Töpfen, bricht ein Bein dabei –
Traj nani nai nainam!   10

ARABELLA
Süß wie Du sind deine Lieder wild zugleich u zart

MANDRYKA
Vater will die Mutter holen, Feuer fängt sein Bart
Kommt der Bursch das Feuer löschen   15

ARABELLA   wild zugleich u zart

MANDRYKA
Traj nani nai nainam!
Kommt der Bursch das Feuer löschen hebt das Mädel auf
Läuft mit ihr zu seiner Hütte fort in einem Lauf   20
Traj nani nai! nainam!

III|2H² – III|3tH¹

*Gegenüber dem III|3tH¹ folgenden Text (S. 53–70) weist III|2H² nur wenige
Abweichungen von inhaltlichem Gewicht auf. Sie lassen sich aus den im folgenden
genannten handschriftlichen Varianten in III|3tH¹ erschließen: S. 54, 24 und* 25
*S. 54, 29 ist in III|3tH¹ die Anrede in der Du-Form in die Sie-Form geändert
worden; an der Stelle S. 67, 15 ist der im Apparat zu III|1H¹ mitgeteilte Text
gestrichen worden; nachgetragen sind in III|3tH¹ die Stellen S. 58, 25–31; S.
69, 8; S. 69, 12; S. 69, 14 und S. 69, 20f. Zu S. 69, 32 Verbundene findet sich in
III|3tH¹ die Alternative* Zusammengebundene *erwogen (vgl. H.-A. Koch: Die* 30
*Schluß-Szene der ›Arabella‹. Textkritische Bemerkungen. In: Hofmannsthal-
Blätter. H. 8|9, 1972, S. 173–177).*

ZEUGNISSE · ERLÄUTERUNGEN

ZEUGNISSE

In der folgenden Übersicht über die Zeugnisse zur Entstehungsgeschichte der »Arabella« wird bei zugänglichen Texten nur auf die Fundstellen verwiesen. Lediglich unveröffentlichte oder schwer zugängliche Zeugnisse werden im Wortlaut wiedergegeben.

1927

1. Oktober, an Richard Strauss (BW S. 586f.)

15. Oktober, Richard Strauss an Hofmannsthal (BW S. 591)

13. November, an Richard Strauss (BW S. 600f.)

18. November, an Raimund von Hofmannsthal (HB 12. 1974, S. 366)

20. November, an Richard Strauss (BW S. 601f.)

21. November, an Paul Eisner (HB 3. 1969, S. 207)

29. November, an Carl J. Burckhardt (BW S. 267)

5. Dezember, an Richard Strauss (BW S. 602)

18. Dezember, Richard Strauss an Hofmannsthal (BW S. 604–606)

21. Dezember, Richard Strauss an Hofmannsthal (BW S. 606f.)

22. Dezember, an Richard Strauss (BW S. 607–613)

25. Dezember, an Richard Strauss (BW S. 613–615)

1928

7. Januar, an Richard Strauss (BW S. 615f.)

17. Januar, an Paul Zifferer (Nationalbibliothek Wien):
Ich habe in den Monaten September – December sehr viel gearbeitet. Eine neue grosse dramatische Arbeit sehr weit gebracht,[1] von einer neuen Spieloper mit der ich dem Rosencavalier Concurrenz machen möchte, das genaue Scenarium aller drei Acte vollendet und anderthalb in einer sehr genauen Scizze (vorletzte Fassung) fertig gebracht[2] ...

4. April, an Richard Strauss (BW S. 620)

17. April, an Richard Strauss (BW S. 621)

[1] Chinesisches Trauerspiel, *auch* Kinder des Hauses *genannt.*
[2] *Damit sind die Fertigstellung von I/1H¹ und die teilweise Fertigstellung von II/1H¹ gemeint.*

25. April, Richard Strauss an Hofmannsthal (BW S. 622)

30. April, an Richard Strauss (BW S. 622f.)

2. Mai, an Richard Strauss (BW S. 624)

3. Mai, Richard Strauss an Hofmannsthal (BW S. 625f.)

6. Mai, Richard Strauss an Hofmannsthal (BW S. 626f.)

9. Mai, Richard Strauss an Hofmannsthal (BW S. 628f.)

13. Mai, Richard Strauss an Hofmannsthal (BW S. 630)

21. Juni, an Richard Strauss (BW S. 631f.)

24. Juni, Richard Strauss an Hofmannsthal (BW S. 632f.)

27. Juni, an Richard Strauss (BW S. 633–635)

Ende Juni, Datierung aufgrund des Briefes vom 27. Juni vermutet (unveröffentlicht, E III 210.63):
Anmerkung
Das Fascinierende für den Componisten als ihm der erste Act R.C.[1] übergeben wurde, lag darin, dass dieser erste Act ein Stück für sich ist (– nicht
zum Vorteil des Ganzen)
      In der »Arabella« ist der erste Act wirklich Exposition.
      Hierüber fällt mir zufällig ein Ausspruch von Goethe in die Hände.
      »Heutzutage will freilich niemand etwas von Exposition wissen; die Wir-
kung die man sonst im dritten Act erwartete, will man jetzt schon in der
ersten Scene haben, und man bedenkt nicht, dass es mit der Poesie wie mit
dem Seefahren ist, wo man erst auf einer gewissen Höhe sein muss, bevor
man mit vollen Segeln gehen kann.«[2]

3. Juli, Richard Strauss an Hofmannsthal (BW S. 635)

5. Juli, an Paul Eisner (HB 3. 1969, S. 208)

7. Juli, Franz Werfel an Hofmannsthal (Stargardt, J.A., Marburg/Lahn. Katalog 602. Auktion am 27. und 28. November 1973: Autographen aus allen Gebieten. Marburg/L. 1973, S. 86, Nr. 317 sowie Ergänzungen des dort Abgedruckten aus Privatbesitz): Werfel beglückwünscht Hofmannsthal nach einer Vorlesung zu der »reizenden bezaubernden ›Arabella‹ . . . der natürliche Fluss der Szenen, der leichte, völlig ungequälte Aufbau, die Wahrheit der Menschen, all das ist einzig!! Aber mehr noch: Von den Hauptpersonen und der Grundstimmung der Komödie gehen

---

[1] *Rosencavalier*
[2] *Das Zitat findet sich mit geringen Abweichungen im Gespräch mit Eckermann vom 27. 3. 1831 (vgl. Eckermann, Johann Peter: Gespräche mit Goethe in den letzten Jahren seines Lebens. . . . hrsg. von Heinrich Hubert Houben. 25. Originalaufl. Wiesbaden 1959, S. 389).*

starke Sympathieströme aus, – Arabella, Zdenka, Mandrika sind so liebenswert, so
gewinnend, so rührend, daß sie alle Herzen ebenso erobern werden wie meines . . . Das
liebste Wesen des Stücks ist mir Arabella. Die Bitterkeit und der Skeptizismus des
jungen Mädchens (I. Akt), das ist in der Oper noch nie musiziert worden! Es ist
überhaupt – so fühle ich's – der musikalischeste heitere Stoff, den ich mir denken kann.
Die Mischung von Ausgelassenheit und Rührung ist mozartisch . . . Ihre und seine[1]
Reinheit . . . Ein weißer Rabe unter allen dritten Akten, wie Sie ihn mir erzählt
haben . . .

Selten habe ich mich so sehr auf etwas Neues gefreut wie auf diese neue Oper, die
Strauss fabelhaft liegen muß . . . Ich will Ihnen nur beglückt die Hand drücken.«[2]

13. Juli, an Richard Strauss (BW S. 638–640)

20. Juli, Richard Strauss an Hofmannsthal (BW S. 640–642)

23. Juli, Richard Strauss an Hofmannsthal (BW S. 642–647)

26. Juli, an Richard Strauss (BW S. 647–651)

26. Juli, Richard Strauss an Hofmannsthal (BW S. 651f.)

1. August, an Richard Strauss (BW S. 653f.)

2. August, Richard Strauss an Hofmannsthal (BW S. 654f.)

5. August, an Richard Strauss (BW S. 655–658)

8. August, Richard Strauss an Hofmannsthal (BW S. 658–660)

11. August, an Richard Strauss (BW S. 661)

12. August, Richard Strauss an Hofmannsthal (BW S. 662)

13. August, an Richard Strauss (BW S. 662f.)

14. September, an Richard Strauss (BW S. 663f.)

18. Oktober, an Richard Strauss (BW S. 667–669)

1. November, Richard Strauss an Hofmannsthal (BW S. 669f.)

7. November, Richard Strauss an Hofmannsthal (BW S. 671f.)

16. November, an Richard Strauss (BW S. 673)

19. November, an Richard Strauss (BW S. 675f.)

21. November, Richard Strauss an Hofmannsthal (BW S. 678f.)

24. Dezember, Richard Strauss an Hofmannsthal (BW S. 683)

Ende Dezember, Richard Strauss an Hofmannsthal (BW S. 683f.)

---

[1] *Arabellas und Mandrykas.*
[2] *Den Brief Werfels hat Hofmannsthal seinem Brief an Strauss vom 13. Juli beigelegt.*

1929

1. Januar, an Richard Strauss (BW S. 684)

27. Januar, an Richard Strauss (BW S. 684f.)

23. März, an Richard Strauss (BW S. 685f.)

2. Mai, Richard Smekal in: Neues Wiener Journal, Nr. 12.731, S. 5:   5
    »Die neueste Richard-Strauß-Oper.
         Eine Textskizze Hugo v. Hofmannsthals zu ›Arabella‹.
Unter den Plänen, die Dr. Richard Strauß zunächst auszuarbeiten gedenkt, steht,
wie er selbst kürzlich angab, die eine Oper ›Arabella‹ an erster Stelle. Sind auch die
Vorarbeiten zu diesem Werke noch nicht abgeschlossen, so ist dieser künstlerische   10
Entschluß doch so fest, daß man einem Einblick in das entstehende Werk, wenn auch
nur von der Seite des Textes, Interesse entgegenbringen wird. Durch kleine Andeutun-
gen wurde von Doktor Strauß selbst der Inhalt verraten. Die Oper heißt ›Arabella‹
und führt zurück in das Wien der siebziger Jahre. Einen solchen Stoff mit demselben
Namen hat der Dichter Hugo v. Hofmannsthal vor Jahren zum Vorwurf einer   15
›ungeschriebenen Komödie‹ gemacht. Was er davon veröffentlichte, war der Umriß
einer der schönsten Novellen, die wir in deutscher Sprache besitzen. Wenn auch dieser
Komödientext bis zu seiner Grundlage für die Oper von Richard Strauß einige
Wandlungen durchmachen muß, so dürften die Grundzüge der Handlung und vor
allem die wundervoll lyrische Stimmung absolut beibehalten bleiben.   20
    Wenn der ›Rosenkavalier‹ in eigenartiger Weise das Wien der Kaiserin Maria
Theresia zeigt, ist in ›Arabella‹ eine zeitlich viel nähere Kulturperiode historisch
genau empfunden. Das Wien um 1880 gibt das Zeitkolorit. Nicht Makart ist für
diese Epoche für das Kolorit herangezogen, sondern jene heute noch lebendige Ueber-
lieferungen der Wiener Salons, die gelegentlich auch abenteuerlichen Leistungen   25
zugute kommen. Auf dem Boden dieser durch den industriellen Aufschwung charak-
terisierten Gründerzeit, begibt sich die Handlung. Echt wienerisch, alle Zufälligkei-
ten der Stadt in die Stimmung einbeziehend, erleben wir im Text Hofmannsthals
eine köstliche Komödie.
    Arabella ist die Tochter einer aus Rußland nach Wien verschlagenen, begüterten 30
Witwe, die Frau v. Murska heißt. Die Familie bewohnt in der Inneren Stadt, in der
Kärntnerstraße, ein elegantes kleines Appartement, in dem sie ihren vorläufigen
Haushalt aufgeschlagen hat. Außer Arabella ist noch ein Sohn Lucidor und eine
alte Kammerfrau im Haushalt. Der bald bewerkstelligte gesellschaftliche Kontakt
bringt sofort Bewerber für Arabella. Darunter befindet sich ein von Frau v. Murska 35
bevorzugter junger Mann, Wladimir, von dem man weiß, daß er mit einem mysteriö-
sen Erbonkel in guter Beziehung steht. Arabella kommt ihm nett entgegen, aber gegen
jede intimere Annäherung benimmt sie sich äußerst reserviert. Dagegen erhält Wladi-
mir sehr bald freundschaftliche Verbindung mit Lucidor, dem Bruder Arabellas.
Aber dieser scheinbare Knabe ist ein verkleidetes Mädchen, das gegen die ältere   40
Schwester zurückstehen muß. Während Arabella mit einem anderen Freunde der

Familie kokettiert, schließt sich ihre Schwester Lucile immer enger an den etwas
vereinsamten Wladimir an und instinktiv begeht sie einen merkwürdigen Schritt: sie
schreibt im Namen Arabellas an Wladimir einen leidenschaftlichen Liebesbrief und
übergibt ihn selbst als vermeintlicher postillon d'amour dem beglückten Verehrer.
Das Schreiben enthält die Aufforderung, sich durch das wirkliche Betragen der
Unterzeichneten nicht beirren zu lassen und ihr gegenüber keine Andeutungen dieses
geheimen Einverständnisses zu machen. Dieses Spiel setzt Lucile-Arabella durch
weitere Briefe fort. Sie wird als Lucidor zum Vertrauten Wladimirs, ja sie lebt sich
ganz in die beglückte Stimmung hinein und genießt selbst das Glück mit. Diese
seltsame Doppelnatur, die aus einer Laune entsprang, wird allmählich zum Schicksal.
In einem verdunkelten Zimmer kommt es zu einer Liebesszene, die Wladimir ganz
in den Bann jener hingebenden Arabella bringt, die der wirklichen so gar nicht gleicht.
Diese wendet sich immer mehr von Wladimir ab und so entsteht eine merkwürdige
Spannung zwischen ihm und dem von ihr bevorzugten Kavalier. Die prekäre Lage
der Mutter drängt zur Katastrophe. Lucidor, die Arabella der Briefe, versucht im
entsprechenden Augenblick ihr Glück zu retten. Sie sucht Hilfe beim Onkel, doch
diese wird nicht unmittelbar gewährt. Durch einen verzweifelten Abschiedsbrief auf
die Lage aufmerksam gemacht, will Wladimir endlich eine Aussprache mit Arabella
erzwingen, doch diese hält seine dringenden Vorstellungen für Verrücktheit und
gesteht, daß sein Benehmen auch ihrem Kavalier aufgefallen sei. Darauf läßt sie Wladi-
mir in maßloser Verblüffung zurück, aber in diesem Augenblick erscheint Lucidor,
nicht mehr als Knabe, sondern als Lucile, als Arabella der Briefe. Dem Mann
kommt die geheimnisvolle Geliebte entgegen, aber mit ihr zugleich der Vertraute
vieler schöner Stunden, der Freund.
    Wie weit alle diese Motive in der neuesten Oper anklingen, wird das fertige Werk
zeigen. Aber die geheimnisvolle Gestalt des erwachenden Mädchens, das mit elemen-
tarer Innerlichkeit alle Stufen der Leidenschaft erlebt und als Pseudo-Arabella ihr
Glück erkämpft, wird im Mittelpunkt der Handlung bleiben.
                                                            R. Sm.«

7. Mai, an Richard Strauss (BW S. 686–688)

9. Mai, Richard Strauss an Hofmannsthal (BW S. 689)

12. Mai, an Richard Strauss (BW S. 689f.)

15. Juni, Richard Strauss an Hofmannsthal (BW S. 690)

20. Juni, an Richard Strauss (BW S. 690f.)

20. Juni, an Joseph Gregor (Stiftung Volkswagenwerk):
Mein Winter ist mir zwischen den Fingern zergangen u. nicht auf gute
Weise. Ich war viel fort u. viel unwohl. Jetzt habe ich nach einer langen
dürren Zeit eine meiner Arbeiten wieder aufnehmen können.

26. Juni, an Leopold von Andrian (BW S. 437)

29. Juni, Richard Strauss an Hofmannsthal (BW S. 691f.)

30. Juni, an Richard Strauss (BW S. 692)

2. Juli, an Richard Strauss (BW S. 692–695)

6. Juli, Richard Strauss an Hofmannsthal (BW S. 695)

10. Juli, an Richard Strauss (BW S. 696)

14. Juli, Richard Strauss an Hofmannsthal (BW S. 696)   5

18. Juli, Richard Strauss an Harry Graf Kessler (BW S. 568)

19. Juli, Harry Graf Kessler (TB S. 590f.)

13. September, Richard Strauss an Gertrud von Hofmannsthal (BW S. 699)

1930

22. Juli, Richard Strauss an Gertrud von Hofmannsthal (BW S. 701)   10

1932

27. November, Richard Strauss an Gertrud von Hofmannsthal (BW S. 701)

ERLÄUTERUNGEN

22, 26ff. Vgl. S. 194.

24, 7 point d'Alençon *Bezeichnung der Spitzen nach der bekannten Textilfabri-* 15
kation in der Stadt Alençon im Nordwesten Frankreichs.

29, 25 Teschek *Ungarisch = bitte, vgl. S. 237, 15f.*

25, 27 Welko *Vgl. S. 197.*

37, 23 Pfauen weiden *Vgl. S. 197.*

37, 34: Vgl. S. 197.   20

38, 2ff.: Vgl. S. 195, 29ff.

39, 10ff.: Vgl. S. 198.

39, 14 Fiakermilli *Vgl. S. 192ff.*

42,12 Djura und Jankel *Vgl. S. 197, 25ff.*

42,20 Moët-Chandon *Nach der Gemeinde Chandon, etwa 24 km von Roanne im Department Loire.*

51, 2–14: Vgl. S. 198.

5 *81, 6* Poniatowski *Polnisches Magnatengeschlecht aus der italienischen Familie Torelli. 1764 in den polnischen Fürstenstand, 1850 in den österreichischen Adel erhoben. Die bekanntesten Angehörigen des Geschlechts sind der Feldherr Stanislaus Ponia-towski (1676–1762), der Stanislaus Lesczynski und Karl XII., später August dem Starken diente und dessen Sohn als Stanislaus II. August letzter König von Polen* 10 *wurde, und Józef Poniatowski (1763–1813), ein Neffe des polnischen Königs, den Napoleon zum Marschall von Frankreich erhob.*

82, 23–27 Fuxmundipoldl . . . Weissfisch . . . Schackerl *Fiakernamen; Fux-mundi ist eine Figur des Wiener Volkstheaters, vgl. S. 328,21.*

84, 15 Graben *Eine Wiener Hauptstraße.*

15 *85, 14* Kohlmarkt *Vom Graben abgehende Wiener Hauptstraße, ursprünglich der Platz des Holzkohlenmarkts.*

85, 15 Laufferseiten *Nach dem sogenannten ›Dreilauferhaus‹ am Kohlmarkt in der Nähe des Michaelerplatzes. Das Haus ist 1910 für den Bau des sogenannten Adolf-Loos-Hauses abgerissen worden.*

20 *85, 16* Artaria *Wiener Verlagshaus.*

88, 25 Gospodar *Vgl. S. 198.*

97, 31 Elis' *Noch aus dem* Fiaker als Graf *übernommener Name.*

205, 30 Liedchen *Es handelt sich um die sogenannten Spittelberger Lieder, obszöne Vierzeiler, die Ende des 18., Anfang des 19. Jahrhunderts in den Animier-*
25 *kneipen des Spittelbergs gesungen worden sind. Vgl. K. Giglleithner und G. Lit-schauer: Der Spittelberg und seine Lieder. Privatdruck [der Arbeitsgemeinschaft für Kultur und Heimatforschung]. Wien 1924. (Alt-Wiener Sittengeschichte 1.). Hofmannsthal hat die Sammlung nicht ausgewertet. Auf einem Blatt (E IV B 156.18) hat Hofmannsthal notiert:* Spittelberger Liedln (Gstanzeln).

30 *208, 5* Eugen *Wie* Nazi *noch aus dem* Fiaker als Graf *übernommener Name.*

208, 22 Wladimir *Wie* Lucile *noch aus* Lucidor *übernommener Name.*

209, 6 Zur ganzen Notiz N 4 vgl. S. 191 ff.

209, 13 v. Murska *Noch aus* Lucidor *übernommener Name.*

209, 19 Aladar *Noch aus dem* Fiaker als Graf *übernommener Name.*

210, 15 Madame Laroche *Figur aus Hofmannsthals Lustspielfragment* Silvia im ›Stern‹.

210, 28 Ali Pascha von Janina *Türke, geboren 1741 als Sohn eines albanischen Häuptlings, gestorben 1822, hat 1788 Janina erobert und sehr despotisch geherrscht, ist aber zugleich einer der wenigen Türken seiner Zeit gewesen, die eine Verbindung zur europäischen Kultur angestrebt haben.*

212, 23 Demel *Wiener Konditorei am Kohlmarkt.*

212, 23 Wiedner Theater *Das Theater an der Wien, von Emanuel Schikaneder als Nachfolgetheater des älteren Freihaustheaters 1801 eröffnet, benannt nach der Vorstadt Wieden.*

212, 34 carmenhaft *Vgl. S. 190 f.*

213, 21 Manuel *Noch aus dem* Fiaker als Graf *übernommener Name.*

215, 31 Comtesse Mitzi *Vgl. S. 192 Anm. 4.*

215, 36 Fisolenhansl *Fiakername, hergeleitet von Fisole = wienerisch für Bohne.*

215, 37 Virginiastroh *Zigarrenart.*

216, 35 Vgl. S. 197, 33 f.

217, 3 Vgl. S. 197, 27.

223, 5 Schematismus *Rang- und Namenverzeichnis beim Militär.*

223, 28 Opalinska *Nach dem polnischen Geschlecht der Opalinski, aus dem u.a. im 17. Jahrhundert der polnische Schriftsteller und Woiwode von Posen Krystof Opalinski (1610–1656) hervorgegangen ist.*

229, 7 Gredl *Gretchen, im Wienerischen Spottname für Mädchen.*

230, 12 anno 49 *Bei dem Aufstand der Ungarn, vgl. Anm. zu 265, 5.*

231, 32 stützig *Österreichisch für störrisch.*

237, 14 Gospodar *Vgl. S. 198, 17ff.*

242, 16 Carmen *Vgl. S. 190f.*

251, 1 Fuxmundi *Vgl. S. 305, 12.*

5   *251, 2* Kohlmarkt *Vgl. S. 305, 15.*

251, 2 Demel *Vgl. S. 306, 11.*

259, 10 Onkel *Noch aus* Lucidor.

260, 6f. Vgl. S. 29, 10f. und 211, 7.

261, 3 Vgl. S. 198, 20f.

10 *261, 8* Zeugl *Österreichisch für kleiner Wagen.*

262, 8 Stiefelausziehen *Vgl. S. 196, 25ff.*

262, 9 Zu N 79 vgl. S. 198.

263, 4 Zu N 81 vgl. S. 198.

265, 5 Arad *Hauptstadt des rumänischen Judetz Arad. Dort sind 1849 auf*
15 *Julius von Haynans Befehl 13 ungarische Generale als Führer der ungarischen Revo-*
lution hingerichtet worden.

268, 30 Pfauen *Vgl. S. 304, 19.*

271, 12ff. Vgl. S. 198, 30ff.

278, 30f. Vgl. 271, 12ff.

20 *279, 11 Vgl. S. 198, 33f.*

281, 9 Abenteurer *Vielleicht Anspielung auf den Abenteurer* Weidenstamm *in*
Hofmannsthals Drama Der Abenteurer und die Sängerin.

285, 30 Vgl. N 100.

285, 31 Junak *Vgl. S. 198, 23.*

286, 1ff. Zu N 100 vgl. S. 198, 36.

LUCIDOR

ENTSTEHUNG

1

In den Monaten Oktober und November 1909 hat Hofmannsthal sich in Neubeuern und auf dem Semmering Notizen für eine geplante Comödie in 3 Aufzügen *mit dem Titel* Lucidor *gemacht.*[1] *Statt der Komödie ist am 27. März 1910 in der* ›Neuen Freien Presse‹ *die kleine Erzählung* Lucidor *mit dem Untertitel* Figuren zu einer ungeschriebenen Komödie *erschienen. Dieser rasche Wechsel der Gattung ist aus den erhaltenen Notizen und Zeugnissen nicht zu erklären. Auch läßt sich bei den frühen Notizen von 1909 nicht unterscheiden, ob sie zur Komödie oder zur Erzählung gehören. Da der Lucidor-Stoff jedoch mit der Erzählung zum erstenmal – vor seiner endgültigen Verwendung in der* Arabella *seit 1927 – eine konsistente Gestalt angenommen hat, ist es berechtigt, die Notizen, die vor dem Abschluß der Erzählung liegen, als zu dieser gehörig getrennt von den späteren darzubieten, die – im Laufe von mehr als anderthalb Jahrzehnten sporadisch niedergeschrieben – Hofmannsthals beharrlichen Wunsch dokumentieren, dem Stoff doch noch eine Komödie abzugewinnen. Nur die nach Abschluß der Erzählung entstandenen Notizen sind hier wiedergegeben.*[2]

Hofmannsthals Behandlung des Lucidor-Stoffes seit 1910 kennzeichnen große zeitliche Intervalle der Arbeit und die Tatsache, daß sie über fragmentarische Ansätze zu Handlungsskizzen und über Detailnotizen nicht hinausgelangt ist. Auch die etwas umfangreicheren Szenarien machen den Eindruck der Zerfahrenheit und lassen präzise Konturen nicht erkennen.

---

[1] *Dieses fragmentarische Nachlaßwerk wird entsprechend den Editionsprinzipien S. 349, 22–24 dargeboten; vgl. auch S. 352, Anm. 2.*
[2] *Die früheren Notizen sind wiedergegeben SW Bd. XXVIII, S. 241–252.*

2

Eine erste Phase der Weiterarbeit bilden die Notizen N 1–N 6 aus dem Jahre 1910.
Die Namen Imfanger und Wladimir werden in ihnen gelegentlich durch Belomo
und Ferdinand ersetzt. Als neuer Name für Arabella wird vorübergehend Leon-
tine erwogen. Viele der Einfälle bleiben genetisch Episode, so die Idee der Mutter in 5
N 1, Belomo von seiner Frau für Arabella freizubitten. Das Motiv der Eifersucht
auf die Briefe in N 3 ist scherzhaft aufgenommen in einem Brief an Ottonie Degen-
feld aus dem Januar 1911. Neue Quellen hat Hofmannsthal in den Notizen N 1–N 6
nicht herangezogen.
    Das Bestreben, den Charakter der Mutter schärfer zu umreißen, schließt die 10
Notizen N 7 (1910), N 8 (1911), N 12 (1914) und N 13 (1916) zusammen.
Der Hinweis auf die Gleichnisse des Chuang Chou in N 7 unterstreicht die in N 7
und N 8 beschriebene coincidentia oppositorum, wohl auch den sittlichen Relativismus
und die Dialektik in N 6. Durch Martin Bubers Übersetzung der ›Reden und
Gleichnisse des Tschuang-Tse‹ (Leipzig 1910) ist Hofmannsthal auf sie aufmerk- 15
sam geworden. (Auszüge aus Bubers Übersetzung finden sich auch in dem 1911 bei
S. Fischer erschienenen Druck ›Grete Wiesenthal in Amor und Psyche und Das
fremde Mädchen‹.) Die Erwähnung von Fürst Myschkin und der Nastasja Fili-
powna aus Dostojewskijs ›Idiot‹,[1] in N 8 und die Namen Rosalinde und Probstein
aus der Schlegel-Tieckschen Übertragung von Shakespeares ›As you like it‹ in N 16 20
bezeugen weitere literarische Anregungen. Die irrtümlich als Tasso-Zitat bezeich-
neten Verse in N 14 stammen aus Ariosts ›Orlando furioso‹ (VIII, 1f.) und sind
von Hofmannsthal wiederholt für verschiedene Werke notiert worden.[2] Die Erwäh-
nungen von Alexander Moissi in N 9 und der Gräfin Bertha Kalckreuth in N 13
zeigen bereits die – später in der Eröffnung eines Theaters *und in* Lucidor *als* 25
Vaudeville *verstärkte – Tendenz, die Gestaltung der Personen an zeitgenössischen*
Vorbildern zu orientieren. Der in N 17 auftauchende Name Andreas *mag Zitat*
aus Hofmannsthals Roman sein; der Name Andrei *in N 20 ist möglicherweise eine*
Abwandlung des Namens Andreas *aus N 17.*
    Die Notizen zu Lucidor *fallen seit 1911   besonders was die Erfindung einer* 30
Handlung angeht – gegenüber den Szenarien von 1910 deutlich ab. Inhaltlich bleiben
sie bis Ende 1922 der Lucidor-Erzählung von 1910 sehr nahe. Die Datierung der
meisten Notizen zwischen 1910 und 1922 bereitet keine Schwierigkeiten. Proble-
matisch ist die chronologische Einordnung von N 9–N 11, da N 18 zeigt, daß auch

---

[1] *Hofmannsthal hat die zweibändige Ausgabe von A. Moeller van den Bruck (München* 35
   1909) im Rahmen der 22bändigen Ausgabe Sämtlicher Werke Dostojewskijs bei Piper
   benutzt, die sich in seiner Bibliothek erhalten hat.

[2] *Das Zitat findet sich deutsch als Motto zum Entwurf des* Andreas *(E IV A 4.1;*
   vgl. E, S. 113), in den Notizen zu Danae oder die Vernunftheirat *(vgl. L III,*
   S. 396); in der ersten Fassung der Aegyptischen Helena *spricht Aithra während* 40
   ihres ersten Gesprächs mit Helena die Verse innerhalb einer längeren Passage, die später
   weggefallen ist (E III 6.14).

bei gesichertem Terminus post quem die tatsächliche Entstehung der Notiz sehr viel
später als dieser liegen kann.

3

Wesentlich Neues im Thematischen und Motivischen bringt erst der Plan zum Luci-
5 *dor-Film (Dezember 1923/Anfang Januar 1924) durch die Verlegung der Hand-*
lung in die Zeit nach der rumänischen Kriegserklärung an Österreich im August 1916
und durch die neue Figur des Rumänen Joan. *Freilich bleibt auch der Filmentwurf –*
trotz des Zuspruchs von Carl J. Burckhardt im Januar 1924 – unausgeführt, ebenso
wie zuvor schon Pläne zu einem Lucidor-Libretto, die in den Briefen an Hermann
10 *Bahr vom 15. Juni 1918 und an Richard Strauss vom 22. September 1923 bezeugt*
sind. Allerdings taucht der Gedanke an einen Lucidor-Film noch zweimal wieder auf:
Im Oktober 1926 schlägt der Dichter dem Architekten Michael Rosenauer, dem
Erbauer des Wiener Hauses von Richard Strauss in der Jacquingasse, eine Verfil-
mung der Novelle für Elisabeth Bergner, Rosenauers damaliger Frau, vor. Elisabeth
15 *Bergner hatte Hofmannsthal zwei Jahre zuvor in dem von Paul Czinner inszenierten*
Film ›Nju‹ beeindruckt. Nachdem sich dieser Film-Plan offensichtlich zerschlagen
hatte, fragt Hofmannsthal am 17. Juli 1927 noch einmal bei Willy Haas nach Mög-
lichkeiten an, die Bergner für das Film-Projekt zu gewinnen, und nennt auch die
finanziellen Gründe, die ihn zu dieser Anfrage bewegen.

20 4

Der zuerst im Juli 1925 gefaßte Plan zur Eröffnung eines Theaters *(N 21–*
N 29; der Titel begegnet in N 25), den Hofmannsthal im Februar 1926 – vielleicht
im Zusammenhang mit der Arbeit an dem Ostern 1926 veröffentlichten Prolog
Das Theater des Neuen *– wieder aufgenommen hat, gehört insofern zum Lucidor-*
25 *Komplex, als er den im Dezember 1926 begonnenen* Lucidor (als Vaudeville)
(N 30–N 36) präludiert. Hier finden sich schon die Themen, die Lucidor (als
Vaudeville) *bestimmen: Probleme des zeitgenössischen Theaters und der Psycho-*
analyse. Hingewiesen sei auf die Erwähnung Alexander Tairows in N 21, dessen
1923 deutsch erschienenes »Entfesseltes Theater« Ideen eines expressiv-dekorativen
30 *Bühnenstils propagiert.*
      Außer der psychologischen Literatur, die Hofmannsthal in großem Umfang beses-
sen hat,[1] sind an weiteren Quellen für die Eröffnung eines Theaters *zu nennen:*
für die Notiz N 22, deren Zugehörigkeit zum Lucidor-Komplex nicht ganz sicher
ist, die Wirkung der von Emile Coué entwickelten und 1922 in ›La maîtrise de
35 *soi-même par l'autosuggestion consciante‹ dargestellten Autosuggestionsmethode; für*
die Figur des Zwergen in N 24 Calderons Komödie ›El mayor encanto amor‹; für

---

[1] *Vgl. Michael Hamburger: Hofmannsthals Bibliothek. In: Euphorion. 55. 1961, S. 27f.*

N 26 Calderons Gestaltung des Kephalos-und-Prokris-Stoffes in ›Celos aún del aire matan‹, die Hofmannsthal 1924|25 in einer Aufzeichnung zu Calderon erwähnt: Die Spannweite reicht bis zur tollsten Posse – etwas frecheres als Cephalus und Procris ist nicht zu denken.[1] *Ferner spielt für N 28 die Kenntnis von Hermann Graf Keyserlings Darmstädter ›Schule der Weisheit‹ und sein ›Reisetagebuch eines Philosophen‹ (1919)[2] hinein.*

N 27, mit der Titelvariante Der junge Europäer *statt* Eröffnung eines Theaters[3], *zeigt durch die Datierung ebenso wie N 28, daß Hofmannsthal noch bis zum Herbst 1927 – zu einer Zeit also, da der Lucidor-Komplex durch die Verbindung mit dem* Fiaker als Graf *zur* Arabella *umgeformt wird – daran gedacht haben muß, aus den Ansätzen zur* Eröffnung eines Theaters *vom Sommer 1925 mehr zu machen, als im Lucidor-Vaudeville von 1926 daraus geworden ist. Die* Eröffnung eines Theaters *scheint im Oktober 1927 so etwas wie ein Pandämonium der Gegenwart werden zu sollen. Darauf deuten die Hinweise auf die Technik neuester Theaterstücke in N 27 – Ernst Kreneks Jazz-Oper ›Jonny spielt auf‹ und Alexander Lernet-Holenias Drama ›Olla potrida‹ von 1927 –, ferner die beiden Episoden in N 28 und mehr noch eine Quelle, die in Hofmannsthals Tagebuch zwischen den Texten von N 28 und N 29 eingetragen ist: Unter der Überschrift* Aus einem heute (14 XI. 27.) eingetroffenen Brief von Carl Burckhardt. *findet sich dort das folgende Exzerpt:[4]* Der Scheler'sche Diskussionsabend, von dem ich spreche, fand vor drei Wochen im Schloss Crissier bei Lausanne, im Rahmen einer »Europäischen Woche« unter dem Patronat eines aufdringlichen Homunculi aus Paris, André Germain, statt; dieser letztere hatte mich aufgespürt und eingeladen, die Anwesenheit Schelers interessierte mich und so fuhr ich hin. Ich kam mit Elisabeth in ein großes unwohnliches Haus aus den neunziger Jahren, an der Türe die offen stand, empfing uns niemand, wir betraten einen leeren Salon mit rosaseiden überzogenen dünnbeinigen in Reihen aufgestellten Louis XVI Stühlen und einem Pult für den Redner. Nach zwei Minuten betrat ein großer blonder Herr mit ungeschlachten Zügen und einem Schillerkragen den Raum, er setzte sich auf einen der lächerlichen Sessel, ohne uns zu grüßen, stützte das Haupt in beide Hände

---

[1] *Aus einem Aufsatz über Calderon (H IV B 38.1), wohl für ein Programmheft anläßlich einer Aufführung von* Dame Kobold *entworfen.*

[2] *Über Hofmannsthals Stellung zu Keyserling, der den ›Peterspfennig der Literatur‹ angeregt hat, dessen ›Reisetagebuch eines Philosophen‹ Hofmannsthal 1919 begrüßt und dessen 1928 erschienenes Buch ›Das Spektrum Europas‹ der Dichter im selben Jahr wegen des Bemühens um eine kulturelle Einigung Europas sehr gelobt hat, vgl. Werner Volke: Eine Äußerung Hofmannsthals über Hermann Keyserling. In: HB 8|9. 1972, S. 177–179.*

[3] *Vgl. die Beschreibung des Konvolutumschlags S. 316.*

[4] *Der Text ist – teils gekürzt, teils abweichend und unter dem falschen Datum vom 12. 10. 1926 – gedruckt in: BW Burckhardt, S. 229–232. Die Signatur der Handschrift lautet: H VII 14.71–74.*

über die Stuhllehne der vorderen Reihe, er ächzte mehrmals, dann sagte er:
Geisteskaschemme! Geisteskaschemme!; nach ihm kam ein Ehepaar, nett
gekleidete Privatdocenten er und sie, seit drei Monaten verheirathet, beide
kraushaarig; sie kannte mich, hatte durch Herrn Kirchholtes von mir gehört, sie sprachen unaufhörlich über alles und immer beide aufs Mal und
wenn sie dasselbe sagten, so stießen sie sich an und sagten: Ach Du! Nach
diesen betrat eine blasse grünliche Dame in einem Peplum den Raum, sie
hatte furchtbar magere Arme, ihre missfarbenen Haare waren wie eine
Bieberpelzmütze und über den Augen in graden Fransen geschnitten. Sie
näherte sich langsam mit grünem ausdruckslosem Blick, sie trat vor Elisabeth hin, neigte sich vor ihr, indem sie sich vorstellte, Namen und Titel
nannte, wir verstanden nur: Frau Pastor . . ; sie sagte zu Elisabeth: »Auch
Sie suchen nach der Wahrheit! Stehen Sie auf dem Standpunkt: Eschaton
als Wesenschau oder als Polaritätsüberwindung im absolut Guten?
     Und nach der ausbleibenden Antwort: »Sie haben noch nicht endgültig
Stellung genommen. Sie tun Recht daran, der heutige Abend wird uns
wohl unter Schelers Führung die Entscheidung bringen.«
     Langsam füllte sich der Saal mit Stumm-ergriffenen, mit gotteskämpferi-
schen und gewundenen Weltanschauungsschlangenhäutern von kärglichem
Atem belebt, es kamen französische »Lilas«, zwei englische Reformisten,
dann eine ganze Phalanx stämmiger Professoren aus dem Reich, nach einer
Pause André Germain, wie aus Kindergebeinen noch für den Abend von
einem Todtengräber rasch zusammengestellt, zuletzt kam Professor Tillig,
ein jugendliches Pastorengesicht, auf welches Eitelkeit und die Furcht für
»ungeistig« und »unfrei« gehalten zu werden, eine üble Schrift geschrieben hatten. Ganz zuletzt wie Tillig schon beginnen wollte, kam Scheler mit
seiner schönen jungen Frau. Nie habe ich in einem Gesicht einen Ausdruck
so gewaltiger, ins Niedrige breit hinunterschleifender, Lippen schleckender
Sinnlichkeit gesehen und dabei eine geistige Kraft, die all dies zusammen-
reisst, es grandios versteinert, wo dann beim Aufgehen und Fassen des Ge-
dankens ein kaltes trauriges Leuchten vorüberzieht. Ich habe Scheler während des Vortrages gesehen, wo er abwechselnd gelangweilt, angeekelt,
müde und plötzlich mit fabelhafter Frische geistig aufgescheucht erschien,
und ich habe das sichere Empfinden von der Anwesenheit eines ungewöhn-
lichen Menschen gehabt; ein Empfinden, das nachher durch den Sprechenden und die Diskussion Leitenden kaum verstärkt, eher vermindert wurde. –
Es dürfte sich um eine Veranstaltung gehandelt haben, auf der Max Scheler auf eine
religiöse Erneuerung im Sinne seines 1921 erschienenen Werks ›Vom Ewigen im
Menschen‹ hinwirken wollte. Da Hofmannsthal diese Tagebucheintragung nachlässig
geschrieben, besonders bei den Namen viel korrigiert hat, ist die Schreibung »Tillig«
wohl in Tillich zu korrigieren und anzunehmen, daß Paul Tillich der Vortragende
des Abends gewesen ist.
     Über seine Bedeutung für die Eröffnung eines Theaters *hinaus, ist die Nähe*

zu Lucidor als Vaudeville *bei diesem Exzerpt darin zu sehen, daß Hofmanns-*
thal den Text offensichtlich als Anregung verstanden hat für die Gestaltung von
Sonderlingen, wie sie im Vaudeville von 1926 als Chiromant, Doktor für Leibesübun-
gen, Mensendieckdame usw. anzutreffen sind. Auch das Institut de beauté *in*
N 27 verbindet diese Notiz mit dem Vaudeville.   5
    In dem erwähnten Tagebuch findet sich unter dem Datum 29. XI. 1927[1] *unter*
anderen Hinweisen auch einer auf Ein Lustspiel mit der Hauptfigur eines
Lügners. *Zum* Lügner *existieren mehrere Notizen aus der Zeit vom September bis*
November 1927. Aus den Notizen N 32 und N 33 zu Lucidor (als Vaudeville)
ist die Figur des Eintänzers in den Lügner *übernommen worden. Noch am 19.*   10
Dezember 1928 schreibt Hofmannsthal darüber an Burckhardt.[2] Die erhaltenen
Notizen lassen erkennen, daß auch Der Lügner *zu den Versuchen gehört, mit den*
Figuren der noch immer ungeschriebenen Lucidor-Komödie etwas anzufangen, doch
fehlt es am richtigen Einfall – *wie Hofmannsthal im Tagebuch vermerkt. Daß*
im Lügner *statt des Namens* Lucidor *der Name* Zdenko *vorkommt, zeigt die*   15
Nähe zur gleichzeitigen Arbeit an der Arabella; *der Name* Marianne *aus dem*
Lügner *findet sich als Variante zu dem aus dem* Fiaker als Graf *stammenden*
Namen Elis' *in der ersten Fassung des ersten Akts der* Arabella *für Arabellas*
Freundin, die Frau des Bauunternehmers, wieder.

                                        5   20

Auch Lucidor. (als Vaudeville.) *vom Dezember 1926 knüpft an die Motive an,*
die Hofmannsthal im Juli 1925 für die Eröffnung eines Theaters *notiert hat.*
Eine hervorragende Rolle war Gustav Waldau, *dem ersten Darsteller des* Schwie-
rigen *zugedacht. Erkennbar ist in N 30 die geplante Einteilung in drei Akte:*
Café Dancing, Institut de Beauté *und* Spiritistischer Thee. *In N 33 findet sich* 25
die Gestalt des jungen Europäers, *die auch in N 27 wieder begegnet. Daß im*
Vaudeville unter anderen zeitgenössischen Erscheinungen die Anthroposophie zum
Sujet genommen wird, bildet in der Literatur der 20er Jahre keinen Einzelfall
mehr – so hat sie etwa Werner von der Schulenburg 1922 in seinem Roman ›Doktor
Boétius, der Europäer‹ behandelt. Aktualitätsbezug ist im Vaudeville auch bei   30
der Schilderung der Konstellation der Schauspieler Gustav Waldau, Lili Darvas,
Maria Luise Bard und Ernst Deutsch gesucht, ferner in der Anspielung auf die
Mensendieck-Gymnastik in N 30: Bess Mensendieck, eine holländisch-amerikani-
sche Gymnastik-Reformerin, hat 1923 ein Buch ›Funktionelles Frauenturnen‹
erscheinen lassen, und 1926 ist in Berlin der ›Bund für reine Mensendieck-Gymnastik‹ 35
gegründet worden.

---

[1] *H VII 14.80*
[2] *BW S. 298.*

*Über diesen zahlreichen aktuellen Bezügen im Vaudeville geht das ursprünglich
zentrale Lucidor-Motiv des travesti unter, das zu den »modernen« Figuren des
Vaudeville auch kaum passen würde. Erst in der* Arabella *gewinnt dies Motiv seit
Herbst 1927 wieder Bedeutung; zugleich wird die Handlung wieder – im Gegenzug
zur steigenden Annäherung an die Gegenwart seit 1922 – zurückverlegt in die
1860er Jahre.*

ÜBERLIEFERUNG

Lucidor. Comödie

*N 1–N 8, N 12–N 16 zusammen mit frühen Notizen der Erzählfassung von 1909 (vgl.
SW, Bd. XXVIII, S. 239f.) in einem Konvolutumschlag (E III 168.5) mit der
Aufschrift:* Lucidor. Comödie in 3 Aufzügen. (erste Einfälle Neubeuern
October 1909. ferneres Semmering November 1909. Niederschrift in er-
zählender Form März 1910. Scenarium Aussee August 1910.) (neuerlich:
Semmering December 1910.)

N 1   *E III 168.10. – Pag. a.*

N 2   *E III 168.11*

N 3   *E III 168.12*

N 4   *E III 168.15*

N 5   *E III 168.13*

N 6   *E III 168.14. – Rückseite: N 15 der Erzählfassung (vgl. SW, Bd. XXVIII,
S. 240 und S. 248; am Rand:* Neue freie Presse *und* Kassner.

N 7   *E III 168.9*

N 8   *E III 168.7*

N 9–N 11 später in ein Konvolut mit Notizen und Entwürfen zu Arabella *geraten (vgl.
S. 218).*

N 9   *E III 30.87. – Rückseite: Tantièmen-Abrechnung für II.–IV.Quartal 1911.*

N 10   *E III 30.85. – Zweiseitig beschriebener Zettel; auf der Rückseite außerdem:
Tantièmen-Abrechnung 1912.*

N 11   *E III 30.86. – Rückseite: Tantièmen-Abrechnung 1912.*

N 12   *E III 168.20*

N 13   *E III 168.17. – Rückseite: geschäftliches Schreiben an Hofmannsthal vom 27.
Oktober 1916 nach Rodaun; Absenderangabe abgerissen. Auf demselben Blatt
Notizen zu* Reden in Skandinavien.

N 14   *E III 168.19. – Rückseite: Brief des Sekretariats von Dr. Peter Reinhold*
         (Verlag des Leipziger Tageblattes) an Hofmannsthal vom 28. November 1917,
         adressiert »Berlin, Hotel Adlon«.

N 15   *E III 168.18. – Von fremder Hand »1920« datiert; Rückseite: Notiz zu*
         Der Unbestechliche.   5

N 16   *E III 168.16. – Abriß; Rückseite: linkes oberes Viertel einer Typoskriptseite*
         zu Das Salzburger Große Welttheater.

N 17–N 19 in einem Konvolutumschlag (E III 168.1) mit der Aufschrift Lucidor
         neuere Notizen December 1922.

N 17   *E III 168.2*   10

N 18   *E III 168.3. – Rückseite: Tantièmen-Abrechnung für das IV. Quartal 1911.*

N 19   *E III 168.4. – Abriß; Rückseite: Fragment eines Briefes.*

Lucidor. Film

N 20   *E III 169.2. – Zu dem Blatt gehört ein Konvolutumschlag (E III 169.1) mit der*
         Aufschrift Lucidor Film (December 1923).   15

Eröffnung eines Theaters

N 21   *H III 278.4. – Zweiseitig beschriebener Notizzettel, z. T. mit Bleistift.*

N 22   *E III 170.5. – Das Blatt später wohl irrtümlich in das Konvolut* Lucidor. (als
         Vaudeville.) 1926. *eingelegt; Zugehörigkeit nicht ganz sicher.*

N 23   *H III 278.1*   20

N 24   *H III 278. 2*

N 25   *H VIII 13.19. – Konvolutumschlag mit der Aufschrift:* Eröffnung eines Thea-
         ters II.26 (zuerst Juli 1925).

N 26   *H III 278.3*

N 27   *H III 142.2. – Enthält ferner Notiz zu* Chinesisches Trauerspiel; *zugehörig*   25
         ein Konvolutumschlag (H III 142.1) mit der Aufschrift: Der junge Europäer
         (Auch: Eröffnung eines Theaters.)

N 28   *H VII 14.70–71. – Tagebuchaufzeichnung, im Anschluß daran das S. 312 f. wie-*
         dergegebene Exzerpt aus einem Brief von Carl J. Burckhardt.

N 29   *H VII 14.75. – Tagebuchaufzeichnung.*   30

Lucidor (als Vaudeville)

N 30–N 36 in einem Konvolutumschlag (E III 170.1) mit der Aufschrift: Lucidor.
(als Vaudeville.) 1926.

N 30   E III 170.2

N 31   E III 170.3

N 32   E III 170.4

N 33   E III 170.6

N 34   E III 170.7

*N 35   E III 170.8. – Rückseite: Aufzeichnungen im Zusammenhang mit Lessings
Dramaturgie.*

N 36   E III 170.9

VARIANTEN

N 1
113, 5–27 : zahlreiche Nachträge.

113, 8 Belomo *aus* Imfanger

113, 24f. es muß . . . zugrunde gehn. *aus* will nochmals zum Onkel (oder
sich tödten)

114, 6 : davor gestrichen:
II (nächsten Vormittag.) Mutter Arabella. Lucidor Arabella. Ihre Form:
statt eines Briefes ist es eine Botschaft: Lucidor Wladimir. Sie sieht
ein, dass er für sie verloren wenn es devoiliert wird
III Mutter Wladimir. Arabella Wladimir Lucidor.

N 2
114, 23 Ferdinand *aus* Wladimir

114, 26 sie Ferdinand *aus* sie Wladimir

114, 27 Sie sagt . . . abreisen lassen. *nachgetragen.*

114, 34–115, 3 Lucidor Kammerfrau . . . in die Hand. *nachgetragen.*

115, 6 Ferdinand *aus* Wladimir

115, 14–17 : vom Text abgesetzte Notate.

N 3
115, 31 : danach gestrichen:
                              in III
ein Moment wo Ferdinand sich setzt und das Gesicht in den Händen ver-

gräbt »alles zerstört« Lucidor will hinausschleichen: er soll es erfahren wenn ich todt bin.

N 4
116, 3f.: nachgetragen.

116, 6–8 Ferdinand . . . scheint. *Durch Umstellung hier eingefügt, ursprünglich* ₅ *nach 116, 15 gesehen.*

116, 8–10: nachgetragen.

116, 15 Vgl. 318, 5

N 6
117, 2 Galigakis *aus (1)* Galykakis *(2)* Galygakis   10

117,9f.: nachgetragen.

117, 18f. In solchen . . . spüren. *nachgetragen.*

N 7
117, 32f. Wahn – Wirbel . . . wollte. *nachgetragen.*

N 8   15
118, 16f. (wie Fürst Myschkin . . . Anfall) *nachgetragen.*

N 10
119, 20ff.: auf der Rückseite.

N 17
121, 31 Cousin *aus* Halbbruder   20

121, 31–122, 6 er kommt . . . Quälende lag. *nachgetragen.*

N 33
128, 26f. (und dass . . . versäumen wird) *nachgetragen.*

128, 32 (in Frauenkleidern?) *nachgetragen.*

ZEUGNISSE · ERLÄUTERUNGEN

ZEUGNISSE

1910

27. März, an Harry Graf Kessler (BW 285):[1]
In separatem Couvert folgt etwas über Lucidor, worin nur die Personen, nicht der Gang des Scenariums angedeutet. Bitte schreib mir ob dich ein solches travesti sehr ge n i e r t. Aufrichtig.

30. März, Harry Graf Kessler an Hofmannsthal (BW 286):
»*Lucidor ist bezaubernd, und fast schon da als Komödie wie mir scheint, ich glaube das Szenario wäre Sache von zwei drei Gesprächen; es steckt schon in der Erzählung drin, wie ein Körper von Michelangelo in einem halbbehauenen Marmorblock. Genierlich finde ich das Travesti nicht im mindesten.*«

16. Juni, an Harry Graf Kessler (BW 295):
Neben der Gesellschaftscomödie,[2] zu der ich mich halten will, ist mir der Lucidorstoff am nächsten ...

8. September, an Marie Fürstin von Thurn und Taxis (Stiftung Volkswagenwerk):
Nun ist der Frühherbst, meine Zeit, ich hoffe zu arbeiten, ein bizarrer Stoff, eine Comödie mit fast unmöglicher Voraussetzung, lockt mich sehr, es steckt unendlich viel Beziehungsreiches und Amüsantes drin, wenigstens für mich – hoffentlich auch für andere.

6. Oktober, an Helene von Nostitz (BW 96):
Daß die Gruppe meiner zunächst entstehenden Comödien die Idee der Ehe entwickeln oder um diese Idee sich herumbewegen soll, dabei bleibt es. Zwei Stoffe sind mir nahe.[3] Erst glaubte ich, der eine werde sich fangen lassen. Dann der andere. Jetzt will ich mich daran halten, freilich ohne inneren Zwang ohne Quälerei, aber diese Monate des Herbstes und beginnenden Winters sind meine Erntezeit, wenn überhaupt.

---

[1] *Zu der Übersendung des Erstdrucks der Erzählfassung von* Lucidor.
[2] Der Schwierige.
[3] Der Schwierige *und* Lucidor.

1911

Januar, an Ottonie Degenfeld (BW 64):
Oder sind es meine Briefe, die Sie lieber mögen als mich? Soll ich bitter
eifersüchtig werden auf meine eigenen Briefe wie der arme Lucidor?

16. Mai, an Ottonie Degenfeld (BW 142):   5
Die Vögel singen, meine kleinen selbstgepflanzten Fliederbäume blühen,
Max Reinhardt war reizend und voll Phantasie wie immer, im September
spielen wir ›Jedermann‹ in München, die Frau ohne Schatten spaziert in
meiner Phantasie herum, einen reizenden Molière richt ich zur Aufführung
ein und Strauss macht Musik dazu, meine Comödie mach ich auch . . .   10

1918

15. Juni, an Hermann Bahr (Meister und Meisterbriefe an Hermann Bahr, 176):
Lucidor, eine zarte fast romantische Komödie; in Erzählungsform publi-
ziert schon seit 1910; neuerdings wieder aufgenommen, vielleicht für
Musik zu behandeln.   15

1922

21. September an Richard Strauss (BW 484):
Aber ich habe mir noch etwas anderes vorgemerkt und will im Frühwinter
versuchen, ob ich ein Szenar für eine komische Oper gewinnen kann. Ja –
ein zweiter ›Rosenkavalier‹ – aber doch anders. Man kann nichts wieder-   20
erleben. Was mir vorschwebt, müßte in viel dünnere Musik getaucht werden, und in einen anderen Stil, so wie er mir schon für den ›Rosenkavalier‹
vorschwebte . . .

1923

22. September, an Richard Strauss (BW 494):   25
Was Sie unter einem »zweiten Rosenkavalier« verstehen, glaube ich genau
zu fühlen. Es müßte die Handlung in Wien spielen, etwa 1840 oder so,
etwas Heimliches, Gutmütiges, dazu Lustiges. Die Handlung zum ›Rosenkavalier‹ fiel mir nur so im Schlaf ein – das zweite ist immer schwerer, denn
man darf um alles den ersten Einfall nicht kopieren wollen. Aber ich glaube, 30
ich fühle, ich werde es Ihnen machen. Eine Ahnung von Handlung habe
ich. Sie spielt unter jungen Leuten, endet in mehrfacher Hochzeit. Aber ich
muß es in mir entwickeln, nähren, aufziehen.

1924

2. *Januar, Carl J. Burckhardt an Hofmannsthal (BW 143f.):*
»*Ich las den* ›*Lucidor*‹ *mit Vergnügen. Da wir nun leider nicht darüber sprechen
können, möchte ich einige Gedanken rasch aufschreiben. Die Figuren drängen zur*
*Verwirklichung durch die Komödie. Bisher wurden sie erzählt, jetzt muß ihnen die
Sprache verliehen werden. Die Spannung, die Furcht vor dem Entdecktwerden sollte
man wohl für Lucidor bis zum Äußersten steigern.*

*In der Erzählung begleiten die Erwägungen unendlicher Möglichkeiten die eigent-
liche Handlung. Analogien werden angedeutet. Die ständige Gegenwart einer Lebensweisheit im Hintergrund, die eine gewisse betrachtende Wehmut mitklingen läßt,
mildert das im Grunde äußerst gewagte Geschehen.*

*In der Komödie erscheint die Lebensweisheit als Humor. Der Humor ist die
Weisheitsform des heiter resignierten Überwinders. In der Komödie wirkt das Unaus-
weichliche ebensosehr als im Drama. Die Komödie ist ein Reigen mit sich durch-
schlingenden Schicksalsfiguren.*

*Wenn ich nun richtig verstehe, muß der geplante Film weder der reinen Komödie
noch der epischen Handlung angehören. Der Film, der des Wortes entbehrt, muß
zugleich mimisch verwirklichen und erzählen. Diese Mischung ist nur erträglich,
wenn die größtmögliche Spannung beibehalten wird.*

*Diese Spannung ist im gegebenen Fall vielfältig vorhanden, schon durch die Steige-
rung des Konfliktes zwischen Wladimir und Imfanger. Wladimirs Haltung muß den
andern zur schärfsten Provokation treiben. Ein Konflikt kann entstehen, der Lucidor
auf die härteste Weise martert, vor allem weil die beiden Gegenspieler, jeder auf seine
Weise, ihn als aufgeweckten, jungen Menschen beständig über die Situation aufklären
werden.*

*Arabella sollte sich wohl nicht ganz von Wladimir loslösen, vielmehr durch etwas
ihr selbst Unverständliches bisweilen wieder angezogen, sollte sie häufig aus Laune zu
ihm zurückkehren und dadurch die Schwester, die völlig einsam die ganze schwere
Lage erträgt, noch mehr belasten.*

*Auch das Verhältnis zum Onkel wird peinvoll. Die Hilfe des Sonderlings ist
immer sehr nahe, sie muß aber stets im entscheidenden Augenblick zurückgezogen
werden, und zwar wegen der Kraft, die von Lucidors Liebe ausgeht, und die es ihm
verunmöglicht, in den Situationen, in die er mit dem Alten gerät, v e r n ü n f t i g auszu-
dauern.*

*Für die ins Moderne übertragene Handlung würde ich als Rahmen bestimmt Wien
beibehalten: Prater, Wienerwald, Hotelsalons, Restaurants, Nachtlokale, Theater,
Eisplätze, die letzten Fiaker, Autotouren, schöne Kirchen.*

*Wladimir darf in verschiedenen Situationen versagen, beim Abschluß aber sollte er
sich bewähren.*

*Der Stoff, schon in der Erzählung, trotz seiner muntern Konvention des alten
Theaters, liegt an einer Grenze, an welche Sie sonst nie herangetreten sind.*«

1926

1. Hälfte Oktober, an Michael Rosenauer (Diktatheft, Stiftung Volkswagenwerk):
ich habe Ihnen in Salzburg ausgesprochen und spreche es mit Vergnügen
noch einmal aus, dass der grosse Eindruck den mir die Kunst Ihrer Frau
Gemahlin, insbesondere die Kraft des Ausdrucksvermoegens vor zwei   5
Jahren in einem Film,[1] gemacht hat, mich einzig und allein bewegen, die
Moeglichkeit einer Verfilmung der in meiner Novelle ›Lucidor‹ enthaltenen
Begebenheiten mit Interesse naeher zu treten. Ich bin ueberzeugt, dass diese
einzigartige Darstellerin in dieser Figur etwas nicht gewoehnlich Schoenes
erreichen koennte. Aus diesem Tatbestand ergeben sich ungezwungen zwei   10
Folgerungen: 1) dass ich Ihrer Frau Gemahlin eine Option fuer die Ver-
wertung dieser Novelle einraeume und 2) dass ich ebenfalls Ihrer Frau
Gemahlin oder in deren Vertretung Sie Herrn Architekten, bevollmaech-
tige, mich bei Abschluss aller Geschaefte, die sich auf die Verfilmung der
Novelle beziehen, zu vertreten und die Wahrung meines Interesses Ihnen   15
anheimgebe.

1927

17. Juli, an Willy Haas (BW 78):
Aber wenn Sie, der es mir so gut und freundlich meint, mit der Film-welt
zu tun haben, so könnten Sie mir freilich etwa einen großen Gefallen tun –   20
eben jenen den Sie mir mit der Pantomimen-sache zugedacht haben, aber
wie ich meine, auf ungangbarem Wege. Ich schrieb vor Jahren eine kleine
Handlung nieder: Lucidor, eine ungeschriebene Comödie. Dies ist meiner
Überzeugung nach ein Canevas für eine Filmhandlung, die sich unvergleich-
lich der Eigenart e i n e r Darstellerin anschmiegen würde: der Bergner.   25
Raten Sie mir. Soll ich es ihr selbst schicken? oder wäre es richtiger es ihr
durch einen Regisseur anbieten zu lassen? Mir handelt es sich um nichts
als um ein Stück Geld, denn darin liegt meine Lebensschwierigkeit: das
Beste was ich hervorbringe, u. das Ernsteste worin ich meine sonstige
Arbeit stecke (wie die Unternehmungen der Bremer Presse) bringt mir   30
nichts oder fast nichts.

1929

Frühjahr, Willy Haas an Hofmannsthal (BW 89):
»Sollte es nicht möglich sein, daß ich eine Szene aus ›Lucidor‹ veröffentlichen darf?
Ich wäre stolz darauf, liebe schon die kleine Skizze über Alles.«   35

[1] *Vgl. S. 311, 14-16.*

ERLÄUTERUNGEN

114, 37 Merkbuch *Vgl. SW Bd. XXVIII, S. 243, 39.*

115, 25 Briefe *Vgl. S. 310,6–8.*

115, 36 Erwin Lang *(1886–1962) Maler und Graphiker, vor allem durch Holzschnitte hervorgetreten, illustrierte den Avalun-Druck von Hofmannsthals* Jedermann *(1922).*

118, 6f. Tschuang-Tse *Chinesischer Philosoph der 2. Hälfte des 4. Jahrhunderts v.Chr., Schüler von Lao-tse, sein Hauptwerk ›Nan-hua-tschen-king‹ umreißt Ontologie und Ethik des frühen philosophischen Taoismus.*

118, 16f. Fürst Myschkin *Vgl. S. 310, 18f.*

118, 20 Nastassia Fillipowna *Vgl. S. 310, 18f.*

119, 6 Moissi *Alexander Moissi (1879–1935) ; vgl. auch P IV, S. 512.*

120, 20 Gfn Kalkreuth *Bertha von Kalkreuth, deren Sohn Wolf Graf von Kalkreuth Selbstmord begangen hatte (vgl. BW Kessler S. 544). Von diesem sind im Insel-Verlag 1906 Übertragungen Verlainescher Gedichte, 1907 Übertragungen aus Baudelaires ›Fleurs du mal‹ und 1908 aus dem Nachlaß eigene Gedichte erschienen.*

121, 6 Tasso *Vgl. S. 310, 21–23.*

121, 22 Rosalinde – Probstein *Vgl. S. 310, 19f.*

123, 23 Browning *Nach ihrem Erfinder benannte Selbstladepistole.*

124, 10 Tairoff *Alexander Tairow (1885–1950), vgl. S. 311.*

125, 2f. Calderon *Vgl. S. 311f.*

125, 23 Cefalo Pocris *Vgl. S. 311f.*

126, 5 Johnny *Vgl. S. 312 15.*

　　　　Olla potrida *Vgl. S. 312 15f.*
　　　　Schestow *Russischer Religionsphilosoph. Leo Schestow (1866–1938) schrieb 1927 in der »Europäischen Revue« (Jg. 3. 1927/28, S. 341–348) über die »Grenzen der Erkenntnis«.*

126, 11 Keyserling *Hermann Graf von Keyserling (1880–1946), vgl. S. 312, 4–6.*

126, 18 Schmitz *Oscar A.H. Schmitz (1879–1931), Psychoanalytiker und Verfasser psychologischer und politischer Romane; vgl.: Sinnsuche oder Psychoanalyse. Briefwechsel Hermann Graf Keyserling – Oscar A.H. Schmitz aus den Tagen der Schule der Weisheit. Darmstadt 1970.*   5

126, 23 Schule der Weisheit *Vgl. S. 312, 4–6.*

127, 7 Deutsch *Ernst Deutsch (1890–1969), vgl. S. 314, 30–32.*
Waldau *Gustav Waldau (1871–1958), vgl. S. 314, 30–32.*

127, 14 Darvas *Lili Darvas, geb. 1902, vgl. S. 314, 30–32.*

127, 16 Bard *Maria Luise Bard (1900–1944), vgl. S. 314, 30–32.*   10

127, 24 Mensendieckdame *nach Bess Mensendieck (1864–1958), vgl. S. 314, 32–36.*

128, 19 Eintänzer *Vgl. S. 314, 9f.*

DER FIAKER ALS GRAF

ENTSTEHUNG

1

Etwa seit Mitte 1924 – das früheste bekannte Zeugnis ist ein Brief des Dichters an
Max Pirker vom 15. Juni – bis zum Februar 1925 beschäftigt Hofmannsthal neben
anderen Arbeiten für die Bühne wie Der Turm *oder* Timon der Redner *auch der*
Plan zu einem Volksstück nach Art des Altwiener Theaters, das zunächst Der
Fiaker als Marquis *(N 1–4), ab November 1924* Der Fiaker als Graf *(N 13)*
betitelt wird.[1] *Hofmannsthals verstärktes Interesse am Wiener Volkstheater, für das*
auch der Xenodoxus *ein Beispiel liefert,*[2] *steht in engem Zusammenhang mit seinem*
Versuch, nach dem politischen Zerfall der Donau-Monarchie Österreichs europäische
Aufgabe neu zu bestimmen in einer – auf die durch den Weltkrieg entstandenen
Situation bezogenen – Vermittlung seiner kulturellen Tradition. Die soziale Thema-
tik der Komödien Der Schwierige *und* Der Unbestechliche *ist aus diesem Bemühen*
hervorgegangen.

Und vielleicht gibt der Hinweis auf die Ständeproblematik in N 13 einen Anhalt,
daß auch das geplante Fiaker-Stück – trotz der Bezeichnung leichte Fiakergeschichte[3] *und* Konversationsstück[4] *– nicht leere historische Reminiszenz, sondern*
unter anderem auch Reflex der sozialen Situation der Nachkriegszeit hat werden
sollen. Auch Hofmannsthals Brief an Strauss vom 1. Oktober 1927 mit der Erörte-
rung der Wahrheit der Verhältnisse in diesem Fiaker-Stück und seiner Eignung
für die Gegenwart legt diese Annahme nahe. Mehr als zuvor haben nach dem Krieg
Volkstheater, Ballkultur und Operette Wiens als Elemente der neu zu vermittelnden
Tradition die Aufmerksamkeit des Dichters auf sich gezogen, wie dies etwa der

---

[1] *Dieses fragmentarische Nachlaßwerk wird entsprechend den Editionsprinzipien S. 349,*
22–24 dargeboten, vgl. auch S. 352, Anm. 2.

[2] *Vgl. S. 170, 10–18.*

[3] *Hofmannsthal an Carl J. Burckhardt am 24. 8. 1924.*

[4] *Hofmannsthal an Richard Strauss am 13. 11. 1927.*

Wiener Brief *von 1922 bezeugt.*[1] *In dem geplanten Fiaker-Stück scheint Hofmanns-*
thal eine Synthese von Volkstheater und Ballkultur für die Darstellung auf der
Bühne erstrebt zu haben – ohne ein befriedigendes Ergebnis zu erreichen, im Gegensatz
zu der später in der Arabella, *unter Verzicht auf das Volkstheaterhafte, gelungenen*
Synthese von Ball und Operette.   5

   Im Laufe der neun Monate währenden Arbeit an dem Fiaker-Stück, über die
infolge zahlreicher Datierungen auf den Notizen leicht ein Überblick zu gewinnen ist,
sind lediglich zwei Szenen (2 H) niedergeschrieben worden, die eine noch dazu nur
lückenhaft. Im übrigen sind nur Notizen, ein paar Szenarien und Handlungsskizzen
vorhanden, aus denen aber ein klarer Plan des Handlungsverlaufs ebensowenig abzu-   10
lesen ist wie die genaue Konstellation der Personen.

                                            2

Am 24. August 1924 schreibt Hofmannsthal an Carl J. Burckhardt, die leichte
Fiakergeschichte *habe* schon etwas Consistenz gewonnen. *Wenige Tage darauf*
entstehen die ersten Notizen zum Fiaker als Marquis *(N 1, N 2). Bemerkenswert*   15
ist, daß in diesem frühen Stadium der Konzeption der Ball, der später (N 31) in
den zweiten Akt gelegt wird, seinen Platz schon im ersten Akt hat finden sollen.
Die Notiz N 4 zeigt ein spielerisches Ausprobieren der Personennamen, das zahl-
reiche Varianten hervorbringt. Dies Suchen geeigneter Namen setzt sich bis N 10
fort. Einige der Namen und Einzelheiten des Textes – etwa der Cyniker *und die*   20
Erwähnung Gustav Waldaus in N 8 – verbinden diese frühen Fiaker-Notizen mit
den Lucidor-Entwürfen. Wann Hofmannsthal den Titel des Stücks aus Der Fiaker
als Marquis *in* Der Fiaker als Graf *abzuändern beschlossen hat, läßt sich nicht*
genau bestimmen, da er in dem Brief an Ernst Benedikt vom 12. September nur vom
neuen Lustspiel *spricht und die Notizen N 11 und N 12 aus dem Oktober nur*   25
Fiaker *überschreibt.*

   N 13 vom 5. November nennt zum erstenmal den neuen Titel und bietet zuerst ein
paar Umrisse der Handlung. Tassilo hebt in N 13 das Volkshafte in Millis
Charakter hervor und erwähnt die Villa, *in der die Handlung des dritten Akts*
spielen soll (N 59). Das Volksstückhafte des Entwurfs bezeichnet auch die Ein-   30
führung der Volkssängerin bzw. des Volkssängers in N 13. Welche Funktion dem
in N 13 genannten, in N 18 als Spassmacher *charakterisierten von Huber*
zugedacht gewesen ist, wird aus den Notizen nicht deutlich. Einen Anhaltspunkt
bietet nur die Notiz N 59, in der von Huber als irgendwie an der Aufdeckung der
Intrige beteiligt gedacht ist. Anfang bis Mitte November 1924 entstehen auch viele 35
Notizen zum zweiten Akt (N 31–N 38), ferner datieren aus diesen Tagen die
Notizen zum dritten Akt N 59–N 61, wohl auch N 57 und N 58.

[1] *Vgl. A, S. 268f.; dazu den Literaturhinweis S. 194 Anm. 1.*

Mitte November werden die Szenen I 2 und I 3 niedergeschrieben (1 H und 2 H).
Die Handschrift 2 H trägt Datierungen vom 15. bis 18. November. Kohärenz
weist 2 H nur für die Szene I 2 auf, so daß die Bemerkung in Hofmannsthals Brief
an Paul Zifferer vom 1. Dezember, ein grosser Teil des ersten Actes *sei bereits*
niedergeschrieben, den damals erreichten Stand der Arbeit am Fiaker als Graf
nicht richtig beschreibt. Bei dem in dem Brief an Zifferer noch erwähnten ausführli-
chen Scenar *dürfte es sich um N 27 handeln, ein Szenar, das zum großen Teil bereits*
in N 13 Angelegtes genauer ausführt.

Nach der intensiven Arbeit im November 1924 scheint im Dezember Hofmanns-
thals Beschäftigung mit dem Fiaker-Stoff auszusetzen. Die Notizen N 53 und N 54,
die höchstwahrscheinlich Ende Januar/Anfang Februar 1925 geschrieben worden
sind, und die auf den 1. und 10. Februar 1925 datierten Notizen N 55 und N 56
greifen sporadisch noch einmal das in N 30 auftauchende Morbek/Norbeck-*Motiv*
auf. Sie sind die letzten nachweisbaren Notizen zum Fiaker-Komplex, bevor Hof-
mannsthal im Herbst 1927 diese Materialien wieder zur Hand nimmt, um daraus
ein Libretto für Strauss zu gewinnen. Hofmannsthals Brief an Strauss vom 1. Okto-
ber 1927 berichtet davon. Aus der Erinnerung beurteilt Hofmannsthal den Fiaker-
Stoff als geeignet für ein Libretto. Nach erneuter Durchsicht der Notizen sind ihm –
wie der Brief an Strauss vom 13. November zeigt – Bedenken gekommen: Die
Handlung, soweit man überhaupt von einer Handlung sprechen konnte,
war zu fadenscheinig für eine Oper, aber ich habe – *so setzt der Brief, das*
Zusammenfließen des Fiaker-Stoffes mit den Lucidor-Entwürfen beschreibend, fort –
einige Elemente dieser Fiakerwelt mit Motiven aus einem anderen unausgeführten Lustspiel verbinden können. *Noch vor Ende 1927 hat Hofmanns-*
thal dann in wenigen Wochen den ersten Akt von Arabella oder der Fiakerball
niedergeschrieben. Erst in der Arabella *wird die in den Fiaker-Notizen mehrfach*
angedeutete Ballatmosphäre ausgeführt.

3

Hofmannsthals schon erwähnter Brief an Max Pirker vom 15. Juni 1924 gewährt
Einblick in beabsichtigte Quellenstudien. Zur Lektüre vorgemerkt sind dort Alexan-
der von Weilens ›Geschichte des Wiener Theaterwesens von den ältesten Zeiten bis zu
den Anfängen der Hoftheater‹[1], eine 1927 von Pirker zum Druck beförderte
Sammlung von Texten des Volkstheaters der ersten Hälfte des 18. Jahrhunderts
›Teutsche Arien, Welche auf dem Kayserlich-privilegirten Wienerischen Theatro in
unterschiedlich producirten Comoedien, deren Titul hier jedesmahl beygerucket,
gesungen worden‹[2] und ein Volksstück mit dem Titel ›Der Fiaker als Marquis‹,
für dessen Verfasser Hofmannsthal irrtümlich den Theaterdichter Friedrich Kaiser

---

[1] *Bd. 1.2. Wien 1894–99.*
[2] *Bd. 1.2. Wien, Prag, Leipzig 1927.*

(1814–1874) hält.[1] *Auf Wien, in den achtziger Jahren des vorigen Jahr-*
hunderts, wo N 9 zufolge die Fiaker-Handlung später angesiedelt wird, weist von
diesen Quellenangaben noch keine. Hofmannsthal dürfte vielmehr an eine ›Der Fiaker
als Marquis‹ betitelte »komische Local-Oper in drey Acten« von Adolf Bäuerle
gedacht haben,[2] *die mit der Musik von Wenzel Müller im Februar 1816 im Theater*
in der Leopoldstadt zum erstenmal aufgeführt worden ist.

 Aus Bäuerles Stück hat Hofmannsthal außer dem Titel kaum etwas übernom-
men. Immerhin könnten die Kräutlerin *und der Fiakername* Fisolenpoldl *in N 4*
von Bäuerle angeregt sein. Kommt doch in seiner Posse außer einem Fiakerknecht
Fisolenpoldl auch eine Kräutlerin namens Pimpernelle Hauswurzen vor. Im übrigen
handelt Bäuerles ›Fiaker als Marquis‹ von einer vorgetäuschten Kinderverwechslung,
durch die eine mittellose Mutter ihrem wirklichen Sohn eine bessere Existenz ver-
schaffen will. Möglicherweise hat Hofmannsthal die Titeländerung zu Der Fiaker
als Graf, die seit N 13 begegnet, deshalb vorgenommen, weil Bäuerles ›Fiaker als
Marquis‹ ihm keine wesentlichen Anregungen geboten hat. Die Bedeutung des Bäuer-
leschen Stückes als Quelle für Hofmannsthals Fiaker-Geschichte wird weiter dadurch
eingeschränkt, daß der Fiakername Fisolenpoldl *in N 4 – wie andere der dort*
genannten Fiakernamen – nicht ungewöhnlich ist, daß überdies Hofmannsthal weitere
Namen aus anderen Zusammenhängen zugeflossen sein dürften: teils aus seinen
Lucidor-Entwürfen, wie etwa Zdenko *und* Ferdinand, *teils aus der Theaterge-*
schichte, wie etwa Fuxmundi-hansl *aus Joseph Anton Stranitzkys ›Ollapotrida*
des durchgetriebenen Fuxmundi‹,[3] *teils aus der Kulturgeschichte, wie etwa* Emilie,
da dieser Name wohl anspielt auf die bekannte Gestalt der Emilie Wagner.[4] *Im*
übrigen ist Bäuerles ›Fiaker als Marquis‹ unter den Wiener Volksstücken im Hin-
blick auf das Fiaker-Milieu nicht etwa ein Unicum: Hofmannsthal hat mit dem
Fiaker als Graf *nur eine Tradition der Fiaker-Stücke wieder aufgenommen, die nicht*
erst mit Bäuerles Fiaker-Possen beginnt – genannt sei noch dessen ›Glück in Wien‹
von 1826 –, sondern bereits im 18. Jahrhundert. Als Beispiele dieser Tradition
seien zwei 1793 aufgeführte Stücke, ›Die Fiaker in Wien‹ und ›Die Fiaker in
Baden‹, erwähnt, mit denen damals Emanuel Schikaneder, der Librettist der ›Zau-
berflöte‹, dem Leopoldstädter Theater auf dessen eigenstem Gebiet, nämlich dem der
Lokal-Posse, Konkurrenz zu machen versucht hat.

---

[1] *Vgl. zu Kaiser: Constant von Wurzbach: Biographisches Lexikon des Kaiserthums*
 Oesterreich . . . Th. 10. Wien 1863, S. 360–372 (mit ausführlicher Bibliographie) und
 Franz Brümmer: Lexikon der deutschen Dichter und Prosaisten vom Beginn des 19.
 Jahrhunderts bis zur Gegenwart. 6., völlig neu bearb. Aufl. Bd. 3. Leipzig 1913,
 S. 395–397. Ein Stück des Titels ›Der Fiaker als Marquis‹ ist von Kaiser, der von
 1835 bis 1859 – zunächst unter Carl Bernbrunn gen. Carl, später dann unter Nestroy –
 zahlreiche Possen für das Leopoldstädter Theater geschrieben hat, nicht nachzuweisen.
[2] *Gedruckt in: A. Bäuerle: Komisches Theater. Bd. 3. Pesth 1821, S. 1–88.*
[3] *Ein von R. M. Werner hrsg. Nachdruck ist 1896 als Nr. 10 der Reihe ›Wiener Neu-*
 drucke‹ erschienen.
[4] *Vgl. S. 193, 23.*

4

*Von weiteren möglichen Anregungen zeugt die Notiz N 9. Sie enthält Hinweise auf
zwei Lustspiele von August von Kotzebue, nämlich ›Die beiden Klingsberg‹ und
›Pagenstreiche‹, ferner auf die ›Odette‹ von Victorien Sardou und auf Victor Hugos*
5 *Versdrama ›Ruy Blas‹. Details sind aus keiner dieser Dichtungen in Hofmannsthals*
Fiaker-Plan eingegangen, nur eine lose Analogie verbindet sie mit dem Fiaker: *›Die
beiden Klingsberg‹ – 1799 kurz vor Kotzebues Abreise von Wien dort uraufgeführt –
spielt in Wien, kritisiert die Verderbtheit höherer Stände und bringt verarmte Adlige
in bürgerlicher Verkleidung und Tätigkeit auf die Bühne. Vielleicht ist die* brave
10 Näherin *in N 1 ein Reflex der Putzmacherin Henriette aus den ›Beiden Klingsberg‹.
In den ›Pagenstreichen‹ (1804) gelangen drei Liebhaber durch Verkleidung dazu,
ihre Nebenbuhler aus dem Felde zu schlagen. Aus der ›Odette‹ (1881) mag die Idee
der tieferer Gefühle fähigen Roué herrühren, die etwa in N 27 anklingt. Aus ›Ruy
Blas‹ schließlich mag die Verkleidung in den Vertreter eines höheren Standes zum*
15 *Zweck einer Intrige gegen eine Frau hergenommen sein, wird der Diener Ruy Blas
doch für die Intrige gegen die spanische Königin Maria de Neubourg genauso benutzt,
wie es in N 45 vom* Fiaker *heißt:* Der Fiaker wird benützt eine Abenteurerin
zu demüthigen.*

Wichtige Anregungen zum Fiaker als Graf *hat Hofmannsthal – auch wenn sich*
20 *dafür kein ausdrücklicher Beleg findet – mit an Sicherheit grenzender Wahrscheinlichkeit aus Molières Einakter ›Les précieuses ridicules‹ aus dem Jahre 1659
empfangen. Die Parallelität der Hauptmotive liegt auf der Hand: demütigende
Rache zweier verschmähter gräflicher Liebhaber an den vergebens Umworbenen durch
das Arrangement einer Intrige, bei der die Diener der beiden Grafen selbst als Grafen*
25 *verkleidet werden, den »preziösen« Damen auf preziöse Weise erfolgreich den Hof
machen und auf einem rasch improvisierten Ball vor den Augen der Schönen von ihren
Herren wieder demaskiert werden. Möglicherweise erinnert der Name* Katthi *in
N 34 an* Cathos, *eines der beiden Mädchen in Molières Komödie, oder an die Nestroy-
figur in ›Der Zerrissene‹, sofern es sich nicht wie bei N 11 um ein Zitat aus der*
30 Silvia *im ›Stern‹ handelt, in der gleichfalls eine* Kathi *vorkommt.*

*An literarischen Einflüssen spielen in die Fiaker-Notizen am Rande noch zwei
Selbstzitate Hofmannsthals hinein: Mit dem Hinweis* Fiaker: männliche Madame
Laroche *in N 11 spielt Hofmannsthal auf seine Komödie* Silvia im ›Stern‹ *an. Daß
der dritte Akt des* Fiaker als Graf In der Villa *spielen soll, dürfte von der gleich-*
35 *lautenden Szenenüberschrift in dem Lustspiel* Timon der Redner *angeregt sein.*[1]

Die entstehungsgeschichtliche Nähe zum Timon *verdeutlicht auch die Notiz
N 29 mit dem Hinweis auf Hermann Reichs ›Der Mimus‹*[2]*, ein Buch, das Hofmannsthal während der Arbeit am* Timon *intensiv benutzt hat. Vielleicht ist die
Bemerkung über die platonischen Dialoge in N 29 sogar ausschließlich auf den*
40 Timon *zu beziehen, so daß in N 29 zwei Notizen zum* Fiaker *und zum* Timon

---

[1] *Vgl. die Beschreibung von N 5 und N 6 S. 331.*   [2] *Berlin 1903.*

zu sehen wären. Bei dem für eine Eventuelle Vorrede zum Fiaker als Graf *vor-*
gemerkten Wort von Biron-Lauzun *in N 29 handelt es sich um den auf dem Konvo-*
lutumschlag E III 1 0 2.1 und in N 42 zitierten Satz aus den ›Mémoires‹ des Armand
Louis de Gontaut, duc de Lauzun, späteren duc de Biron (1747–1793), eines 1793
in den Wirren der Revolution enthaupteten Generals der Revolutionsregierung.[1] *Die*   5
chronologische Einordnung von N 29 an später Stelle ist einigermaßen gesichert durch
die Beobachtung, daß Hofmannsthal beim Niederschreiben des Zitats auf dem Kon-
volutumschlag E III 1 0 2.1[2] *noch geschwankt haben muß, ob es sich um ein Wort*
von Charles *Joseph, prince* de Ligne *(1735–1814) oder von Lauzun-Biron handele.*

                                                         5   10

Aus der Thematik des Fiaker-Stücks ergibt sich, daß Milieu und Lokalkolorit
berücksichtigt werden müssen. Es finden sich daher in den Notizen zahlreiche Anspie-
lungen auf Wiener Lokalitäten: z.B. in N 4 der lichte Steg, das scharfe Eck, die
Bognergasse *; in N 1 2 die* Singergasse *und der Hinweis auf das Theresianum;*
in 2 H 740, 1 2 die Wohllebengasse *usw. Die Sprache der Dialoge verwendet*   15
wienerische Formen und Ausdrücke.

    Wenn in N 39 von Milli's Begriff des D r a h e n s[3] *die Rede ist, so wird damit*
auf die »Weltanschauung« *des Drah'ns – was soviel bedeutet wie: die Nacht zum*
Tage machen – angespielt. Vielleicht hat Hofmannsthal damit auch die Erinnerung
an das Leiblied des Volkssängers Guschlbauer ›Weil i an alter Drahrer bin, a so an   20
alter Aufdrahrer bin‹ evozieren wollen. Sollte doch dem kulturhistorischen Phänomen
des Volkssängertums – soweit die Notizen erkennen lassen – in dem Fiaker als Graf
einiger Platz eingeräumt werden.

    Mit Ausnahme der historischen Figur der Fiakermilli und der Erwähnung einiger
Straßen und Häuser werden später in der Arabella *solche Viennensien wieder unter-*   25
drückt. Nicht einmal mehr der zum Fiakerball gehörige nelkengeschmückte Cotelet-
tes-Baron, dessen Bartzierde in N 27 erwähnt wird, tritt in der Arabella *auf.*

---

[1] *Ausgaben der ›Mémoires‹, die Hofmannsthal gelesen haben könnte, sind in Paris 1880*
  und 1923 in der Reihe ›Les œuvres galantes‹ erschienen.
[2] *Vgl. S. 156, 27.*   30
[3] *Vgl. auch das Motto auf dem Konvolutumschlag zu 1 H (S. 332). Bei den dort zitier-*
  ten Motti handelt es sich um Schlager; Text und Musik von ›Menschen, Menschen san
  mir alle‹ stammen von Carl Lorens; zu ›Das Drah'n, das is mei Leb'n‹ hat W. Jürgen
  den Text, Adolf Kmoch die Musik geschrieben. Hofmannsthal dürfte beide Schlager aus
  der von Alois Ullrich besorgten Sammlung ›Wiener Volkslieder‹ (Wien: Steyrermühl-   35
  Verl. o. J.) gekannt haben (S. 41-43 bzw. S. 126 f.).

ÜBERLIEFERUNG

*Die Notizen mit der Grundsignatur E III 102 befinden sich in einem Konvolutumschlag
(E III 102.1) mit der Aufschrift* Der Fiaker als Marquis. Juni 1924. *und dem in N 42
wieder verwendeten Motto* Si je daigne parfois m'oublier, je n'admets pas que l'on
s'oublie. Lauzun. *Vor* Lauzun *ist* Charles de Ligne *gestrichen.*
   *Notizen mit den Grundsignaturen E III 100 und E III 101 befinden sich in den Konvolut-
umschlägen zu 1H bzw. 2H, solche mit der Grundsignatur E III 99 in einem Konvolutumschlag mit der Aufschrift* Der Fiaker als Graf II. Act.

Notizen zum I. Akt

N 1   *E III 102.3. – Rückseite:* Timon der Redner. (Lenzerheide Juli 1924 Fusch
August 24.) Älteres *(vgl. SW, Bd. XIV, S. 99).*

N 2   *E III 102.2*

N 3   *E III 102.4*

N 4   *E III 102.5*

N 5   *H III 207.105. – Auf dem Konvolutumschlag zu 13H von* Timon. In der Villa.

N 6   *H III 206.103. – Auf einem alten Konvolutumschlag zu der Szene* In der Villa
aus Timon.

N 7   *H III 206.97^b. – Auf der Vorderseite N 275 von* Timon.

N 8   *E III 99.5. – Rückseite: N 9.*

N 9   *E III 99.5^b. – Vorderseite: N 8.*

N 10   *E III 100.1. – Auf dem Konvolutumschlag zu 1H.*

N 11   *E III 100.3*

N 12   *E III 102.8*

N 13   *E III 101.2*

N 14   *E III 100.2. – Rückseite: Gestrichene Notizen zu einem geplanten Aufsatz über
Stifter.*

N 15   *E III 99.16. – Auf derselben Seite N 32.*

N 16   *E III 100.5*

N 17   *E III 99.23^b. – Vgl. N 60. Vorderseite: Notizen zum* Turm, *datiert* 29. X. 24.

N 18   *E III 100.8. – Rückseite: N 117 zu* Timon *und Notizen zu* Xenodoxus.

N 19   *E III 100.12. – Auf derselben Seite: gestrichene Notiz zu* Xenodoxus.

N 20   *E III 100.9*

N 21   *E III 100.11. – Auf derselben Seite N 36.*

N 22   *E III 100.10*   5

N 23   *E III 100.4*

N 24   *E III 102.9ᵇ. – Vorderseite: N 25.*

N 25   *E III 102.9. – Rückseite: N 24.*

N 26   *E III 100.6*

N 27   *E III 101.3*   10

N 28   *E III 102.6*

1 H   *E III 100.1,7; 99.17; H Va 38,11ᵇ. – Konvolutumschlag und drei beschriebene*
Blätter, davon zwei pag. α, β. Auf der Rückseite von 99.17: N 43; auf 38,11ᵃ
Studien zum deutschen Roman. *– Entwurf des Dialogs S. 144, 19 - S. 150, 26.*
1 H weist keine Datierung auf, dürfte aber unmittelbar vor 2 H entstanden sein.   15
Der Konvolutumschlag (E III 100.1) trägt die Aufschrift Der Fiaker als
Graf. Iᵗᵉʳ Act., *ferner die Notiz N 10 sowie die Motti* Menschen, Menschen
sein mir alle / Fehler hat a jeder viel! *und* Dös Drahn dös is mein Leben –[1]

2 H   *E III 101.1,4–10. – 7 beschriebene Blätter, pag. α.–ε. für die Szene I 2, und* a, b
für die Szene I 3. – Für die Szene I 2 bietet die Handschrift – trotz gelegentlicher   20
Binnenvarianz – bereits eine kohärente, für die Szene I 3 nur eine lückenhafte Nie-
derschrift. Zu 2 H gehört ein – auch die Notizen mit der Grundsignatur E III 101
umfassender – Konvolutumschlag (E III 101,1) mit der Aufschrift Der Fiaker als
Graf I. Text. (15 XI 24.) *In der Handschrift finden sich für die Szene I 2 Datie-*
rungen vom 16. XI. 24 *und vom* 17 XI 24., *die Szene I 3 ist datiert* 18 XI ⟨1924⟩.   25
2 H ist dem Text S. 144–152, 5 zugrundegelegt.

N 29   *H IV B 190.5ᵇ. – Vorderseite: Notizen zum* Turm, *datiert* 26 X 24.

Notizen zum II. Akt

N 30   *E III 99.3*

N 31   *E III 99.18*   30

N 32   *E III 99.16. – Auf derselben Seite N 15.*

N 33   *E III 99.19. – Auf derselben Seite gestrichene Notiz zu* Phokas.

N 34   *E III 99.20*

[1] *Schlagerzitate. Vgl. S. 330 Anm. 3.*

N 35 *E III 99.21*

N 36 *E III 100.11. – Auf derselben Seite N 21.*

N 37 *E III 99.15*

N 38 *E III 99.14*

5 *N 39* *E III 102.10*

N 40 *E III 102.11*

N 41 *E III 102.12*

N 42 *E III 102.7*

N 43 *E III 99.17ᵇ. – Vorderseite: Blatt ß von 1 H.*

10 *N 44* *E III 99.4. – Rückseite: N 45.*

N 45 *E III 99.4ᵇ. – Vorderseite: N 44.*

N 46 *E III 99.7*

N 47 *E III 99.8*

N 48 *E III 99.10*

15 *N 49* *E III 99.11*

N 50 *E III 99.12*

N 51 *E III 99.13*

N 52 *E III 99.9*

N 53 *E III 99.30*

20 *N 54* *E III 99.29*

N 55 *E III 99.28*

N 56 *E III 99.22*

Notizen zum III. Akt

N 57 *E III 99.25*

25 *N 58* *E III 99.27*

N 59 *E III 99.24*

N 60 *E III 99.23ᵇ. – Vgl. N 17. Vorderseite: Notizen zum* Turm, *datiert* 29 X. 24.

N 61 *E III 99.26. – Rückseite: Notizen zu einem geplanten Aufsatz über Stifter, datiert* XI 24.

VARIANTEN

N 4

134, 18 Stubenmädchen *davor gestrichen: (1)* Nani *(2)* Milli

134, 22 Aladar *davor gestrichen: (1)* Kalman *(2)* Lamoral

134, 22 Zdenko *aus (1)* Thadeus *(2)* Tassilo   5

134, 22 Matteo *aus* Eugen

134, 22 Ferdinand *davor gestrichen:* Gundakker

134, 22 Ferdinand *danach gestrichen: (1)* Egon *(2)* Zdenko

N 9
Die ganze Notiz gestrichen.   10

N 13
Das Szenar ist zweispaltig geschrieben, die zweite Spalte beginnt bei S. 137, 23.
Aus der Anordnung der Texte ist eine genaue Parallelisierung bestimmter Stellen
jedoch nicht erkennbar. Vgl. N 27.

137, 11–14 Ich will ... kennengelernt. *nachgetragen.* Ihre Lectüre *am Rand*   15
notiert, Ort der Einfügung nicht gesichert.

137, 23: nachgetragen.

138, 6 Sein Börsianer. *nachgetragen.*

N 23
140, 25: davor gestrichen: Im Streit: Wie gewöhnlich! – (eines der Worte   20
das Tassilo nicht aushalten kann) Der Kellner bezieht es als Ordre.
I.

N 24
Die ganze Notiz gestrichen. Am Rand quer: I 4.

N 27   25
Das Szenar ist zweispaltig geschrieben, die zweite Spalte beginnt bei S. 143, 3. Aus
der Anordnung der Texte ist eine genaue Parallelisierung bestimmter Stellen der
rechten Spalte mit den gezählten Szenen der linken jedoch nicht erkennbar.

141, 32 linke Seite *bezieht sich auf das Szenar N 13.*

142, 1 Matteo. *danach gestrichen:* auf Tassilo u. Milli wartend   30

143, 7f.: Tilgung erwogen.

1 H

*Der Text des Dialogs stimmt – abgesehen von einigen in 2 H hinzugefügten Stellen –
im wesentlichen mit 2 H überein. Er weist nur geringe Varianz auf, nämlich Änderungen einzelner Ausdrücke und gelegentliche Nachträge. Die paginierten Seiten
sind überschrieben (nach dem Hauptpunkt). Pag. β ist durchgestrichen.*

2 H

Die Art der Binnenvarianz entspricht der von 1 H.

N 33

154, 12 : aus Nanni Hausschneiderin

N 34

154, 21 der Falschheit *aus* den Schwächen

N 45

Die ganze Notiz gestrichen.

N 57

161, 30 Elis *aus* Nanni

161, 30 mit der Schwester *aus* oder sie hat sie holen lassen

161, 32 Fiaker *danach gestrichen :* mit ihren Mädchen

N 58

162, 9–22 Umstellung der Reihenfolge der Texte nachträglich durch A. und B.

N 59

*163, 2f. Es eingestehen ... stehen will. nachträglich umgestellt, zuerst nach
163, 11.*

N 60

163, 17f. in I ... mit Aladar) nachgetragen; vgl. N 17.

ZEUGNISSE · ERLÄUTERUNGEN

ZEUGNISSE

1924

15. Juni, an Max Pirker (Ö. N.):
Ferner: ich wäre überaus dankbar wenn ich in der Stallburggasse durch
Ihre Güte nebst der A. v. Weilen'schen Arbeit noch das Kaiser'sche Volksstück Der Fiaker als Marquis finden könnte! und endlich: wäre es Ihnen
möglich einen Band der Theaterarien oder Couplets aus den 40–60er Jahren
(Sie sprachen mir einmal von der Sammlung) auf Ihr Amtszimmer zu
schaffen?[1] Ich würde Sie demnächst besuchen u. wir würden es gemeinsam
durchsehen, wie weit ich es für gewisse Theatralische Zwecke brauchen
kann!

24. August, an Carl J. Burckhardt (BW 158):
Da ich seit der Fusch meiner Phantasie etwas mehr Freiheit gebe, so haben
sich vier Pläne sehr lebendig gezeigt und somit drei sich neben den ›Timon‹
gestellt, dem ich aber den ersten Platz nicht nehmen lassen will: der ›Xenodoxus‹, jener ›Tod eines Mannes aus unserer Zeit‹ (›Jemand‹) – und die
leichte Fiakergeschichte, die schon etwas Consistenz gewonnen hat.

28. August, an Leopold von Andrian (BW 361):
Ich zwinge mich zunächst nicht, meine Phantasie an einer bestimmten
Arbeit festzuhalten, sondern gebe mir die Freiheit verschiedene dramatische
Stoffe wechselnd zu beleben und zu erleuchten: worunter einer,[2] der für
Salzburg bestimmt ist, als dritter in der Reihe: Jedermann – Welttheater –
und ein anderer wienerischer leichter Art: ›Der Fiaker als Marquis‹ von
dem ich versuchen will die Atmosphäre der 7oer und 8oer Jahre mit demselben Ungefähr zu gestalten wie im Rosencavalier die Atmosphäre von
1720–50 gegeben ist.

7. September, Leopold von Adrian an Hofmannsthal (BW 362):
»*Der Fiaker als Marquis macht mich etwas stutzig. Außer Demblin,[3] marquis
de la ville mais surtout prince des Coquins – u. dieses Gewächs ist ja hier, Gott sei
Dank, nicht bodenständig – weiß ich fast gar keine Marquis in Österreich. Bis auf
weiteres sage ich also wie der alte Krieger bei der Haager Conferenz: ›Je m' obsta-
cle!‹*«

---

[1] *Zu den Titeln vgl. S. 327.*
[2] Xenodoxus.
[3] *August Graf Demblin, Marquis de Ville (1883–1938); vgl. BW 500.*

12. September, an Ernst Benedikt (Stiftung Volkswagenwerk):
Der letzte Act des ›Turm‹ muss endlich völlig fertig werden, ein neues
Lustspiel ist im Entwurf schon überreif ...

17. November, an Joseph Gregor (Stiftung Volkswagenwerk):
5 Ich habe vor wenigen Tagen den ›Turm‹ beendet und bin sogleich in die
völlig andere Sphäre eines leichten wienerischen Lustspiels hinübergegan-
gen, das wenn es nicht misslingt, viele Fäden zusammenknüpfen wird – die
zunächst vom ›Rosencavalier‹ u. vom ›Schwierigen‹ – für den geschulten
Blick aber auch von älteren Vorbildern her laufen werden.

10 *17. November, an Yella Oppenheimer (Stiftung Volkswagenwerk):*
Ich habe am fünften Act[1] noch viel u. bedeutendes verändert. (Seit Tagen
aber schon, gleich mitten hineingehend, eine neue Arbeit angefangen, ganz
leichten Charakters.)

1. Dezember, an Paul Zifferer (Stiftung Volkswagenwerk):
15 Andere Arbeiten,[2] durchaus dramatische, aber vom verschiedensten
Character sind in mir sehr gewachsen – von einem leichten wienerischen
Lustspiel ist ein Scenar (ein sehr ausführliches) und ein grosser Teil des
ersten Actes niedergeschrieben.

1927

20 *1. Oktober, an Richard Strauss (BW 587):*
Ich habe vor zwei Jahren mich mit einem Lustspiel beschäftigt, Notizen
gemacht, ein Szenar entworfen, und dann die Arbeit wieder weggelegt.
Es hieß: ›Der Fiaker als Graf‹. (Bitte behalten Sie den Namen für sich). Es
war ein recht reizvoller Stoff, aber er langte mir schließlich nicht ganz für
25 das Kostüm der Gegenwart. Die Verhältnisse darin waren noch in meiner
Jugend völlig wahr (solange der Hof und die Aristokratie in Wien alles
waren) – heute müßte man es zurückverlegen –, ich dachte an 1880, aber
man könnte auch sogar 1860 – ich überlegte hin und her, darüber fing ein
anderer Stoff, ein ernster, mich zu interessieren an, und ich legte den Ent-
30 wurf in eine Lade zu vielen anderen. Gestern abend fiel mir ein, daß sich das
Lustspiel v i e l l e i c h t für Musik machen ließe, mit einem leichten Text, in
der Hauptsache im Telegraphenstil. Der erste Akt, soweit ich ihn im Gedächtnis habe – wird gehen; der zweite spielt in einem Ball-Lokal und bietet
reizende Möglichkeiten. Den dritten hab ich nicht mehr recht im Kopf.
35 Gestern nun fiel mir zum ersten Mal plötzlich ein, daß das Ganze wirklich

---

[1] *Des* Turm.
[2] *Außer dem* Turm*, von dessen Abschluß zuvor die Rede ist.*

einen Hauch vom »Rosenkavalier« in sich hat, eine sehr reizende Frauenfigur in der Mitte, rund um sie meist junge Männer, auch etliche Episoden –
keinerlei äußere Verwandtschaft. Aber – ich kann Ihnen unmöglich vor
dem Jänner etwas davon geben oder auch nur erzählen. Ich muß mir einmal
die irgendwo in Rodaun vergrabenen Notizen kommen lassen und dann in   5
mir das Szenarium für eine leichte Oper (im Stil des »Rosenkavalier«, aber
noch leichter, noch französischer, wenn ich mich so ausdrücken darf –
noch ferner von Wagner) ausbilden. Gefällt Ihnen das Szenar, und gefällt
es mir selbst, dann wird es keine Kunst sein, den ersten Akt zu textieren;
denn der Stil, worin der Text zu halten, schwebt mir vor . . .   10

15. Oktober, Richard Strauss an Hofmannsthal (BW 591):
»Ich bin kolossal gespannt auf den angekündigten ›Fiaker als Graf‹ und jederzeit
dankbar, wenn Sie mir davon schon etwas verraten können . . . «

13. November, an Richard Strauss (BW 600f.):
Ich habe, trotzdem ich g a n z in einer neuen dramatischen Arbeit bin,[1] mir   15
die Notizen zum »Fiaker als Graf« kommen lassen und nicht nur diese,
sondern auch die Entwürfe zu mehreren anderen Lustspielen. Der »F. a. G.«
war ganz als ein Konversationsstück angelegt – die Handlung, soweit man
überhaupt von einer Handlung sprechen konnte, war zu fadenscheinig für
eine Oper, aber ich habe einige Elemente dieser Fiakerwelt mit Motiven   20
aus einem anderen unausgeführten Lustspiel verbinden können . . .

ERLÄUTERUNGEN

133, 4 Emilie *Vgl. S. 328, 22.*

133, 9 Wasserer *Wagenwäscher auf dem Standplatz der Fuhrwerke.*

134, 18 Kräutlerin *Vgl. S. 328, 8.*   25

134, 19 Fuxmundi-hansl *Vgl. S. 328, 21.*

134, 24 farbelt *Von wienerisch farbeln: Wände mit einer Farbe (außer Weiß)*
bestreichen; färben.

---

[1] Chinesisches Trauerspiel.

134, 24 kebig *Wienerisch für zänkisch.*

134, 25 hantig *Eigentlich hantich, wienerisch für widerspenstig, streitsüchtig.*

134, 26 sie verweis sich schon nicht *Wienerisch für sie weiß sich schon nicht zu lassen.*

134, 27 der lichte Steg *Lichtensteg in Wien, bis ca. 1840 eine Verbindungsgasse zwischen dem Hohen Markt und der Rotenturmstraße im 1. Bezirk.*

134, 28 scharfe Eck *›Am scharfen Eck‹ bzw. ›Zum scharfen Eck‹ hießen mehrere Wiener Häuser der Wollzeile im 1. Bezirk bzw. ein Gebäude im 2. Bezirk, in dem sich eine der ersten Donaubadeanstalten befand.*

134, 28 Bognergassn *Nach den Bognern, die dort ansässig waren, benannte Gasse im 1. Bezirk, die auf den Kohlmarkt zuläuft. Dort befand sich eines der vornehmsten Wäschegeschäfte Wiens (vgl. S. 336, 23).*

135, 2 Lepschi *Sprechender Name, wienerisch für Liebesabenteuer.*

135, 10 Waldau *Vgl. S. 324, 8.*

135, 18 Klingsberg *Vgl. S. 329, 2.*

135, 18 Pagenstreiche *Vgl. S. 329, 3.*

135, 18 Odette *Vgl. S. 329, 2–13.*

135, 18 Ruy Blas *Vgl. S. 329, 13–18.*

136, 8 Madame Laroche *Vgl. S. 329, 32f.*

136, 22 Singergasse *Gemeint ist wohl die Singerstraße im 1. Bezirk, wo sich ein Fiakerstand befand.*

136, 27 Theresianist *Schüler des Theresianums, einer seit 1746 im Gebäude der Favorita eingerichteten Erziehungsanstalt, zunächst jesuitisches Collegium nobilium, seit 1749 kaiserliche Ritterakademie, seit 1778 mit der Savoyischen Akademie vereinigt, 1783 geschlossen, 1797 wiedereröffnet und unter die Leitung der Piaristen gestellt.*

138, 1f. Vgl. hierzu die frühe Aufzeichnung vom 10. 6. 1891: Menschen führen einander durch ihre Seelen wie Potemkin die Kaiserin Katharina durch Taurien *(A 92).*

139, 8 Herr von Huber *Hauptfigur in Hofmannsthals nachgelassenem Lustspiel* Der Emporkömmling.

139, 17 Masseau *Nicht ermittelt – vielleicht eine Verwechslung mit dem französischen Dichter und Musiker Guillaume de Machant (Ca. 1300–1377).*

143, 26 Ronacher *In der Seilerstätte 9 im 1. Bezirk anstelle des 1884 abge-* 5 *brannten Stadttheaters im Jahre 1887 errichtetes Gebäude, das Theatersaal, Ballsaal, Hotel, Restaurant und Café umfaßte.*

145, 30 Spriesserl *Wienerisch für Sprosse, besonders in einem Vogelkäfig.*

146, 24 Girardi *Alexander Girardi (1850–1918), besonders als Darsteller der Figuren Raimunds hervorgetreten.*   10

147, 17 schwäbische Jungfrau in der Bognergassen *Anspielung auf eines der vornehmsten Wäschegeschäfte Wiens, vgl. Anm. zu S. 339, 10–12.*

147, 19 Mailberg *Name eines Weines, benannt nach dem Ort Mailberg im Weinbaugebiet, etwa 10 km von Schöngraben entfernt.*

147, 19 Krondorfer *Name eines Mineralwassers.*   15

149, 21 Gredl *Vgl. S. 306, 25.*

149, 21 Carltheater *Das Leopoldstädter Theater, so benannt nach seinem Gründer Carl Bernbrunn gen. Carl (1787–1854).*

150, 13 tramhappert *Eigentlich tramhappad, wienerisch für versonnen.*

151, 30 Wohllebengasse *Im 4. Bezirk.*   20

152, 8 Biron-Lauzun *Vgl. S. 330, 1–5.*

152, 11 Reich *Vgl. S. 329, 36–38.*

154, 20 Katthi *Vgl. S. 329, 27–30.*

155, 15 Flitscherln *Eigentlich Flitsch'n, wienerisch für leichtlebiges weibliches Wesen.*   25

155, 33 Gschau *Wienerisch für Blick, Augen.*

156, 18 Bocchesen *Die serbisch sprechenden Bewohner der Bocche di Cattaro in Süddalmatien.*

158, 26 »Der Egoismus zu zweien« *Ein Madame de Staël zugeschriebener Ausspruch lautet: »L'amour est un égoisme à deux.«*

158, 33 »Ich liebe dich wie vierzigtausend Brüder« *In Shakespeares* ›Hamlet‹ *V. Akt, 1. Szene heißt es: »I lov'd Ophelia; forty thousand brothers | Could not, with all their quantity of love | Make up my sum. – What will thou do for her?«*

160, 29 Greuze *Jean-Baptiste Greuze (1725–1805), Maler rührseliger Familienbilder und schwermütiger Mädchenköpfe.*

161, 13f. Krishaber'sche Krankheit *Hofmannsthal notierte sich im März 1922 im Tagebuch einen Auszug aus dem zweiten Band des in seiner Bibliothek erhaltenen Werks von Hippolyte Taine* ›De l'intelligence‹ *(Paris 1888) in deutscher Übersetzung, in dem Taine über psychiatrische Beobachtungen des Laryngologen Maurice Krishaber berichtet. Von Krishaber erschien 1873 in Paris* ›De la névropathie cérébrocardiaque‹. *Hofmannsthals Auszug betrifft einen* Fall von Verlust des Ichgefühls, *dessen Kennzeichen anfallartig auftretende Reduktion des Gesichtssinnes und des räumlichen Orientierungsvermögens sind.*

161, 21 Rainer *Luis Rainer, Schauspieler bei Max Reinhardt, spielte bei der Uraufführung des* Salzburger Großen Welttheaters *den Tod.*

NACHTRÄGE

Nach Abschluß des Manuskripts für diesen Band ist der Briefwechsel von Richard Strauss und Ludwig Kárpáth publiziert worden.[1] Darin finden sich die unten wiedergegebenen Zeugnisse. In Hofmannsthals Notizen und Handschriften gibt es keinen Anhaltspunkt dafür, daß er die erwähnten Materialien benutzt hat, um die Ballszene im zweiten Akt der Arabella *zu gestalten. Zweifelhaft ist auch, ob Hofmannsthal, der den zweiten Akt bereits im Oktober 1928 abgeschlossen hat,[2] die den Fiakerball betreffenden Zeugnisse aus der Sammlung Pick überhaupt – nach dem Vorschlag von*

---

[1] *Richard Strauss, Ludwig Karpath: Briefwechsel 1902–1933. T. 2: 1926–1933. In: Richard Strauss-Blätter. Nr. 7 (1976), S. 1–18, die Zitate S. 6.*
[2] *Vgl. S. 183.*

Strauss an Kárpáth vom 19. 10. 1928 – erhalten hat.[1] *Wann Strauss Kárpáth zum erstenmal mit den* Arabella-*Plänen vertraut gemacht hat, ist unbekannt.*[2] *Indes bezeugen die Briefe, daß dies schon zu einem sehr frühen Zeitpunkt gewesen sein muß.*

Kárpáth an Strauss am 17. 9. 1928:
Ich erhob, daß der Fiakerball immer am Aschermittwoch entweder bei Schwender   5
oder in den Sperlsälen stattfand. Fand jetzt eine Quelle, die ich noch frequentieren werde. Wie stehts nun damit?

Kárpáth an Strauss am 17. 10. 1928:
Ich habe hier einen Mann ausfindig gemacht, den Oberlandesgerichtsrat Dr. Alfred Pick, der ein eifriger Sammler von Viennensia ist. Er besitzt massenhaft Material   10
über den Fiakerball, alle möglichen Zeitungsausschnitte, die Ihnen vielleicht interessant wären. Wenn es Ihnen recht ist, so suche ich Dr. Pick auf und stelle Ihnen sein Material zu. Ich glaube nämlich, daß man aus Milieuschilderungen manche Anregung schöpfen kann. Auch die s t ä d t i s c h e (nicht staatliche) Bibliothek besitzt ähnliches Material.   15

Strauss an Kárpáth am 19. 10. 1928:
Das Fiakermaterial des Herrn Dr. Pick wird sicher Hofmannsthal interessieren: ich empfehle Ihnen dasselbe direkt nach Aussee zu schicken u. bitte Sie, Herrn Dr. Pick in meinem Namen einstweilen für seine Freundlichkeit zu danken.

Zum Fiaker als Graf *hat sich nachträglich eine Vorstufe von N 8*[3] *auf einem zum*   20
Phokas *gehörigen Blatt (H III 199.18) gefunden, die offensichtlich nach dem Schreiben von N 8 und vor Verwendung des Blattes für die* Phokas-*Notiz gestrichen worden ist. Sie lautet:*
Die Herren: der gemüthliche ältere
der Cyniker.   25

Stefan Großmann hat in einem Zeitungsartikel aus dem Jahre 1921[4] *folgendes frühes Zeugnis über den* Fiaker *überliefert: »Ich erinnere mich, daß Hofmannsthal mir eines Tages im Gespräch sagte:* Ich könnte einmal ein Lustspiel schreiben,

---

[1] *Hofmannsthal hat sich über den Fiakerball aus anderen Quellen gewiß leichter informieren*
    können, vgl. S. 192–194. Im Programmheft zur Uraufführung in Dresden berichtet   30
    Alfred Pick über die Fiakerbälle und die Entstehung des von seinem Vater gedichteten
    und komponierten »Fiakerlieds« (Sächsische Staatsoper Dresden. Blätter der Staatsoper
    Nr. 15. Spielzeit 1932/33, S. 130–132).
[2] *Vgl. S. 237. 23ff.*
[3] *Vgl. S. 135.*   35
[4] *Mitteilung nur aufgrund einer Kopie; die genaue Datierung des im Zusammenhang mit der*
    Erstaufführung des Schwierigen *im November 1921 im ›Frankfurter Generalanzeiger‹*
    veröffentlichten Hofmannsthal-Artikels von Großmann ist vor Drucklegung nicht mehr
    gelungen.

in dem Wiener Fiaker vorkommen. Jetzt könnte ich es schreiben, nachdem
der Wiener Fiaker ausgestorben ist. Solange er da war, wäre es mir unmöglich gewesen. *Niemals hat Hofmannsthal wirklich abschreiben können. Zeitalter
und Figuren mußten erst unwirklich werden oder wenigstens den Glorienschein der
Unwirklichkeit bekommen, damit sie reif für ihn wurden.*«

NACHWORT

*Ein großer Teil der in diesem Band mitgeteilten Materialien hat den Herausgebern
der Sämtlichen Werke zunächst in einer den ursprünglichen Editionsprinzipien entsprechenden, Vollständigkeit der Variantendarbietung intendierenden Form (vgl. Bd.
XIV, S. 657) vorgelegen und ist nachträglich gemäß den nunmehr gültigen Prinzipien
umgearbeitet worden. Für freundlich erteilte Auskünfte danke ich den Herren
Dr. Detlev Lüders (Frankfurt a. M.), Professor Dr. Heinz Rölleke (Wuppertal),
Dr. Willi Schuh (Zürich) und Dr. Werner Volke (Marbach a. N.), ganz besonders Herrn Dr. Rudolf Hirsch (Frankfurt a. M.).*

Frankfurt a. M., den 3. August 1976   *H.-A. K.*

WIEDERHOLT ZITIERTE LITERATUR

Hugo von Hofmannsthal. Gesammelte Werke in Einzelausgaben. Herausgegeben von Herbert Steiner, Frankfurt:
A   *Aufzeichnungen, 1959*
D I   *Dramen I, 1964*   5
D II   *Dramen II, 1966*
D III   *Dramen III, 1957*
D IV   *Dramen IV, 1958*
E   *Die Erzählungen, 1953*
GLD   *Gedichte und Lyrische Dramen, 1963*   10
P I   *Prosa I, 1956*
P II   *Prosa II, 1959*
P III   *Prosa III, 1964*
P IV   *Prosa IV, 1966*

SW   *Hugo von Hofmannsthal. Sämtliche Werke. Vorliegende Ausgabe.*   15

Hugo von Hofmannsthal – Leopold von Andrian, Briefwechsel. Hrsg. von Walter H. Perl, Frankfurt 1968.

Meister und Meisterbriefe um Hermann Bahr. Ausgewählt und eingeleitet von Joseph Gregor. In: Museion, Veröffentlichungen der Österreichischen National-bibliothek in Wien, Wien 1947.   20

Hugo von Hofmannsthal – Carl J. Burckhardt, Briefwechsel. Hrsg. von Carl J. Burckhardt, Frankfurt 1957.

Hugo von Hofmannsthal – Ottonie Gräfin Degenfeld, Briefwechsel. Hrsg. von Marie Therese Miller-Degenfeld unter Mitwirkung von Eugene Weber, Frankfurt 1974.   25

Hugo von Hofmannsthal – Willy Haas. Ein Briefwechsel. Hrsg. von Rolf Italiaan-der, Berlin 1968.

Hugo von Hofmannsthal – Harry Graf Kessler, Briefwechsel 1898–1929. Hrsg. von Hilde Burger, Frankfurt 1968.

Harry Graf Kessler, Tagebücher 1918–1937. Hrsg. von Wolfgang Pfeiffer-Belli,   30
Frankfurt 1961.

Hugo von Hofmannsthal – Helene von Nostitz, Briefwechsel. Hrsg. von Oswalt von Nostitz, Frankfurt 1965.

Richard Strauss – Hugo von Hofmannsthal, Briefwechsel. Hrsg. von Willi Schuh, Zürich 1970.

Hofmannsthal-Blätter. Veröffentlichungen der Hugo von Hofmannsthal-Gesellschaft, Frankfurt am Main. 1968 ff.

ABKÜRZUNGEN

a.a.O.	*am angegebenen Ort*
Anm.	*Anmerkung*
a.R.	*am Rand*
a.r.R.	*am rechten Rand*
a.l.R.	*am linken Rand*
Bd.	*Band*
Bde.	*Bände*
BW	*Briefwechsel*
E	*in Signaturen: Eigentum der Erben Hofmannsthals*
ebd.	*ebenda*
FDH	*Freies Deutsches Hochstift*
H	*in Signaturen: Eigentum der Houghton Library, Harvard University*
HB	*Hofmannsthal-Blätter*
hrsg.	*herausgegeben*
o.J.	*ohne Jahr*
pag.	*Seitenzählung Hofmannsthals*
s.	*siehe*
S.	*Seite*
TB	*Tagebuch*
V	*in Signaturen: Dauerleihgabe der Stiftung Volkswagenwerk im Freien Deutschen Hochstift*

EDITIONSPRINZIPIEN

I. GLIEDERUNG DER AUSGABE

Die Kritische Ausgabe Sämtlicher Werke Hugo von Hofmannsthals enthält sowohl die von Hofmannsthal veröffentlichten als auch die im Nachlaß überlieferten Werke.

GEDICHTE 1 | 2   5

I   Gedichte 1

II   Gedichte 2 [Nachlaß]

DRAMEN 1–20

III   Dramen 1
Kleine Dramen: Gestern, Der Tod des Tizian, Der Thor und der Tod, Die Frau   10
im Fenster, Der weiße Fächer, Das Kleine Welttheater, Der Kaiser und die Hexe,
Vorspiel zur Antigone des Sophokles, Landstraße des Lebens, Die Schwestern,
Kinderfestspiel, Gartenspiel

IV   Dramen 2
Die Hochzeit der Sobeide, Das gerettete Venedig   15

V   Dramen 3
Der Abenteurer und die Sängerin, Die Sirenetta, Fuchs

VI   Dramen 4
Das Bergwerk zu Falun, Semiramis

VII   Dramen 5   20
Alkestis, Elektra

OPERNDICHTUNGEN 1–4

XXIII   Operndichtungen 1
Der Rosenkavalier

XXIV   Operndichtungen 2
Ariadne auf Naxos, Danae oder Die Vernunftheirat   5

XXV   Operndichtungen 3
Die Frau ohne Schatten, Die aegyptische Helena, Die Ruinen von Athen

XXVI   Operndichtungen 4
Arabella, Lucidor, Der Fiaker als Graf

BALLETTE – PANTOMIMEN – FILMSZENARIEN   10

*XXVII   Der Triumph der Zeit, Josephslegende u.a. – Amor und Psyche, Das
fremde Mädchen u.a. – Der Rosenkavalier, Daniel Defoe u.a.*

ERZÄHLUNGEN 1 | 2

XXVIII   Erzählungen 1
Das Glück am Weg, Das Märchen der 672. Nacht, Das Dorf im Gebirge, Reiter-   15
*geschichte, Erlebnis des Marschalls von Bassompierre, Erinnerung schöner Tage,
Lucidor, Prinz Eugen der edle Ritter, Die Frau ohne Schatten*

XXIX   Erzählungen 2
*Nachlaß: Geschichte von den Prinzen Amgiad und Assad, Der goldene Apfel,
Das Märchen von der verschleierten Frau, Die Heilung, Knabengeschichte u.a.*   20

ROMAN – BIOGRAPHIE

*XXX   Andreas – Der Herzog von Reichstadt. Philipp II. und Don Juan
d'Austria*

ERFUNDENE GESPRÄCHE UND BRIEFE

XXXI   Ein Brief, Über Charaktere im Roman und im Drama, Gespräch   25
*über die Novelle von Goethe, Die Briefe des Zurückgekehrten, Monolog eines Re-
venant, Essex und sein Richter u.a.*

REDEN UND AUFSÄTZE 1–5

XXXII–XXXIV   Reden und Aufsätze 1|2|3

XXXV–XXXVI   Reden und Aufsätze 4|5 [Nachlaß]

AUFZEICHNUNGEN UND TAGEBÜCHER 1 | 2

5 *XXXVII–XXXVIII   Aufzeichnungen und Tagebücher 1|2*

II. GRUNDSÄTZE DES TEXTTEILS

Es ergibt sich aus der Überlieferungssituation, ob der Text einem Druck oder einer Handschrift folgt. In beiden Fällen wird er grundsätzlich in der Gestalt geboten, die er beim Abschluß des genetischen Prozesses erreicht.

10 *Es bietet sich bei den zu Hofmannsthals Lebzeiten erschienenen Werken in der Regel an, dem Text die jeweils erste Veröffentlichung in Buchform zugrunde zu legen. Sind im Verlauf der weiteren Druckgeschichte noch wesentliche Eingriffe des Autors nachzuweisen, wird der Druck gewählt, in dem der genetische Prozeß zum Abschluß gelangt. Kommt es zu einer tiefgreifenden Umarbeitung, werden beide Fassungen als*
15 *Textgrundlage gewählt (hierbei ist die Möglichkeit des Paralleldruckes gegeben).*

Dem Text werden Handschriften zugrunde gelegt, wenn der Druck verschollen, sonstwie unzugänglich, nicht zustandegekommen oder die Werkgenese nicht zum Abschluß gelangt ist. Während die ersten Fälle bei Hofmannsthal nur selten anzutreffen sind, hat der letzte wegen des reichen handschriftlichen Nachlasses eminente
20 *Bedeutung. In all diesen Fällen wird im Textteil die Endphase der spätesten Niederschrift – unbeschadet ihres möglicherweise unterschiedlichen Vollendungsgrades – dargeboten. Um von kleinen unvollendeten Nachlaßwerken – unabhängig von ihrem Rang – eine Vorstellung zu geben, muß das Vorhandene, das in diesen Fällen oft nur aus Notizen besteht, mehr oder minder vollständig dargeboten werden (vgl. IV).*

25 *Im Textteil wird soweit irgend möglich auf Konjekturen und Emendationen verzichtet. Orthographische und grammatische Abweichungen von der heutigen Gewohnheit und Schwankungen in den Werken werden nicht beseitigt. Nur bei Sinnentstellungen und bei eindeutigen Druck- bzw. Schreibfehlern korrigiert der Editor. Handschriftliche Notizen und Entwürfe werden in der Regel typographisch nicht*
30 *normiert.*

III. VARIANTEN UND ERLÄUTERUNGEN (AUFBAU)

Dieser Teil gliedert sich wie folgt:

1. Entstehung

Unter Berücksichtigung von Zeugnissen und Quellen wird über die Entstehungs-geschichte des jeweiligen Werkes berichtet (vgl. III/4).

2. Überlieferung

Die Überlieferungsträger werden (möglichst in chronologischer Folge) sigliert und beschrieben.

a) die Handschriften- bzw. Typoskriptbeschreibung nennt: Eigentümer, La-gerungsort, gegebenenfalls Signatur, Zahl der Blätter und der beschriebenen Seiten;[1] sofern sie wesentliche Schlußfolgerungen erlauben, auch Format [Angabe in mm], Papierbeschaffenheit, Wasserzeichen, Schreibmaterial, Erhaltung.

b) Die Druckbeschreibung nennt: Titel, Verlagsort, Verlag, Erscheinungsjahr, Auflage, Buchschmuck und Illustration; bei seltenen Drucken evtl. Standort und Signatur.

Die Rechtfertigung der Textkonstituierung erfolgt bei der Beschreibung des dem Text zugrundeliegenden Überlieferungsträgers.

3. Varianten (vgl. IV und V)

4. Erläuterungen

a) Die unter 1. verarbeiteten Zeugnisse und Quellen werden – ggf. ausschnitt-weise – zitiert und, wo nötig, erläutert.

b) Der Kommentar besteht in Wort- und Sacherklärungen, Erläuterungen zu Personen, Zitatnachweisen, Erklärungen von Anspielungen und Hinweisen auf wichtige Parallelstellen. Auf interpretierende Erläuterungen wird grund-sätzlich verzichtet.

Literatur wird nur in besonderen Fällen aufgeführt; generell werden die einschlä-gigen Bibliographien vorausgesetzt.

---

[1] *Beispiel: Die Signatur E III 89.16–20 (lies: Eigentum der Erben Hugo von Hof-mannsthals, Lagerungsort FDH | Handschriftengruppe III | Konvolut 89 | Blätter 16 bis 20) schließt, sofern nichts Gegenteiliges gesagt wird, die Angabe ein, daß die 5 Blätter einseitig beschrieben sind. Ausführliche Beschreibung des Sachverhalts kann hinzutreten.*

IV. GRUNDSÄTZE DER VARIANTEN-DARBIETUNG

Kritische Ausgaben bieten die Varianten in der Regel vollständig dar. Hiervon weicht das Verfahren der vorliegenden Ausgabe auf zweierlei Weise ab:
Die Darbietung der Werkvorstufen konzentriert sich entweder auf deren abgehobene
5   *Endphasen oder erfolgt in berichtender Form.*
Da beide Verfahren innerhalb der Geschichte Kritischer Ausgaben neuartig sind, bedürfen sie eingehender Begründung.

Die Herausgeber haben sich erst nach gründlichen Versuchen mit den herkömmlichen Verfahren der Varianten-Darbietung zu den neuen Verfahren entschlossen. Die
10 *traditionelle und theoretisch verständliche Forderung nach vollständiger Darbietung der Lesarten erwies sich in der editorischen Praxis als unangemessen. Hierfür gab es mehrere Gründe:*
Die besondere Art der Varianz bei Hofmannsthal wäre zumeist nur unter sehr großem editorischem Aufwand – d.h.: nur mittels einer extrem ausgebildeten Zei-
15 *chenhaftigkeit der Editionsmethode – vollständig darstellbar. Als Ergebnis träten dem Leser ein Wald von Zeichen und eine Fülle editorisch bedingter Leseschwierigkeiten entgegen. Besonders bei umfangreichen Werken, z.B. Dramen, deren Varianten sich über Hunderte von Seiten erstrecken würden, wäre ein verstehendes Lesen der Varianten kaum mehr zu leisten. Vor allem aber ergäbe die Vollständigkeit für die*
20 *Erkenntnis des Dichterischen, der Substanz des Hofmannsthalschen Werkes relativ wenig. Die Varianz erschöpft sich auf weite Strecken in einem Schwanken zwischen nur geringfügig unterschiedenen Formulierungen. Der große editorische Aufwand stünde in keinem Verhältnis zum Ergebnis. Überdies wäre die Ausgabe in der Gefahr, nie fertig zu werden.*
25 *Zur Entlastung der Genese-Darbietung wurden daher die oben erwähnten Verfahren des Abhebens und des Berichtens entwickelt.[1]*

Die Abhebung der Endphase[2] wird insbesondere bei Vorstufen solcher Werke angewendet, die Hofmannsthals Rang bestimmen.
Die Entscheidung für die Darbietung der abgehobenen Endphase beruht darauf,

---

30 [1] *Zwei Werke, deren editorische Bearbeitung vor der Entwicklung dieser entlastenden Verfahrensweisen schon weitgehend beendet war –* Ödipus und die Sphinx *und* Timon der Redner *–, erscheinen mit vollständiger Variantendarstellung. Diese dient so zugleich als Beispiel für Art und Umfang der Gesamt-Varianz Hofmannsthalscher Werke. Die hier geltenden Richtlinien werden im Apparat dieser Werke erläutert. Für die Varianten-*
35 *Darbietung im* Rosenkavalier *wurde ein eigenes Verfahren entwickelt.*
[2] *Steht die abzuhebende Endphase dem im Textteil gebotenen Wortlaut (oder der Endphase des im Abschnitt »Varianten« zuvor dargebotenen Überlieferungsträgers) sehr nahe, so werden ihre Varianten, gegebenenfalls in Auswahl, lemmatisiert, oder es wird über den betreffenden Überlieferungsträger lediglich berichtet.*

daß sie nicht einen beliebigen, sondern einen ausgezeichneten Zustand der jeweiligen Vorstufe bzw. Fassung darstellt. Sie ist dasjenige, was der Autor ›stehengelassen hat‹, sein jeweiliges Ergebnis. Als solchem gebührt ihr die Darbietung in vorzüglichem Maße.

So ist auch ein objektives Kriterium für die ›Auswahl‹ der darzustellenden Varianten gefunden. Das bedeutet sowohl für den Editor als auch für den Leser größere Sicherheit und Durchsichtigkeit gegenüber anderen denkbaren Auswahlkriterien. Ein von der Genese selbst vorgegebenes Prinzip schreibt dem Editor das Darzubietende vor. Dieser ›wählt‹ nicht ›aus‹, sondern ›konzentriert‹ die Darbietung der Genese gemäß derjenigen Konzentration, die der Autor selbst jeweils vornahm. Der leitende editorische Gesichtspunkt hat sich, der Hofmannsthalschen Schaffensweise gemäß, gewandelt. Die Abfolge der jeweiligen Endphasen – von den ersten Notizen über Entwürfe und umfangreichere Niederschriften bis hin zu den dem endgültigen Text schon nahestehenden Vorstufen bzw. Fassungen – ist die Abfolge nicht mehr der lückenlosen Genese, sondern ihrer m a ß g e b e n d e n S t a t i o n e n.

Der B e r i c h t wird dagegen als bevorzugte Darbietungsform der Varianten solcher Werke verwendet, deren Rang den der Werke in der zuvor beschriebenen Kategorie nicht erreicht.[1] Der Bericht, der in jedem Fall auf einer Durcharbeitung der Gesamtgenese beruht, referiert gestrafft über die wesentlichen Charakteristika des betreffenden Überlieferungsträgers; er weist auf inhaltliche und formale Besonderheiten hin und hebt gegebenenfalls Eigentümlichkeiten der Varianz, auch zitatweise, hervor. Die Berichtsform wird durch eine Fußnote im Abschnitt »Varianten« kenntlich gemacht.[2]

Sowohl den abgehobenen Endphasen als auch den Berichten werden in Ausnahmefällen ausgewählte, wichtige Binnen- bzw. Außenvarianten[3] der jeweiligen Überlieferungsträger hinzugefügt. Bevorzugt werden dabei Varianten, die ersatzlos gestrichen sind, und solche, deren inhaltliche oder formale Funktion erheblich von der ihres Ersatzes abweicht.

Diese Binnen- bzw. Außenvarianten werden mit Hilfe der im Abschnitt V erläuterten Zeichen dargestellt.

---

[1] *Ist ein Werk einer dieser Kategorien nicht eindeutig zuzuweisen, so wird dem durch eine weitgehend gleichgewichtige Anwendung des Abhebens bzw. Berichtens Rechnung getragen.*

[2] *In den Fällen, in denen bei kleinen unvollständigen Nachlaßwerken das Vorhandene mehr oder minder vollständig im Text geboten wird (vgl. II), erscheint in den »Varianten« etwa auftretende wichtige Binnenvarianz.*

[3] *Binnenvarianz: Varianten innerhalb ein und desselben Überlieferungsträgers – Außenvarianz: Varianten zwischen zwei oder mehreren Überlieferungsträgern.*

V. SIGLEN · ZEICHEN

Siglen der Überlieferungsträger:

H   *eigenhändige Handschrift*
h   *Abschrift von fremder Hand*
5   t   *Typoskript (immer von fremder Hand)*
tH   *eigenhändig überarbeitetes Typoskript*
th   *von fremder Hand überarbeitetes Typoskript*
D   *Druck*
DH   *Druck mit eigenhändigen Eintragungen (Handexemplar)*
10   Dh   *Druck mit Eintragungen von fremder Hand*
N   *Notiz*

Alle Überlieferungsträger eines Werkes werden in chronologischer Folge durchlaufend mittels vorangestellter Ziffer und zusätzlich innerhalb der Gruppen H, t, D mittels Exponenten gezählt: $1 H^1$ $2 t^1$ $3 H^2$ $4 D^1$.

15   *Ist die Ermittlung einer Gesamt-Chronologie und also eine durchlaufende Zählung aller Überlieferungsträger unmöglich, so werden lediglich Teilchronologien erstellt, die jeweils die Überlieferungsträger der Gruppen H, t, D umfassen. Die vorangestellte Ziffer (s.o.) entfällt hier also.*

Gelingt die chronologische Einordnung nur abschnittsweise (z.B. für Akte oder 20 *Kapitel), so tritt entsprechend ein einschränkendes Symbol hinzu: $I|1 H^1$.*

Lassen sich verschiedene Schichten innerhalb eines Überlieferungsträgers – aufgrund evidenter graphischer Kriterien – unterscheiden, so werden sie fortlaufend entsprechend ihrer chronologischen Abfolge gezählt: $1,1 H^1$ $1,2 H^1$ $1,3 H^1$.

Da eine chronologische Anordnung von N o t i z e n oft schwer herstellbar ist, werden 25 *diese als $N 1, N 2 \ldots N 75$ durchlaufend gezählt, jedoch – wenn möglich – an ihren chronologischen Ort gesetzt.*

Das Lemmazeichen] trennt den Bezugstext und die auf ihn bezogene(n) Variante(n). Die Trennung kann auch durch (kursiven) Herausgebertext erfolgen. Umfangreiche Lemmata werden durch ihre ersten und letzten Wörter bezeichnet, 30 *z.B.: Aber ... können.]*

Besteht das Lemma aus ganzen Versen oder Zeilen, so wird es durch die betreffende(n) Vers- oder Zeilenzahl(en) mit folgendem Doppelpunkt ersetzt. Das Lemmazeichen entfällt.

Die Stufensymbole

35 **I**	**II**	**III**
A	**B**	**C**
(1)	*(2)*	*(3)*
(a)	*(b)*	*(c)*
(aa)	*(bb)*	*(cc)*

dienen dazu, die Staffelung von Variationsvorgängen wiederzugeben. »Eine (2) kün-
digt ... an, daß alles, was vorher, hinter der (1) steht, jetzt aufgehoben ... ist;
ebenso hebt die (3) die vorangehende (2) auf, das (b) das (a) und das (c) das (b)...«
(Friedrich Beißner, Hölderlin. Sämtliche Werke, Stuttgarter Ausgabe, I, 2, S. 319).

Die Darstellung bedient sich bei einfacher Variation primär der arabischen Zif- 5
fern. Bei stärkerer Differenzierung des Befundes treten die Kleinbuchstaben-Reihen
hinzu. Nur wenn diese 3 Reihen zur Darbietung des Befundes nicht ausreichen,
beginnt die Darstellung bei der A- bzw. I-Reihe.

Die Stufensymbole und die zugehörigen Varianten werden in der Regel vertikal
angeordnet. Einfache Prosavarianten können auch horizontal fortlaufend dargeboten 10
werden.

Ist die Variation mit einem von der Grundschicht abweichenden Schreibmaterial
vollzogen worden, so treten zum betreffenden Stufensymbol die Exponenten S für
Bleistift, T für Tinte.

Einfache Variation wird vorzugsweise mit Worten wiedergegeben. An die 15
Stelle der stufenden Verzeichnung treten dann Wendungen wie »aus«, »eingefügt«,
»getilgt« u.s.f.

Werden Abkürzungen aufgelöst, so erscheint der ergänzte Text in Winkelklam-
mern ⟨ ⟩ in aufrechter Schrift; der Abkürzungspunkt fällt dafür fort. Bei Ergän-
zung ausgelassener Wörter wird analog verfahren. 20

Kürzel und Verschleifungen werden stillschweigend aufgelöst, es sei denn, die Auf-
lösung hätte konjekturalen Charakter.

Unsicher gelesene Buchstaben werden unterpunktet, unentzifferte durch möglichst
ebensoviele xx *vertreten.*

INHALT

Einband- und Umschlaggestaltung: Dieter Kohler
Gesetzt aus der Monotype Garamond Antiqua
Satz und Druck: Druckerei Gebr. Rasch & Co., Bramsche
Einband: Realwerk G. Lachenmaier GmbH u. Co. KG, Reutlingen
Papier: Scheufelen, Lenningen
Iris-Leinen der Vereinigte Göppinger-Bamberger-Kalikofabrik, GmbH, Bamberg